독일외교문서
한 국 편
1874~1910

14

이 저서는 2017년 대한민국 교육부와 한국학중앙연구원(한국학진흥사업단)의 한국학 분야 토대연구지원사업의 지원을 받아 수행된 연구임 (AKS-2017-KFR-1230002)

This work was supported by Korean Studies Foundation Research through the Ministry of Education of the Republic of Korea and Korean Studies Promotion Service of the Academy of Korean Studies (AKS-2017-KFR-1230002)

▮ 독일학총서 Bibliothek der Germanistik ▮

독일외교문서
한 국 편

1874~1910

14

고려대학교 독일어권문화연구소 편

보고사
BOGOSA

개항기 한국 관련 독일외교문서 번역총서 발간에 부쳐

1. 본 총서에 대하여

본 총서는 고려대학교 독일어권문화연구소가 한국학중앙연구원에서 시행하는 토대사업(2017년)의 지원을 받아 3년에 걸쳐 연구한 작업의 결과물이다. 해당 프로젝트 〈개항기 한국 관련 독일외교문서 탈초·번역·DB 구축〉은 1866년을 전후한 한-독 간 교섭 초기부터 1910년까지의 한국 관련 독일 측 외교문서 9,902면을 탈초, 번역, 한국사 감교 후 출판하고, 동시에 체계적인 목록화, DB 구축을 통해 온라인 서비스 토대를 마련함으로써 관련 연구자 및 관심 있는 일반인에게 제공하기 위한 것이다. 본 프로젝트의 의의는 개항기 한국에서의 독일의 역할과 객관적인 역사의 복원, 한국사 연구토대의 심화·확대, 그리고 소외분야 연구 접근성 및 개방성 확대라는 측면에서 찾을 수 있다.

이번 우리 독일어권문화연구소의 프로젝트팀이 국역하여 공개하는 독일외교문서 자료는 한국근대사 연구는 물론이고 외교사, 한독 교섭사를 한 단계 끌어올릴 수 있는 중요한 일차 사료들이다. 그러나 이 시기의 해당 문서는 모두 전문가가 아닌 경우 접근하기 힘든 옛 독일어 필기체로 작성되어 있어 미발굴 문서는 차치하고 국내에 기 수집된 자료들조차 일반인은 물론이고 국내 전문연구자의 접근성이 극히 제한되어 있는 상황이다. 이런 상황에서 우리의 프로젝트가 성공적으로 마무리됨으로써 이제 절대적으로 부족한 독일어권 연구 사료를 구축하여, 균형 잡힌 개항기 연구 토대를 다지고, 연구 접근성과 개방성, 자료 이용의 효율성을 제고하고, 동시에 한국사, 독일학, 번역학, 언어학 전문가들의 학제 간 협동 연구를 촉진할 수 있는 중요한 계기가 마련되었다.

2. 정치적 상황

오늘날 우리는 전 지구적 세계화가 가속화되고 있는 상황 속에 살고 있다. '물결'만으로는 세계화의 속도를 따라잡을 수 없게 되었다. 초연결 사회의 출현으로 공간과 시간, 그리고 이념이 지배하던 지역, 국가 간 간극은 점차 줄어들고 있다. 그렇다고 국가의 개념이 사라지는 것은 아니다. 오히려 국가는 국민을 안전하게 보호하고 대외적으로 이익을 대변해야 하는 역할을 이런 혼란스런 상황 속에서 더욱 성실히 이행해야 하는 사명을 갖는다.

한국을 둘러싼 동아시아 국제정세는 빠르게 변화하고 있다. 수년 전 남북한 정상은 두 번의 만남을 가졌고, 영원히 만나지 않을 것 같았던 북한과 미국의 정상 역시 싱가포르에 이어서 하노이에서 역사적 회담을 진행하였다. 한반도를 둘러싼 오랜 적대적 긴장관계가 완화되고 화해와 평화가 곧 당겨질 듯한 분위기였다.

하지만 한반도에 완전한 평화가 정착되었다고 단언하기란 쉽지 않다. 휴전선을 둘러싼 남북한의 군사적 대치 상황은 여전히 변한 것이 없다. 동아시아에서의 주변 강대국의 패권 경쟁 또한 현재 진행형이다. 즉 한반도 평화 정착을 위해서는 한국, 북한, 미국을 비롯해서 중국, 러시아, 일본 등 동아시아 정세에 관여하는 국가들의 다양하고 때로는 상충하는 이해관계들을 외교적으로 세밀하게 조정할 필요가 있다.

한국은 다양한 국가의 복잡한 이해관계를 어떻게 조정할 것인가? 우리 프로젝트팀은 세계화의 기원이라 할 수 있는 19세기 말에서 20세기 초 한반도의 시공간에 주목하였다. 이 시기는 통상 개항기, 개화기, 구한말, 근대 초기로 불린다. 증기기관과 증기선 도입, 철도 부설, 그 밖의 교통 운송 수단의 발달로 인해서 전 세계가 예전에 상상할 수 없을 정도로 가까워지기 시작하던 때였다. 서구 문물의 도입을 통해서 한국에서는 서구식 근대적 발전이 모색되고 있었다.

또 한편으로는 일본뿐만 아니라 청국, 그리고 서구 열강의 제국주의적 침탈이 진행되었던 시기였다. 한국 문제에 관여한 국가들은 동아시아에서 자국의 이익을 유지, 확대하려는 목적에서 끊임없이 경쟁 혹은 협력하였다. 한국 역시 세계화에 따른 근대적 변화에 공감하면서도 외세의 침략을 막고 독립을 유지하려는 데에 전력을 기울였다. 오늘날 세계화와 한국 관련 국제 정세를 이해하기 위해서는 무엇보다 그 역사적 근원인 19세기 후반에서 20세기 초반의 상황을 알아야 한다. 이에 본 연구소에서는 개항기 독일외교문서에 주목하였다.

3. 한국과 독일의 관계와 그 중요성

오늘날 한국인에게 독일은 친숙한 국가이다. 1960~70년대 약 18,000여 명의 한국인들은 낯선 땅 독일에서 광부와 간호사로 삶을 보냈다. 한국인들이 과거사 반성에 미흡한 일본을 비판할 때마다 내세우는 반면교사의 대상은 독일이다. 한때는 분단의 아픔을 공유하기도 했으며, 통일을 준비하는 한국에게 타산지석의 대상이 되는 국가가 바로 독일이다. 독일은 2017년 기준으로 중국과 미국에 이어 한국의 세 번째로 큰 교역 국가이기도 하다.

한국인에게 독일은 이웃과도 같은 국가이지만, 정작 한국인들은 독일 쪽에서는 한국을 어떻게 인식하고 정책을 추진하는지 잘 알지 못한다. 그 이유는 독일이 한반도 국제정세에 결정적인 역할을 끼쳐온 국가가 아니기 때문이다. 오늘날 한국인에게는 미국, 중국, 일본, 러시아가 현실적으로 중요하기에, 정서상으로는 가까운 독일을 간과하는 것이 아닐까 하는 생각이 든다.

그렇다면 우리는 독일을 몰라도 될까? 그렇지 않다. 독일은 EU를 좌우하는 핵심 국가이자, 세계의 정치, 경제, 사회, 문화를 주도하는 선진국이자 강대국이다. 독일은 유럽뿐만 아니라 동아시아를 비롯한 전 세계의 동향을 종합적으로 고려하는 가운데 한국을 인식하고 정책을 시행한다. 독일의 대한정책(對韓政策)은 전 지구적 세계화 속에서 한국의 위상을 보여주는 시금석과 같다.

세계화의 기원인 근대 초기도 지금과 상황이 유사하였다. 미국, 영국에 이어서 한국과 조약을 체결한 서구 열강은 독일이었다. 청일전쟁 직후에는 삼국간섭을 통해서 동아시아 진출을 본격화하기도 했다. 하지만 당시 동아시아에서는 영국, 러시아, 일본, 청국, 그리고 미국의 존재감이 컸다. 19세기 말에서 20세기 초 한반도를 둘러싼 국제정세에서 독일이 차지하는 위상은 상대적으로 높지 않았던 것이다.

하지만 당시 독일은 동아시아 정세의 주요 당사국인 영국, 러시아, 일본, 청국, 미국 등의 인식과 정책 관련 정보를 집중적으로 수집하고 종합적으로 분석하였다. 세계 각국의 동향을 종합적으로 판단한 과정 속에서 독일은 한국을 평가하고 이를 정책으로 구현하고자 했다.

그렇기 때문에 개항기 한국 관련 독일외교문서는 의미가 남다르다. 독일외교문서에는 독일의 한국 인식 및 정책뿐만 아니라, 한국 문제에 관여한 주요 국가들의 인식과 대응들이 담겨 있는 보고서들로 가득하다. 독일은 자국 내 동향뿐만 아니라 세계 각국의 동향을 고려하는 과정 속에서 한국을 인식, 평가하고 정책화하였던 것이다. 그렇기에 독일외교문서는 유럽 중심에 위치한 독일의 독특한 위상과 전 지구적 세계화 속에서 세계 각국이 한국을 이해한 방식의 역사적 기원을 입체적으로 추적하기에 더할 나위 없이 좋은 자료인 것이다.

4. 금번 번역총서 작업과정에 대해

1973년 4월 4일, 독일과의 본격적인 교류를 위하여 〈독일문화연구소〉라는 이름으로

탄생을 알리며 활동을 시작한 본 연구소는 2003년 5월 15일 자로 〈독일어권 문화연구소〉로 명칭을 바꾸고 보다 폭넓은 학술 및 연구를 지향하여 연구원들의 많은 활동을 통해, 특히 독일어권 번역학 연구와 실제 번역작업에 심혈을 기울여 왔다. 이번에 본 연구소에서 세상에 내놓는 15권의 책은 모두(冒頭)에서 밝힌 대로 2017년 9월부터 시작한, 3년에 걸친 한국학중앙연구원 프로젝트의 연구 결과물이다. 여기까지 오기까지 작업의 역사는 상당히 길고 또한 거기에 참여했던 인원도 적지 않다. 이 작업은 독일어권연구소장을 맡았던 한봉흠 교수로부터 시작된다. 한봉흠 교수는 연구소 소장으로서 개항기 때 독일 외교관이 조선에서 본국으로 보낸 보고 자료들을 직접 독일에서 복사하여 가져옴으로써 자료 축적의 기본을 구축하였다. 그 뒤 김승옥 교수가 연구소 소장으로 재직하면서 그 자료의 일부를 번역하여 소개한 바 있다(고려대 독일문화연구소 편, 『(朝鮮駐在) 獨逸外交文書 資料集』, 우삼, 1993). 당시는 여건이 만만치 않아 선별적으로 번역을 했고 한국사 쪽의 감교를 받지도 못하는 상태였다. 그러나 당시로서 옛 독일어 필기체로 작성된 보고문을 정자의 독일어로 탈초하고 이를 우리말로 옮기는 것은 생면부지의 거친 황야를 걷는 것과 같은 것이었다.

우리 연구팀은 저간의 사정을 감안하여 금번 프로젝트를 위해 보다 철저하게 다양한 팀을 구성하고 연구 진행에 차질이 없도록 하였다. 연구팀은 탈초, 번역, 한국사 감교팀으로 나뉘어 먼저 원문의 자료를 시대별로 정리하고 원문 중 옛 독일어 필기체인 쿠렌트체와 쥐털린체로 작성된 문서들을 독일어 정자로 탈초하고 이를 타이핑하여 입력한 뒤 번역팀이 우리말로 옮기고 이후 번역된 원고를 감교팀에서 역사적으로 고증하여 맞는 용어를 선택하고 필요에 따라 각주를 다는 등 다양한 협력을 수행하였다. 이번에 출간된 15권의 책은 데이터베이스화하여 많은 연구자들이 널리 이용할 수 있을 것이다.

2017년 9월부터 3년에 걸쳐 작업한 결과물을 드디어 완간하게 된 것을 연구책임자로서 기쁘게 생각한다. 무엇보다 긴밀하게 조직화된 팀워크를 보여준 팀원들(번역자, 탈초자, 번역탈초 감수 책임자, 한국사 내용 감수 책임자, 데이터베이스팀 책임자)과 연구보조원 한 분 한 분에게 감사드린다. 그리고 프로젝트의 준비단계에서 활발한 역할을 한 김용현 교수와 실무를 맡아 프로젝트가 순항하도록 치밀하게 꾸려온 이정린 박사와 한승훈 박사에게 감사의 뜻을 전한다. 본 연구에 참여한 모든 연구원들의 해당 작업과 명단은 각 책의 말미에 작성하여 실어놓았다.

2021년 봄날에

연구책임자

김재혁

일러두기

1. 『독일외교문서 한국편』은 독일연방 외무부 정치문서보관소(Archives des Auswärtigen Amts)에서 소장하고 있는 근대 시기 한국 관련 독일외교문서를 번역한 것이다. 구체적으로는 독일 외무부에서 생산한 개항기 한국 관련 사료군에 해당하는 I. B. 16 (Korea), I. B. 22 Korea 1, I. B. 22 Korea 2, I. B. 22 Korea 5, I. B. 22 Korea 7, I. B. 22 Korea 8, Peking II 127과 Peking II 128에 포함된 문서철을 대상으로 한다.

2. 당시 독일외무부는 문서의 외무부 도착일, 즉 수신일을 기준으로 문서를 편집하였다. 이에 본 문서집에서는 독일외무부가 문서철 편집과정에서 취했던 수신일 기준 방식을 따랐다.

3. 본 문서집은 한국어 번역본과 독일어 원문 탈초본으로 구성되어 있다.

   1) 한국어 번역본에는 독일어 원문의 쪽수를 기입함으로써, 교차 검토를 용의하게 했다.
   2) 독일어 이외의 언어로 작성된 문서는 한국어로 번역하지 않되, 전문을 탈초해서 문서집에 수록하였다. 해당 문서가 주 보고서인 경우는 한국어 번역본과 독일어 원문 탈초본에 함께 수록하였으며, 첨부문서에 해당할 경우에는 한국어 번역본에 수록하지 않고, 독일어 탈초본에 수록하였다. ※ 주 보고서에 첨부문서로 표기되지 않은 상태에서 추가된 문서(언론보도, 각 국 공문서 등)들은 [첨부문서]로 표기하였다.

4. 당대 독일에서는 쿠렌트체(Kurrentschrift)로 불리는 옛 독일어 필기체와 프로이센의 쥐털린체(Sütterlinschrift)가 부가된 형태의 외교문서를 작성하였다. 이에 본 연구팀은 쿠렌트체와 쥐털린체로 되어 있는 독일외교문서 전문을 현대 독일어로 탈초함으로써 문자 해독 및 번역을 용이하게 했다.

   1) 독일어 탈초본은 작성 당시의 원문을 그대로 현대 독일어로 옮기는 것을 원칙으로 했다. 그 때문에 독일어 탈초본에는 문서 작성 당시의 철자법과 개인의 문서 작성 상의 특성이 드러나 있다. 최종적으로 해독하지 못한 단어나 철자는 [*sic.*]로 표기했다.
   2) 문서 본문 내용에 대한 다양한 종류의 제3자의 메모는 각주에 [Randbemerkung]을

설정하여 최대한 수록하고 있다.

3) 원문서 일부에 있는 제3자의 취소 표시(취소선)는 취소선 맨 뒤에 별도의 각주를 만들어 제3자의 취소 영역을 표시했다. 편집자의 추가 각주 부분은 모두 대괄호를 통해 원주와 구분하고 있다.

4) 독일어 탈초본에서는 연구자들의 편의를 돕기 위해서 각 문건 상단에 원문출처, 문서수발신 정보, 문서의 수신 과정에서 추가된 문구 등을 알아볼 수 있도록 표를 작성하였다. ※ Peking II 127, 128이 수록된 15권은 문서 식별의 어려움으로 아래의 표를 별도로 기입하지 않았음을 밝혀 둔다.

예) Die Rückkehr Li hung chang's nach Tientsin. —❶

PAAA_RZ201-018901_162 —❷			
Empfänger	Bismarck —❸	Absender	Brandt —❹
A. 6624. pr. 30 Oktober 1882. —❺		Peking, den 7. September 1882. —❻	
Memo —❼	Orig. 1. 11. nach Hamburg		

① 문서 제목 : 원문서에 제목(문서 앞 또는 뒤에 Inhalt 또는 제목만 표기됨)이 있는 경우 제목을 따르되, 제목이 없는 경우는 "[ ]"로 표기해 원문서에 제목이 없음을 나타냄.

② 원문출처 : 베를린 문서고에서 부여한 해당 문서 번호에 대한 출처 표기. 문서번호-권수_페이지 수로 구성

③ 문서 수신자

④ 문서 발신자

⑤ 문서 번호, 수신일

⑥ 문서 발신지, 발신일

⑦ 문서 수신·전달 과정에서 추가적으로 작성된 문구

이 같은 표가 작성되지 않은 문서는 베를린 자체 생성 문서이거나 정식 문서 형태를 갖추지 않은 문서들이다.

5. 본 연구팀은 독일외교문서의 독일어 전문을 한국어로 번역·감교하였다. 이를 통해 독일어 본래의 특성과 당대 역사적 맥락을 함께 담고자 했다. 독일외교문서 원문의 번역 과정에서 뜻이 분명하지 않은 경우에는 [번역 주석]을 부기하였으며, [감교 주석]을 통해서 당대사적 맥락을 보완하였다. 아울러 독일외교문서 원문에 수록된 주석의 경우는 [원문 주석]으로 별도로 표기하였다.

6. 한국어 번역본에서는 중국, 일본, 한국의 지명, 인명은 모두 원음으로 표기하되, 관직과 관청명의 경우는 한국 학계에서 일반적으로 통용되는 한문의 한국어 발음을 적용하였다. 각 국가의 군함 이름 등 기타 사항은 외교문서에 수록된 단어를 그대로 병기하였다. 독일외교관이 현지어 발음을 독일어로 변환되는 과정에서 실체가 불분명해진 고유명사의 경우, 독일외교문서 원문에 수록된 단어 그대로 표기하였다.

7. 한국어 번역본에서는 연구자들의 편의를 돕기 위해서 각 문건 상단에 문서제목, 문서 수발신 정보(날짜, 번호), 문서의 수신 과정에서 추가된 문구 등을 알아볼 수 있도록 표를 작성하였다. ※ Peking II 127, 128이 수록된 15권은 문서 식별의 어려움으로 아래의 표를 별도로 기입하지 않았음을 밝혀 둔다.

예)

01

조선의 현황 관련 ―❶

발신(생산)일	1889. 1. 5 ―❷	수신(접수)일	1889. 3. 3 ―❸
발신(생산)자	브란트 ―❹	수신(접수)자	비스마르크 ―❺
발신지 정보	베이징 주재 독일 공사관 ―❻	수신지 정보	베를린 정부 ―❼
	No. 17 ―❽		A. 3294 ―❾
메모 ―❿	3월 7일 런던 221, 페테르부르크 89 전달		

① 문서 제목, 번호 : 독일어로 서술된 제목을 따르되, 별도 제목이 없을 경우는 문서 내용을 확인 후 "[ ]"로 구별하여 문서 제목을 부여하였음. 제목 위의 번호는 본 자료집에서 부여하였음.
② 문서 발신일 : 문서 작성자가 문서를 발송한 날짜
③ 문서 수신일 : 문서 수신자가 문서를 받은 날짜
④ 문서 발신자 : 문서 작성자 이름
⑤ 문서 수신자 : 문서 수신자 이름
⑥ 문서 발신 담당 기관
⑦ 문서 수신 담당 기관
⑧ 문서 발신 번호 : 문서 작성 기관에서 부여한 고유 번호
⑨ 문서 수신 번호 : 독일외무부에서 문서 수신 순서에 따라 부여한 번호
⑩ 메모 : 독일외교문서의 수신·전달 과정에서 추가적으로 작성된 문구

8. 문서의 수발신 관련 정보를 특정하기 어려운 문서(예를 들어 신문 스크랩)의 경우는

독일외무부에서 편집한 날짜, 문서 수신 번호, 그리고 문서 내용을 토대로 문서 제목을 표기하였다.

9. 각 권의 원문 출처는 다음과 같다.

자료집 권 (발간 연도)	독일외무부 정치문서고 문서 분류 방식			
	문서분류 기호	일련번호	자료명	대상시기
1 (2019)	I. B. 16 (Korea)	R18900	Akten betr. die Verhältnisse Koreas (1878년 이전) 조선 상황	1874.1~1878.12
	I. B. 22 Korea 1	R18901	Allgemiene Angelegenheiten 1 일반상황 보고서 1	1879.1~1882.6
	I. B. 22 Korea 1	R18902	Allgemiene Angelegenheiten 2 일반상황 보고서 2	1882.7~1882.11
2 (2019)	I. B. 22 Korea 1	R18903	Allgemiene Angelegenheiten 3 일반상황 보고서 3	1882.11~1885.1.19
	I. B. 22 Korea 1	R18904	Allgemiene Angelegenheiten 4 일반상황 보고서 4	1885.1.20~1885.4.23
	I. B. 22 Korea 1	R18905	Allgemiene Angelegenheiten 5 일반상황 보고서 5	1885.4.24~1885.7.23
3 (2019)	I. B. 22 Korea 1	R18906	Allgemiene Angelegenheiten 6 일반상황 보고서 6	1885.7.24~1885.12.15
	I. B. 22 Korea 1	R18907	Allgemiene Angelegenheiten 7 일반상황 보고서 7	1885.12.16~1886.12.31
	I. B. 22 Korea 1	R18908	Allgemiene Angelegenheiten 8 일반상황 보고서 8	1887.1.1~1887.11.14
4 (2019)	I. B. 22 Korea 1	R18909	Allgemiene Angelegenheiten 9 일반상황 보고서 9	1887.11.15~1888.10.3
	I. B. 22 Korea 1	R18910	Allgemiene Angelegenheiten 10 일반상황 보고서 10	1888.10.4~1889.2.28
	I. B. 22 Korea 1	R18911	Allgemiene Angelegenheiten 11 일반상황 보고서 11	1889.3.1~1890.12.13
	I. B. 22 Korea 1	R18912	Allgemiene Angelegenheiten 12 일반상황 보고서 12	1890.12.14~1893.1.11

5 (2020)	I. B. 22 Korea 1	R18913	Allgemiene Angelegenheiten 13 일반상황 보고서 13	1893.1.12~1893.12.31
	I. B. 22 Korea 1	R18914	Allgemiene Angelegenheiten 14 일반상황 보고서 14	1894.1.1~1894.7.14
	I. B. 22 Korea 1	R18915	Allgemiene Angelegenheiten 15 일반상황 보고서 15	1894.7.15~1894.8.12
	I. B. 22 Korea 1	R18916	Allgemiene Angelegenheiten 16 일반상황 보고서 16	1894.8.13~1894.8.25
6 (2020)	I. B. 22 Korea 1	R18917	Allgemiene Angelegenheiten 17 일반상황 보고서 17	1894.8.26~1894.12.31
	I. B. 22 Korea 1	R18918	Allgemiene Angelegenheiten 18 일반상황 보고서 18	1895.1.19~1895.10.18
	I. B. 22 Korea 1	R18919	Allgemiene Angelegenheiten 19 일반상황 보고서 19	1895.10.19~1895.12.31
	I. B. 22 Korea 1	R18920	Allgemiene Angelegenheiten 20 일반상황 보고서 20	1896.1.1~1896.2.29
7 (2020)	I. B. 22 Korea 1	R18921	Allgemiene Angelegenheiten 21 일반상황 보고서 21	1896.3.1~1896.5.6
	I. B. 22 Korea 1	R18922	Allgemiene Angelegenheiten 22 일반상황 보고서 22	1896.5.7~1896.8.10
	I. B. 22 Korea 1	R18923	Allgemiene Angelegenheiten 23 일반상황 보고서 23	1896.8.11~1896.12.31
	I. B. 22 Korea 1	R18924	Allgemiene Angelegenheiten 24 일반상황 보고서 24	1897.1.1~1897.10.31
8 (2020)	I. B. 22 Korea 1	R18925	Allgemiene Angelegenheiten 25 일반상황 보고서 25	1897.11.1~1898.3.15
	I. B. 22 Korea 1	R18926	Allgemiene Angelegenheiten 26 일반상황 보고서 26	1898.3.16~1898.9.30
	I. B. 22 Korea 1	R18927	Allgemiene Angelegenheiten 27 일반상황 보고서 27	1898.10.1~1899.12.31

9 (2020)	I. B. 22 Korea 1	R18928	Allgemiene Angelegenheiten 28 일반상황 보고서 28	1900.1.1~1900.6.1
	I. B. 22 Korea 1	R18929	Allgemiene Angelegenheiten 29 일반상황 보고서 29	1900.6.2~1900.10.31
	I. B. 22 Korea 1	R18930	Allgemiene Angelegenheiten 30 일반상황 보고서 30	1900.11.1~1901.2.28
10 (2020)	I. B. 22 Korea 1	R18931	Allgemiene Angelegenheiten 31 일반상황 보고서 31	1901.3.1~1901.7.15
	I. B. 22 Korea 1	R18932	Allgemiene Angelegenheiten 32 일반상황 보고서 32	1901.7.16~1902.3.31
	I. B. 22 Korea 1	R18933	Allgemiene Angelegenheiten 33 일반상황 보고서 33	1902.4.1~1902.10.31
11 (2021)	I. B. 22 Korea 1	R18934	Allgemiene Angelegenheiten 34 일반상황 보고서 34	1902.11.1~1904.2.15
		R18935	Allgemiene Angelegenheiten 35 일반상황 보고서 35	1904.2.16~1904.7.15
		R18936	Allgemiene Angelegenheiten 36 일반상황 보고서 36	1904.7.16~1907.7.31
12 (2021)	I. B. 22 Korea 1	R18937	Allgemiene Angelegenheiten 37 일반상황 보고서 37	1907.8.1~1909.8.31
		R18938	Allgemiene Angelegenheiten 38 일반상황 보고서 38	1909.4.1~1910.8
	I. B. 22 Korea 2	R18939	Die Besitznahme Port Hamilton durch die Engländer 1 영국의 거문도 점령 1	1885.4.8~1885.7.31
13 (2021)	I. B. 22 Korea 2	R18940	Die Besitznahme Port Hamilton durch die Engländer 2 영국의 거문도 점령 2	1885.8.1~1886.12.31
		R18941	Die Besitznahme Port Hamilton durch die Engländer 3 영국의 거문도 점령 3	1887.1.1~1901.12

13 (2021)	I. B. 22 Korea 5	R18949	Beziehungen Koreas zu Frankreich 한국-프랑스 관계	1886.8~1902.10
	I. B. 22 Korea 6	R18950	Die Christen in Korea 조선의 기독교	1886~1910.5
	I. B. 22 Korea 7	R18951	Fremde Vertretung in Korea 1 조선 주재 외국 외교관 1	1887.4.19~1894.9.6
14 (2021)	I. B. 22 Korea 7	R18952	Fremde Vertretung in Korea 2 한국 주재 외국 외교관 2	1894.9.7~1903.2
		R18953	Fremde Vertretung in Korea 3 한국 주재 외국 외교관 3	1903.3~1910.5
	I. B. 22 Korea 8	R18954	Entsendung koreanischer Missionen nach Europa und Amerika 1 조선의 유럽·미국 주재 외교관 파견 1	1887.10.21~1888.12.31
		R18955	Entsendung koreanischer Missionen nach Europa und Amerika 2 한국의 유럽·미국 주재 외교관 파견 2	1889.1.1~1905.12
15 (2021)	RAV Peking II 127	R9208	주청 독일공사관의 조선 관련 문서 1	1866.11~1866.12
	RAV Peking II 128	R9208	주청 독일공사관의 조선 관련 문서 2	1866.10~1887.12

10. 본 문서집은 조선과 대한제국을 아우르는 국가 명의 경우는 한국으로 통칭하되, 대한제국 이전 시기를 다루는 문서의 경우는 조선, 대한제국 선포 이후를 다루는 문서의 경우는 대한제국으로 표기하였다.

11. 사료군 해제

◉ I. B. 16 (Korea)

1859년 오일렌부르크의 동아시아 원정 이후 북경과 동경에 주재한 독일 공사들이 한독 수교 이전인 1874~1878년간 한국 관련하여 보고한 문서들이 수록되어 있다. 이 시기는 한국이 최초 외세를 향해서 문호를 개방하고 후속 조치가 모색되었던 시기였다. 특히 쇄국정책을 주도하였던 흥선대원군이 하야하고 고종이 친정을 단행함으로써, 국내외에서는 한국의 대외정책 기조가 변화할 것이라는 전망이 나오던 시절이었다. 이러한 역사적 배경 속에서 I. B. 16 (Korea)에는 1876년 이전 서계문제로 촉발되었던 한국과 일본의 갈등과 강화도조약 체결, 그리고 한국의 대서구 문호개방에 관한 포괄적인 내용들이 수록되어 있다.

● I. B. 22 Korea 1

독일 외무부는 한국과 조약 체결을 본격화하기 시작한 1879년부터 별도로 "Korea"로 분류해서 한국 관련 문서를 보관하기 시작하였다. 그중에서 I. B. 22 Korea 1은 1879년부터 1910년까지 조선에 주재한 독일외교관을 비롯해서 한국 관련 각종 문서들이 연, 월, 일의 순서로 편집되어 있다. 개항기 전시기 독일의 대한정책 및 한국과 독일관계를 조망하는 본 연구의 취지에 부합한 사료군이라 할 수 있다.

본 연구가 타 국가 외교문서 연구와 차별되는 지점은 일본에 의해서 외교권을 박탈당한 1905년 을사늑약 이후의 문서에 대한 분석을 시도하는데 있다. 물론 1905년 이후 한국과 독일의 관계는 거의 없다는 것이 정설이다. 하지만 1907년 독일의 고립을 초래한 소위 '외교혁명'의 시작이 한국과 만주라는 사실, 그리고 일본이 한국을 병합한 이후에도 독일은 영국과 함께 한국으로부터 확보한 이권을 계속 유지시키고자 하였다. 이에 본 연구팀은 1910년까지 사료를 분석함으로써, 1905년 이후 한국사를 글로벌 히스토리 시각에서 조망하는 토대를 구축하고자 한다.

● I. B. 22 Korea 2

I. B. 22 Korea 2는 영국의 거문도 점령 관련 문서들을 수록하고 있다. 독일은 영국의 거문도 점령 당시 당사국이 아니었다. 하지만 독일의 입장에서도 영국의 거문도 점령은 중요한 문제였다. 영국의 거문도 점령 사건 자체가 한국과 영국뿐만 아니라, 청국, 러시아, 일본 등 주변 열강 등의 외교적 이해관계가 복잡하게 얽힌 사안이었기 때문이었다. 그렇기에 영국이 거문도를 점령한 이후, 서울, 런던, 베이징, 도쿄, 페테르부르크 등에서는 이 사건을 어떻게 해결할 것인가를 두고 외교적 교섭이 첨예하게 전개되었다. I. B. 22 Korea 2에는 관찰자 시점에서 영국의 거문도 사건을 조망하되, 향후 독일의 동아시아 정책 및 한국정책을 수립하는 척도로 작용하는 내용의 문서들이 수록되어 있다.

I. B. 22 Korea 5

I. B. 22 Korea 5는 한국과 프랑스 관계를 다루고 있다. 주로 한국과 프랑스의 현안이었던 천주교 승인 문제와 천주교 선교 과정에서 한국인과 갈등들이 수록되어 있다. 그리고 삼국간섭 한국의 프랑스 차관 도입 시도 관련 문서들도 있을 것으로 보인다. 즉 I. B. 22 Korea 5는 기독교 선교라는 관점, 그리고 유럽에서 조성되었던 프랑스와 독일의 긴장관계가 비유럽 국가인 한국에서 협력으로 변모하는지를 확인할 수 있는 사료군이라 할 수 있다.

I. B. 22 Korea 6

I. B. 22 Korea 6은 한국 내 기독교가 전래되는 전 과정을 다루고 있다. 지금까지 개항기 기독교 선교와 관련된 연구는 주로 미국 측 선교사에 집중되었다. 학교와 의료를 통한 미국 선교사의 활동과 성장에 주목한 것이다. 그에 비해 독일에서 건너온 선교사 단체에 대한 연구는 미흡하였다. I. B. 22 Korea 6은 한국 내 기독교의 성장과 더불어 독일 선교사들이 초기에 한국에 건너와서 정착한 과정을 확인할 수 있는 사료군이라 할 수 있다.

I. B. 22 Korea 7

I. B. 22 Korea 7은 한국 외국대표부에 관한 사료군이다. 개항 이후 외국 외교관들은 조약에 근거해서 개항장에 외국대표부를 설치하였다. 개항장과 조계지의 관리 및 통세를 위함이었다. 하지만 외국대표부는 비단 개항장에만 존재하지 않았다. 서울에도 비정기적으로 외국대표부들의 회합이 있었다. 그 회합에서 외국 대표들은 개항장 및 서울에서 외국인 관련 각종 규칙 초안을 정해서 한국 정부에 제출하였다. 그리고 한국 내 정치적 현안에 대해서 의논하기도 하였다. 청일전쟁 직전 서울 주재 외교관 공동으로 일본의 철수를 요구한 일이나, 명성황후 시해사건 직후 외교관들의 공동대응은 모두 외국대표부 회의에서 나온 것이었다. I. B. 22 Korea 7 한국을 둘러싼 외세가 협력한 실제 모습을 확인할 수 있는 사료군이다.

I. B. 22 Korea 8

I. B. 22 Korea 8은 한국 정부가 독일을 비롯한 유럽, 그리고 미국에 공사를 파견한 내용을 수록하고 있다. 한국 정부는 1887년부터 유럽과 미국에 공사 파견을 끊임없이 시도하였다. 한국 정부가 공사 파견을 지속하였던 이유는 국가의 독립을 대외적으로 확

인받기 위함이었다. 구체적으로는 1894년 이전까지는 청의 속방정책에서 벗어나기 위해서, 그 이후에는 일본의 침략을 막기 위함이었다. I. B. 22 Korea 8은 독일외교문서 중에서 한국의 대외정책을 확인할 수 있는 사료인 것이다.

● Peking II 127

독일의 대한정책을 주도한 베이징 주재 독일공사관에서 생산한 한국 관련 외교문서들이 수록되어 있다. 그중 Peking II 127에는 병인양요의 내용이 기록되어 있다.

● Peking II 128

Peking II 127과 마찬가지로 독일의 대한정책을 주도한 베이징 주재 독일공사관에서 생산한 한국 관련 외교문서들이 수록되어 있다. 독일이 동아시아에 본격적으로 진출을 시도한 시기는 1860년대 이후이다. 독일은 상인을 중심으로 동아시아 진출 초기부터 청국, 일본뿐만 아니라 한국에 대한 관심을 갖고 있었다. 그 대표적 사례가 오페르트 도굴사건(1868)이었다. 오페르트 사건이 일어나자, 독일정부는 영사재판을 실시함으로써 도굴행위를 처벌하고자 했으며, 2년 뒤인 1870년에는 주일 독일대리공사 브란트를 부산으로 파견해서 수교 협상을 추진하였다. 하지만 한국 정부의 거부로 그 뜻을 이루지 못하였다. Peking II 128에는 독일의 대한 수교 협상과정 및 기타 서구 열강들의 대한 접촉 및 조약 체결을 위한 협상 과정을 담은 문서들이 수록되어 있다.

차례

외무부 정치 문서고 한국 주재 외국 외교관 관계 문서 2
1894.9.7~1903.2

외무부 정치 문서고 한국 주재 외국 외교관 관계 문서 3
1903.3~1910.5

외무부 정치 문서고
조선의 유럽·미국 주재 외교관 파견 관계 문서 1

1887.10.21~1888.12.31

외무부 정치 문서고
한국의 유럽·미국 주재 외교관 파견 관계 문서 2
1889.1.1~1905.12

외무부
A편

외무부 정치 문서고
한국 주재 외국 외교관 관계 문서 2

1894년 9월 7일부터
1903년 2월까지

제2권
참조: 제3권

외무부 정치 문서고
R 18952
조선 No. 7

내용 목차	
1894년	
9월 24일 자 서울 발 보고서 No. 69 -총영사 힐리어의 도착, 가드너 영사의 기이한 행동.	10295 10월 11일
11월 6일 자 베이징 발 보고서 A. 186 -일본 공사 오토리의 조선에서의 활동.	11818
10월 19일 자 서울 발 보고서 No. 77 -일본 공사 오토리의 소환, 오토리 후임으로 이노우에 백작 임명.	11315 12월 11일
10월 27일 자 서울 발 보고서 No. 78 -새로 임명된 일본 공사 이노우에 백작의 서울 도착, 오토리가 소환된 이유들.	11701 12월 22일
1895년	
8월 10일 자 Schinwan 발 보고서 No. 24 -Schinwan 주재 러시아 공사관 서기관이었던 슈뻬이예르가 조선 주재 러시아 대리공사 겸 총영사로 임명됨. 원본 문서 러시아 87	9691 9월 3일
8월 25일 자 도쿄 발 보고서 No. 273 -본국으로 소환된 이노우에 백작 후임으로 미우라 자작이 조선 주재 일본 공사로 임명됨.	10693 10월 일
8월 8일 자 서울 발 보고서 No. 43 -러시아 대리공사 베베르가 멕시코로 전보됨. 공사관서기관 슈뻬이예르가 베베르의 후임으로 임명됨.	10873 10월 9일
9월 12일 자 서울 발 보고서 K. No. 46 -신임 조선 주재 일본 공사 미우라 자작이 업무를 인계받음.	11667 10월 31일
10월 21일 자 도쿄 발 보고서 A. 311 -서울에서 반란이 일어났을 때 명예를 실추시킨 것으로 보이는 미우라 공사와 공사관 서기관 스기무라를 서울에서 소환함.	12802 11월 29일
1896년	
12월 16일 자 워싱턴 발 보고서 No. 637 -일본 정부가 조선 내정을 간섭한 서울 주재 임시 미국 대표에 대해 불만 표출.	139 1월 5일

2월 26일 자 페테르부르크 발 보고서 No. 88 -전임 러시아 공사 베베르가 조선 왕의 내각의 수장인 고문으로 임명됨, Strelbicki 대령이 공사관 무관으로 임명됨.	2150 2월 28일
6월 12일 자 도쿄 발 보고서 A. 113 -서울 주재 일본 공사로 발령 받은 하라의 후임으로 조선 주재 일본 공사 고무라가 외무성 부대신으로 임명됨. 원본 문서 일본 10	7658 7월 23일
1897년/98년	
3월 26일 자 서울 발 보고서 No. 20 -임시 대리공사 가토 마쓰오를 일본 변리공사로 임명함, 영국 공사 맥도널드 경이 신임장을 제출함.	6727 5월 21일
7월 27일 자 서울 발 보고서 No. 42 -알렌 박사가 미국 변리공사로 임명됨.	11340 9월 24일
9월 13일 자 서울 발 보고서 No. 54 -러시아 대리공사 슈뻬이예르가 업무를 인계받음, 미국 변리공사 알렌이 신임장을 제출함.	12904 11월 4일
1898년	
메모. -베를린 주재 러시아 대사가 이른바 조선 주재 크리엔 영사가 반러시아적인 태도를 보였다며서 불만을 표출한 것과 관련된 서류들은 <조선 1>에 있음.	2583 4월 2일
12월 2일 자 서울 발 보고서 K. No. 78 -조선 담당 러시아 대리공사 슈뻬이예르를 청나라 공사로 임명함.	1310 2월 2일
12월 30일 자 서울 발 보고서 K. No. 81 -마튜닌이 조선 주재 러시아 대리공사로 임명됨.	1990 2월 17일
4월 1일 자 런던 발 보고서 No. 311 -서울의 영국 영사대표부를 외교사절단으로 승격시키고 총영사 조던을 대리공사로 임명함.	4055 4월 3일
메모: -자신의 동포들한테 미움을 받고 있는, 러시아 공사관 조선어 통역관 김홍륙 폭행에 관한 2월 24일 자 서울 발 보고서 No. 26은 <조선 3>에 있음.	4508 4월 14일
3월 10일 자 서울 발 보고서 No. 32 -영국 총영사 조던을 조선 담당 대리공사로 임명함.	5249 5월 1일

4월 19일 자 서울 발 보고서 No. 43 n. -신임 러시아 대표 마튜닌 도착, 슈뻬이예르는 알렉시예프를 대동해 상하이로 출발함.	6991 6월 13일
5월 20일 자 서울 발 보고서 No. 51 -영국, 프랑스, 러시아 대리공사의 신임장.	8019 7월 8일
7월 21일 자 Chuzenji 발 보고서 No. A. 94 -서울 주재 우리나라 영사 크리엔이 조선 외무부 직원을 실제로 폭행했다는 일본 언론의 보도.	9871 8월 26일
8월 19일 자 베이징 발 보고서 A. 150 -서울에 청나라 공사관 개설, 쉬서우펑이 공사관 책임자로 부임할 예정.	11345 10월 2일
9월 3일 자 베이징 발 보고서 A. 158 -러시아 총영사 겸 대리공사로 임명된 파블로프의 성품.	11925 10월 17일
1899년	
메모: -조선 담당 청나라 공사의 신임장에 관한 2월 27일 자 베이징 발 보고서 A. 39는 <조선 3>에 있음.	4408 4월 15일
2월 18일 자 서울 발 보고서 No. 14 -러시아 대리공사 마튜닌 소환과 관련해 조선 왕이 러시아 황제한테 보낸 전보.	3876 4월 3일
2월 3일 자 서울 발 보고서 No. 12 -조선 주재 청나라 공사로 쉬서우펑 임명, 청과 조선 간 통상조약의 체결을 계획하고 있음.	4177 4월 16일
12월 31일 자 서울 발 보고서 No. 101 -서울 주재 일본 변리공사 가토가 조선 공사로 임명됨, 그의 갑작스러운 서울 귀환 및 그 이유들, 러일협약에도 불구하고 일본의 조선 내정 간섭을 우려하는 러시아, 일본 공사관 서기관 히오키와 러시아 대리공사 마튜닌 간에 체결된 조약에 대한 일본 측의 준수.	2844 3월 10일
1월 21일 자 서울 발 보고서 No. 6 -러시아 대리공사 마튜닌이 소환되고 그의 후임으로 파블로프가 임명됨, 파블로프의 후임으로는 카이로 총영사 드미트리프스키가 임명될 듯.	2845 3월 10일
6월 5일 자 도쿄 발 보고서 No. A. 71 -일본 공사 가토가 하야시로 교체된 이유들.	8278 7월 10일

5월 17일 자 서울 발 보고서 No. 39 –일본 공사 가토의 소환.	8274 7월 10일
6월 30일 자 서울 발 보고서 No. 51 –서울 주재 신임 일본 공사 하야시 곤스케.	10602 9월 8일
10월 2일 자 서울 발 보고서 No. 75 –서울 주재 임시 러시아 대리공사 드미트리프스키 사망, 공사관 서기관 슈타인이 공사관 업무 대행.	13781 10월 21일
1900년	
5월 1일 자 서울 발 보고서 No. 39 –독일 영사 바이페르트와 오스트리아 공사관 서기관 Grubissich의 조선 왕 알현.	7626 6월 29일
1899년 12월 20일 자 서울 발 보고서 No. 91 –서울 주재 청나라 공사 쉬서우펑이 공사관 업무를 인계 받음, 그곳 청나라 총영사로 Wu Kwang P'ei이 임명됨.	2481 2월 26일
5월 18일 자 서울 발 보고서 No. 44 –영국 대리공사 조던이 휴가를 떠남. 공사관 서기관 거빈스가 업무를 대리함.	8644 7월 6일
4월 13일 자 v. Richthofen 남작의 기록 –프랑스는 청나라 대표가 외교단 수석이나 영사단 수석을 맡을 수 있느냐는 문제에 대한 우리의 입장을 알고 싶어함.	5155 4월 25일
8월 2일 자 v. Derentholl 공사의 기록 –프랑스 정부가 서울 주재 프랑스 대표가 외교단 수석을 맡는 문제에 대한 우리 측 의견을 재차 문의함.	10339 8월 3일
3월 2일 자 R. Cylos 공사의 문의 –프로이센의 하인리히 왕자를 Goltz한테 영사 직 맡기는 일에 활용하는 것과 서울 주재 변리공사의 임명.	Ap 411 3월 2일
1901년	
2월 7일 자 서울 발 보고서 No. 23 –청나라 공사 쉬서우펑이 여행을 떠나고, 공사관 서기관 쉬타이션이 대리공사 자격으로 업무를 맡아봄.	4642 3월 28일
3월 15일 자 서울 발 보고서 No. 43 –프랑스 대리공사 플랑시가 공사로 승진해 다시 돌아옴.	6608 5월 4일

4월 20일 자 서울 발 보고서 No. 67 -건강상의 이유로 러시아 대리공사가 일본으로 떠남.	8488 6월 7일
6월 7일 자 서울 발 보고서 No. 77 -오스트리아 함대의 제물포 입항, 오스트리아 대표의 서울 파견 문제. 원본 문서 오스트리아 73	9671 6월 30일 Mot
5월 27일 자 논평 No. 88 -조선 주재 프랑스 대표 플랑시가 변리공사로 승진한 것은 파리 사람들이 점차 증대되는 프랑스의 영향력을 더 키우고자 하는 의지를 갖고 있다는 것을 암시함.	10706 7월 22일
1월 7일 자 논평 No.7 -프랑스 대리공사가 공사로 임명될 예정임, 그렇게 될 경우 그가 외교단 수석이 될 수 있음. 청나라 공사는 외교단을 운영할 수 있는 능력이 없음.	2819 2월 22일
6월 28일 자 논평 No. 106 -러시아 대표 파블로프가 베이징으로 자리를 옮길 것이라는 소문이 있음, 조선 왕은 전임 러시아 대표 베베르를 궁내부 고문으로 채용하고자 함.	11580 8월 9일
8월 3일 자 서울 발 보고서 No. 130 -서울에 러시아 부영사관을 설치하고 조선에 있는 러시아 영사관들의 관할지역을 새로 지정함.	13865 9월 28일
7월 29일 자 베이징 발 보고서 A. 279 -쉬타이션이 조선 주재 신임 청나라 공사로 임명됨.	13482 9월 20일
9월 3일 자 서울 발 보고서 No. 148 -서울에 오스트리아의 외교 대표부를 설치하는 문제 및 오스트리아 자본가에게 광산업 허가권을 인정해 달라는 요구.	14984 10월 24일
9월 3일 자 서울 발 보고서 No. 147 -조선 왕이 서울에 오스트리아의 외교(?) 대표부 설치를 요구함, 그리고 대표부 책임자로 Pisko 영사가 임명되기를 바란다고 함.	14983 10월 24일
12월 5일 자 해군사령부의 서신 -순양함 함대사령관이 서울 주재 영사의 직급 상향을 찬성함.	17481 12월 9일
10월 19일 서울 발 보고서 No. 172 -조선 담당 벨기에 총영사가 대리공사로 승진함, 현재 총영사는 뱅카르임.	17648 11월 12일
6월 27일 서울 발 보고서 No. 104 -서울 주재 미국 변리공사 알렌 박사가 공사로 임명됨.	11578 8월 9일

8월 7일 자 서울 발 보고서 No. 132 -베이징과 도쿄에 동일한 내용의 훈령 발송, 우리는 서울에 공사관 내지 변리공사관을 설립할 계획이 있음. 그런 조처들이 어떤 반응을 불러오게 될 것인가?	13906 9월 29일
11월 25일 자 도쿄 발 보고서 No. A. 134 -서울 주재 영사관을 외교대표부로 바꾸는 것에 찬성함, Coates 영사도 찬성 의견 표명함.	18505 12월 30일
1902년	
11월 11일 자 서울 발 보고서 No. 183 -서울 주재 영국 상근 대리공사를 변리공사로 승격함.	114 1월 4일
11월 16일 자 서울 발 보고서 No. 185 -신임 서울 주재 청나라 공사 쉬타이션의 성품.	934 1월 19일
12월 17일 자 서울 발 보고서 No. 198 -서울 주재 이탈리아 영사로 U. Framesetti di Malgra 임명.	1776 2월 2일
1월 31일 자 서울 발 보고서 No. 73 -러시아 대리공사 파블로프가 공사로 임명됨.	4776 3월 25일
1월 25일 자 워싱턴 발 보고서 No. A. 33 -조선 공사로 임명된 알렌의 성품.	2343 2월 12일
5월 19일 자 서울 발 보고서 No. 88 2월 5일 자 상트페테르부르크 발 보고서 No. 95 -파블로프를 조선 주재 러시아 공사 겸 통상조약 체결을 위한 전권대신으로 임명함.	10406 7월 6일 2074 2월 7일
1월 30일 자 서울 발 보고서 No. 20 -청나라 주재 미국 무관을 조선 겸임 무관으로 임명함.	4237 3월 16일
11월 28일 자 베이징 발 보고서 No. A. 423 -서울에 외교 대표부를 설치하는 것에 찬성함.	965 1월 19일
2월 10일 자 서울 발 보고서 No. 32 -러시아 사절단장이 자신이 공사로 임명되었음을 통지함, 여러 나라들의 대표부들을 방문함. -우리 영사관을 외교 대표부로 승격하는 것에 반대하는 홀스타인의 메모.	4780 3월 25일
4월 22일 자 보좌관 R. Zahn의 기록 -조선 공사가 조선에 독일 공사관을 설치해달라는 조선 황제의 희망을 피력함.	6319 4월 22일

3월 8일 자 서울 발 보고서 No. 50 -벨기에 총영사 뱅카르의 휴가시작, 뱅카르한테 훈장 수여.	6344 4월 23일
9월 26일(9월 27일) 자 직무상 직접 보고 -서울 (그리고 하바나) 주재 변리공사관 설립 찬성.	14146 9월 24일
7월 24일 자 서울 발 보고서 No. 122 -러시아 공사의 휴가로 공사관 서기관 Stein이 임시대표를 맡음.	13686 11월 15일
11월 16일 자 직접 보고 -상기 내용과 동일.	14146
10월 14일 자 서울 발 보고서 No. 165 -서울 주재 이탈리아 영사 Ugo Francesetti di Malegra 백작의 사망.	17486 12월 2일
10월 20일 자 서울 발 보고서 No. 170 -H. di Cossato를 조선 담당 이탈리아 영사로 임명함.	17960 12월 12일
10월 19일 자 서울 발 보고서 No. 166 -전임 서울 주재 러시아 공사 베베르가 다시 그 자리를 차지할 거라는 소문.	17987 12월 12일
1903년	
11월 7일 자 서울 발 보고서 No. 179 -해군 장교 Rossetti가 이탈리아 영사로 임명됨, 변리공사 Monaco는 몇 달 후에 도착할 예정.	21 1월 1일
메모: -서울 주재 변리공사한테 일반적인 관심사에 대한 보고서는 사본으로 베이징과 도쿄에 전달하라는 지시를 내림. 원본 문서 Personalia gen. 63	A. No. 431 2월 18일
11월 17일 자 서울 발 보고서 No. 185 -러시아 특별공사 베베르의 지위 및 활동.	23 1월 1일
2월 22일 자 서울 발 보고서 No. 29 -러시아 대리공사 파블로프가 서울에 다시 등장한 것에 대한 상반된 내용의 보고들.	5203 4월 12일 제3권

01

원문 p.397

영국 총영사 힐리어의 도착, 가드너 영사의 기이한 행동

발신(생산)일	1894. 9. 24	수신(접수)일	1894. 11. 11
발신(생산)자	크리엔	수신(접수)자	카프리비
발신지 정보	서울 주재 독일영사관	수신지 정보	베를린 정부
	No. 69		A. 10295

A. 10295 1894년 11월 11일 오전 수신, 첨부문서 1부

서울, 1894년 9월 24일

검열 No. 69

카프리비 각하 귀하

각하께 삼가 아래와 같이 보고 드리게 되어 영광입니다. 상근 영국 총영사 힐리어[1]가 이달 21일 이곳으로 돌아왔습니다. 그리고 다음날 총영사의 업무를 다시 인계 받았습니다. 지금까지 그의 업무를 대리했던 가드너[2]는 어제 다시 서울을 떠나 아모이의 원래 직책으로 돌아갔습니다.

힐리어가 본인에게 전해준 바에 의하면, 그는 원래 런던에 더 오래 머물 예정이었으나 8월 초에 그의 직책과 아무 상관도 없는 런던 외무부에서 지시가 내려왔다고 합니다. 그는 이런 지시가 내려오게 된 것은 지난 몇 달 동안 벌어진 이상한 일들 때문이었을 거라고 추정했습니다. 아래에서 그 몇 가지 사례를 말씀드리도록 하겠습니다.

일본 군인들과 충돌한[3] 직후 가드너는 본인과 러시아 대리공사한테 말하기를, 자신은 그 사건을 계기로 평화가 더 굳건해졌다고 확신하기 때문에 그 사건을 유감스럽게 생각하지 않는다고 했습니다. 또한 이 좋은 목적을 위해서라면 자신의 부하들을 희생시킬 각오가 되어 있다고 했습니다.

7월 10일 일본 공사가 조선 정부에 다른 개혁안들을 제안하면서 더불어 육군과 해군

1 [감교 주석] 힐리어(W. C. Hillier)

2 [감교 주석] 가드너(C. T. Gardner)

3 [원문 주석] A 8081, 8203, 7992, 8086에 삼가 첨부됨.

의 체제를 변경하라고 조언했습니다. 그러자 가드너는 오토리[4]가 영국인 해군교관 콜웰[5]의 해임을 요구했다고 전신으로 런던에 보고했습니다. 사이온지[6] 후작과 함께 서울을 방문해 2주 동안 머물다 돌아간 일본 의회 의장 스에마쓰[7]가 본인에게 이야기해준 바에 의하면, 영국 정부는 전신 보고를 받은 후 한동안 새로운 영일 조약[8] 서명을 거부했습니다. 그 사건에 대해 오토리와 가드너가 주고받은 서신들의 –오토리가 이곳 외교 대표들한테 서신들을 회람시켜 주었습니다.– 사본을 첨부문서로 동봉하였습니다. 오토리는 서신에서 가드너한테, 그 문제와 관련해 런던 외교부와 도쿄 주재 영국 공사관에 보낸 전신 보고를 철회해줄 것을 강력하게 요구했습니다. 하지만 가드너는 만약 오토리가 영국 정부에 보낸 자신의 보고에 대한 해명을 원한다면 일상적인 방법을 이용하라고 반박했습니다.

유럽 및 미국 대표들과 회동할 때마다 가드너는 늘 일본과 일본 군인들에 대해 비난을 늘어놓은 반면 청인과 청나라 군인들에 대해서는 칭찬을 아끼지 않았습니다. 그는 수차에 걸쳐 “일본인들은 황제부터 막노동꾼에 이르기까지 전부 거짓말쟁이”라고 말했습니다. 특히 그는 일본 사령관이 영국 증기선 고승호[9]를 격침시킨 것에 대해 몹시 격분했습니다. 그는 사건에 대해 아래와 같이 지적했습니다. “만약 이런 해적행위를 용서한다면, 영국은 국가로서 문을 닫아야 하며, 나는 사령관직에서 물러날 것이다.”

또한 그는 다른 기회에 우리한테, 청의 보호권을 넘겨받는 일에 대해 이렇게 말했습니다. “만약 운명의 수레바퀴가 방향을 바꿔 일본인들을 내 보호하에 두면 얼마나 기쁠까.”[10]

제물포 중립화 문제와 관련해 우리의 첫 번째 회의가 열렸을 때, 그는 어쩌면 이것이 금년의 가장 중요한 회의일지도 모른다면서, 역사를 만들어가는 우리의 고귀한 임무를 항상 기억해야 한다고 장황하게 말했습니다. 당시 그는 정신적으로 문제가 있는 사람처럼 보였습니다.

베이징에서 돌아온 직후 베베르[11]는 톈진에서 리훙장 총독이 그에게, 위안[12]이 외국

4 [감교 주석] 오토리 게이스케(大鳥圭介)

5 [감교 주석] 콜웰(W. H. Callwell)

6 [감교 주석] 사이온지 긴모치(西園寺公望)

7 [감교 주석] 스에마쓰 겐조(末松謙澄). 당시 직위는 법제국장관임.

8 [감교 주석] 1894년 7월 체결된 영일통상항해조약(영일수호통상조약의 개정)

9 [감교 주석] 고승호(高陞號)

10 [감교 주석] 원문에는 “If the wheel of fortune should turn the other way, I would be equally happy to take the Japanese under my protection”라고 서술되어 있음.

11 [감교 주석] 베베르(K. I. Weber)

대표들이 청에 군사적인 도움을 요청했다는 사실을 전보로 명확히 보고하지 않는 한 청나라 군대를 조선에 파견하는 일은 없을 거라고 확약했다고 말했습니다. 러시아 대리공사 베베르는, 가드너가 위안한테 그런 내용으로 통지하라고 말했거나 아니면 리훙장에게 청나라 군대를 파견하라고 조언했을 거라고 의심하고 있습니다. 하지만 가드너는 만약 리훙장이 자신에게 조언을 구했다면 자신은 청나라 대표한테 절대 그런 조치를 취하지 말라고 조언했을 거라고 주장했습니다.

본인은 본 보고서의 사본을 베이징 주재 독일제국 공사관에 보낼 것입니다.

크리엔[13]

내용: 영국 총영사 힐리어의 도착, 가드너 영사의 기이한 행동. 첨부문서 1부

No. 69의 첨부문서

첨부문서의 내용(원문)은 독일어본 399~400쪽에 수록.

12 [감교 주석] 위안스카이(袁世凱)

13 [감교 주석] 크리엔(F. Krien)

02

원문 p.401

서울 주재 일본 공사의 교체

발신(생산)일	1894. 10. 19	수신(접수)일	1894. 12. 11
발신(생산)자	크리엔	수신(접수)자	카프리비
발신지 정보	서울 주재 독일영사관	수신지 정보	베를린 정부
	No. 77		A. 11315

A. 11315 1894년 12월 11일 오전 수신

서울, 1894년 10월 19일

검열 No. 77

카프리비 각하 귀하

각하께 삼가 아래와 같이 보고 드리게 되어 영광입니다. 일본 공사 오토리[1]가 자국 정부의 소환령을 받고 오늘 서울을 떠나 일본으로 돌아갔습니다. 그의 후임인 이노우에[2] 백작은 1885년 일본 특사로 잠시 조선에 머물렀던 적이 있는 자로서 며칠 내로 이곳에 부임할 예정입니다.

본인은 본 보고서의 사본을 베이징과 도쿄 주재 독일제국 공사관에 보낼 것입니다.

크리엔

내용: 서울 주재 일본 공사의 교체

1 [감교 주석] 오토리 게이스케(大鳥圭介)

2 [감교 주석] 이노우에 가오루(井上馨)

03

원문 p.402

[신임 주한일본공사 이노우에 부임 보고]

발신(생산)일	1894. 10. 27	수신(접수)일	1894. 12. 22
발신(생산)자	크리엔	수신(접수)자	카프리비
발신지 정보	서울 주재 독일영사관	수신지 정보	베를린 정부
	No. 78		A. 11701

사본

A. 11701　1894년 12월 22일 오전 수신

서울, 1894년 10월 27일

검열 No. 78

카프리비 각하 귀하

각하께 이달 19일 자 본인의 보고서 No. 77에 이어 삼가 아래와 같이 보고 드리게 되어 영광입니다. 신임 일본 공사 이노우에 가오루[1] 백작이 어제 이곳에 도착했습니다. 전임 일본 농상무 차관 사이토[2]가 함께 왔습니다.

이곳에서는 이노우에 백작이 일단은 조선의 개혁에 박차를 가하겠지만 일본인들을 위한 무역특례, 광산 개발, 철도부설권 취득에도 나설 것으로 추정하고 있습니다.

일본 공사관 서기관 히오키[3]는 라인스도르프[4] 부영사에게 오토리의 소환 이유에 대해, 그는 더 이상 현 상황에 맞지 않는 인물이라는 식으로 설명했습니다. 즉 그는 나이도 너무 많은데다가 일본의 새롭고 진보적인 이념과 의지에 충분히 부합하지 않는 인물이라는 것입니다.

(서명) 크리엔

원본 문서 중국 20

1 [감교 주석] 이노우에 가오루(井上馨)

2 [감교 주석] 사이토 슈이치로(齋藤修一郎)

3 [감교 주석] 히오키 에키(日置益)

4 [감교 주석] 라인스도르프(Reinsdorf)

04

원문 p.403

[주한일본공사 오토리의 활동에 대한 주한영국총영사 힐리어 보고서 사본 송부]

발신(생산)일	1894. 11. 6	수신(접수)일	1894. 12. 25
발신(생산)자	쉔크	수신(접수)자	호엔로에-실링스퓌르스트
발신지 정보	베이징 주재 독일공사관	수신지 정보	베를린 정부
	A. No. 186		A. 11818

사본

A. 11818 1894년 12월 25일 오전 수신

베이징, 1894년 11월 6일

A. No. 186

호엔로에-실링스퓌르스트 각하 귀하

이곳의 영국 동료[1]가 본인에게 은밀히, 조선의 현 정세 및 조선 주재 일본 공사 오토리[2]의 활동상에 관한 내용을 담은 서울 주재 영국 총영사 힐리어[3]의 보고서 몇 통을 보여주었습니다.

각하께 그중 두 개의 보고서 사본을 송부합니다. 하나(No. 107)은 새로 만든 조선 관직에 일본인 고문을 앉히는 것에 관한 보고로서, 오토리가 어떤 형식으로 조선 외무대신[4]에게 일본인 고문을 추천했는지를 알 수 있습니다.

두 번째 보고서(No. 108)은 조선 국왕의 서자[5]를 일본 주재 공사로 파견하는 일에 관한 보고로, 내용을 보면 오토리와 일본 정부는 이 서자를 조선 왕의 후계자로 예상하고 있는 듯합니다.

(서명) 쉔크[6]

원본 문서 조선 1

1 [감교 주석] 오코너(N. R. O'Conor)
2 [감교 주석] 오토리 게이스케(大鳥圭介)
3 [감교 주석] 힐리어(W. C. Hillier)
4 [감교 주석] 김윤식(金允植)
5 [감교 주석] 의친왕 이강(義親王 李堈)
6 [감교 주석] 쉔크(Schenck zu Schweinsberg)

05

원문 p.404

[신임 주한러시아공사 임명 보고]

발신(생산)일	1895. 8. 10	수신(접수)일	1895. 9. 3
발신(생산)자	말비츠	수신(접수)자	호엔로에-실링스퓌르스트
발신지 정보	Schinwan	수신지 정보	베를린 정부
			A. 9691

사본

A. 9691 1895년 9월 3일 오후 수신

Schinwan, 1895년 8월 10일

호엔로에-실링스퓌르스트 각하 귀하

암호해독

이곳에 도착한 전보에 의하면, 이곳 주재 전임 러시아 공사관 서기관 슈뻬이예르[1]가 조선 주재 러시아 변리공사 내지 총영사로 임명되었다고 합니다.

슈뻬이예르는 이란에서 약 5년간 공사관 서기관으로, 또 때로는 임시 변리공사로 근무했습니다. 그런 다음 약 1년 동안 이곳 페테르부르크에 있는 외무부에서 근무했습니다. 그는 테헤란에 근무하기 전에 약 5년간 도쿄 주재 러시아 공사관에서 일한 적이 있는데, 그때 일본에서 조선을 방문한 적이 있습니다. 슈뻬이예르는 유능하고 민첩하며 활동적인 사람입니다. 그의 서울 파견은 페테르부르크에서도 이제 조선에서의 러시아의 이해관계를 능숙하고 적극적으로 인식하기 시작했다는 방증으로 보입니다.

(서명) 말비츠[2]

원본 문서 러시아 87

1 [감교 주석] 슈뻬이예르(A. Speyer)

2 [감교 주석] 말비츠(Mallwitz)

06

원문 p.405

[신임 주한일본공사 미우라 임명 보고]

발신(생산)일	1895. 8. 25	수신(접수)일	1895. 10. 3
발신(생산)자	구트슈미트	수신(접수)자	호엔로에-실링스퓌르스트
발신지 정보	도쿄 주재 독일 공사관	수신지 정보	베를린 정부
	A. 273		A. 10693

사본

A. 10693 1895년 10월 3일 오전 수신

도쿄, 1895년 8월 25일

A. 273

호엔로에-실링스퓌르스트 각하 귀하

전 육군중장 미우라[1] 자작이 서울 주재 공사로 임명되었습니다. 조선에 관한 이달 9일 자 본인의 보고서 A. 263 말미에서 이미 그를 이노우에 백작 후임으로 거론한 적이 있습니다. 그의 임명 소식은 이달 21일 자 관보에 실렸습니다. 미우라 자작은 며칠 내로 그의 임무를 인계받을 예정입니다.

이노우에[2] 백작의 귀국 날짜는 아직 정확히 알려지지 않았습니다. 예상컨대 후임자인 미우라 자작이 도착하기를 기다렸다가 그에게 업무를 인계해준 다음 귀국할 것 같습니다.

외교 업무만을 전담하는 공사를 임명했다는 것은 사실상 조선의 독립을 인정하는 1단계 조처로 해석될 수 있으며, 이로서 일본이 러시아의 의견에 동조했다고 볼 수 있습니다. 그도 그럴 것이 이노우에 백작이 공식적으로는 단지 공사 직함만 갖고 있지만 지난 겨울 그를 조선에 파견한 것은 분명히 일본을 모범 삼아 조선의 개혁에 적극 개입하려는 목적이 있었기 때문입니다. 그는 단순한 외교 대표라기보다는 일종의 섭정자에 가깝다고 할 수 있습니다. 그가 주어진 임무, 즉 개혁작업을 제대로 수행했다고 말할 수는 없습니다. 그의 후임으로 단지 도쿄에서 내리보내는 지시들만을 수행하는 공사를

1 [감교 주석] 미우라 고로(三浦梧樓)

2 [감교 주석] 이노우에 가오루(井上馨)

임명한 것은 일본이 원래 조선에서 차지하려 했던 위치, 즉 조선을 자신들의 보호하에 관리하려던 입장에서 후퇴한 것으로 해석됩니다.

(서명) 구트슈미트[3]

원본 문서 일본 6

3 [감교 주석] 구트슈미트(F. Gudtschmid)

07

원문 p.407

[주한러시아공사 교체 보고]

발신(생산)일	1895. 8. 8	수신(접수)일	1895. 10. 9
발신(생산)자	크리엔	수신(접수)자	호엔로에-실링스퓌르스트
발신지 정보	서울 주재 독일영사관	수신지 정보	베를린 정부
	No. 43		A. 10873

사본

A. 10873 1895년 10월 9일 오전 수신

서울, 1895년 8월 8일

검열 No. 43

호엔로에-실링스퓌르스트 각하 귀하

러시아 대리공사 베베르[1]가 멕시코로 전보 발령을 받았습니다. 하지만 그는 이곳에 몇 달 더 머물다가 떠날 것이라고 합니다. 그의 후임으로 테헤란 주재 공사관 서기관 슈뻬이예르[2]가 임명되었습니다. 그는 1885년 묄렌도르프[3]의 제안으로 조선 정부에 러시아 군사교관을 추천하기 위해 도쿄에서 이곳에 온 적이 있습니다. 하지만 당시 그의 제의는 왕에게 거절당했습니다.

(서명) 크리엔

원본 문서 조선 1

1 [감교 주석] 베베르(K. I. Weber)

2 [감교 주석] 슈뻬이예르(A. Speyer)

3 [감교 주석] 묄렌도르프(P. G. Möllendorff)

08

원문 p.408

[신임 주한일본공사 미우라 부임 보고]

발신(생산)일	1895. 9. 12	수신(접수)일	1895. 10. 21
발신(생산)자	크리엔	수신(접수)자	호엔로에-실링스퓌르스트
발신지 정보	서울 주재 독일영사관	수신지 정보	베를린 정부
	No. 46		A. 11667

사본

A. 11667 1895년 10월 21일 오후 수신

서울, 1895년 9월 12일

검열 No. 46

호엔로에-실링스퓌르스트 각하 귀하

각하께 지난달 8일 자 본인의 보고서 No. 43에 이어 삼가 아래와 같이 보고 드리게 되어 영광입니다. 신임 일본 공사 미우라[1] 자작이 이달 1일 이곳에 도착했으며, 3일 이노우에[2] 백작한테서 일본 공사관 업무를 인계받았습니다. 이노우에 백작은 이달 17일 서울을 떠날 예정이라고 합니다.

(서명) 크리엔

원본 문서 조선 1

1 [감교 주석] 미우라 고로(三浦梧樓)

2 [감교 주석] 이노우에 가오루(井上馨)

09

원문 p.409

[주한일본공사 미우라가 을미사변을 묵인했다는 일본 언론보도에 관한 보고]

발신(생산)일	1895. 10. 21	수신(접수)일	1895. 11. 29
발신(생산)자	구트슈미트	수신(접수)자	호엔로에-실링스퓌르스트
발신지 정보	도쿄 주재 독일 공사관	수신지 정보	베를린 정부
	A. 311		A. 12802

사본

A. 12802　1895년 11월 29일 오후 수신

도쿄, 1895년 10월 21일

A. 311

호엔로에-실링스퓌르스트 각하 귀하

일본의 반관보[1] "Nichi Nichi Shimbun"[2]가 일본 자객들이(소위 "Soshi") 약 30명이 8일 조선 궁궐에서 저지른 살해행위[3]에 직접 가담했다는 사실을 시인했습니다. 뿐만 아니라 심지어 현재 서울에 주둔 중인 일본군 1개 대대가 대원군[4]과 공동보조를 취해 그를 궁까지 호송했다는 사실도 확인해 주었습니다. 더 나아가 신문은 조선 주재 일본 공사관이 이 사건 전반에 걸쳐 사태를 묵인했다는 비난을 받아 마땅하다고 지적했습니다. 그로 인해 공사인 미우라[5] 자작과 공사관 서기관 스기무라[6]가 즉각 소환되었는데, 그것은 조선 정부의 강력한 요구에 따른 조치라고 합니다.

미우라 공사가 조선에서 단독으로 이런 모험적인 정책을 수행했을 거라는 항간의 추측은 거의 개연성이 없습니다. 또한 조선 정부가 실제로 이 사건에 전혀 개입하지

1 [감교 주석] 반관보(半官報)
2 [감교 주석] 도쿄니치니치신문(東京日日新聞)
3 [감교 주석] 명성황후(明成皇后) 시해사건
4 [감교 주석] 흥선대원군(興宣大院君)
5 [감교 주석] 미우라 고로(三浦梧樓)
6 [감교 주석] 스기무라 후카시(衫村濬)

않았는지에 대해서도 의문의 여지가 있습니다. 이 사건에서 눈길을 끄는 것은 애초에 왜 미우라 자작을 조선 주재 공사로 선임했느냐 하는 점입니다. 그는 퇴역한 육군중장으로, 외교 업무에 종사해본 경험이 전혀 없는데다가 몇 년 전부터 정치와는 아주 거리가 멀었습니다. 사람들이 알고 있는 미우라 자작은 이제 막 시작된 정치가로서의 삶에 커다란 야심을 가질 만한 인물이 아니라고 합니다. 이런 점으로 미루어 볼 때 이노우에 백작처럼 중요한 위치에 있는 정치가보다는 미우라 같은 인물을 내세우는 게 앞에서 언급된 까다로운 작전을 수행하는 과정에 발생할 위험 부담을 훨씬 줄일 수 있었을 것입니다.

(서명) 구트슈미트

원본 문서 조선 1

10

원문 p.411

[주한미국대리공사 알렌에 대한 일본정부의 항의 및 미 국무장관의 견책 보고]

발신(생산)일	1895. 12. 16	수신(접수)일	1896. 1. 5
발신(생산)자	틸만	수신(접수)자	호엔로에-실링스퓌르스트
발신지 정보	워싱턴 주재 독일 대사관	수신지 정보	베를린 정부
	No. 637		A. 139

사본

A. 139 1896년 1월 5일 오전 수신

워싱턴, 1895년 12월 16일

No. 637

호엔로에-실링스퓌르스트 각하 귀하

제3차관보 락힐[1]의 기밀 보고에 의하면 일본 정부는 얼마 전 이곳 주재 일본 공사와 도쿄 주재 미국 대표를 통해 서울 주재 미국 대리공사의 태도 및 그의 조선 내정 간섭 건으로 이의를 제기했다고 합니다. 사건의 내막을 조사해본 결과 휴가로 잠시 자리를 비운 미국 변리공사의 직무를 대리하고 있는 부총영사 알렌[2]이 -그는 전직 선교사입니다- 금년 10월 러시아 대리공사 베베르의 인도하에 영국 총영사 힐리어를 대동하고 여러 번 궁에 들어가 여러 가지 개혁안들을 제시했다고 합니다. 조선 왕비 시해 사건[3] 이후 알렌은 이러한 폭력적 행위에 공식적으로 항의해야 한다는 입장이었습니다. 더 나아가 그는 동료들을 규합해 새로 구성된 친일적인 성격을 보이는 조선 내각에 대해 이의를 제기하고 새 내각을 인정하지 않고 있습니다.

마지막으로 알렌은 자신에게 궁에서 일어난 혁명에 가담했다는 혐의를 씌운 조선 주재 일본 공사에게 이의를 제기하는 한편, 다른 동료들과 함께 일본 대표를 외교단

---

1 [감교 주석] 락힐(W. W. Rockhill)

2 [감교 주석] 알렌(H. N. Allen)

3 [감교 주석] 명성황후(明成皇后) 시해사건

회의에서 배제하기로 합의를 보았습니다.

이런 행동으로 인해 알렌은 심한 질책을 받았습니다. 그는 국무장관 올니[4]로부터 조선 내정에 절대 개입하지 말 것과 조선에 대한 일본의 정책에 공개적으로 적개심을 드러내는 것을 금하라는 지시를 받았습니다. 그밖에도 조선 주재 미국 대표부에는 이곳의 정치적 전통에 어긋나지 않도록, 다른 나라 대표들과의 공동 행보 일체를 삼가라는 지시와 함께 만약 미국인들의 이익이 침해되는 경우에는 별도로 단지 미국의 요구만을 대표하여 조선 정부에 이의를 신청하라는 지시가 내려왔다고 합니다.

(서명) 틸만[5]

원본 문서 조선 1

4 [감교 주석] 올니(R. Olney)

5 [감교 주석] 틸만(Thielmann)

11

원문 p.413

[전 주한러시아공사 베베르가 왕실고문으로 임명되었다는 보고]

발신(생산)일	1896. 2. 26	수신(접수)일	1896. 2. 28
발신(생산)자	라돌린	수신(접수)자	호엔로에-실링스퓌르스트
발신지 정보	페테르부르크 주재 독일 대사관	수신지 정보	베를린 정부
	No. 88		A. 2150

A. 2150 1896년 2월 28일 오후 수신

상트페테르부르크, 1896년 2월 26일

No. 88

호엔로에-실링스퓌르스트 각하 귀하

암호해독

정통한 소식통에 의하면, 슈뻬이예르 공사에게 조선 주재 러시아 대표의 자리를 물려준 베베르가 조선 내각의 우두머리 격인 왕실 고문으로 임명되었다고 합니다. 라우엔슈타인 대위가 보고해온 바에 의하면 러시아 사령부 소속 육군대령 Strelbitskii가 서울 주재 무관으로 임명되었다고 합니다.

러시아의 보호정책이 갈수록 더 노골적으로 드러나고 있습니다. 러시아는 일본인들에 의해 문란해진 질서를 다시 바로잡기 위해서는 무관의 직위가 필요하다는 생각입니다.

만주를 가로지르는 철도 부설 계획이 강력하게 추진되어야 하며, 그 철도가 러시아의 국철과 만나 블라디보스토크까지 연결되어야 한다는 주장이 나오고 있습니다.

라돌린[1]

원본 문서 조선 1

1 [감교 주석] 라돌린(H. F. von Radolin)

12

원문 p.414

[주한일본공사 교체 보고]

발신(생산)일	1896. 6. 12	수신(접수)일	1896. 7. 23
발신(생산)자	구트슈미트	수신(접수)자	호엔로에-실링스퓌르스트
발신지 정보	도쿄 주재 독일 공사관	수신지 정보	베를린 정부
	A. 113		A. 7658

사본

A. 7658 1896년 7월 23일 오전 수신

도쿄, 1896년 6월 12일

A. 113

호엔로에-실링스퓌르스트 각하 귀하

외무대신이 어제 비밀리에 본인에게 전해준 바에 의하면, 며칠 전 휴가 차 이곳에 도착한 조선 주재 일본 공사 고무라[1]가 외무차관에 내정되었으며, 조만간 공식적으로 임명될 예정이라고 합니다. 현 하라[2]는 서울 주재 공사로 임명될 것입니다.[3]

(서명) 구트슈미트

원본 문서 일본 10

1 [감교 주석] 고무라 주타로(小村壽太郎)

2 [감교 주석] 하라 다카시(原敬)

3 [원문 주석] 그사이에 상기 두 임명 건은 정식으로 공개되었음.

13

원문 p.415

일본 변리공사의 임명. 청과 조선 겸임 영국 공사의 서울 도착

발신(생산)일	1897. 3. 26	수신(접수)일	1897. 5. 21
발신(생산)자	크리엔	수신(접수)자	호엔로에-실링스퓌르스트
발신지 정보	서울 주재 독일영사관	수신지 정보	베를린 정부
	No. 20		A. 6727

A. 6727 1897년 5월 21일 오후 수신

서울, 1897년 3월 26일

검열 No. 20

호엔로에-실링스퓌르스트 각하 귀하

각하께 삼가 아래와 같이 보고 드리게 되어 영광입니다. 임시 대리공사 가토 마쓰오[1]가 조선 주재 일본 변리공사로 임명되었습니다. 그는 이달 22일 왕에게 신임장을 제출하였습니다.

청과 조선 겸임 영국 공사 맥도널드 경이 어제 아내이자 공사관 2등서기관인 그로브너[2]와 개인비서를 대동하고 베이징에서 이곳에 도착했습니다. 그는 오늘 왕에게 신임장을 제출했습니다. 맥도널드[3] 경은 다음달 1일 영국 순양함 "Narcissus"호를 타고 제물포를 떠나 청으로 돌아갈 예정입니다.

본인은 본 보고서의 사본을 베이징 및 도쿄 주재 독일제국 공사관에 보낼 것입니다.

크리엔

내용: 일본 변리공사의 임명. 청과 조선 겸임 영국 공사의 서울 도착

1 [감교 주석] 가토 마스오(加藤增雄)

2 [감교 주석] 그로브너(Grosvenor)

3 [감교 주석] 맥도널드(C. M. MacDonald)

14

원문 p.416

새로 임명된 미국 변리공사

발신(생산)일	1897. 6. 27	수신(접수)일	1897. 9. 24
발신(생산)자	크리엔	수신(접수)자	호엔로에-실링스퓌르스트
발신지 정보	서울 주재 독일영사관	수신지 정보	베를린 정부
	No. 42		A. 11340

A. 11340 1897년 9월 24일 오후 수신

서울, 1897년 6월 27일[1]

검열 No. 42

호엔로에-실링스퓌르스트 각하 귀하

각하께 삼가 아래와 같이 보고 드리게 되어 영광입니다. 미국 공사관 서기관 알렌[2]박사가 실[3]의 후임으로 조선 주재 미국 변리공사로 임명되었습니다.

본인은 본 보고서의 사본을 베이징 및 도쿄 주재 독일제국 공사관에 보낼 것입니다.

크리엔

내용: 새로 임명된 미국 변리공사

1 [감교 주석] A. 12904(No. 54)에 따르면 보고서 작성일을 7월 27일로 기록해 두고 있다. 알렌의 공사 임명이 1897년 7월임을 고려한다면 해당 보고서의 작성 및 발신일은 7월 27일로 보임.

2 [감교 주석] 알렌(H. N. Allen)

3 [감교 주석] 실(J. M. Sill)

15

원문 p.417

서울 주재 러시아 대표 및 미국 대표의 교체

발신(생산)일	1897. 9. 13	수신(접수)일	1897. 11. 4
발신(생산)자	크리엔	수신(접수)자	호엔로에-실링스퓌르스트
발신지 정보	서울 주재 독일영사관	수신지 정보	베를린 정부
	No. 54		A. 12904

A. 12904 1897년 11월 4일 오전 수신

서울, 1897년 9월 13일

검열 No. 54

호엔로에-실링스퓌르스트 각하 귀하

각하께 삼가 아래와 같이 보고 드리게 되어 영광입니다. 러시아 대리공사 슈뻬이예르[1]가 도쿄에서 이곳에 도착했습니다. 그는 이달 5일 전임자 베베르[2]한테서 공사관 업무를 인계 받았습니다. 베베르는 모레 서울을 떠나 페테르부르크로 다시 돌아갈 예정입니다.

신임 미국 변리공사 겸 총영사 알렌[3]은(금년 7월 27일 자 보고서 No. 42[4]) 오늘 왕에게 신임장을 제출한 후 업무를 시작했습니다.

본인은 본 보고서의 사본을 베이징과 도쿄 주재 독일제국 공사관에 보낼 것입니다.

크리엔

내용: 서울 주재 러시아 대표 및 미국 대표의 교체

1 [감교 주석] 슈뻬이예르(A. Speyer)

2 [감교 주석] 베베르(K. I. Weber)

3 [감교 주석] 알렌(H. N. Allen)

4 [원문 주석] A. 11340에 삼가 첨부됨.

16

원문 p.418

러시아 대리공사가 베이징 주재 공사로 임명됨

발신(생산)일	1897. 12. 2	수신(접수)일	1898. 2. 2
발신(생산)자	크리엔	수신(접수)자	호엔로에-실링스퓌르스트
발신지 정보	서울 주재 독일영사관	수신지 정보	베를린 정부
	No. 78		A. 1310

A. 1310 1898년 2월 2일 오전 수신

서울, 1897년 12월 2일

검열 No. 78

호엔로에-실링스퓌르스트 각하 귀하

러시아 대리공사 슈뻬이예르[1]가 오늘 이곳 대표들에게, 자신이 베이징 주재 특별공사 겸 전권대신으로 임명되었다고 알렸습니다. 하지만 당분간은 공사관 업무를 서울에서 수행하게 될 것이라고 합니다.

본인은 본 보고서의 사본을 베이징과 도쿄 주재 독일제국 공사관에 보낼 것입니다.

크리엔

내용: 러시아 대리공사가 베이징 주재 공사로 임명됨

1 [감교 주석] 슈뻬이예르(A. Speyer)

17

원문 p.419

한국 주재 러시아 대리공사의 임명

발신(생산)일	1897. 12. 30	수신(접수)일	1898. 2. 17
발신(생산)자	크리엔	수신(접수)자	호엔로에-실링스퓌르스트
발신지 정보	서울 주재 독일영사관	수신지 정보	베를린 정부
	No. 81		A. 1990

A. 1990 1898년 2월 17일 오후 수신

서울, 1897년 12월 30일

검열 No. 81

호엔로에-실링스퓌르스트 각하 귀하

(이달 2일 자 본인의 보고서 No. 78에 이어) 각하께 삼가 아래와 같이 보고 드리게 되어 영광입니다. 지금까지 남부 우수리 지역의 국경 관리책임자였던 마튜닌[1]이 서울 주재 러시아 대리공사로 임명되었습니다. 그는 작년 여름 약 일주일 정도 서울에 머물렀습니다. 그리고 예전에 한국을 두루 여행한 적이 있으며 북부지방 사정은 매우 잘 알고 있습니다.

본인은 본 보고서의 사본을 베이징과 도쿄 주재 독일제국 공사관에 보낼 것입니다.

크리엔

내용: 한국 주재 러시아 대리공사의 임명

1 [감교 주석] 마튜닌(N. Matyunin)

베를린, 1898년 2월 21일

A. 1990에 관하여

주재 대사관 귀중
상트페테르부르크 No. 158

연도번호 No. 1539

귀하에게 한국 주재 러시아 대리공사의 임명에 관한 작년 2월 30일 자 서울 주재 독일제국 영사의 보고서 사본을 정보로 제공합니다.

N. S. E.

18

원문 p.421

[크리엔의 반러시아적 태도에 대한 러시아 공사의 불만 관련 자료]

발신(생산)일		수신(접수)일	1898. 3. 2
발신(생산)자		수신(접수)자	
발신지 정보		수신지 정보	베를린 외무부
			A. 2583

A. 2583 1898년 3월 2일 수신

메모

이곳 러시아 공사가 한국 주재 크리엔 영사의 반러시아적 태도에 불만을 표출한 것에 관한 자료들은 〈한국 1〉에 있음.

19

원문 p.422

서울 주재 영국 대표부가 외교 공관으로 승격됨

발신(생산)일	1898. 4. 1	수신(접수)일	1898. 4. 3
발신(생산)자	하츠펠트	수신(접수)자	호엔로에-실링스퓌르스트
발신지 정보	런던 주재 독일 대사관	수신지 정보	베를린 정부
	No. 311		A. 4055

A. 4055 1898년 4월 3일 오전 수신

런던, 1898년 4월 1일

No. 311

호엔로에-실링스퓌르스트 각하 귀하

서울 주재 영국 영사 대리[1]는 여러 외교관 직책을 거친 인물입니다. 서울 주재 총영사 조던은 그에 따라 한국 왕국에 대리공사로 임명되었습니다.

하츠펠트[2]

내용: 서울 주재 영국 대표부가 외교 공관으로 승격됨

1 [감교 주석] 조던(J. N. Jordan)
2 [감교 주석] 하츠펠트(Hatzfeldt)

20

원문 p.423

[김홍륙 사건 관련 기록]

발신(생산)일		수신(접수)일	1898. 4. 14
발신(생산)자		수신(접수)자	
발신지 정보		수신지 정보	베를린 외무부
			A. 4508

A. 4508 1898년 4월 14일

메모

자신의 동포들한테 미움을 받고 있는, 러시아 공사관 한국어 통역관 김홍륙[1] 폭행에 관한 2월 24일 자 서울 발 보고서 No. 26은 〈한국 3〉에 있음.

1 [감교 주석] 김홍륙(金鴻陸)

21

원문 p.424

영국 총영사가 대리공사로 승진함

발신(생산)일	1898. 3. 10	수신(접수)일	1898. 5. 1
발신(생산)자	크리엔	수신(접수)자	호엔로에-실링스퓌르스트
발신지 정보	서울 주재 독일영사관	수신지 정보	베를린 정부
	No. 32		A. 5249

A. 5249 1898년 5월 1일 오후 수신

서울, 1898년 3월 10일

No. 32

호엔로에-실링스퓌르스트 각하 귀하

이곳 영국 총영사 조던[1]이 오늘 외국 대표들한테, 솔즈베리[2] 경이 전보로 그를 영국 공사로 임명했다고 공식적으로 통지했습니다.

그에 따라 지금까지 베이징 주재 공사관에 예속되었던 서울 총영사는 독자적인 외교 사절로 바뀌었습니다.

본인은 본 보고서의 사본을 베이징과 도쿄 주재 독일제국 공사관에 보낼 것입니다.

크리엔

내용: 영국 총영사가 대리공사로 승진함

1 [감교 주석] 조던(J. N. Jordan)

2 [감교 주석] 솔즈베리(The third Marquess of Salisbury)

22

원문 p.425

러시아 대표부의 교체

발신(생산)일	1898. 4. 12	수신(접수)일	1898. 6. 13
발신(생산)자	크리엔	수신(접수)자	호엔로에-실링스퓌르스트
발신지 정보	서울 주재 독일영사관	수신지 정보	베를린 정부
	No. 43		A. 6991

A. 6991 1898년 6월 13일 오전 수신

서울, 1898년 4월 12일

No. 43

호엔로에-실링스퓌르스트 각하 귀하

신임 러시아 대리공사 겸 총영사 마튜닌[1]이 이달 4일 서울에 도착하였습니다. 그러고는 8일 슈뻬이예르[2]한테서 업무를 인계받고 그날로 한국 왕에게 신임장을 제출했습니다.

슈뻬이예르는 오늘 제물포에 정박해 있던 러시아 포함을 타고 상하이로 떠났습니다. 도쿄 주재 러시아 공사관에서 무역 업무를 담당하고 있는 재정고문 알렉세예프[3] 가 그와 동행했습니다. 슈뻬이예르는 상하이에서 프랑스 우편증기선을 이용해 유럽으로 갈 예정입니다.

본인은 본 보고서의 사본을 베이징과 도쿄 주재 독일제국 공사관에 보낼 것입니다.

크리엔

내용: 러시아 대표부의 교체

---

1 [감교 주석] 마튜닌(N. Matyunin)

2 [감교 주석] 슈뻬이예르(A. Speyer)

3 [감교 주석] 알렉세예프(K. Alexeev)

23

원문 p.426

영국, 러시아, 프랑스 대리공사의 신임장

발신(생산)일	1898. 5. 20	수신(접수)일	1898. 6. 8
발신(생산)자	크리엔	수신(접수)자	호엔로에-실링스퓌르스트
발신지 정보	서울 주재 독일영사관	수신지 정보	베를린 정부
	No. 51		A. 8019

A. 8019 1898년 6월 8일 오전 수신

서울, 1898년 5월 20일

No. 51

호엔로에-실링스퓌르스트 각하 귀하

영국 대리공사 조던[1]이 어제 한국 왕에게 신임장을 제출했습니다. 조던이 직접 전해준 바에 의하면, 그의 직위는 올라갔지만 봉급이 올라간 것은 아니라고 합니다.

이곳 프랑스 대리공사는 1896년 한국 외무대신한테 프랑스 외무부장관의 소개장을 제출한 반면 러시아와 영국 대리공사는 자국 군주의 신임장을 제출하였습니다.

본인은 본 보고서의 사본을 베이징과 도쿄 주재 독일제국 공사관에 보낼 것입니다.

크리엔

내용: 영국, 러시아, 프랑스 대리공사의 신임장

1 [감교 주석] 조던(J. N. Jordan)

24
원문 p.427

독일과 한국 간에 벌어진 돌발사건

발신(생산)일	1898. 7. 21	수신(접수)일	1898. 8. 26
발신(생산)자	라이덴	수신(접수)자	호엔로에-실링스퓌르스트
발신지 정보	도쿄 주재 독일 공사관	수신지 정보	베를린 정부
	A. 94		A. 9871
메모	추젠지(中禪寺)에서 발송		

A 9871 1898년 8월 26일 오전 수신

추젠지[1], 1898년 7월 21일

A. 94

호엔로에-실링스퓌르스트 각하 귀하

이달 1일 이곳 언론에 거의 믿기 어려운 놀라운 기사가 하나 실렸습니다. 서울 주재 독일제국 영사[2]가 광산사업 건으로 한국 외부의 직원을 실제로 폭행했다는 내용이었습니다. 당시 본인은 공식적으로 정정 보도를 요청하기 위해 뉴스의 출처가 어디인지 은밀히 알아보았는데, 신문사의 정식 서울 주재원이 전보로 그 소식을 알려왔으며, 아직까지 자세한 내용은 알려지지 않았다는 답변을 들었습니다.

최근 확인된 바에 의하면, 크리엔 영사가 지난달 29일 한국 외부 직원한테 광산채굴권에 관해 예전에 체결된 계약을 문서로 작성해줄 것을 요구했습니다. 그런데 유기환[3]이 문제가 되는 광산은 한국 황제의 궁내부에 속해 있기 때문에 외국인에게 광산채굴권을 교부할 수 없다면서 크리엔의 요청을 거절했습니다. 크리엔 영사가 지난달 30일 재차 서면으로 요청서를 제출하자 유기환은 신청서를 반려했습니다. 그러자 크리엔 영사는 유기환을 영사관으로 불렀고, 그 자리에서 더 이상 아무런 논의도 없이 다짜고짜 유기환의 얼굴에 주먹을 휘둘렀습니다. 유기환은 즉시 뛰쳐나와서 왕을 찾아와 괴로움을 토로하며 해임을 요청했습니다. 서울에서는 이 사건에 격분한 의원들이 크리엔의 면직을 요

1 [감교 주석] 추젠지(中禪寺)
2 [감교 주석] 크리엔(F. Krien)
3 [감교 주석] 유기환(俞箕煥)

청했다고 합니다.

이곳의 다른 신문들도 대체로 비슷한 논조의 기사들을 실었습니다. 하지만 일부는 전임 외부대신의 서면 약속을 손에 넣은 것으로 보이는 크리엔 영사를 옹호하였습니다.

그밖에 한국에서 이곳에 전해진 모든 소문들은, 새로 체결된 러일 조약[4]이 조만간 그 첫 번째 시험대에 오를 것이라는 절망적인 전망을 보여주고 있습니다.

라이덴[5]

내용: 독일과 한국 간에 벌어진 돌발사건

4 [감교 주석] 로젠-니시 협정을 가리킴.
5 [감교 주석] 라이덴(G. Leyden)

25

원문 p.429

[청 총리아문이 주일청국공사에 황준헌 임명 및 주한청국공사관 설치와 서수붕 공사 임명을 결정했다는 보고]

발신(생산)일	1898. 8. 19	수신(접수)일	1898. 10. 2
발신(생산)자	하이킹	수신(접수)자	호엔로에-실링퓌어스트
발신지 정보	베이징 주재 독일 공사관	수신지 정보	베를린 정부
	A. 150		A. 11345

사본

A. 11345 1898년 10월 2일 오전 수신

베이징, 1898년 8월 19일

A. 150

호엔로에-실링스퓌르스트 각하 귀하

청 정부가 베이징의 외국 공사관들에 이달 11일 자로 후난성 염도[1]로 있는 황쭌셴[2]이 일본 주재 공사로 임명되었다고 통지했습니다. 그는 1896/97년 겨울에 베를린 공사로 파견된 적이 있는 고위관리입니다.

또한 총리아문은 청 정부는 한국에 공사관을 설치하기로 결정했으며, 안후이성 안찰사 쉬서우펑[3]이 한국 공사로 임명되었다고 통지했습니다. 서울 주재 공사를 임명함으로써 청은 한국에 대한 자국의 우선권을 마지막으로 주장한 셈입니다. 한국 군주 역시 베이징에 공사를 파견해 자신을 대리하게 할 예정입니다.

(서명) 하이킹[4] 남작

원본 문서 중국 10

1 [감교 주석] 염도(鹽道)

2 [감교 주석] 황쭌셴(黃遵憲)

3 [감교 주석] 쉬서우펑(徐壽朋)

4 [감교 주석] 하이킹(Heyking)

26

원문 p.430

[한국 주재 러시아 임시대리공사 겸 총영사에 파블로프가 임명되었다는 보고]

발신(생산)일	1898. 9. 3	수신(접수)일	1898. 10. 17
발신(생산)자	하이킹	수신(접수)자	호엔로에-실링퓌어스트
발신지 정보	베이징 주재 독일 공사관	수신지 정보	베를린 정부
	A. 158		A. 11925

사본

A. 11925 1898년 10월 17일 오전 수신

베이징, 1898년 9월 3일

A. 158

호엔로에-실링스퓌르스트 각하 귀하

러시아 공사 카시니[1] 백작이 떠난 뒤 대리공사로 있는 파블로프[2]가 'Charge d' Affaires in Seoul'이라는 직함을 갖고 총영사로 임명되었습니다. 하지만 그는 일단 신임 베이징 주재 러시아 공사 기르스[3]가 도착하기를 기다리면서 상당히 긴 휴가를 다녀온 다음에야 비로소 한국의 업무를 수행할 것이라고 합니다.

파블로프는 7년 전 해군장교로 베이징에 가서 카시니 백작의 개인비서로 일한 적이 있습니다. 당시 백작과 수상쩍은 지위로 백작 주위를 어슬렁거리는 여자들을 아주 편안하게 모신 덕분에 상관을 모시는 모든 공사관 서기관들 및 1급 비서를 밀어내고 그가 승진했습니다. 그는 1급에 속하는 인물들이 완전히 인연을 끊고 그들 뒤로 밀어낸 전형적인 2급 인물입니다. 그는 러시아 공사관에서는 별로 인기가 없지만 외국인 동료들과는 좋은 관계를 유지하는 법을 알고 있었습니다. 하지만 가능하면 이 동료들 간에도 서로 불화를 일으키려 애썼습니다. 그의 성격의 특징을 하나 들자면, 그는 우리 독일인이나

1 [감교 주석] 카시니(A. P. Cassini)

2 [감교 주석] 파블로프(A. Pavlow)

3 [감교 주석] 기르스(N. Giers)

이탈리아인과 이야기할 때는 그를 몹시 좋아하는 프랑스인을 즐겨 조롱의 대상으로 삼곤 했습니다. 따라서 그의 발언은 늘 매우 신중하게 받아들여야 합니다. 왜냐하면 그는 진실을 외면하는 경향이 있기 때문입니다. 그의 침착함과 태연함은 성격적으로 칭찬해 줄 만한 덕목입니다.

(서명) 하이킹

원본 문서 중국 11

27

원문 p.431

서울 주재 일본 변리공사 가토의 한국 공사 임명 및 그가 휴가에서 갑작스럽게 돌아온 이유들

발신(생산)일	1898. 12. 31	수신(접수)일	1899. 3. 10
발신(생산)자	라인스도르프	수신(접수)자	호엔로에-실링스퓌르스트
발신지 정보	서울 주재 독일영사관	수신지 정보	베를린 정부
	No. 101		A. 2844

A. 2844 1899년 3월 10일 오전 수신

서울, 1898년 12월 31일

No. 101

호엔로에-실링스퓌르스트 각하 귀하

각하께 삼가 아래와 같이 보고 드리게 되어 영광입니다. 서울 주재 일본 변리공사인 가토[1]가 한국 주재 특명전권공사로 임명되었으며, 이달 15일 왕을 알현하는 자리에서 신임장을 제출하였습니다.

가토는 부인의 병환으로 인해 공사관 1등서기관 히오키[2]한테 임시대리공사 역할을 맡기고 10월 13일에 휴가를 떠났는데, 이달 14일 갑자기 승진을 해서 원래의 자리로 돌아온 것입니다. 가토는 이달 23일 휴가를 떠나기 전 크리엔 영사를 방문했을 때 아주 은밀하게 아오키[3] 자작의 지시로 휴가를 단축해야 할 것 같다고 말했다고 합니다. 또한 도쿄 주재 러시아 대표 로젠[4] 남작이 이곳 러시아 대리공사 마튜닌[5]한테 전보를 보내, 히오키의 태도가 암시하는 것처럼 일본 정부가 한국 내정을 간섭할 목적으로 그들의 한국정책을 변경할 것인지 여부를 아오키 자작한테 문의해 보라는 지시를 내렸다고 합니다. 이 문의에 아오키 자작은 일본이 러시아와 체결한 협정[6]은 양심을 걸고 말하건대

1 [감교 주석] 가토 마스오(加藤增雄)
2 [감교 주석] 히오키 에키(日置益)
3 [감교 주석] 아오키 슈조(青木周蔵)
4 [감교 주석] 로젠(R. R. Rosen)
5 [감교 주석] 마튜닌(N. Matyunin)

반드시 지킬 것이며, 현재는 물론이고 미래에도 준수할 것이라고 답변했다고 합니다. 하지만 동시에 그는 아내가 중병에 걸린 가토한테 즉시 서울로 돌아가라는 지시를 내렸다는 것입니다. 크리엔 영사는 가토한테 마튜닌과 히오키가 외국 대표단 모임에서 뭔가 중요한 대화를 나누었다고 말했습니다. 그 대화에서 히오키는 조언이 개입을 의미하는 것은 아니라고 말하면서, 마튜닌은 모든 조언이 개입과 동일하다고 주장하지만 그건 조언의 성격에 달려 있다고 말했다고 합니다. 또 히오키가 참석하지 않은 다른 모임에서 마튜닌은 동료들한테, 지난번 모임에서 히오키가 일본 군대는 경우에 따라 왕을 지키기 데 활용될 수 있다고 했던 발언은 정말 놀랍기 짝이 없다고 말했습니다. 하지만 그는 모든 측면에서 그의 발언을 잘 이해하지 못하겠다고 말했습니다. 왕이 일본 군대를 좋아하는 이유는 자신의 백성들을 지키는 목적으로 일본군을 활용할 수 있기 때문인데 히오키가 정반대로 이야기했다는 것입니다. 아무래도 히오키의 영어 실력이 부족한 탓에 마튜닌한테 제대로 된 설명을 하지 못한 것 같습니다.

그 후 가토는 일본 정부는 상기 협정이 존속하는 한 그 협정을 가장 엄격하게 준수할 것이라고 재차 강조했습니다.

그로부터 며칠 뒤 이곳 일본 영사 Akidzuku도 크리엔 영사한테 그 문제에 대해 물었습니다.

라인스도르프

내용: 서울 주재 일본 변리공사 가토의 한국 공사 임명 및 그가 휴가에서 갑작스럽게 돌아온 이유들

6 [감교 주석] 로젠 니시 협정

28

원문 p.433

서울 주재 러시아 대표의 교체

발신(생산)일	1899. 1. 21	수신(접수)일	1899. 3. 10
발신(생산)자	라인스도르프	수신(접수)자	호엔로에-실링스퓌르스트
발신지 정보	서울 주재 독일영사관	수신지 정보	베를린 정부
	No. 6		A. 2845

A. 2845 1899년 3월 10일 오전 수신

서울, 1899년 1월 21일

No. 6

호엔로에-실링스퓌르스트 각하 귀하

각하께 삼가 아래와 같이 보고 드리게 되어 영광입니다. 러시아 대리공사 Maunine이 직위해제 되고, 그의 후임으로 현 베이징 대리공사 알렉산더 파블로프[1]가 한국 주재 러시아 대리공사 겸 총영사로 임명되었습니다. 파블로프는 러시아 군주 Cyaren이 임명한 Kammerjunker[2] 출신입니다. 업무 인수인계는 이달 13일에 이루어졌고 오늘 서울을 떠난 마튜닌은 러시아 포함 "Robi"호를 타고 나가사키를 거쳐 페테르부르크로 돌아갔다가 새 부임지 시드니 총영사로 나갈 것이라고 합니다. 마튜닌은 서울 대리공사로 임명될 때 페테르부르크에서 5년의 임기를 약속했는데 지켜지지 않은 것에 강한 유감을 표명했습니다.

파블로프는 두 달 이상 한국에 머물 생각이 없습니다. 그는 유럽으로의 휴가를 이미 허가 받았으며, 자신의 후임자로 현 카이로 총영사 드미트리프스키[3]를 거론하고 있습니다. 드미트리프스키는 이미 1891년 8월부터 1893년 11월까지 서울 주재 대리공사를 역임했습니다.

1 [감교 주석] 파블로프(A. Pavlow)

2 [감교 주석] 귀족 신분의 젊은 비서관

3 [감교 주석] 드미트리프스키(P. A. Dmitrevsky)

본인은 본 보고서의 사본을 베이징과 도쿄 주재 독일제국 공사관에 보낼 것입니다.

라인스도르프

내용: 서울 주재 러시아 대표의 교체

베를린, 1899년 3월 15일

A. 2844에 관하여

주재 대사 귀하

상트페테르부르크 No. 146

연도번호 No. 1961

귀하에게 일본 변리공사의 공사 임명에 관한 작년 12월 31일 자 서울 주재 독일제국 영사의 보고서 사본을 삼가 정보로 제공합니다.

N. S. E.

베를린, 1899년 3월 15일

A. 2845에 관하여

주재 대사 귀하

상트페테르부르크 No. 147

연도번호 No. 1962

귀하에게 러시아 외교대표부 교체 건에 관한 금년 1월 21일 자 서울 주재 독일제국 영사의 보고서 사본을 삼가 정보로 제공합니다.

N. S. E.

29

원문 p.435

마튜닌의 해임과 관련해 한국 왕이 러시아 황제한테 보낸 전보

발신(생산)일	1899. 2. 18	수신(접수)일	1899. 4. 3
발신(생산)자	라인스도르프	수신(접수)자	호엔로에-실링스퓌어스트
발신지 정보	서울 주재 독일영사관	수신지 정보	베를린 정부
	No. 14		A. 3876

A. 3876 1899년 4월 3일 오전 수신

서울, 1899년 2월 18일

No. 14

호엔로에-실링스퓌르스트 각하 귀하

각하께 파블로프의 러시아 대리공사 임명과 마튜닌[1]의 이임에 관한 금년 1월 21일자 보고서 No. 6[2]에 이어 삼가 아래와 같이 보고드리게 되어 영광입니다. 한국 왕이 러시아 황제에게, 마튜닌의 서울 부임 이후 한국과 러시아의 관계가 날마다 더 돈독해졌다면서 그의 갑작스러운 해임에 심심한 유감의 뜻을 표하는 전보를 보냈다고 합니다. 전보는 마튜닌이 제물포를 떠난 1월 22일로 날짜가 적혀 있었으나 발송은 이날 14일에야 비로소 이루어졌다고 합니다.

본인은 본 보고서의 사본을 베이징과 도쿄 주재 독일제국 공사관에 보낼 것입니다.

라인스도르프

내용: 마튜닌의 해임과 관련해 한국 왕이 러시아 황제한테 보낸 전보

1 [감교 주석] 마튜닌(N. Matyunin)

2 [원문 주석] A. 2845에 삼가 첨부됨.

베를린, 1899년 4월 5일

A. 3876에 관하여

지난달 15일 자 훈령 No. 147과 관련하여

주재 대사관 귀하

상트페테르부르크 No. 193

연도번호 No. 2602

귀하에게 마튜닌의 해임과 관련해 한국 왕이 러시아 황제한테 보낸 전보에 관한 금년 1월 18일 자 서울 주재 독일제국 영사의 보고서 사본을 삼가 정보로 제공합니다.

N. S. E.

30

원문 p.437

한청통상조약 체결을 위해 청나라 공사가 한국에 도착함

발신(생산)일	1899. 2. 3	수신(접수)일	1899. 4. 10
발신(생산)자	라인스도르프	수신(접수)자	호엔로에-실링스퓌르스트
발신지 정보	서울 주재 독일영사관	수신지 정보	베를린 정부
	No. 12		A. 4177

A. 4177 1899년 4월 10일 오전 수신, 첨부문서 1부

서울, 1899년 2월 3일

No. 12

호엔로에-실링스퓌르스트 각하 귀하

한청통상조약 체결을 목적으로 지난달 24일 안후이성 지방재판관으로 있던 쉬서우펑[1]이 특별공사 겸 전권대신 자격으로 청의 전함 Kaichi호를 타고 상하이에서 한국에 도착했습니다. 이달 1일 한국 왕을 알현한 자리에서 그는 청 황제의 서명이 들어 있는 신임장을 제출했습니다. 쉬는 과거 몇 년 동안 워싱턴에서 공사관 서기관으로 일한 적이 있어 영어 구사가 어느 정도 가능합니다. 영어 비서의 역할은 선임 해군장교 Wu chi tsao가 맡았습니다. 그밖에 공사관에는 12명의 서기관들과 수행원들이 있습니다.

한국 신문들은 청나라 황제가 한국 왕에게 보내는 신임장(사본과 번역본을 첨부했습니다)에서 한국 왕을 지칭할 때 자신을 가리킬 때 쓰는 "Groß Hoangti(대황제)"라는 칭호를 사용하였을 뿐만 아니라 1897년에 새로 도입된 국명인 "Han-Reich(한 제국)"을 썼다는 사실을 강조했습니다. 과거 청이 오로지 자신을 지칭할 때만 사용했던 수식어 "groß(대)"을 사용한 것은 청과 한국이 오랜 이익공동체임을 강조하는 동시에 종속관계를 종식시키고 한국의 독립을 강조한 것이라고 보도하고 있습니다. 쉬는 2급 관리로서 청에서 일반적으로 유럽 강대국에 파견하던 고위직 관리라고 합니다.

한국 언론에서는 한국 왕이 알현 석상에 처음으로 "독일 황제나 러시아 황제가 입는 것 같은" 제복을 입고 등장했다고 보도했습니다. 하지만 왕은 향후 외국 대표들을 알현

1 [감교 주석] 쉬서우펑(徐壽朋)

할 때 늘 그 복장으로 맞이하려던 계획을 일단 포기했다고 전했습니다. 왕이 유럽식 모자를 쓰고 그걸 벗지 않으면 외국 대표들 역시 자신들의 모자를 계속 쓰고 있을 우려가 있기 때문입니다. 청의 예절로는 모자를 벗는 것을 금지하고 있습니다. 따라서 왕은 청나라 사절이 모자를 쓰고 있는 것을 허락했습니다.

조약은 기존의 내용과 최대한 연계될 것이라고 합니다. 핵심 쟁점은 국경무역 규정과 치외법권 문제입니다. 한국 정부는 청에 거주하는 자국민들의 심문에 치외법권을 요구하고 있습니다. 하지만 한국 거주 청인들에게 똑같은 권리를 허용할 준비는 안 되어 있습니다. 또한 한국 정부는 서울에서 청인들의 토지 취득을 거의 불가능하게 만들려 하고 있습니다.

본인은 본 보고서의 사본을 베이징과 도쿄 주재 독일제국 공사관에 보낼 것입니다.

라인스도르프

내용: 청-한국 간 통상조약 체결을 위해 청나라 공사가 한국에 도착함

No. 12의 첨부문서
번역

〈청나라 공사 쉬서우펑이 한국 왕을 알현할 때 제출한 신임장〉

대청제국의 대황제가 대한제국의 대황제에게 인사를 전합니다.

우리 두 나라는 아시아에서 강과 육지가 서로 맞닿아 있어 수백 년 전부터 행운과 불행을 함께 나누며 서로를 운명공동체로 여겨 왔습니다. 그래서 자주 서로에게 도움과 지원을 아끼지 않았으며, 질서와 평화를 유지하기 위해 최선의 노력을 경주했습니다. 귀국 역사에 그 사실이 잘 드러나 있을 테니 그에 대해서 더 이상 자세한 설명은 필요하

지 않을 것입니다. 우리 정부 초창기 시절, 귀국은 미국 및 유럽 열강들과 조약을 체결하면서 했던 설명을 통해 예전부터 이어온 두 나라의 우호관계를 잊지 않고 있다는 것을 확실히 입증하겠다고 했습니다. 청은 지구상의 모든 국가들의 자주독립에 대한 현대적인 요구에 동의하여, 본인의 정부 수립 21주년에 시모노세키에서 맺은 청일조약 제1조에서 귀국의 자주독립을 인정하였습니다. 우리는 과거의 상호 우호적이던 양국 관계를 현재에도 유지하고 있으며, 최근의 난관들도 잘 파악하고 있습니다. 우리는 양국관계가 바퀴와 수레, 입술과 이빨(즉 청과 한국)처럼 서로 맞물려 있다는 점을 확실히 깨닫고 있습니다. 이에 본인은 2급 관리의 위상을 가진 3급 관리 쉬서우펑 국장을 귀국의 공사로 임명하였습니다. 그는 본인이 개인적으로 발행한 이 소개장을 갖고 서울로 가서 본인을 대리해 본인의 의도와 생각을 전하게 될 것입니다. 쉬는 본인에게 충성스러운 신하이며 정부의 다양한 분야에서 풍부한 경험을 쌓아왔습니다. 본인은 전하가 그를 친절히 맞아주시기 바랍니다. 또한 그가 전하의 정부와 통상조약을 체결하는데 성공해 그 조약이 오래 지속되기를 기원합니다. 향후 우리 양국이 지속적으로 우호관계를 유지하면서 평화와 번영을 함께 누릴 수 있기를 진심으로 기원합니다.

광서 24년 8월 21일
1898년 10월 6일

◎(淸使奉書)再再日淸使徐壽朋氏가陛
見ᄒᆞ고國書를奉呈ᄒᆞ얏ᄂᆞᆫᄃᆡ其副本을得
ᄒᆞ야左에記ᄒᆞ노라
大淸國大皇帝敬問
大韓國大皇帝好我兩國同在亞洲水陸緊
連數百年來休戚相關無分彼己凡可相扶
助之事輒竭心力以期奠安貴國典籍具存
無煩縷述光緖初年貴國與墨歐諸洲立約
仍備文聲叙足徵貴國久要不忘之美比年
環球各國均以自主自保爲公義是以光緖
二十一年中日馬關約第一欵中國認明貴
國獨立自主遠懷舊好近察時艱輔車唇齒
之義尤當共切講究玆派二品銜候補三品
京堂徐壽朋爲出使大臣親賚國書馳詣漢
城代宣朕意該大臣樸實忠誠辦事明練尙
望
大皇帝優加接待俾貴國政府約議通商條
約以垂久遠從此兩國永敦和好共享昇平
朕有厚望焉
大淸光緖二十四年八月二十一日

베를린, 1899년 4월 11일

A. 4177에 관하여

주재 대사관 귀중

1. 런던 No. 227
2. 상트페테르부르크 No. 227

연도번호 No. 2805

귀하에게 한청통상조약 체결을 위해 한국 주재 청나라 공사가 도착했다는 금년 2월 3일자 서울 주재 독일제국 영사의 보고서 사본을 삼가 정보로 제공합니다.

N. S. E.

31

원문 p.441

[한국 주재 청나라 공사의 신임장 관련 보고서]

발신(생산)일		수신(접수)일	1899. 4. 15
발신(생산)자		수신(접수)자	
발신지 정보		수신지 정보	베를린 외무부
			A. 4408

A. 4408 1899년 4월 15일 수신

메모

한국 주재 청나라 공사의 신임장에 관한 2월 27일 자 베이징 발 보고서 No. A. 33은 〈한국 3〉에 있음.

32

원문 p.442

일본 공사 가토의 해임

발신(생산)일	1899. 5. 17	수신(접수)일	1899. 7. 10
발신(생산)자	라인스도르프	수신(접수)자	호엔로에-실링스퓌르스트
발신지 정보	서울 주재 독일영사관	수신지 정보	베를린 정부
	No. 39		A. 8274

A. 8274 1899년 7월 10일 오전 수신

서울, 1899년 5월 17일

No. 39

호엔로에-실링스퓌르스트 각하 귀하

일본 특별공사 겸 전권대신 가토[1]가 도쿄 외무성으로부터 전보로 이곳의 직위에서 해임되었다는 통지를 받고 오늘 서울을 떠났습니다. 임시로 공사관 1등서기관 히오키[2]가 일본 대표부를 이끌게 되었습니다. 가토의 후임에 대해서는 아직 정확한 소식이 전해지지 않았습니다. 한국 왕은 일본 황제에게 전보로 가토의 해임에 대해 유감의 뜻을 표명하면서 그를 이곳에 남아 있게 해달라고 요청했습니다. 최근 이곳에서 러시아의 영향력이 매우 커진 것에 대한 불쾌감이 해임으로 이어진 것으로 보입니다.

본인은 본 보고서의 사본을 베이징과 도쿄 주재 독일제국 공사관에 보낼 것입니다.

라인스도르프

내용: 일본 공사 가토의 해임

1 [감교 주석] 가토 마스오(加藤增雄)

2 [감교 주석] 히오키 에키(日置益)

33

원문 p.443

일본과 한국

발신(생산)일	1899. 7. 5	수신(접수)일	1899. 7. 10
발신(생산)자	라이덴	수신(접수)자	호엔로에-실링스퓌르스트
발신지 정보	도쿄 주재 독일 공사관	수신지 정보	베를린 정부
	A. 71		A. 8278

A. 8278 1899년 7월 10일 오전 수신

도쿄, 1899년 7월 5일

A. 71

호엔로에-실링스퓌르스트 각하 귀하

한국 주재 일본 공사 가토가 이곳 외무성의 통상국장 하야시[1]로 교체된 배경에는 서울에서 최근 들어 갑자기 러시아의 영향력이 커진 것에 대한 도쿄의 불쾌감이 작용한 것으로 보입니다. 도쿄에서 한국 왕에게 가토를 멀리하라고 했던 소망은 이곳에서 인물을 교체하기로 결정한 것에서 확인할 수 있습니다. 지난 며칠 동안 이곳으로 한국 여러 지역에서 발생한 소요사태의 심각성을 전하는 소식들이 속속 들어왔습니다. 이곳 정치권에서는 이미 오래 전부터 질서회복의 가능성에 회의적인 입장을 보여 왔습니다. 왜냐하면 한국 왕의 성격에 대해 모든 신뢰를 잃었기 때문입니다. 이런 상황에서 서울 주재 일본 대표의 위상을 강화한 것은 도쿄에서 그에게 허용했던 지원 문제와 분리될 수 없을 것으로 보입니다. 이곳에서는 그런 점을 고려해 경제적으로 가토를 크게 지원하지 않았던 것입니다.

가토의 후임은 지적인 젊은 남자로 대부분의 경력을 청에서 쌓았습니다.

라이덴 백작

내용: 일본과 한국

1 [감교 주석] 하야시 곤스케(林權助)

베를린, 1899년 7월 11일

A 8278에 관하여

주재 외교관 귀중
1. 런던 No. 410
2. 상트페테르부르크 No. 354
3. 베이징 No. A 79

연도번호 No. 5630

귀하에게 한국 주재 일본 공사 교체에 관한 지난달 5일 자 도쿄 주재 독일제국 공사의 보고서 사본을 삼가 정보로 제공합니다.

34

원문 p.445

신임 한국 주재 일본 공사의 임명

발신(생산)일	1899. 6. 30	수신(접수)일	1899. 9. 8
발신(생산)자	라인스도르프	수신(접수)자	호엔로에-실링스퓌르스트
발신지 정보	서울 주재 독일영사관	수신지 정보	베를린 정부
	No. 51		A. 10602

A. 10602 1899년 9월 8일 오전 수신

서울, 1899년 6월 30일

No. 51

호엔로에-실링스퓌르스트 각하 귀하

가토 후임으로 도쿄 외무성 통상국장 하야시 곤스케[1]가 서울 주재 일본 특별공사 겸 전권대신으로 임명되었습니다. 그는 어제 한국 왕을 알현하고 신임장을 제출했습니다. 한국에 대한 일본(!) 정책의 변화 때문에 인물 교체가 이루어진 것 같지는 않습니다. 공사관 1등서기관 히오키[2]의 발언에 의하면 가토[3] 해임의 주된 요인은 그가 이곳에서 벌어지는 여러 사건들에 일본 정부의 뜻을 정확히 관철시키지 못했기 때문인 듯합니다. 또한 일본에 있는 사람들이 한국에서 일어나는 사건들에 매우 민감한 이해관계가 걸렸을 경우, 일본 정부는 대중들에게 한국에 진출한 일본 신문사들의 수많은 통신원들이나 일본에 망명한 한국인들에 의해 궁중에서 벌어지는 일과 정책 등에 관해 계속 정확한 정보가 제공되고 정부가 공식적인 대표를 통해 제공하는 것보다 더 많은 소식들이 전해지는 것에 불만을 가진 것으로 보입니다.

하야시는 한국의 정세를 잘 모릅니다. 그는 1888년 12월부터 1892년 5월까지 제물포 영사를 역임한 뒤 상하이 총영사 대리로 자리를 옮겼다가 1893년 말 런던 영사로 부임했습니다. 그리고 1896년 9월 런던 주재 공사관 1등서기관으로 임명되었다가 1897년 11월

---

1 [감교 주석] 하야시 곤스케(林權助)

2 [감교 주석] 히오키 에키(日置益)

3 [감교 주석] 가토 마스오(加藤增雄)

에 같은 직위로 베이징 공사관으로 전근했습니다. 마지막 3개월 동안 그는 베이징에서 임시대리공사 업무를 맡아보았고, 작년 11월 도쿄 외무성으로 돌아왔습니다.

본인은 본 보고서의 사본을 베이징과 도쿄 주재 독일제국 공사관에 보낼 것입니다.

라인스도르프

내용: 신임 한국 주재 일본 공사의 임명

35

원문 p.447

임시 러시아 대리공사의 교체

발신(생산)일	1899. 10. 2	수신(접수)일	1899. 11. 23
발신(생산)자	라인스도르프	수신(접수)자	호엔로에-실링스퓌르스트
발신지 정보	서울 주재 독일영사관	수신지 정보	베를린 정부
	No. 75		A. 13781

A. 13781 1899년 11월 23일 오후 수신

서울, 1899년 10월 2일

No. 75

호엔로에-실링스퓌르스트 각하 귀하

각하께 삼가 아래와 같이 보고 드리게 되어 영광입니다. 파블로프[1]를 대신해 임시 러시아 대리공사를 맡은 총영사 드미트리프스키[2]가 8월 29일 사망했습니다. 그를 대신해 공사관 서기관 슈타인[3]이 임시로 공사관을 이끌고 있습니다.

라인스도르프

내용: 임시 러시아 대리공사의 교체

1 [감교 주석] 파블로프(A. Pavlow)
2 [감교 주석] 드미트리프스키(P. A. Dmitrevsky)
3 [감교 주석] 슈타인(Stein)

36

원문 p.448

한국 주재 청나라 외교 및 영사 대표부 설치 및 청나라 주재 한국 대표부의 설치

발신(생산)일	1899. 12. 30	수신(접수)일	1900. 2. 26
발신(생산)자	라인스도르프	수신(접수)자	호엔로에-실링스퓌르스트
발신지 정보	서울 주재 독일영사관	수신지 정보	베를린 정부
	No. 91		A. 2481

A. 2481 1900년 2월 26일 오전 수신

서울, 1899년 12월 30일

No. 91

호엔로에-실링스퓌르스트 각하 귀하

이달 21일 자 보고서 No. 90[1]에 이어 각하께 삼가 아래와 같이 보고 드립니다. 이곳 주재 청나라 특명전권공사 쉬서우펑[2]과 한국 내 청나라의 이해관계에 정통한 영국 대리공사[3]가 보낸 공문에 따르면, 쉬가 오늘 청나라 공사관 업무를 인계 받았다고 합니다. 하지만 쉬는 아직 새로운 신임장을 제출하지 않았습니다. 또한 일본 대표가 잠시 휴가를 떠났기 때문에 그가 임시로 외교단 수석 직을 맡았습니다.

서울 총영사로 오광패[4]가 임명되었습니다. 그의 법에 따른 공식적인 관할 구역은 원산입니다. 그곳에는 일단 독자적인 영사대표부가 설치되지 않습니다. 제물포(군산과 목포 포함) 영사는 당영호[5]입니다. 부산(마산포 포함) 영사는 부량필[6]이고, 진남포(도 중심 도시 평양 포함) 부영사는 탕조현[7]입니다.

현재 한국 정부는 청에 영사들을 파견할 계획은 없습니다. 베이징 주재 공사로는 의

1 [원문 주석] II. 2976 원문은 R. J. A. I. R. sch. 국에 전달하고 개요를 삼가 첨부함.
2 [감교 주석] 쉬서우펑(徐壽朋)
3 [감교 주석] 조던(J. N. Jordan)
4 [감교 주석] 오광패(吳廣霈)
5 [감교 주석] 당영호(唐榮浩)
6 [감교 주석] 부량필(傅良弼)
7 [감교 주석] 탕조현(湯肇賢)

정부 참정을 역임한 심상훈[8]이 임명되었습니다. 그는 청나라 공사한테 가능하면 새해가 시작되기 전에 새 부임지로 떠날 계획이라고 말했습니다.

라인스도르프

내용: 한국 주재 청나라 외교 및 영사 대표부 설치 및 청나라 주재 한국 대표부의 설치

8 [감교 주석] 심상훈(沈相薰)

37

원문 p.449

[한국 주재 독일 변리공사 임명에 관한 건]

발신(생산)일		수신(접수)일	1900. 3. 2
발신(생산)자		수신(접수)자	호엔로에-실링스퓌르스트
발신지 정보		수신지 정보	베를린 외무부
	A. 14146/02		A. 411

A. 411 1900년 3월 2일 오후 수신

A. 14146/02

[판독불가] 하인리히 왕자께서 [판독불가] ....Bn 골츠[1]한테 영사 직을 맡겨 서울(한국)에 변리공사로 파견하는 것에 찬성했습니다.

이게 사실인가?

1 [감교 주석] 골츠(Goltz)

M 3월 3일. G. A. Enih fl.

골츠는 지금 영사시험을 치르고 있다. 그는 원래 소국의 영사 직에 별로 관심이 없었다. 그래서 그는 (다른 1급 통역자들도 갖고 있는 영사 직함을 갖고서) 통역가로서 그를 대체할 인력이 거의 없는 본국에서 더 유용한 업적을 남겼다. 그런데 이제 뒤늦게 그가 더 훌륭한 영사(변리공사, 남아메리카 공사관?)가 될 것으로 기대하고 있다.

G.는 내게 최고의 인상을 남겼다.

서울은 당분간 도쿄 주재 1급 통역자인 바이페르트[2]가 변리공사 업무를 맡을 것이다. 다음 번 인사에서 서울 담당 변리공사 직을 폐지하는 것은 거의 불가능하다. 왜냐하면 다른 국가들에도 변리공사가 있기 때문이다.

그곳에서.

2 [감교 주석] 바이페르트(H. Weipert)

38

원문 p.451

[프랑스 대사관 참사관이 청국 대표가 외교단 수석이 될 수 있는지에 대해 한국정부의 입장을 문의했다는 보고]

발신(생산)일	1900. 4. 13	수신(접수)일	1900. 4. 25
발신(생산)자	리히트호펜	수신(접수)자	
발신지 정보	베를린	수신지 정보	
			A. 5155

A. 5155 1900년 4월 25일 오후 수신

베를린, 1900년 4월 13일

프랑스 대사관 참사관 부 테론[1]가 청나라 대표가 외교단 수석이 될 수 있느냐는 문제에 대해 -현재 한국에서는 이것이 시급히 해결해야 할 문제입니다.- 한국 정부는 어떤 입장인지 문의했습니다.[2]

리히트호펜[3]

1 [감교 주석] 부 테론(Bouteron)

2 [원문 주석] 일단 IB w. II 국에서 원칙적인 문제에 대한 의견표명을 요구하고 있음. (보고서 A. 2481/900에 의하면, 청은 서울에 공사 1인, 총영사 1인이 있음. 당시 청나라 공사는 일본 외교 대표가 부재했기 때문에 외견상 아무 이의 없이 외교단 수석의 역할을 수행할 수 있었음.

3 [감교 주석] 리히트호펜(Richthofen)

베를린, 1900년 5월 16일

A. 5155에 관하여

영사 직에 관한 한 여기 제시된 문제의 경우 똑같은 원칙들이 적용됩니다. 외교관들의 경우에도 옆에 제시된 내용들이 적용되는 것과 마찬가지입니다.

B. 5월 21일, K. W.

A가 비스마르크 각하께서 간혹 "외교단 수석"과 "외교단"이라는 표현을 사용하셨다는 점을 언급하면서, 특별히 그 문제와 관련해 1877년 1월 6일 각하께 직접 보고하는 자리(Etiquette 43 rol. III에 있음)에서 기본적으로 각하와 반대되는 의견을 개진했습니다. 그 자리에서 한편으로는 외교단이 모든 나라에서 폐쇄적인 단체로서 한 사람의 우두머리, 즉 외교단 수석을 중심으로 조직하려는 노력을 경주하는 반면, 다른 한편으로는 그로 인한 오만불손함 때문에 기본적으로 외교단을 어느 한 회원을 우두머리로 인정하는 폐쇄적인 단체로 만드는 것을 거부하는 움직임이 있다는 이야기가 나왔습니다. 또한 외무부에서도 공식적으로 외교단에 수석이라는 직위를 두거나 수석이라는 이름으로 수장의 역할을 수행하는 것을 허용하지 않고 있습니다. 국가들은 직무와 의전이 문제되는 사안들을 다룰 때 결코 모든 외교관들과 함께 그 사안을 나루지 않고 항상 궁에 신임장을 제출한 외국 대표들 가운데 해당되는 외교관 개인과 협상을 벌입니다. 따라서 비스마르크 각하께서는 항상 외교단 수석의 존재를 공식적으로 인정하는 것을 조심스럽게 피해왔습니다. 외교관 수석이라는 제도는 외교단 내부의 문제일 뿐입니다. 또한 해당 정부들은 단체 차원의 대표가 생기는 것을 방지하기 위해 기본적으로 외교단 수석의 존재를 무시하는 경향이 있습니다.

그 문제에 관해서는 I B 서류철에서 이것 이외에는 아무 것도 찾을 수 없습니다.

M

v. N. 귀하

Bouteron의 문의에 답변하기 위한 목적으로 제출함.

Ki. 5월 24일

Sr. E.가 5월 29일에 완성함.

그전에
Sr. E. Hra. H. G. R. v. Hostein,
Sr. F. G. Pr. 왕자
B.[해독불가],
그리고 I B국 및 II국에서 검토
z. g. K.

(서울로 보내는 지시는 일단 유보함)
프랑스 대리공사는 이 문제를 다시 언급하지 않음.
z. d. A.

IB는 1877년 비스마르크 각하께서 하신 말씀, 즉 외교단 수석은 단지 외교단의 내부 문제에 불과하며, 따라서 각국 정부는 대체로 외교단 수석의 존재를 무시해왔다고 하신 말씀이 지켜지기를 바랐으나 우리는 지금까지 그것을 제대로 지키지 않았습니다. 1880년 페르시아 대사가 콘스탄티노플에서 자신에게 외교관의 권한을 달라고 요구하였을 때 비스마르크 각하는 다른 열강들과 협의한 후 외교단 수석은 일반적으로 비정치적인 특정 사안을 다루기 위한 공리주의적 직위라고 말씀하신 바 있습니다. 그런데 콘스탄티노플의 외교단 수석은 모든 유럽 열강들이 체결한 조약들에 따라 그들에게 공통되는 정치적인 문제들을 다루는 것까지 그 관심사를 확대하고자 한다고 말씀하셨습니다. 하지만 페르시아는 조약에 당사국이 아닐 뿐만 아니라 조약과 전혀 무관하다고 말씀하셨습니다. 페르시아 대사는 페르시아 사람이자 무슬림으로서 기독교적 성격을 가진 공동의 조약들을 대표할 수 없다는 점만 고려하더라도 이미 페르시아 대사의 요구를 거부할 충분한 명분이 있다는 것입니다. 그밖에도 우리는 당시 그 문제가 제기되었을 때 우리와 간접적으로 연관되는 사안이기 때문에 자제하며 지켜보았습니다. 그 이후 페르시아 대사의 외교단 수석 역할은 단지 행사와 의전의 문제에만 국한되어야 하며 그 밖의 경우에는 그에게 기독교 대표들을 소집할 권리를 부여할 수 없다는 데 합의가 이루어졌습니다.

따라서 프랑스 측의 문의에 대해서는 구두로 아래와 같이 답변하기 바랍니다.:

“이 문제는 한국에서 아직 우리한테 요청이 들어오지 않았습니다. 우리는 특정한 입장을 취할 이유가 별로 없습니다. 우리가 알기로는 지금까지는 외교단 수석을 법적이고 공식적인 직위로 인정해달라는 요구가 전혀 없었습니다. 어쨌든 우리나라의 경우에는 그랬습니다. 외교단 수석의 직위는 오히려 해당국 외교단 내부 문제로 간주되어 왔습니다. 1860년 콘스탄티노플에서 페르시아 대사가 외교단 수석의 권한을 요구했을 때 우리가 알기로는 콘스탄티노플 주재 열강 대표들은 페르시아 대사의 수석 역할을 단지 행사와 의전에 관한 문제에만 국한시킨다는 데 합의하였습니다. 그리고 기독교 국가의 대표들을 소집할 권리[4]는 기독교 신자인 수석에 의해서만 행사되어야 한다는 데 합의했습니다. 따라서 필요한 경우 한국에서도 이 사안을 유사한 방식으로 조정할 수 있을 것입니다.

Ki 5월 24일

4 [원문 주석] 기독교 국가들의 특수한 사안들을 염두에 둔 표현임.

39
오스트리아의 공사관 서기관 Grubissich의 알현

발신(생산)일	1900. 5. 1	수신(접수)일	1900. 6. 19
발신(생산)자	바이페르트	수신(접수)자	호엔로에-실링스퓌르스트
발신지 정보	서울 주재 독일영사관	수신지 정보	베를린 정부
	No. 39		A. 7626

A. 7626 1900년 6월 19일 오전 수신

서울, 1900년 5월 1일

No. 39

호엔로에-실링스퓌르스트 각하 귀하

본인은 독일제국 영사 업무를 인계받은 직후, 이곳을 떠날 독일제국 영사 라인스도르프[1]와 함께 한국 왕을 알현했습니다. 지난달 25일 자 알현 석상에서 본인은 잠시 이곳에 체류하던 도쿄 주재 오스트리아-헝가리 제국 공사관 서기관 Grubissich-Kerecztur와 그의 부인을 왕에게 소개하는 영광을 누렸습니다. 대화중에 왕은 오스트리아-헝가리 제국에서 독자적인 대표를 파견해 한국과 오스트리아-헝가리 제국의 우호관계를 더 촉진시키기 바란다는 소망을 강하게 피력하셨습니다.

본인이 아는 바로는, 현재 한국에는 오스트리아-헝가리 제국의 국민 딱 1명이 거주하고 있습니다. Houben이라는 이름의 상인으로, 그는 부산에 거주하면서 마산포항에서 사업을 하고 있습니다.

바이페르트

내용: 오스트리아의 공사관 서기관 Grubissich의 알현

1 [감교 주석] 라인스도르프(Reinsdorf)

베를린, 1900년 7월 20일 A 7626

주재 대사관 귀중
빈 No. 342

연도번호 No. 5274

귀하에게 오스트리아-헝가리 공사관 서기관 Grubissich에 관한 지난달 1일 자 서울 주재 독일제국 영사 대리의 보고서 사본을 삼가 정보로 제공합니다.

N. S. E.

40

원문 p.457

한국 주재 영국 대리공사의 휴가

발신(생산)일	1900. 5. 18	수신(접수)일	1900. 7. 6
발신(생산)자	바이페르트	수신(접수)자	호엔로에-실링스퓌르스트
발신지 정보	서울 주재 독일영사관	수신지 정보	베를린 정부
	No. 44		A. 8644

A. 8644 1900년 7월 6일 오후 수신

서울, 1900년 5월 18일

No. 44

호엔로에-실링스퓌르스트 각하 귀하

각하께 삼가 아래와 같이 보고 드리게 되어 영광입니다. 이곳 영국 대리공사 겸 총영사 조던[1]이 15개월의 질병휴가를 받아 오늘 서울을 떠났습니다. 그의 대리로 지금까지 오랫동안 일본 주재 영국 공사관의 비서 겸 2등서기관으로 있던 거빈스[2]가 업무를 위임 받았습니다.

바이페르트

내용: 한국 주재 영국 대리공사의 휴가

1 [감교 주석] 조던(J. N. Jordan)

2 [감교 주석] 거빈스(J. H. Gubbins)

41

원문 p.458

프랑스 대리공사의 대사 임명, 이곳의 외교단 수석 문제

발신(생산)일		수신(접수)일	1900. 8. 3
발신(생산)자		수신(접수)자	
발신지 정보		수신지 정보	베를린 외무부
			A. 10339

A. 10339 1900년 8월 3일 오전 수신

프랑스 대사관 참사관이 대사의 지시로 지금까지 여러 번 했던 문의를 다시 했습니다. 즉 서울 주재 청 공사가 최고연장자라는 이유를 내세워 외교단 및 영사단 수석의 역할을 맡겠다는데 대한 우리의 입장은 무엇이냐는 것입니다.

이 문의에 대해 오늘 본인이 A. 5155에 관한 5월 24일과 8월 2일 자 기록에 따라 구두로 답변했습니다.

내용: 프랑스 대리공사의 대사 임명, 이곳의 외교단 수석 문제

42
원문 p.459

[주한프랑스공사 플랑시 임명 보고]

발신(생산)일	1901. 1. 7	수신(접수)일	1901. 2. 22
발신(생산)자	바이페르트	수신(접수)자	뷜로
발신지 정보	서울 주재 독일영사관	수신지 정보	베를린 정부
	No. 7		A. 2819

A. 2819 1901년 2월 22일 오전 수신

서울, 1901년 1월 7일

No. 7

뷜로 각하 귀하

며칠 전 프랑스 임시 대리공사와 대화를 나누던 중, 이곳 공사로 플랑시[1]가 임명되었으며, 현재 프랑스에서 휴가를 보내고 있는 플랑시가 조만간 공사 자격으로 이곳으로 돌아올 것이라는 이야기를 들었습니다. 하지만 아직까지 공식적인 발표는 없었습니다. 본인이 들은 바에 의하면, 플랑시는 서울에 있는 동안 매우 열정적으로 활동했다고 합니다. 프랑스가 지금까지 한국에서 거둔 대부분의 업적은 플랑시가 1899년 11월 고국으로 돌아가기 전에 체결한 협정들 덕분입니다. 예를 들어, 포병대-중대장과 작업반장이 이곳 병기창 관리에 참여하게 된 것도 그의 덕분입니다.(작년 5월 19일 자 보고서 No. 45 참조) 두 사람은 작년 12월 초 사전에 조건들을 확정한 뒤 프랑스를 떠났으며 조만간 이곳에 도착할 예정입니다. 또 다른 사례는 최근에 알려진 계획으로 4명의 프랑스 작업반장들, 특히 제철, 가구, 벽돌 분야의 기술자들이 서울에 생긴 기술학교의 교사로 초빙된 건입니다. 이 건의 경우 아직 협상이 진행중입니다. 프랑스 측에서 매년 총 6,000엔의 임금은 너무 적다고 생각하기 때문입니다.

플랑시는 그의 새로운 직위로 인해 현재 일본과 청 공사가 독점하고 있는 이곳 외교단의 수석이 될 수도 있습니다. 그의 임명이 그 점까지 고려해 이루어졌을 가능성이 아주 없지는 않습니다. 적어도 본인이 들은 바에 의하면, 그는 이미 1899년 가을 이곳에

1 [감교 주석] 플랑시(V. C. Plancy)

있는 그의 동료들한테, 또한 파리에서도 청 공사의 유럽 언어와 가치관에 대한 이해 부족을 거론하며 자신이 외교단 수석의 역할을 맡아야 한다고 언급한 적이 있습니다. 짐작컨대 그의 파리에서의 발언에 자극을 받은 이곳 영국 대표[2]가 작년 봄 영국 정부에 이 문제에 관해 의견을 표명해 달라고 요청한 적이 있습니다. 플랑시의 소망 자체는 정당하다고 볼 수 있습니다. 하지만 거빈스를 비롯해 플랑시가 이 문제와 관련해 의견을 나눈 다른 대표들 어느 누구도 청 공사를 외교단 수석 직에서 내려오게 만들 생각은 없다고 했습니다. 그런데 최근 열린 신년 알현 행사에서 그럴 가능성이 조금 엿보였습니다. 청에서의 갈등 이후로 매우 조심스럽게 행동하던 쉬가 일본 공사의 부재로 인해 사회자의 역할을 맡았는데 진행이 별로 매끄럽지 않았기 때문입니다.

본인은 본 보고서의 사본을 도쿄와 베이징 주재 독일제국 공사관에 보낼 것입니다.

바이페르트

2 [감교 주석] 조던(J. N. Jordan)

베를린, 1901년, 2월 27일

A. 2819에 관하여

주재 대사관 귀중
런던 No. 229

연도번호 No. 1832

귀하에게 그곳 프랑스 대리공사의 공사 임명과 외교단 수석 문제에 관한 지난달 7일 자 서울 주재 독일제국 영사의 보고서 사본을 삼가 정보로 제공합니다.

43

원문 p.462

[주한청국공사 서수붕 귀국 보고]

발신(생산)일	1901. 2. 7	수신(접수)일	1901. 3. 28
발신(생산)자	바이페르트	수신(접수)자	뷜로
발신지 정보	서울 주재 독일영사관	수신지 정보	베를린 정부
	No. 23		A. 4642

사본

A. 4642 1901년 3월 28일 오전 수신

서울, 1901년 2월 7일

No. 23

뷜로 각하 귀하

이곳의 청나라 공사 쉬 쉬서우펑[1]이 총독 리훙장[2]으로부터 서면으로, 베이징으로 돌아와 총독 리훙장 및 왕자 Ching이 평화협상을 벌일 때 보좌관으로 일하라는 지시를 받았습니다. 그는 그를 데려가기 위해 도착한 청나라 Merchant Steam Navigation Co.[3]의 증기선 Hae An호를 타고 오늘 제물포에서 즈푸로 떠났습니다.

언제 돌아올지 미정인 그의 부재 기간 동안 공사관 1급서기관 쉬타이션[4]이 공사관 업무를 수행하게 됩니다.

(서명) 바이페르트

원본 문서 중국 24

1 [감교 주석] 쉬서우펑(徐壽朋)

2 [감교 주석] 리훙장(李鴻章)

3 [감교 주석] 윤선초상국(輪船招商局)

4 [감교 주석] 쉬타이션(許台身)

44

원문 p.463

프랑스 대리공사 플랑시의 귀환

발신(생산)일	1901. 3. 15	수신(접수)일	1901. 5. 4
발신(생산)자	바이페르트	수신(접수)자	뷜로
발신지 정보	서울 주재 독일영사관	수신지 정보	베를린 정부
	No. 43		A. 6608

A. 6608 1901년 5월 4일 오전 수신

서울, 1901년 3월 15일

No. 43

뷜로 각하 귀하

프랑스 대표 플랑시[1]가 이달 11일 휴가에서 돌아왔습니다. 그는 나가사키에서 제물포까지 프랑스 포함 "Bengali"호를 이용했습니다. "Bengali"호는 며칠 뒤 Taku로 떠날 예정입니다.

현재 드러난 바로는, 플랑시를 공사로 임명한 것은 단지 개인적인 승진을 의미합니다. 이달 12일 그가 이곳 대표들한테 통지한 바에 의하면, 그는 전권대신의 직급으로(avec le grade de Ministre Plenipotentiaire) 공사관 업무를 다시 인계 받았습니다. 그가 구두로 본인에게 전해준 바에 의하면, 그는 새로운 신임장을 가져오지 않았으며, 외교적 직책 역시 이전과 마찬가지로 영사업무 담당이라고 합니다.

프랑스 공사관 직원은 몇 주 전 통역관 Eleven이 도착함으로써 이미 증원이 이루어졌습니다.

본인은 본 보고서의 사본을 베이징과 도쿄 주재 독일제국 공사관에 보낼 것입니다.

바이페르트

내용: 프랑스 대리공사 플랑시의 귀환

1 [감교 주석] 플랑시(V. C. Plancy)

45

원문 p.464

러시아 대리공사의 일본 행

발신(생산)일	1901. 4. 20	수신(접수)일	1901. 6. 7
발신(생산)자	바이페르트	수신(접수)자	뷜로
발신지 정보	서울 주재 독일영사관	수신지 정보	베를린 정부
	No. 67		A. 8488

A. 8488 1901년 6월 7일 오전 수신

서울, 1901년 4월 20일

No. 67

뷜로우 각하 귀하

오늘 이곳의 러시아 대리공사[1]가 그의 요청에 따라 배치된 포함 "Zabiaka"호를 타고 일본으로 떠났습니다. 도쿄에서 세균학자 기타자토[2]로부터 몇 주 동안 광견병 예방 치료를 받기 위해서입니다. 이는 5일 전 광견병에 걸려 죽은 것으로 의심되는 개에게 감염되었을지 모른다는 우려 때문입니다.

그가 자리를 비운 동안 공사관 통역관 Kehrberg가 업무를 담당할 예정입니다.

본인은 본 보고서의 사본을 베이징과 도쿄 주재 독일제국 공사관에 보낼 것입니다.

바이페르트

내용: 러시아 대리공사의 일본 행

1 [감교 주석] 슈타인(Stein)

2 [감교 주석] 기타자토 시바사부로(北里柴三郎)

46

원문 p.465

[한국을 방문한 동아시아 주둔 오스트리아 함대의 알현에서 고종이 오스트리아-헝가리 외교대표 파견 희망을 피력했다는 보고]

발신(생산)일	1901. 5. 7	수신(접수)일	1901. 6. 30
발신(생산)자	바이페르트	수신(접수)자	뷜로
발신지 정보	서울 주재 독일영사관	수신지 정보	베를린 정부
	No. 77		A. 9671

사본

A. 9671　1901년 6월 30일 오전 수신

서울, 1901년 5월 7일

No. 77

뷜로우 각하 귀하

지난달 30일 동아시아 주둔 오스트리아 함대의 사령관 Montecuccoli 백작이 "Maria Theresia"호, "Kaiserin Elisabeth"호, "Zenta"호를 이끌고 제물포항에 도착하였습니다. Taku를 출발해서 즈푸와 웨이하이웨이를 경유해 이곳에 도착한 선단에 그 이튿날 마산포를 방문하고 온 "Leopold"호가 합류했습니다. 본인은 사령관에게 서울에 체류하는 동안 본인의 집에서 머물라고 요청하였습니다. 또한 그의 요청에 따라서 성사된 이달 5일 알현 석상에서 본인은 그를 왕에게 소개하는 영광을 누렸습니다. 알현에는 앞에서 언급된 선박들의 선장 4명과 참모장교 3명, 참모부 대위 1명이 동석했습니다. 왕은 사령관과 대화를 나누는 동안 오스트리아-헝가리 정부가 서울에 대표를 파견해주면 좋겠다는 소망을 여러 번 밝혔습니다. 알현이 끝난 후 궁내부대신이 개최한 만찬이 있었습니다. 만찬 중에 16인조로 구성된 기함 군악대가 음악을 연주했습니다. 왕명에 의해 사령관을 비롯해 그의 수행 장교들과 군악대원들에게 푸짐한 선물이 제공되었습니다.

제독은 이달 6일 궁내부대신 서리[1]과 외부대신 서리[2], 궁중관리 2인, 장교 3인을

1　[감교 주석] 윤정구(尹定求)

2　[감교 주석] 최영하(崔榮夏)

"Maria Theresia"호 선상으로 초청해 조식을 대접했습니다. 영광스럽게도 본인 역시 선상 조식에 참석하였습니다. 그리고 그날 제독은 함대를 이끌고 제물포항을 떠났습니다. 그는 해밀턴항에서 몇 시간 정박한 후 나가사키로 갈 예정이라고 합니다. "Leopard"호는 이미 그 전날 오전에 대련만으로 떠났습니다.

(서명) 바이페르트

원본 문서 오스트리아 73a

47

원문 p.467

한국 주재 프랑스 대표가 변리공사로 승격됨

발신(생산)일	1901. 5. 27	수신(접수)일	1901. 7. 22
발신(생산)자	바이페르트	수신(접수)자	뷜로
발신지 정보	서울 주재 독일영사관	수신지 정보	베를린 정부
	No. 88		A. 10706

A. 10706 1901년 7월 22일 오전 수신

서울, 1901년 5월 27일

No. 88

뷜로 각하 귀하

금년 3월 12일 그의 직위가 전권대신이라고 통지했던 프랑스 대리공사 플랑시[1]가 이달 25일 본인에게 외교문서를 통해 통지해온 바에 의하면, 프랑스 대통령이 그를 변리공사로 임명한다는 내용의 신임장을 이달 24일 이곳 군주에게 제출했다고 합니다.

이곳 주재 프랑스 대표의 직급을 높여줌으로써 한국의 비위를 맞춰준 것은 현재 프랑스 자체 비용으로 화려하게 완공된 공사관 건물과 더불어 최근 몇 년 동안 파리에서 계속 성장해온 프랑스의 영향력 확대에 큰 의미를 두고 있다는 뜻으로 해석됩니다. 러시아의 태도는 물론이고 독일제국 사절단의 활동 확대가 프랑스의 영향력 확대에 유익하게 작용한 측면이 있습니다.

본인은 본 보고서의 사본을 베이징과 도쿄 주재 독일제국 공사관에 보낼 것입니다.

바이페르트

내용: 한국 주재 프랑스 대표가 변리공사로 승격됨

1 [감교 주석] 플랑시(V. C. Plancy)

베를린, 1901년 7월 26일 A. 10706에 관하여

주재 대사관 귀중
1. 런던 No. 639
2. 파리 No. 517

귀하에게 그곳 프랑스 대표가 변리공사로 승진했다는 5월 21일 자 서울 주재 독일제국 영사의 보고서 사본을 삼가 정보로 제공합니다.

연도번호 No. 6449

48

원문 p.469

서울 주재 미국 변리공사가 공사로 승격됨

발신(생산)일	1901. 6. 27	수신(접수)일	1901. 8. 9
발신(생산)자	바이페르트	수신(접수)자	뷜로
발신지 정보	서울 주재 독일영사관	수신지 정보	베를린 정부
	No. 104		A. 11578

A. 11578 1901년 8월 9일 오전 수신

서울, 1901년 6월 27일

No. 104

뷜로 각하 귀하

이곳 미국 대표 알렌[1] 박사가 이달 24일 개인 전보를 통해, 워싱턴 주재 한국 공사를 통해 아시는 바와 같이 워싱턴에 의해 특명전권공사로 임명됐다고 알려주었습니다. 사람들은 미국 정부의 이번 결정이 최근 이루어진 프랑스 대표의 승격과 무관하지 않을 것으로 추정하고 있습니다.

본인은 본 보고서의 사본을 베이징과 도쿄 주재 독일제국 공사관에 보낼 것입니다.

바이페르트

내용: 서울 주재 미국 변리공사가 공사로 승격됨

1 [감교 주석] 알렌(H. N. Allen)

49

원문 p.470

파블로프의 베이징 전근 임박

발신(생산)일	1901. 6. 28	수신(접수)일	1901. 8. 9
발신(생산)자	바이페르트	수신(접수)자	뷜로
발신지 정보	서울 주재 독일영사관	수신지 정보	베를린 정부
	No. 106		A. 11580

A. 11580 1901년 8월 9일 오전 수신

서울, 1901년 6월 28일

No. 106

뷜로 각하 귀하

믿을 만한 소식통한테서 전해들은 바에 의하면, 상트페테르부르크에서 개인 전보로 이곳에 전해진 소문처럼, 실제로 파블로프[1]가 이곳에서 베이징으로 전보될 예정이라고 합니다. 만약 이 소문이 사실이라면 파블로프를 별로 좋아하지 않는 이곳 군주한테 그리 나쁘지 않은 소식이 될 듯합니다.

본인이 상기 소식통으로부터 은밀히 전해들은 바에 의하면, 왕은 이미 몇 달 전부터 그가 크게 신뢰하고 있는 서울 주재 전임 러시아 대표 베베르[2]를 궁내부 고문으로 채용하고 싶다는 뜻을 밝혀왔다고 합니다. 이곳을 떠나야 하는 베베르는 왕의 요청을 거절할 것 같지 않습니다. 하지만 왕이 아직 이 계획을 실행에 옮기지 못한 이유는 주위 여건 때문입니다. 즉 그런 식의 조처가 일본과의 마찰을 불러올지 모른다고 우려하는 것입니다.

본인은 본 보고서의 사본을 베이징과 도쿄 주재 독일제국 공사관에 보낼 것입니다.

바이페르트

내용: 파블로프의 베이징 전근 임박

1 [감교 주석] 파블로프(A. Pavlow)
2 [감교 주석] 베베르(K. I. Weber)

베를린, 1901년 8월 12일

A. 11580

주재 대사관 귀중

1. 워싱턴 No. A. 156
2. 런던 No. 703
3. 상트페테르부르크 No. 594

연도번호 No. 7091

귀하에게 그곳 러시아 공사의 교체가 임박했다는 금년 6월 28일 자 서울 주재 독일제국 영사의 보고서 사본을 삼가 정보로 제공합니다.

N. S. E.

50

원문 p.472

[주한청국공사로 허태신이 임명되었다는 보고]

발신(생산)일	1901. 7. 29	수신(접수)일	1901. 9. 20
발신(생산)자	뭄	수신(접수)자	뷜로
발신지 정보	베이징 주재 독일 공사관	수신지 정보	베를린 정부
	A. 279		A. 13482

사본

A. 13482 1901년 9월 20일 오전 수신

베이징, 1901년 7월 29일

A. 279

뷜로 각하 귀하

이미 오래 전 베이징에서 평화전권대사 고문을 역임한 적이 있는 서울 주재 청나라 공사 쉬서우펑[1]이 신임 외무부 장관으로 임명되었습니다. 그의 후임으로는 금년 7월 24일 이곳에 내려온 황제의 칙령에 따라 쉬타이션[2]이 한국 담당 공사로 임명되었습니다. 그는 동시에 수도에 있는 한 관청의 부국장으로 겸인 발령되었습니다. 쉬다이션은 몇 년 전부터 서울 주재 공사관 서기관으로 있었으며, 쉬서우펑이 자리를 비운 동안 대리공사의 역할을 맡아왔습니다.

(서명) 뭄[3]

원본 문서 한국 10

1 [감교 주석] 쉬서우펑(徐壽朋)

2 [감교 주석] 쉬타이션(許台身)

3 [감교 주석] 뭄(Mumm)

51

원문 p.473

서울 담당 러시아 부영사직 설치

발신(생산)일	1901. 8. 3	수신(접수)일	1901. 9. 28
발신(생산)자	바이페르트	수신(접수)자	뷜로
발신지 정보	서울 주재 독일영사관	수신지 정보	베를린 정부
	No. 130		A. 13865

A. 13865 1901년 9월 28일 오전 수신

서울, 1901년 8월 3일

No. 130

뷜로 각하 귀하

지난 몇 년 동안 이곳 러시아 공사관에는 부영사가 배속돼 한국에 관한 업무 전반을 담당했던 반면, 금년 초에 서울만 전담하는 특별 부영사 직제가 생겨 지난달 29일 Z. Polianovski 부영사가 그 업무를 맡았습니다. 그는 동시에 제물포, 진남포, 평양의 러시아 업무도 함께 관장하게 되었습니다. 파블로프한테서 들은 바에 의하면, 남쪽지방에 위치한 부산항, 목포항, 군산항의 업무는 마산포 주재 러시아 부영사가 관할하며, 원산항의 업무는 이곳 러시아 대표가 총영사 자격으로 담당한다고 합니다. 그밖에 한국 동북쪽에 위치한 성진과 경흥 개방 국경시장의 영사 업무는 국경 맞은편에 있는 Nowokijewskoje에 주둔하고 있는 러시아 국경담당 특별위원이 맡고 있습니다.

본인은 본 보고서의 사본을 도쿄와 베이징 주재 독일제국 공사관에 보낼 것입니다.

바이페르트

내용: 서울 담당 러시아 부영사직 설치

52

원문 p.474

서울 주재 미국 변리공사가 공사로 승진함

발신(생산)일	1901. 8. 7	수신(접수)일	1901. 9. 29
발신(생산)자	바이페르트	수신(접수)자	뷜로
발신지 정보	서울 주재 독일영사관	수신지 정보	베를린 정부
	No. 132		A. 13906

A. 13906 1901년 9월 29일 오전 수신

서울, 1901년 8월 7일

No. 132

뷜로 각하 귀하

각하께 금년 6월 27일 자 본인의 보고서 No. 104[1]에 이어 삼가 아래와 같이 보고드리게 되어 영광입니다. 알렌[2] 박사가 이달 5일 자 공문을 통해 자신이 미국 대표부의 대표로 지위가 격상되었으며, 한국 담당 미국 특명전권공사로 임명되었다고 알려왔습니다.

본인은 본 보고서의 사본을 베이징과 도쿄 주재 독일제국 공사관에 보낼 것입니다.

바이페르트

내용: 서울 주재 미국 변리공사가 공사로 승진함

1 [원문 주석] A. 11578에 삼가 첨부됨.

2 [감교 주석] 알렌(H. N. Allen)

베를린, 1901년 10월 5일 A. 13906

수신:
1. 베이징 A. 100 공사
2. 도쿄 No. A. 23 공사

연도번호 No. 8607

금년 6월 27일과 8월 7일 자 서울 주재 독일제국 영사의 보고서(No. 104와 No. 134)를 통해 알려진 바와 같이, 미국도 이제 서울에 외교 대표부를 설치하였습니다. 러시아, 영국, 프랑스, 이탈리아, 일본, 청은 이미 서울에 외교대표부가 존재하고 있습니다. 이에 우리도 예전부터 검토해오던 문제, 즉 한국에서 독일의 경제적인 이익이 침해되는 것을 막기 위해 우리 측에서도 독일 영사관을 공사관 내지 변리공사관으로 승격시키는 조처를 취해야 하는지에 대해 다시 한 번 검토해볼 때가 된 듯합니다.

이에 본인은 귀하에게 이 문제에 대한 그곳의 견해를 알려줄 것을 요청합니다. 특히 그런 조치가 동아시아에서의 우리의 일반적인 정치적 위상에 어떤 영향을 미칠 것인지에 대한 견해를 말씀해 주시기 바랍니다.

우리는 한국에 독자적인 정치적인 관심은 없이 오로지 경제적인 관심만을 갖고 있습니다. 따라서 지금까지의 이런 우리 입장에 뭔가 변화가 생겼다는 인상을 불러일으키고 싶지 않다는 점을 유념해 주기 바랍니다.

St. S.
Ki. 10월 3일

53

원문 p.476

[오스트리아 함대의 한국 방문 및 알현 중 고종이 오스트리아-헝가리 외교대표부 설치를 요청했다는 보고]

발신(생산)일	1901. 9. 3	수신(접수)일	1901. 10. 24
발신(생산)자	그나트	수신(접수)자	뷜로
발신지 정보	서울 주재 독일영사관	수신지 정보	베를린 정부
	No. 147		A. 14983

사본

A. 14983 1901년 10월 24일 오전 수신

No. 147 서울, 1901년 9월 3일

뷜로 각하 귀하

(오스트리아 전함들의 입항을 계기로 성사된) 오스트리아 귀빈들의 한국 왕 알현은 과거 하야시[1] 측에서 Konoya 영주를 위해 신청했던 알현과는 달리 공식적인 신청을 통해 성사되었습니다. 알현 신청 후 이달 2일로 날짜가 정해졌습니다. 알현 석상에서 본인은 함대사령관, 전투함 선장 Haus, 영사 Pisko, 기함 소위 Wickerhausen 등을 왕에게 소개하는 영광을 가졌습니다. 그 자리에서 왕은 오스트리아-헝가리 왕국의 대표부를 서울에 설치해 달라고 거듭 요청했습니다. 이에 Pisko가 본국 정부에 왕의 뜻을 상세하게 보고하겠다고 약속했습니다. 이 대답에 왕은 매우 흡족해했습니다. 그리고 나중에 외부대신[2]을 통해 Pisko 영사가 이곳 대표로 오게 되기를 바란다는 뜻을 전했습니다. 아마도 영사가 왕에게 매우 좋은 인상을 준 듯합니다.

알현이 끝난 후 궁정에서 궁내부대신이 베푸는 만찬이 열렸습니다.

(서명) 그나트[3]

원본 문서 한국 1

1 [감교 주석] 하야시 곤스케(林權助)

2 [감교 주석] 박제순(朴齊純)

3 [감교 주석] 그나트(Gnadt)

54

원문 p.477

[한국 주재 오스트리아-헝가리 대표부 설치 문제에 관한 보고]

발신(생산)일	1901. 9. 3	수신(접수)일	1901. 10. 24
발신(생산)자	바이페르트	수신(접수)자	뷜로
발신지 정보	서울 주재 독일영사관	수신지 정보	베를린 정부
	No. 148		A. 14984

A. 14984 1901년 10월 24일 오전 수신

서울, 1901년 9월 3일

No. 148

뷜로 각하 귀하

오스트리아-헝가리 제국의 영사 Pisko가 본인에게 은밀히 전해준 바에 의하면, 그가 이곳을 방문한 목적은 이미 작년에 그에게 부여된 임무를 수행하기 위해서라고 했습니다. 즉 서울 주재 오스트리아-헝가리 대표부 설치에 관한 의견서를 작성해 보고하라는 지시입니다. 그는 본인에게 자신은 이 조치에 적극 찬성하며, 대리공사나 총영사, 부영사 내지 통역사의 파견을 제안할 예정이라고 했습니다. 그의 계산에 따르면, 대표부 책임자에게 독립된 주택 이외에 3만 마르크의 급여와 5천에서 6천 마르크 정도의 업무추진비가 들어갈 것이라고 합니다.

Pisko는 광산채굴권을 따내기 위한 필수 조건이 대표부 설치라고 생각합니다. 본인 역시 그의 의견에 동의합니다. 그는 조만간 휴가 차 빈으로 돌아갈 예정인데, 그때 그곳의 자본가들에게 한국의 광산채굴권에 대해 소개할 예정입니다. 그 사업을 준비하기 위해 Pisko는 이미 제물포에 있는 마이어 회사[1] 측과 협의한 바 있습니다. 그 회사는 현지 상황에 대한 지식을 바탕으로 의미 있는 지원을 해주는 대신 그들이 이곳 지사를 운영할 예정이라고 합니다.

바이페르트

내용: 한국 주재 오스트리아-헝가리 대표부 설치 문제

1 [감교 주석] 마이어 회사(E. Meyer & Co.; 세창양행(世昌洋行))

55

원문 p.478

[순양함대 사령관 벤더만의 한국방문보고서 사본 송부]

발신(생산)일	1901. 12. 6	수신(접수)일	1901. 12. 9
발신(생산)자	슈뢰더	수신(접수)자	외무부 장관
발신지 정보	베를린	수신지 정보	베를린
	K. 3855 III		A. 17481

사본

A. 17481 1901년 12월 9일 오후 수신, 첨부문서 3부

베를린, 1901년 12월 6일[1]

K. 3855 III

외무부 장관 귀하

장관님께 한국 방문에 대한 금년 10월 7일 자 순양함 함대사령관의 보고서 사본을 삼가 제출합니다.

각하께 본 보고서에 대해 보고할 때 서울 주재 독일제국 영사 직의 승격에 대한 함대 사령관의 의견을 언급해 주시기를 요청 드립니다.

문의사항에 관하여[2]

(서명) 슈뢰더

원본 문서 한국 1

1 [감교 주석] R18932에 동일 문서(A. 17481)가 수록됨. 다만 R18932에는 발신일이 12월 5일로 기록되어 있음.

2 [원문 주석] 이 문제는 이미 A. 13906에서 논의한 바 있음. 베이징과 도쿄에 보내는 훈령과 관련해 답변을 기다리고 있음.

발췌.

A. 17481에 첨부

나가사키, 1901년 10월 7일

순양함대 사령부

베를린

황제 폐하 각하 귀하

한국에 관한 군사 정책 보고서

(생략) 대부분의 다른 나라 대표부가 수도에서 꽤 훌륭한 건물을 차지하고 있는 반면, 독일 영사는 지금까지 허름한 한옥에서 누추하고 살고 있습니다. 하오니 독일 영사가 현재의 초라하고 비좁은 집에서 좀 더 나은 새로운 집으로 옮기는 것이 좋을 듯합니다. 아울러 한국 주재 대표의 직위도 특별공사, 변리공사, 대리공사 등의 직함을 갖고 있는 다른 나라 외교관들과 똑같이 직급을 높여주는 것이 황제 폐하의 체면을 위해서도 바람직한 것으로 사료됩니다. 우리나라 영사는 직급이 낮은 탓에 최근 영국 순양함대 사령관 브릿지[3] 경으로부터 –물론 영국의 규정에 따르면 정당한 행위입니다.– 현지 상황을 고려할 때 그리 유쾌하지 않은 대접을 받았습니다. 9월 초 브릿지 경이 서울에 머무는 동안 다른 나라 외교 대표들은 전부 방문한 반면 우리나라 영사만 방문하지 않은 것입니다. 브릿지 경은 자신의 그런 행동에 대해 영국의 규정 상 영사 직급의 인물을 방문하는 것은 금지되어 있다고 해명했습니다. 그럼에도 불구하고 브릿지 제독은 공식적인 방문 교류는 하지 않는 대신 바이페르트 박사를 자신이 머무는 곳으로 초대할 의향이 있다고 말했습니다. 물론 바이페르트는 그의 제안을 거절했습니다.

(서명) 벤더만

3 [감교 주석] 브릿지(C. Bridge)

56

원문 p.480

[벨기에 총영사가 고종에게 훈장과 국왕 친서를 전달했다는 보고]

발신(생산)일	1901. 10. 19	수신(접수)일	1901. 12. 12
발신(생산)자	바이페르트	수신(접수)자	뷜로
발신지 정보	서울 주재 독일영사관	수신지 정보	베를린 정부
	No. 173		A. 17648

사본

A. 17648 1901년 12월 12일 오전 수신

서울, 1901년 10월 19일

No. 173

뷜로 각하 귀하

본인이 뱅카르[1]한테 직접 들은 바에 의하면, 이달 17일 있었던 한국 왕 알현 석상에서 이곳 군주한테 레오폴트 대십자훈장과 더불어 왕의 친서가 전달됐다고 합니다. 친서에는 대십자훈장의 수여가 조약체결과 연관이 있다는 내용이 담겨있다고 합니다. 외무대신 박제순[2]한테도 동시에 레오폴트 공로훈장이 수여되었습니다.

조약과 훈장은 이곳 총영사관에 파견된 부영사 Maurice Cuvelier가 전달했다고 합니다. 뱅카르가 공사관 부지 확보 문제를 보고하기 위해 내년 초로 예정된 휴가를 떠날 경우 그가 직무 대리를 맡게 될 것입니다. 그 후 뱅카르는 직위가 대리공사로 승격될 것으로 예상됩니다.

(서명) 바이페르트

원본 문서 한국 1

1 [감교 주석] 뱅카르(L. Vincart)

2 [감교 주석] 박제순(朴齊純)

57

원문 p.481

한국 주재 독일 대표부 설치 건

발신(생산)일	1901. 11. 28	수신(접수)일	1901. 12. 30
발신(생산)자	아르코	수신(접수)자	뷜로
발신지 정보	도쿄 주재 일본 공사관	수신지 정보	베를린 정부
	A. 134		A. 18505

A. 18505 1901년 12월 30일 오후 수신, 첨부문서 1부

도쿄, 1901년 11월 28일

A. 134

뷜로 각하 귀하

본인이 이곳에 부임한 이후 3명의 서울 주재 외국 대표의 직급이 높아졌습니다. 영국[1]과 프랑스 대표[2]는 변리공사로 승격되었고, 미국 대표[3]는 특명전권공사로 승격되었습니다. 본인이 알기로 그러한 조처가 이곳에서 사람들의 구설수에 오른 적은 없습니다. 따라서 만약 우리나라에서 독일 대표에게 외교관 자격을 부여한다면 변리공사 정도의 직위를 부여하는 것이 자연스러울 듯합니다. 일본인들은 스스로를 한국을 지금 같은 독립국가로 만든 주역으로 생각하고 있기 때문에 다른 나라의 외교 대표들이 한국 군주한테 신임장을 제출하는 것을 반대하지 않을 것입니다. 이 문제에 관해 종종 학술적인 차원에서 논의한 적이 있는 아오키[4] 자작 역시 본인과 같은 의견입니다. 만약 우리나라에 적대적인 어느 유럽 언론이 전보를 통해서 외교관 자격을 가진 독일 대표의 임명을 정치적인 저의가 있다며 비난한다고 해도 그런 식의 비난은 이곳에서는 통하지 않을 것입니다.

현재 독일 대표[5]가 수많은 다른 나라 외교관들에 비해 힘 없는 낮은 직급에 있다는 것은 명확한 사실입니다. 그로 인해 독일 대표가 동료들이나 한국 정부의 눈치를 봐야하

1 [감교 주석] 조던(J. N. Jordan)
2 [감교 주석] 플랑시(V. C. Plancy)
3 [감교 주석] 알렌(H. N. Allen)
4 [감교 주석] 아오키 슈조(青木周蔵)
5 [감교 주석] 바이페르트(H. Weipert)

는 일이 한두 번이 아닙니다. 만약 성격이 예민한 영사였다면 이미 여러 번 갈등을 빚었을 것입니다. 한국 측에서는 우리의 외교대표부 설치를 강력하게 원하고 있습니다. 따라서 본인은 물론이고 얼마 전 한국을 잠시 다녀간 뒤 본인의 요청에 따라 함께 동봉한 메모에서 자신의 견해를 제시한 총영사 코아테스[6]도 외교대표부 설치를 바람직한 조치로 생각하고 있습니다. 본인이 보기에 외교 대표부 설치가 전혀 예상치 못한 결과를 초래할 가능성은 거의 없을 것이라고 확신합니다.

아르코 백작

내용: 한국 주재 독일 대표부 설치 건

A. 134에 관한 첨부문서 1

요코하마, 1901년 11월 20일

연도번호 No. 2680

이달 20일 자 서신 A. 400과 연관해서.
그리고 첨부문서를 반환하면서.

도쿄 주재 독일제국 공사 아르코 백작 귀하

금년 10월 한국에 잠시 체류하는 동안 본인이 얻은 경험에 의해 판단하건대, 독일이 만약 영국, 프랑스, 러시아, 미국 같은 강대국들처럼 서울에 외교대표부를 설치한다면 오로지 이점만 있을 거라고 생각합니다. 본인은 독일이 이런 관계에서 더 이상 다른 강대국들 뒤에 머물러 있어서는 안 된다고 생각합니다. 한국의 중간층에 속하는 평범한 사람들의 자부심이 커진 것을 고려할 때 우리나라의 이런 태도를 그들은 자신들의 나라에 대한 확실한 멸시로 볼 우려가 있기 때문입니다. 그것은 또한 독일인 전체에 대한

6 [감교 주석] 코아테스(Coates)

비우호적인 반감으로 쉽게 이어질 수 있습니다. 그런 감정은 한국에서의 우리나라의 경제적인 이해관계에 해를 미칠 수 있습니다. 비록 현재 한국에서의 우리나라의 경제적인 이해관계는 매우 미미한 수준이지만 만약 한국이 독일 문화에 갈수록 폐쇄적인 입장을 갖게 되면 이런 반감이 더욱 커질 가능성이 높습니다.

더욱이 외교대표는 경제적인 측면에서 한국에서 독일의 이익을 촉진하는 데 유리합니다. 외교대표는 황제나 정부와 쉽게 접촉할 수 있기 때문에 영사 직급의 하급관리보다 훨씬 더 큰 영향력을 미칠 수 있기 때문입니다. 외교 대표는 보다 성공적으로 우리나라 제품들이 정부 차원의 사업에서도 활용될 수 있도록 영향을 미칠 수 있습니다. 현재 외국인들의 수입 중 많은 부분이 정부의 사업들에서 나옵니다,

그밖에도 본인이 아는 바로는, 한국 황제가 이미 독일 같은 대국이 아직 한국에 외교관을 파견하지 않을 것에 대한 놀라움을 자주 피력했다고 합니다.

본인의 견해로는, 일본을 포함해 그 어떤 주요 국가도 우리나라가 한국에 외교관 직위를 설치하는 것을 불신의 눈초리로 바라보지 않을 것입니다. 왜냐하면 청이 1895년 한국의 독립을 인정[7]한 이후, 또한 대부분의 강대국들이 이미 서울에 외교 대표부를 설치한 이후 그것은 당연하고 합리적인 조치로 인정받고 있기 때문입니다.

대표부의 형식과 관련해서는, 본인은 그것이 잠정적일 것으로 생각합니다. 왜냐하면 우리의 이익이 그리 크지 않은데다가 변리공사 직을 설치하는 것이 목적에 맞기 때문입니다.

하지만 외무부 훈령에 포함되어 있는 "이제 미국 역시 서울에 외교 대표부를 설치했다"는 문장을 보면서 본인은 이것은 전혀 사실에 부합하지 않는다는 점을 지적하고자 합니다. 미국은 1880년대부터 이미 서울에 외교 대표부를 두었으며 그 대표는 영사의 직위를 갖고 있었습니다. 현재의 대표인 알렌 박사는 몇 달 전에 변리공사에서 특명전권공사로 승진하였습니다.

독일제국 총영사

코아테스

7 [감교 주석] 시모노세키 조약

베를린, 1902년 1월 _일

A. 18505에 관하여

Vfg.

메모

훈령 No A. 100/01에 대해 베이징에서 답신이 도착한 이후에 작성됨.

ki. 1월 5일

베이징에서 온 답신과 함께.
A. 965[02]를 다시 제출
1902년 1월.

서울 주재 영국 대표(A. 4055/98), 프랑스 대표(A. 18706/01), 미국 대표(A. 11578/01)는 직위가 바뀌면서 승진함. 인물의 교체는 없었음.

58

원문 p.485

[러시아 특사 베베르가 내년 칭경예식 때까지 체류하리라는 보고]

발신(생산)일	1902. 11. 17	수신(접수)일	1903. 1. 1
발신(생산)자	바이페르트	수신(접수)자	뷜로
발신지 정보	서울 주재 독일영사관	수신지 정보	베를린 정부
	No. 186		A. 23

사본

A. 23　1903년 1월 1일 오전 수신

서울, 1902년 11월 17일

No. 186

뷜로 각하 귀하

이곳의 러시아 대리공사가 얼마 전 한국 정부에 통지한 바에 따르면, 베베르[1]가 특사 자격으로 내년 4월 30일 개최되는 기념축제[2]까지 이곳에 머물 것이라고 합니다. 믿을 만한 소식통에 의하면 그것은 이곳 군주가 전보로 통지한 요청을 상트페테르부르크가 수용해서 내린 지시라고 합니다. 하지만 그사이에 이미 베베르는 궁정에 귀빈 자격으로 머물라는 요청을 거절하였습니다. 베베르가 본인에게 직접 전해준 바에 의하면, 그는 언급된 기념축제에서 훈장을 전달할 예정이라고 합니다. 대리공사 슈타인[3]과 베베르의 관계는 더욱 악화된 듯합니다. 베베르와 가까운 인사가 본인에게 전해준 바에 의하면, 슈타인은 공사관 서류들을 보게 해달라는 베베르의 요구가 부당하다며 페테르부르크에 이의를 제기했습니다. 플랑시[4] 또한 베베르가 이곳 공사로 임명될 거라는 소식이 그다지 반갑지 않은 듯합니다. 플랑시는 본인에게 파블로프 때와는 반대로 베베르한테서는 단 하나의 정보도 얻지 못했다며 불평을 털어놓았습니다. 러시아 사람들과 가까운 믿을 만한 소식통에 의하면, 베베르는 람스도르프[5] 백작으로부터 은밀한 지시를 받았다고 합니

1 [감교 주석] 베베르(K. I. Weber)

2 [감교 주석] 칭경예식

3 [감교 주석] 슈타인(Stein)

4 [감교 주석] 플랑시(V. C. Plancy)

다. 즉 한국에 아무 것도 요구하지 말고, 한국 측에서 요구가 있을 때까지는 특히 일본의 영향력 증대에 영향을 미칠 수 있는 그 어떤 조언도 하지 말라는 지시라고 합니다.

베베르가 본인에게 전해준 바에 의하면, 그는 이달 14일 한국 군주를 알현하는 자리에서 군주에게 -그는 한국 군주의 능력과 의지를 매우 긍정적으로 평가합니다.- 매관매직의 척결과 다른 개혁안들을 건의했다고 합니다. 그중에서도 특히 재정과 화폐제도 개혁을 역설했다고 합니다. 동시에 그는 황제의 측근들 가운데 자신의 영향력을 발휘할 수 있는 사람들을 포섭하는 작업을 하고 있습니다. 일차적으로 이용익을 그 대상으로 꼽고 있는 듯합니다. 이용익은 군주의 이익을 위해서라면 정당하게 청구된 대금조차도 전혀 지불하지 않거나 강제로 지불유예를 하는 재정정책을 쓰고 있습니다. 하지만 그가 이런 편법을 중단할 것인지는 의문입니다. 그는 러시아의 협력과 조언을 구하면서도 물품조달 사업을 러시아에 이어 일본과도 맺음으로써 동시에 일본과도 우호적인 관계를 유지하고 있습니다. 그 결과 그의 영향하에 9월 말에 교육을 받기는 했지만 실력이 변변치 않은 기병대를 위해 말 106필과 예포용 대포 6문을 10만 엔이 넘는 금액으로 일본에서 구매하였습니다. 그리고 최근에 다시 미쓰이-부산 상사를 통해 모제르카빈총 1000정과 장검, 그 밖의 물품을 9만 엔의 가격으로 구입했습니다. 미쓰이-부산 상사는 그 모든 대금을 그들의 작년 이자수익금에서 공제해 주기로 했습니다.

(서명) 바이페르트

원본 문서 한국 1

5 [감교 주석] 람스도르프(Lamsdorff)

59

원문 p.487

영국 대리공사 조던을 변리공사로 승인해 달라는 신임장 제출

발신(생산)일	1901. 11. 11	수신(접수)일	1902. 1. 4
발신(생산)자	바이페르트	수신(접수)자	뷜로
발신지 정보	서울 주재 독일영사관	수신지 정보	베를린 정부
	No. 183		A. 114

A. 114 1902년 1월 4일 오전 수신

서울, 1901년 11월 11일

No. 183

뷜로 각하 귀하

각하께 삼가 아래와 같이 보고 드리게 되어 영광입니다. 이달 4일 휴가에서 돌아온 서울 주재 영국 대리공사 겸 총영사 조던[1]이 임시 대리공사 거빈스[2]한테서 공사관 업무를 다시 인계받았습니다. 그가 공식적으로 전해준 바에 의하면, 어제 한국 왕에게 그를 변리공사로 승인해 달라는 영국 군주의 신임장을 제출했다고 합니다.

본인은 본 보고서의 사본을 베이징과 도쿄 주재 독일제국 공사관에 보낼 것입니다.

바이페르트

내용: 영국 대리공사 조던을 변리공사로 승인해 달라는 신임장 제출

1 [감교 주석] 조던(J. N. Jordan)

2 [감교 주석] 거빈스(J. H. Gubbins)

60

원문 p.488

중국 대리공사의 공사 승진 발령

발신(생산)일	1901. 11. 16	수신(접수)일	1902. 1. 19
발신(생산)자	바이페르트	수신(접수)자	뷜로
발신지 정보	서울 주재 독일영사관	수신지 정보	베를린 정부
	No. 185		A. 934

A. 934 1902년 1월 19일 오전 수신

서울, 1901년 11월 16일

No. 185

뷜로 각하 귀하

각하께서는 베이징 주재 독일제국 공사의 보고를 통해 서울 주재 청나라 임시 대리공사[1]가 이미 몇 달 전에 지난달 31일 베이징에서 세상을 떠난 쉬서우펑[2]의 후임으로 임명되었다는 소식을 알고 계시리라 사료됩니다. 쉬타이션은 이달 12일 자 외교문서를 통해 그날 자신이 한국 군주에게 특명전권공사 자격의 신임장을 제출했다는 소식을 알려왔습니다.

이곳 청나라 공사관 서기관이 전해준 바에 의하면 그는 지장성[3] 항저우[4] 출신으로 나이는 현재 56세입니다. 그는 3년 전 이곳 공사관 2등서기관으로 임명되었으며, 그 전에는 2년 동안 윈난[5]부의 지사로 근무했고, 또 그 전에는 그곳 부지사 겸 세관장을 역임했습니다.

본인은 본 보고서의 사본을 베이징과 도쿄 주재 독일제국 공사관에 보낼 것입니다.

바이페르트

내용: 중국 대리공사의 공사 승진 발령

1 [감교 주석] 쉬타이션(許台身)
2 [감교 주석] 쉬서우펑(徐壽朋)
3 [감교 주석] 저장성(浙江省)
4 [감교 주석] 항저우(杭州)
5 [감교 주석] 윈난(雲南)

A. 965

서울 주재 외교 대표부 설치 문제는 다음 예산심의 때 검토해볼 예정이며, 누구를 파견할 것인지에 대해서도 그때 논의키로 함.

따라서 논의 시점은 3개월 후가 될 것임.

6월 19일 ... ki 3월 19일

61

원문 p.490

한국 주재 독일 외교대표부 설치 건

발신(생산)일	1901. 11. 28	수신(접수)일	1902. 1. 19
발신(생산)자	골츠	수신(접수)자	뷜로
발신지 정보	베이징 주재 독일 공사관	수신지 정보	베를린 정부
	No. 123		A. 965

A. 965 1902년 1월 19일 오후 수신

베이징, 1901년 11월 28일

No. 123

뷜로 각하 귀하

한국이 시모노세키평화조약을 통해 주권을 완전히 회복한 이후로 한국과 조약을 체결한 대부분의 열강들은 서울에 외교대표부를 설치하였습니다. 영사 바이페르트[1]의 보고에 의하면 러시아, 영국, 프랑스, 미국, 이탈리아, 일본, 청에 이어 벨기에도 총영사를 배속시켰습니다. 벨기에 총영사는 조만간 대리공사로 승진 발령될 거라는 소문입니다.

한국 왕은 이미 몇 년 전부터 계속 이곳에 부임하는 독일제국 영사들에게, 본인이 착각한 게 아니라면 심지어 1899년 서울에 잠시 체류했던 프로이센의 하인리히 왕자한테까지, 다른 열강들의 선례를 따라서 독일도 한국에 외교대표부를 설치해달라는 의사를 강력하게 표명하였습니다. 만약 이 간절한 소망이 빠른 시일 내에 충족되지 않을 경우 이 동아시아 군주의 강한 자만심에 상처를 입을 것입니다. 더불어 왕과 그의 고문들이 이것을 고의적인 국가 무시 행위로 간주할 수 있는 위험이 있습니다. 아무튼 그렇게 될 경우 우리 경쟁자들 측에서는 우리한테 불리해진 분위기를 고착화시키기 위해 온갖 노력을 경주할 게 분명합니다. 이것은 우리의 경제적인 이익에 해로운 영향을 미치게 될 것입니다. 이런 이유로 본인은 서울 주재 독일 영사관을 공사관이나 변리공사관으로 승격시키는 것이 매우 바람직한 것으로 사료됩니다.

또한 이러한 조치를 통해 독일은 동아시아 도처에서 행운과 성공을 거두고 다른 모든

1 [감교 주석] 바이페르트(H. Weipert)

열강들과 어깨를 나란히 하게 될 것이 틀림없습니다. 더불어 이를 통해 우방과 적국 모두에게 우리가 절대 다른 나라들에게 뒤처지지 않는다는 것을 강하게 인식시킴으로써 청과 동아시아의 모든 나라들에서 우리나라의 정치적 위상에 매우 긍정적인 영향을 미치게 될 것입니다.

부재중인 공사를 대리하여

골츠[2]

내용: 한국 주재 독일 외교대표부 설치 건

2 [감교 주석] 골츠(Goltz)

62
원문 p.492

한국 담당 이탈리아 영사의 임명

발신(생산)일	1901. 12. 17	수신(접수)일	1902. 2. 2
발신(생산)자	바이페르트	수신(접수)자	뷜로
발신지 정보	서울 주재 독일영사관	수신지 정보	베를린 정부
	No. 198		A. 1776

A. 1776 1902년 2월 2일 오전 수신

서울, 1901년 12월 17일

No. 198

뷜로 각하 귀하

이탈리아의 U. Francesetti di Malgrà 백작이 어제 날짜 외교문서를 통해서 자신이 이탈리아 정부에 의해 한국 담당 영사로 임명되어 업무를 시작하게 되었다고 알려 왔습니다.

영사는 전직 이탈리아 해군장교로서 이달 초 이곳에 부임했습니다. 그리고 이달 14일 지금까지 이곳에서 이탈리아의 이해관계를 대변했던 영국 변리공사와 함께 한국 왕을 알현했습니다.

U. Francesetti di Malgrà 백작은 본인에게 그의 체류는 약 3,4개월 정도로 예정되어 있다고 말했습니다. 그 후에는 아마도 영사 경력자들 가운데 한 사람으로 대체될 거라고 합니다. 그의 임무는 일단 이곳 정세에 관해 상세한 보고를 올리는 것이라고 합니다. 본인이 조던[1]한테서 들은 바에 의하면, 그 보고서를 통해 로마에서는 영사한테 대표부를 맡길지 아니면 그보다 더 상위 직급을 만들어야 할지 결정하려는 것으로 보입니다.

이곳에서의 이탈리아의 관심사로는, 얼마 전까지 제물포에서 식료품 상점과 여인숙을 운영한 한 이탈리아 소매상인이 현재 서울과 진남포에 토지 몇 필지를 소유하고 있다고 합니다. 그밖에 제물포에 있는 세관에서 3명의 이탈리아인이 일하고 있는데, 그중

1 [감교 주석] 조던(J. N. Jordan)

한 사람도 토지를 소유하고 있습니다.

본인은 본 보고서의 사본을 베이징과 도쿄 주재 독일제국 공사관에 보낼 것입니다.

바이페르트

내용: 한국 담당 이탈리아 영사의 임명

63

원문 p.494

러시아 대리공사의 공사 임명

발신(생산)일	1902. 2. 5	수신(접수)일	1902. 2. 7
발신(생산)자	알벤스레벤	수신(접수)자	뷜로
발신지 정보	페테르부르크 주재 독일 대사관	수신지 정보	베를린 정부
	No. 95		A. 2084

A. 2084 1902년 2월 7일 오전 수신

상트페테르부르크, 1902년 2월 5일

No. 95

뷜로 각하 귀하

공식 "정부전령"의 보도에 의하면, 한국 주재 러시아 대리공사 겸 총영사 파블로프[1]가 한국 궁정에 파견되는 러시아 측 특명전권공사로 임명되었습니다.

알벤스레벤[2]

내용: 러시아 대리공사의 공사 임명

1 [감교 주석] 파블로프(A. Pavlow)

2 [감교 주석] 알벤스레벤(Alvensleben)

64

원문 p.495

한국 주재 미국 공사의 임명

발신(생산)일	1902. 1. 25	수신(접수)일	1902. 2. 12
발신(생산)자	홀레벤	수신(접수)자	뷜로
발신지 정보	워싱턴 주재 독일 대사관	수신지 정보	베를린 정부
	A. 33		A. 2343

A. 2343 1902년 2월 12일 오전 수신

워싱턴, 1902년 1월 25일

A. 33

뷜로 각하 귀하

현재 서울 주재 미국 변리공사 겸 총영사로 있는 알렌[1]이 미국 대통령에 의해 한국 주재 특명전권공사으로 임명되었습니다.

상원은 지난달 12일 자로 대통령의 조처를 헌법에 일치하는 행위로 인준하였습니다.

알렌은 오하이오주 출신으로 1890년에 한국 공사관 서기관으로 임명되었으며 그 이후로 그 직책을 유지하다가 1897년 변리공사 겸 총영사로 승진했습니다.

홀레벤

내용: 한국 주재 미국 공사의 임명

1 [감교 주석] 알렌(H. N. Allen)

65

원문 p.496

서울 담당 미국 무관의 임명

발신(생산)일	1902. 1. 20	수신(접수)일	1902. 3. 6
발신(생산)자	바이페르트	수신(접수)자	뷜로
발신지 정보	서울 주재 독일영사관	수신지 정보	베를린 정부
	No. 20		A. 4237

A. 4237 1902년 3월 16일 오전 수신

서울, 1902년 1월 20일

No. 20

뷜로 각하 귀하

이곳 미국 대표에 의하면, 현재 베이징에 체류 중인 베이징 주재 미국 무관 James H. Reeves 선장이 지난달 초 서울 담당 미국 공사관 무관으로 겸임 발령을 받았다고 합니다.

바이페르트

내용: 서울 담당 미국 무관의 임명

66

원문 p.497

시종장 파블로프의 한국 공사 임명 건

발신(생산)일	1902. 1. 31	수신(접수)일	1902. 3. 25
발신(생산)자	바이페르트	수신(접수)자	뷜로
발신지 정보	서울 주재 독일영사관	수신지 정보	베를린 정부
	No. 23		A. 4776

A. 4776 1902년 3월 25일 오전 수신

서울, 1902년 1월 31일

No. 23

뷜로 각하 귀하

최근 파블로프[1]가 본인에게 전해준 바에 의하면, 아직 공식적으로 발표되지는 않았지만 상트페테르부르크에서 황제가 전보로 그를 한국 주재 특명전권공사으로 임명하였다고 합니다. 이에 파블로프는 한국 군주에게 한국 주재 러시아 대표부의 직급이 상향되었다는 사실을 기분 좋게 알리기 위해 알현을 신청하였습니다.

하지만 이미 초봄에 휴가를 신청했던 파블로프가 이곳의 직위로 되돌아올지 여부는 확실치 않습니다. 궁내 사정에 정통한 소식통으로부터 본인이 들은 바에 의하면, 러시아 정부가 그곳의 한국 공사를 통해서 파블로프를 별로 좋아하지 않는 이곳 군주에게 은밀히 다른 대표가 임명될 거라는 소식을 전했다고 합니다.

일본 공사[2]의 주장에 따르면, 파블로프는 얼마 전 벌써 한국 왕에게 상트페테르부르크에서 그를 이곳 공사로 임명하는 것에 찬성해달라고 요청했고 한국 왕은 그것을 승낙했다고 합니다. 하지만 이 정보가 정확한지 다른 곳에서 확인하지는 못했습니다.

본인은 본 보고서의 사본을 베이징과 도쿄 주재 독일제국 공사관에 보낼 것입니다.

바이페르트

내용: 시종장 파블로프의 한국 공사 임명 건

---

1 [감교 주석] 파블로프(A. Pavlow)

2 [감교 주석] 하야시 곤스케(林權助)

67

원문 p.498

한국 주재 러시아 사절의 직급 상향

발신(생산)일	1902. 2. 10	수신(접수)일	1902. 3. 25
발신(생산)자	바이페르트	수신(접수)자	뷜로
발신지 정보	서울 주재 독일영사관	수신지 정보	베를린 정부
	No. 32		A. 4780

A. 4780[1] 1902년 3월 25일 오전 수신

서울, 1902년 2월 10일

No. 32

뷜로 각하 귀하

지난달 31일 자 보고서 No. 23에 이어 각하께 삼가 아래와 같이 보고 드립니다. 파블로프[2]가 이달 4일 상트페테르부르크에서 공식 포고령이 발표되자 이달 8일 자 외교문서를 통해 한국 군주에게 서울 주재 러시아 사절단의 승진과 자신의 공사 임명을 통지하였습니다.

그에 따르면 파블로프는 현재보다 승진된 직급으로 이곳에서 러시아를 내표하게 됩니다. 일본, 미국, 청, 러시아는 공사가, 프랑스와 영국은 변리공사가, 벨기에는 총영사가, 독일과 이탈리아는 영사가 대표를 맡고 있습니다.

본인은 본 보고서의 사본을 베이징과 도쿄 주재 독일제국 공사관에 보낼 것입니다.

바이페르트

내용: 한국 주재 러시아 사절의 직급 상향

1 [원문 주석] 현재 독일의 직급 상향에 외교적 의미가 부여된다는 사실을 간과할 수 없음. 따라서 본인은 현재 그것에 반대함. 해를 넘겨 적절한 때가 오면 그때 진행할 수 있을 것임. H. 3월 28일.

2 [감교 주석] 파블로프(A. Pavlow)

베를린, 1902년 3월 30일

A. 4776에 관하여

주재 대사관 귀중
상트페테르부르크 No. 231

연도번호 No. 2726

귀하에게 러시아 대리공사의 공사 임명에 관한 금년 1월 31일 자 서울 주재 독일제국 영사의 보고서 사본을 삼가 정보로 제공합니다.

St. S.

R. G. L. R. 아이히호른의 규정에 의거해 외교부 장관님께 삼가 제출합니다.

H. A.

아바나와 서울 주재 외교대표부(변리공사관) 설치 계획과 관련해 폐하께서는 아직 아무런 보고도 받으신 것이 없습니다.

z. ig. 2월 9일

크래거

A. 17481, 18595a, A. 965, 4780a, 6329에 관하여 6319에 제출함.

Z. A.

서울 주재 외교대표부 설치 문제와 관련된 A. 965 문서의 효력이 오늘로 만기가 되었음.

중앙사무국, 6월 29일

외교대표부 설치 건이 별첨자료와 같이 예산에 반영되었음.

z. d. A.

Ki 9월 18일

68

원문 p.501

[고종의 한국 주재 독일공사관 설치 요청 건]

발신(생산)일	1902. 4. 22	수신(접수)일	1902. 4. 25
발신(생산)자		수신(접수)자	
발신지 정보		수신지 정보	베를린 외무부
			A. 6319

A. 6319 1902년 4월 22일 오후 수신

베를린, 1902년 4월 25일

한국 공사는 기회가 닿을 때마다 한국에 독일 공사관을 설치해달라는 한국 황제의 뜻을 우리 황제폐하께 전달하고 있습니다.

Kz.

69

원문 p.502

벨기에 총영사의 휴가

발신(생산)일	1902. 3. 8	수신(접수)일	1902. 4. 23
발신(생산)자	바이페르트	수신(접수)자	뷜로
발신지 정보	서울 주재 독일영사관	수신지 정보	베를린 정부
	No. 59		A. 6344

A. 6344 1902년 4월 23일 오전 수신

서울, 1902년 3월 8일

No. 59

뷜로 각하 귀하

벨기에 총영사 뱅카르[1]가 어제 6개월의 휴가를 떠나고, 부영사 Cuvelier가 그의 업무를 인계받았습니다.

벨기에-한국 간 통상조약 체결을 고려해 뱅카르한테 한국의 2급국기훈장이 수여되었습니다.

이곳 궁중 인사들 사이에는 여전히 벨기에 차관과 관련된 협상이 중단되었다는 소문이 돌고 있습니다. 따라서 뱅카르가 그 문제에 관해 영향력을 행사할 가능성이 전혀 없지는 않습니다. 그가 요구하는 광산채굴권은 아직 승인을 받지 못했습니다.

본인은 본 보고서의 사본을 베이징과 도쿄 주재 독일제국 공사관에 보낼 것입니다.

바이페르트

내용: 벨기에 총영사의 휴가

1 [감교 주석] 뱅카르(L. Vincart)

70

원문 p.503

러시아 공사의 신임장 제출

발신(생산)일	1902. 5. 19	수신(접수)일	1902. 7. 6
발신(생산)자	바이페르트	수신(접수)자	뷜로
발신지 정보	서울 주재 독일영사관	수신지 정보	베를린 정부
	No. 88		A. 10406

A. 10406 1902년 7월 6일 오전 수신

서울, 1902년 5월 19일

No. 88

뷜로 각하 귀하

파블로프[1]가 이달 9일 알현 석상에서 이곳 러시아 공사 자격으로 신임장을 제출했다고 공지했습니다.

그 자리에서 그는 한국 외부대신[2]에게 자신이 덴마크 정부로부터 통상조약 체결에 대한 전권을 위임받았다고 전했습니다. 또한 아직 미결로 남아 있는 전신 문제와 정치 전반의 상황을 고려해 예정했던 휴가는 일단 미루었다고 합니다.

본인은 본 보고서의 사본을 베이징과 도쿄 주재 독일제국 공사관에 보낼 것입니다.

바이페르트

내용: 러시아 공사의 신임장 제출

1 [감교 주석] 파블로프(A. Pavlow)

2 [감교 주석] 박제순(朴齊純)

71

원문 p.504

러시아 공사의 휴가

발신(생산)일	1902. 7. 24	수신(접수)일	1902. 9. 15
발신(생산)자	바이페르트	수신(접수)자	뷜로
발신지 정보	서울 주재 독일영사관	수신지 정보	베를린 정부
	No. 122		A. 13686

A. 13686 1902년 9월 15일 오전 수신

서울, 1902년 7월 24일

No. 122

뷜로 각하 귀하

이곳 러시아 공사[1]가 자신은 몇 달간 휴가를 얻었으며, 이달 20일 자로 공사관 서기관 슈타인[2]에게 대리공사 자격을 부여하고 업무를 인계했다고 통지했습니다. 파블로프는 어제 포함 "Sivoutch"호를 타고 나가사키로 떠났습니다. 그곳에서 그는 블라디보스토크와 시베리아를 거쳐 고향으로 간다고 합니다.

본인은 본 보고서의 사본을 베이징과 도쿄 주재 독일제국 공사관에 보낼 것입니다.

바이페르트

내용: 러시아 공사의 휴가

1 [감교 주석] 파블로프(A. Pavlow)

2 [감교 주석] 슈타인(Stein)

72

원문 p.505

[한국과 쿠바에 독일 변리공사관을 설치해야 한다는 보고]

발신(생산)일	1902. 9. 26	수신(접수)일	1902. 9. 24
발신(생산)자	벨로	수신(접수)자	황제
발신지 정보	베를린	수신지 정보	베를린
			A. 14146

A. 14146 1902년 9월 24일 오후 수신

베를린, 1902년 9월 26일[1]

독일제국 황제폐하 귀하

황제폐하께 삼가 아래와 같이 보고 드리게 되어 영광입니다.

프로이센의 하인리히 왕자 전하께서 동아시아에 체류하실 당시, 지금까지 한국에서 영사가 독일 정부를 대표하던 것을 외교대표부로 승격시키는 것이 바람직하다고 말씀하신 바 있습니다. 그 후 독일 동아시아 순양함대 사령관 벤데만 제독 역시 외무부 장관한테 보내는 보고서에서 같은 뜻의 의사를 표명했습니다. 그 후 이곳에서는 그 문제를 면밀하게 검토했을 뿐만 아니라 베이징과 도쿄 주재 독일 대표들한테도 의견을 물었습니다. 두 대표는 서울 대표부를 외교대표부로 승격시키는 것을 정치적으로 불가능한 일로 생각하지 않으며 그것을 적극 찬성한다는 입장을 밝혔습니다.

외교대표부의 설치 필요성은 한국에 관심을 가진 다른 나라들이 전부 신임장을 주어 서울에 외교대표를 파견한 이후 최근에 다시 부각되었습니다. 그동안 러시아, 일본, 청은 물론이고 최근에는 미국까지 서울에 공사를 파견했으며, 영국과 프랑스는 변리공사를 임명했습니다. 이탈리아는 베이징 주재 변리공사를 한국 궁정 담당으로 겸임하여 발령했습니다.

물론 아직까지는 한국에서의 우리의 이해관계가 그리 크지 않습니다. 그럼에도 불구하고 경제적 이해관계를 성공적으로 증진시키기 위해서는 다른 열강 대표들과 같은 서

1 [감교 주석] 원문에 수발신 일자가 역순으로 기술되어 있음.

열을 지닌 관리를 배치함으로써 경쟁 관계에 있는 다른 국가들에 뒤처지지 않도록 해야 합니다. 그렇게 될 경우 그 관리는 한국의 정치 지형 속에서 각자의 이해관계를 두고 다투고 있는 러시아와 일본의 정치적인 상호작용에 관해 지속적으로 더 잘 파악할 수 있는 위치에 서게 됩니다.

한국 정부 또한 최근에 재차 제기해온 요청을 우리가 충족시켜줄 경우 그 점을 높이 평가할 것입니다. 더불어 우리 측에서 서울 주재 외교대표부를 설치함으로써 베를린 주재 한국 외교대표부의 위상도 높아졌다고 생각할 것입니다.

한국뿐만 아니라 쿠바에도 외교대표부를 설치할 필요가 있습니다. 미국은 물론이고 영국도 쿠바공화국이 독립국가로 수립되자마자 그 섬나라에 외교대표부를 설치했습니다. 즉 영국은 변리공사관을, 미국은 공사관을 세웠습니다. 아바나 주재 독일 영사가 보고해온 바에 의하면, 그곳에 이해관계가 거의 없는 이탈리아를 제외하고는 그곳에 연락관만 두고 있던 거의 모든 나라들이 영국과 미국의 선례를 따라 영사 대표부를 외교대표부로 승격시켰습니다.

상황이 이러한데 우리가 다른 열강들의 선례를 따르는 것을 지체할 경우 쿠바에서의 독일의 경제적 이해관계에 해가 미칠 수 있습니다. 특히 외교대표부를 설치한 국가들과 비교해 우리가 상대적으로 불이익을 입을 위험도 배제할 수 없습니다.

따라서 본인은 각하께 서울과 아바나에 변리공사관을 설치해 주시기를 진심으로 요청 드립니다. 또한 두 대표부 운영에 필요한 재정이 내년 예산에 잘 반영될 수 있도록 조치코자 하오니 허락해 주시기 바랍니다.

B. K.

73

원문 p.507

이탈리아 영사의 죽음

발신(생산)일	1902. 10. 14	수신(접수)일	1902. 12. 2
발신(생산)자	바이페르트	수신(접수)자	뷜로
발신지 정보	서울 주재 독일영사관	수신지 정보	베를린 정부
	No. 165		A. 17486

A. 17486 1902년 12월 2일 오후 수신

서울, 1902년 10월 14일

No. 165

뷜로 각하 귀하

지난달 초에 장티푸스에 걸린 서울 주재 이탈리아 영사 우고 프란체세티[1] 백작이 폐렴까지 겹치는 바람에 이달 12일 약관 25세의 나이로 사망했습니다. 이곳에서는 다정다감한 성격에 나이에 비해 판단력이 아주 뛰어났던 다재다능한 인재의 요절에 다들 안타까움을 금하지 못했습니다.

나중에 이탈리아로 이장을 해야 하므로 일단 어제 임시로 장례식을 치렀습니다. 장례식에는 사전에 영사의 병환에 대해 알지 못한 채 이달 11일 제물포항에 입항한 이탈리아 전함 "Lombardia"호의 장교들과 병사들이 참석했습니다.

그 배의 장교인 di Cossato 소위가 임시로 영사 업무를 맡았습니다. 그는 베이징 주재 공사에게 향후 일정에 대해 지시를 요청했습니다. 이미 영사로 임명돼 11월에 이곳에 부임하기로 되어 있는 프란체세티 백작은 이미 이탈리아에서 출발했다고 합니다.

본인은 본 보고서의 사본을 베이징과 도쿄 주재 독일제국 공사관에 보낼 것입니다.

바이페르트

내용: 이탈리아 영사의 죽음

1 [감교 주석] 말그라(U. F. di Malgra)

베를린, 1902년 12월 3일

A. 17486

주재 외교관 귀중

로마(대사관) No. 540

연도번호 No. 10419

귀하에게 서울 주재 이탈리아 영사 Ugo Francesetti 백작의 죽음에 관한 금년 10월 14일 자 서울 주재 독일제국 영사의 보고서 사본을 삼가 정보로 제공합니다.

St. S.

74

원문 p.509

한국 주재 이탈리아 대표부

발신(생산)일	1902. 10. 21	수신(접수)일	1902. 12. 12
발신(생산)자	바이페르트	수신(접수)자	뷜로
발신지 정보	서울 주재 독일영사관	수신지 정보	베를린 정부
	No. 170		A. 17960

A. 17960 1902년 12월 12일 오전 수신

서울, 1902년 10월 21일

No. 170

뷜로 각하 귀하

각하께 이달 14일 자 보고서 No. 165와 관련해 삼가 아래와 같이 보고 드리게 되어 영광입니다. 이달 17일 di Cossato가 자신이 서울 담당 이탈리아 영사로 임명되었다고 알려왔습니다.

이곳 대표들은 이달 16일 공동 서신을 통해 그에게 말그라[1] 백작의 사망에 대해 심심한 유감의 뜻을 전했습니다.

11월에 부임하기로 예정된 이탈리아 영사는 브라질 상파울로 주재 영사로 있던 Monaco라고 합니다.

본인은 본 보고서의 사본을 베이징과 도쿄 주재 독일제국 공사관에 보낼 것입니다.

바이페르트

내용: 한국 주재 이탈리아 대표부

1 [감교 주석] 말그라(U. F. di Malgra)

75

원문 p.510

[러시아 특사 베베르의 고종 알현과 러시아 황제의 축하서한 전달 보고]

발신(생산)일	1902. 10. 19	수신(접수)일	1902. 12. 12
발신(생산)자	바이페르트	수신(접수)자	뷜로
발신지 정보	서울 주재 독일영사관	수신지 정보	베를린 정부
	No. 166		A. 17987

사본

A. 17987 1902년 12월 12일 오후 수신

서울, 1902년 10월 19일

No. 166

뷜로 각하 귀하

러시아 혼자서만 기념 축제의 연기를 외면하고 있습니다. 특사 베베르[1]는 이달 16일 러시아 전함 "Admiral Nachinovf"호를 타고 제물포에 도착했습니다. 원래 기념축제에 참석하기 위해 방문시기를 이때로 잡은 Cyrill Wladimirowitsch 대공이 그와 동행했습니다. 그리고 베베르의 요청에 따라 두 사람은 18일에 -이곳 대표들보다 먼저- 황제를 특별 알현할 수 있었습니다. 그 자리에서 베베르는 러시아 황제의 축하서신을 전달하였습니다. 베베르가 시베리아와 만주를 거쳐 오다가 뤼순항에 머물 수도 있었음에도 불구하고 서울까지 온 것을 보면 그의 파견에 다른 목적이 있는 듯합니다. 짐작컨대 러시아와 한국의 선린관계를 다시 회복시키려는 것 같습니다. 그것 때문에 사절단 도착시점을 더 늦출 수 없었던 것으로 보입니다.

베베르는 아내와 함께 러시아 공사관에 머물지 않고 한국 왕실의 귀빈 자격으로 이른바 황실호텔에 머물고 있습니다. 이 호텔은 베베르 부인의 친척뻘 되는 독일인 지배인 손탁[2] 양이 궁정의 자금지원을 받아 운영하고 있습니다. 손탁 양이 전하는 바에 의하

1 [감교 주석] 베베르(K. I. Weber)

2 [감교 주석] 손탁(A. Sontag)

면, 베베르는 당분간 이곳을 떠날 계획이 없는 듯합니다. 들리는 소문으로는 베베르가 이곳 주재 러시아 대표를 다시 맡게 될 것이라고 합니다. 하지만 다른 한편으로는 그가 한국 정부의 고문으로 채용될 거라는 소문도 돌고 있습니다. 베베르와 슈타인[3] 대리공사는 이미 예전부터 관계가 좋지 않았습니다. Stein과 파블로프 측에서 베베르에 대해, 특히 상트페테르부르크에서 지금 그가 부여받은 임무에 대해 음모가 진행되고 있다는 소문이 돌고 있습니다. 러시아 대리공사한테는 톈진에 있는 Wogack 장군의 전임 비서 Guensburg 남작의 서울 체류도 적지 않게 불쾌감을 주고 있는 듯합니다. 그는 한여름부터 계속 이곳에 체류하고 있는데, 아무래도 장기 체류를 계획하고 있는 듯합니다. 현재로서는 그의 체류에 어떤 숨은 목적이 있는지 알 수 없습니다. 일차적으로는 은밀한 정보수집과 보고 업무를 담당하고 있는 것으로 추정됩니다.

(서명) 바이페르트

원본 문서 한국 1

---

3 [감교 주석] 슈타인(Stein)

베를린, 1902년 12월 13일

A. 17960

주재 외교관 귀중
로마(대사관) No. 550

훈령 No. 540과 연결됨.

반드시!

연도번호 No. 10710

귀하에게 서울 주재 이탈리아 영사 재임명에 관한 금년 10월 21일 자 서울 주재 독일제국 영사의 보고서 사본을 삼가 정보로 제공합니다.

St. S.

76

원문 p.513

한국 주재 이달리아 대표부

발신(생산)일	1902. 11. 7	수신(접수)일	1903. 1. 1
발신(생산)자	바이페르트	수신(접수)자	뷜로
발신지 정보	서울 주재 독일영사관	수신지 정보	베를린 정부
	No. 179		A. 21

A. 21 1903년 1월 1일 오전 수신

서울, 1902년 11월 7일

No. 179

뷜로각하 귀하

이곳의 이탈리아 영사 di Cossato가 어제부터 다른 해군 장교 Carlo Rossetti로 대체되었습니다. Carlo Rossetti의 말에 의하면, Monaco가 서너 달쯤 뒤에 변리공사 겸 총영사 직위로 이곳에 도착할 거라고 합니다.

본인은 본 보고서의 사본을 베이징과 도쿄 주재 독일제국 공사관에 보낼 것입니다.

바이페르트

내용: 한국 주재 이달리아 대표부

77

원문 p.514

[서울 주재 영사의 베이징과 도쿄주재 독일 공사 보고서 회람 건]

발신(생산)일		수신(접수)일	1903. 2. 18
발신(생산)자		수신(접수)자	뷜로
발신지 정보		수신지 정보	베를린 외무부
			A. No. 431

A. No. 431 1903년 2월 18일 오후 수신

메모

베이징 주재 독일제국 공사 뭄 폰 슈마르첸슈타인[1] 남작의 발의에 따라 서울 주재 영사한테 베이징과 도쿄 주재 독일제국 변리공사의 일반적인 관심사에 관한 보고서는 사본 형태로 전달하라는 지시가 내려졌습니다.

훈령 원본은
personalia generalia 63에 있음.

1 [감교 주석] 뭄(Mumm)

외무부
A편

외무부 정치 문서고
한국 주재 외국 외교관 관계 문서 3

1903년 3월부터
1910년 5월까지

제3권
참조: 일본 22권

외무부 정치 문서고
R 18953
한국 No. 7

목록	
서울 2월 22일의 보고서 No. 29 러시아 대리공사 파블로프의 서울 귀환에 대한 상반된 의견들.	5203 4월 12일 수신
도쿄 3월 17일의 보고서 No. 40 한국에 독일 변리공사관 설치 및 영일동맹에 대한 도쿄 언론보도.	5309 4월 15일 수신
서울 10월 5일의 보고서 No. 114 러시아 무관 Raaben의 소환.	16244 11월 2일 수신
페테르부르크 12월 15일의 보고서 No. 853 한국 주재 러시아 군사요원 Netschwolodow 대령 임명.	18279 12월 17일 수신
1904년	
1월 20일 자 프랑크푸르트 신문 서울 주재 러시아 공사관의 확장.	1050 1월 20일 수신
페테르부르크 4월 8일의 보고서 303 한국 거주 러시아 국민의 이익 및 한국 주재 러시아 사절단과 영사관 건물을 보호해줄 것을 프랑스 대표에 위임했음. 원본 문서 일본 20	6028 4월 10일 수신
10월 2일 자 Le Temps 전임 프랑스 대리공사 Fontenay 자작이 성 안나 훈장에 대해 감사를 표하고자 상트페테르부르크로 여행. 아울러 Fontenay 자작은 한국에서 러시아의 이익을 내변하며 받은 인상에 대해 보고하려 한다.	15791 11월 2일 수신
1905년	
워싱턴 3월 19일의 보고서 A. 69 에드윈 v. 모건이 한국 주재 미국 공사에 임명됨. 원본 문서 북아메리카 7	5649 4월 3일 수신
한국 주재 외국 공사관 유지에 대한 러시아의 문의	19924 11월 9일 수신
서울 7월 27일의 전보문 No. 11 서울 주재 미국 공사관 폐지.	21233 11월 28일 수신

도쿄 11월 29일의 전보문 No. 211 전보문 12월 2일 서울에 전달. 전보문 12월 2일 도쿄에 전달. 서울 주재 우리 공사관의 폐지.	21290 11월 29일 수신
도쿄 12월 6일의 전보문 No. 226 일본 정부가 서울 주재 독일 공사관 폐지에 대해 사의를 표하다.	21875 12월 6일 수신
1905년	
베이징 11월 28일의 전보문 No. 299 서울 주재 외국 공사관의 철수에 대해 고무라와 나눈 대화.	21261 11월 28일 수신
1906년	
도쿄 12월 8일의 전보문 No. A. 368 서울 주재 독일제국 변리공사관 폐지와 관련해 일본 정부와 각서교환	685 1월 9일 수신
도쿄 1월 22일의 전보문 No. 13 한국 주재 일본 공사관과 일본 영사관의 폐지	1549 1월 22일 수신
1905년	
서울 12월 3일의 전보문 No. 12 독일제국 공사를 데리러오도록 군함 파견 요청. 청국 공사 서울을 떠남. 12월 3일 해군성 참모부에 서신 발송.	21645 12월 3일 수신
12월 7일 자 해군 참모본부장의 서신 독일제국 공사를 데려오기 위해 순양함 함대의 선박 한 척을 제물포에 파견할 것이다. 12월 9일 서울 7에 전보문 발송.	21939 12월 7일 수신
1906년	
베이징 12월 9일의 보고서 No. A. 378 지금까지의 한국 주재 청국 공사 베이징 도착. 서울에 청국 총영사관 설치	1698 1월 24일 수신
1905년	
1905년 12월 8일 리히트호펜 장관의 기록 한국 주재 독일제국 공사의 즉각적인 철수에 대한 일본 정부의 만족.	22136 1906년 12월 10일 수신

12월 20일 리히트호펜 장관의 기록 변리공사 잘데른을 데려오기 위한 독일제국 군함 티거호의 서울 파견 및 그로 인한 상하이 독일 거류지의 흥분/청국에서의 소요사태 동안 티거호의 부재. 원본 문서 청국 1	22931 12월 20일 수신
1906년	
서울 12월 25일의 보고서 No. 85 서울 주재 외국 대표들의 소환 문제.	3246 2월 15일 수신
1905년	
상하이 12월 19일의 전보문 No. 65 청국에서 소요사태가 발생한 동안 변리공사 잘데른을 데리러 독일제국 군함 티거호를 서울에 파견한 것에 대해 상하이의 독일인들이 격분.	22782
메모! 우리 독일 측에서 한일협약을 인정하고 서울 주재 우리 독일 공사관을 폐지하는 대신 일본 천황에게 한국 주재 독일 영사관 설치 승인을 요청하려는 계획에 대한 W. L. R. 침머만의 기록 /러시아 대사에게 구두로 전달/	5978 3월 27일 수신
도쿄 1월 22일의 보고서 A. 23. 일본의 각서. 통감부와 이사청을 설치함으로써 한국 주재 일본 공사관과 영사관의 폐지.	3972 2월 25일 수신
서울 3월 13일의 보고서 No. 21 영국과 청국의 공사관 폐지. 러시아 총영사관 설치를 준비하기 위해 케르베르크 도착. 원본 문서 한국 10	7425 4월 21일 수신
1906년	
서울 6월 14일의 보고서 No. 41 한국 주재 러시아 총영사에 임명된 케르베르크로 인한 일본과 러시아의 불화.	13501 8월 4일 수신
서울 6월 18일의 보고서 No. 42 서울 주재 러시아 총영사 케르베르크가 일본 정부에게 공식적으로 인정받다.	13502 8월 4일 수신
서울 7월 30일의 보고서 No. 54 영국 총영사 콕번이 승인을 받았다.	15214 9월 7일 수신
8월 24일 자 장관의 기록 러시아가 한국 주재 러시아 총영사의 승인을 일본에 요청하는 데 동의했다는 일본 대사의 통지.	14527 8월 24일 수신

서울 8월 24일의 보고서 No. 62 도쿄 주재 이탈리아 공사관의 통역관 L. Casati가 한국 주재 영사에 임명되다.	16566 10월 1일 수신
도쿄 6월 28일의 보고서 A. 140 한국 주재 러시아 총영사의 승인 문제	12935 7월 25일 수신
도쿄 7월 19일의 보고서 A. 153 상동.	14072 8월 15일 수신
서울 10월 23일의 보고서 No. 80 신임 미국 총영사 헤이우드의 병환 및 귀향.	19795 11월 28일 수신
서울 10월 9일의 보고서 No. 76 신임 프랑스 총영사 브렝의 도착. 옛 프랑스 공사관 부지를 한국 황제에게 매각.	19794 11월 28일 수신
1907년	
메모: 소요사태로부터 영사관들을 보호하기 위한 일본 군부의 제안에 대한 서울의 보고서가 원본 문서 한국 10에 있다.	8150 5월 22일 수신
1908년	
서울 총영사에게 보낸 6월 28일 자 전보문 총영사는 정치 상황에 대해 다시 보고해야 한다.	10086 6월 28일 수신
도쿄 9월 19일의 보고서 A. 346 서울 주재 영국 총영사 콕번의 퇴임.	17658 11월 20일 사본 수신
서울 11월 7일의 보고서 No. 93 Somow가 한국 주재 러시아 총영사에 임명되다.	19915 11월 29일 수신
1910년	
서울 1월 2일의 보고서 K 3 영사단의 한국 황제 신년하례식.	1091 1월 21일 수신
5월 25일 자 베를린 지방신문 한국 북부지방에 러시아 영사관 창설.	9013 5월 25일 수신

01

원문 p.521

러시아 대표

발신(생산)일	1903. 2. 22	수신(접수)일	1903. 4. 12
발신(생산)자	바이페르트	수신(접수)자	뷜로
발신지 정보	서울 주재 독일 영사관	수신지 정보	베를린 정부
	No. 29		A. 5203
메모	4월 13일 런던 256, 페테르부르크 258에 전달 연도번호 No. 168		

A. 5203 1903년 4월 12일 오전 수신

서울, 1903년 2월 22일

No. 29

연도번호 No. 168

독일제국 수상 뷜로 백작 각하 귀하

최근 러시아 대리공사가 파블로프[1]에게 받은 전보문에 의하면, 5월 중순경 파블로프의 서울 귀환이 확실하다고 합니다. 다른 한편으로 최근 베베르[2]는 4월 30일에 시작되는 기념축하연 직후 귀국할 생각임을 암시했습니다. 그다지 열정으로는 아니지만 어쨌든 다시 기념축하연 준비가 진행되고 있습니다. 베베르가 귀국할 생각인 것으로 미루어 보아, 이곳에서 앞으로 더 이상 활동할 계획이 없는 것으로 추정됩니다. 현재 베베르는 이용익과의 협력 및 이곳 상황을 개선하려는 노력을 서둘러 포기한 것 같습니다. 특히 재정 분야에서 기대했던 벨기에 고문의 활동에 대한 기대를 접은 듯 보입니다.

Strelbitzky 대령 후임으로 이곳에 발령 난 러시아 무관 라벤[3] 중위가 부인과 함께 며칠 전 이곳에 도착했습니다.

본인은 이 보고서의 사본을 도쿄와 베이징 주재 공사관에 보낼 것입니다.

바이페르트

내용: 러시아 대표

1 [감교 주석] 파블로프(A. Pavlow)

2 [감교 주석] 베베르(K. I. Weber)

3 [감교 주석] 라벤(Raaben)

베를린, 1903년 4월 15일

A. 5203

1. 런던 No. 256
2. 상트페테르부르크 No. 258
주재 사절단 귀중

본인은 서울 주재 러시아 대표와 관련한 정보를 귀하께 알려드리고자, 금년 2월 22일 자 서울 주재 독일제국 영사의 보고서 사본을 삼가 동봉합니다.

연도번호 No. 3408

St. S.

02

원문 p.523

언론보도

발신(생산)일	1903. 3. 17	수신(접수)일	1903. 4. 15
발신(생산)자	아르코	수신(접수)자	뷜로
발신지 정보	도쿄 주재 독일 공사관	수신지 정보	베를린 정부
	A. 40		A. 5309

A. 5309 1903년 4월 15일 오전 수신

도쿄, 1903년 3월 17일

A. 40

독일제국 수상 뷜로 백작 각하 귀하

본인은 이곳 일본의 언론보도에 대한 에케르트[1] 공사관참사관의 기록 2부를 삼가 각하께 동봉하는 바입니다.

1) 한국에 독일 변리공사관 설치.

2) 영일동맹.

아르코[2] 백작

내용: 언론보도

1 [감교 주석] 에케르트(F. Eckert)

2 [감교 주석] 아르코(E. Arco-Valley)

A. 40의 첨부문서 1

이곳 일본의 많은 신문들이 한국 주재 독일제국 영사관을 변리공사관 등급의 외교 대표부로 전환할 것이라는 소식을 간단한 논평과 함께 보도했습니다. 이곳 신문들은 동아시아에서 독일의 이해관계 및 이미 한국에 주재하는 다른 국가들의 외교 대표부를 감안하면 독일의 이런 조처가 이해가 기본적으로 간다고 말합니다. 더욱이 한국이 이미 베를린에 외교사절을 파견한 만큼 더욱 이해가 간다는 것입니다. 예를 들어 "마이니치"는 독일과 한국의 정치적, 상업적 관계가 증대함에 따라 독일로서는 한국에 외교 부서를 설치할 필요가 있다고 말합니다. "Gominri"는 '독일이 날개를 활짝 펼치다'라는 표제로 이 소식을 전합니다. 그리고 동아시아에서 독일의 위세가 점차 확장되는 상황에서 한국에 영사대표부만 주재하게 되면 많은 불이익이 따른다고 말합니다.

본인은 독일의 조처를 불신하거나 거부하는 견해를 밝힌 일본 측 언론보도는 보지 못했습니다.

에케르트

A. 40의 첨부문서 2

일본의 고위정치가들이 대외정책에 대해 공식적으로 견해를 밝히는 일은 드뭅니다. 이런 점에서 최근 대만의 Lank[3] 총독이 개최한 연회에서 대장차관 사카타니[4]가 손님들에게 한 말은 주목할 가치가 있습니다. 물론 사카타니가 많은 새로운 내용을 말한 것은 아니었습니다. 대장 차관은 대만의 보조 인력을 양성하여 이웃 홍콩과의 무역을 확대시켜야 한다는 관점에서 영일동맹에 대해 말했습니다. 영일동맹이 체결된 지 정확히 1년이 지났습니다.

사카타니는 영일동맹이 극동아시아에서 양국의 위치를 공고히 했으며, 극동아시아의 평화를 유지하는데 결정적으로 기여했다고 역설했습니다. 사카타니의 의견에 의하면, 영일동맹은 공식적으로 체결되기 이전에 이미 실질적으로 존재했다고 합니다. 극동아시

3 [감교 주석] 고다마 겐타로(児玉源太郎)

4 [감교 주석] 사카타니 요시로(阪谷芳郎)

아에서 영국과 일본의 정치적, 상업적 이해가 항상 일치했기 때문이라는 것입니다. 또한 오래 전부터 일본에 널리 퍼진 영어에 대한 지식 역시 양국을 매우 일찍부터 가까워지게 만들었다고 합니다. 영일동맹의 진실한 가치는 글로 쓰인 문서에 있는 것이 아니라 두 민족의 서로에 대한 호감에 있다는 것입니다. 그리고 이러한 호감은 작년에 일본 국민의 하층계급에 이르기까지 대단히 증가했다고 합니다.

에케르트

03
원문 p.525

러시아 인적사항

발신(생산)일	1903. 10. 5	수신(접수)일	1903. 12. 2
발신(생산)자	잘데른	수신(접수)자	뷜로
발신지 정보	서울 주재 독일 공사관	수신지 정보	베를린 정부
	K. No. 114		A. 16241
메모	연도번호 No. 779		

A. 16241 1903년 12월 2일 오전 수신

서울, 1903년 10월 5일

No. 114

독일제국 수상 뷜로 백작 각하 귀하

이곳 서울의 러시아 무관 라벤[1]이 소환되었습니다. 소문에 의하면, 파블로프[2]도 이곳에 오래 머무르지 않을 것이라고 합니다.

잘데른[3]

내용: 러시아 인적사항

1 [감교 주석] 라벤(Raaben)
2 [감교 주석] 파블로프(A. Pavlow)
3 [감교 주석] 잘데른(K. Saldern)

vSE 3월 1일 A. 18729에 첨부

황제 폐하께서 지시한 부서에서 검토한 후 군사참의원을 통해 A. 3568과 함께 반송했음.

1쪽에 폐하의 의견이 기록되어 있음.

처리됨
Ki 3월 2일

04

원문 p.527

한국 주재 러시아 군사요원에 Netschwolodow 대령 임명 보고

발신(생산)일	1903. 12. 15	수신(접수)일	1903. 12. 17
발신(생산)자	알벤스레벤	수신(접수)자	뷜로
발신지 정보	상트페테르부르크 주재 독일 대사관	수신지 정보	베를린 정부
	No. 853		A. 18729

A. 18729 1903년 12월 17일 오전 수신

상트페테르부르크, 1903년 12월 15일

No. 853

독일제국 수상 뷜로 백작 각하 귀하

공식적인 '정부소식'에 의하면, 참모본부의 Netschwolodow 대령이 한국 주재 러시아 군사요원에 임명되었습니다.

알벤스레벤[1]

내용: 한국 주재 러시아 군사요원에 Netschwolodow 대령 임명

1 [감교 주석] 알벤스레벤(Alvensleben)

05

원문 p.528

[주한러시아 공사가 러시아 공사관 확장 전권을 위임받았다는 프랑크푸르트 신문 보도]

발신(생산)일	1904. 1. 20	수신(접수)일	1904. 1. 20
발신(생산)자		수신(접수)자	
발신지 정보		수신지 정보	베를린 정부
			A. 1050

A. 1050 1904년 1월 20일 오전 수신

프랑크푸르터 차이퉁[1]

1904년 1월 20일

러시아와 일본

(프랑크푸르트 신문의 개인 전보문)

런던, 1월 29일 자 "Central News" 2, 58호에 의하면. 서울 주재 러시아 공사[2]가 러시아 공사관을 크게 확장하는 전권을 페테르부르크로부터 위임받았습니다.

G v H

V.

처리됨.

동일한 신문기사 서울에 발송

---

1 [감교 주석] 프랑크푸르터 차이퉁(Frankfurter Zeitung)

2 [감교 주석] 파블로프(A. Pavlow)

06

원문 p.529

[한국 주재 러시아인 보호를 주한프랑스공사에게 위임했다는 러시아 정부의 발표 보고]

발신(생산)일	1904. 4. 8	수신(접수)일	1904. 4. 10
발신(생산)자	알벤스레벤	수신(접수)자	뷜로
발신지 정보	상트페테르부르크 주재 독일 대사관	수신지 정보	베를린 정부
	No. 303		A. 6028
메모	4월 12일 서울 A. 17에 전달		

사본

A. 6028 1904년 4월 10일 오전 수신

상트페테르부르크 1904년 4월 8일

No. 303

독일제국 수상 뷜로 백작 각하 귀하

오늘 러시아 외무부가 공식적인 '정부소식'을 통해, 러시아 정부와 프랑스 정부의 협정에 의거해 한국 거주 러시아 국민의 이익 및 한국 주재 러시아 사절단과 영사관 건물을 보호해줄 것을 프랑스 대표에 위임했다고 발표했습니다.

알벤스레벤

원본 문서 일본 20

07

원문 p.530

[서울에 있는 프랑스의 전직 관리인 Vicomte de Fontenay의 러시아 행]

발신(생산)일		수신(접수)일	1904. 10. 2
발신(생산)자		수신(접수)자	
발신지 정보		수신지 정보	베를린 외무부
			A. 6028

A. 5791 1904년 10월 2일 오후 수신

Le Temps

1904년 10월 2일

Le vicomte de Fontenay, ancien chargé d´affaires de France à Séoul, a quitté Paris aujourd´hui se rendant à Saint-Pétersbourg.

L´objet de ce voyage est double. Officiellement, M. de Fontenay a demandé audience à l´empereur à qui il désire offrir ses remerciements. On sait an effet que le jeune et distingué diplomate a reçu de tsar la croix de commandeur de Saintc-Anne en brillants, récompense méritée du tact et de l´énergie que le chargé d´affaires de France en Corée a mis depuis le mois lui étaient confiés, tant au moment du départ de M. Pavlov que pendant in liquidation toujours délicate des affaires de la légation russe a Séoul.

A côté de cette raison de courtoisie, le vicomte de Fontenay est appelé à Saint-Pétersbourg par le désir très naturel de l´empereur de recueillir de sa bouche les renseignements relativement récents qu´il apporte d`Extrême-Orient et de connaitre directement son impression sur les événements dont il a été le témoin depuis dix mois. — Georges Villiers.

08

원문 p.531

[신임 주한미국공사 에드윈 모건에 관한 보고]

발신(생산)일	1905. 3. 19	수신(접수)일	1905. 4. 3
발신(생산)자	슈테른부르크	수신(접수)자	뷜로
발신지 정보	워싱턴 주재 독일 대사관	수신지 정보	베를린 정부
	A. 69		A. 5649
메모	4월 6일 서울 A. 2에 훈령 전달		

사본

A. 5649 1905년 4월 3일 오전 수신

워싱턴 1905년 3월 19일

A. 69

독일제국 수상 뷜로 백작 각하 귀하

본인은 이미 에드윈 V. 모건[1]에 대해 각하께 보고 드린 바 있습니다. 루즈벨트 대통령이 에드윈 V. 모건을 한국 주재 미국 공사에 임명했으며, 이를 통해 동아시아 정세를 얼마나 중요하게 여기는지 시사했습니다. 모건이 매우 유능하고 젊은 외교관으로 평가받기 때문입니다. 서울 주재 신임 미국 공사는 동아시아에 대해 정확히 알고 있습니다. 1900년부터 한국에서 여러 해 동안 공사관서기관으로 일했고, 지난여름 내내 극동 지방에 머무르며 특히 여러 사항을 보고함으로써 미국 국무성을 위해 극히 값진 임무를 수행했습니다. 모건은 원래 다롄의 영사관으로 발령받았지만, 러시아의 반대로 부임하지 못했습니다.

모건은 유명한 은행가 제임스 피어폰트 모건의 먼 친척이며, 미국의 영사 업무 내지는 외교 업무에 입문하기 전에 하버드 대학에서 강의하고 클리블랜드의 Adalbert Kollege 교수를 역임했습니다. 그러다 사모아 위원회에 서기관으로 동행했고, 그것을 계기로 모건의 외교적인 능력이 헤이 장관의 주목을 끌었습니다.

모건은 겸손하면서도 품위 있는 사교적인 행동으로 인해 이곳 사교계에서 주도적인

1 [감교 주석] 모건(E. V. Morgan)

위치를 점했습니다.

본인이 이미 예전에 보고한 바와 같이, 모건은 사모아에서 독일의 이익을 강력하게 대변했습니다. 그리고 나중에도 기회가 닿을 때마다 독일을 지지했습니다.

(서명) 슈테른부르크[2]

원본 문서 북아메리카 7

2 [감교 주석] 슈테른부르크(Sternburg)

09

원문 p.532

[주한독일공사의 지위 변화에 관한 문의에 대한 회답]

발신(생산)일	1905. 11. 5	수신(접수)일	1905. 11. 9
발신(생산)자	리히트호펜	수신(접수)자	
발신지 정보	베를린	수신지 정보	베를린 정부
			A. 19927
메모	11월 15일 페테르부르크에 전달		

사본

A. 19927 1905년 11월 9일 오후 수신

베를린, 1905년 11월 5일

최근 러시아 대리공사 Bonlatzell이 한국 주재 외국 공사관 내지는 외국 주재 한국 공사관의 유지나 해체에 대해 우리 독일이 어떤 입장을 취할 것인지 본인에게 문의했습니다. 그러면서 일본이 한국에서 통치권이 아니라 평화조약을 통해 우선권만을 획득한 상황을 특히 강조했습니다.

본인은 우리 독일이 아직까지 이 문제에 접근하지 않았으며, 어쨌든 이 문제에서 주도권을 쥘 계획이 없다고 답변했습니다. 그에 따라 한국 주재 독일제국 변리공사 지위도 1906년도 예산안에서 그대로 유지된다고 덧붙였습니다.

(서명) 리히트호펜

원본 문서 한국 10

10

원문 p.533

[주한미국공사관이 총영사관으로 변경되었다는 보고]

발신(생산)일	1905. 11. 27	수신(접수)일	1905. 11. 28
발신(생산)자	잘데른	수신(접수)자	
발신지 정보	서울 주재 독일 공사관	수신지 정보	베를린 외무부
	No. 11		A. 21233
메모	12월 2일 서울 6, 도쿄 131 암호전보문		

사본

A. 21233　1905년 11월 28일 오전 수신

전보문

서울, 1905년 11월 27일 오전 9시 20분
11월 28일 오전 5시 15분 도착

독일제국 변리공사가 외무부에 발송

해독

No. 11

미국 공사관이 폐지되어 총영사관으로 변경되었습니다.

(서명) 잘데른

11

원문 p.534

[동청철도 협상 및 주한독일공사관 철수에 관한 외무대신 고무라와의 담화 보고]

발신(생산)일	1905. 11. ?	수신(접수)일	1905. 11. 28
발신(생산)자	뭄	수신(접수)자	
발신지 정보	도쿄 주재 독일 대사관	수신지 정보	베를린 외무부
	No. 299		A. 21261
메모	기밀! 11월 29일 워싱턴 240에 암호전보문 전달 그에 이어 전보문 No. 287, 294, 296 전달		

사본

A. 21261 1905년 11월 28일 오후 수신

전보문

베이징, 1905년 11월 -시 -분

11월 28일 오후 2시 30분 도착

독일제국 공사가 외무부에 발송

해독

No. 299

기밀!

오늘 고무라[1]가 청국인들의 갑작스러운 지연전술에 대해 본인에게 하소연했습니다. 청국인들이 이런 식으로 나오면, 고무라는 협상을 중단할 수밖에 없다고 말합니다. 그리

1 [감교 주석] 고무라 주타로(小村壽太郞)

고 만주 철수를 연기하겠다고 위협하며 최후통첩을 보낼 것이라고 합니다.

일본 대사는 동청철도의 일본 지분 재매입과 관련해 이제는 청국인들의 요청을 들어줄 수 없다고 강조합니다. 어쨌든 일본은 동청철도를 일정 기간 동안 관리하고 보호해야 한다는 것입니다.

고무라는 한일협약[2]과 관련해 베를린 주재 일본 공사의 통지를 우리 독일 측에서 잠정적으로 수용해 서울 주재 공사관을 철수하겠다고 언질을 준 것에 대해 기뻐했습니다. 일본은 미국의 태도에 대해 적잖이 우려했는데, 미국은 이미 공식적으로 공사관 철수에 동의했다고 합니다. 그리고 이탈리아도 이미 철수하기로 약속했다는 것입니다.

(서명) 뭄

원본 문서 일본 9

2 [감교 주석] 을사늑약(乙巳勒約)

12

원문 p.535

[주한미국공사관 철수 및 주일미국공사관의 업무 인계 발표 보고]

발신(생산)일	1905. 11. 29	수신(접수)일	1905. 11. 29
발신(생산)자	아르코	수신(접수)자	
발신지 정보	도쿄 주재 독일 대사관	수신지 정보	베를린 외무부
	No. 221		A. 21290
메모	12월 2일 서울 6, 도쿄 131 암호전보문		

사본

A. 21290 1905년 11월 29일 오전 수신

전보문

도쿄, 1905년 11월 29일 오전 11시 35분

- 시 - 분 도착

독일제국 공사가 외무부에 발송

해독

No. 221

미국 정부가 한국 주재 미국 공사관을 철수하겠다고 이곳에서 공식적으로 발표했습니다. 일본 주재 미국 공사관이 한국에서의 조약체결권 유지와 국민 보호 임무를 인계받았습니다.

(서명) 아르코

베를린, 1905년 12월 2일

21233, 21290. 급보!

1. 변리공사
서울 No. 6

암호전보문

전보문 No. 11에 대해
나이에게 영사 업무를 대신하도록 넘겨주고 원래 12월 말로 승인받은 휴가를 지금 떠나십시오. 한국에서의 외교업무는 도쿄 공사관으로 이관되었습니다.

2. 공사
도쿄 No. 131

연도번호 No. 13034

암호전보문

전보문 No. 221에 대해
잘데른은 전보문 No. 126에 따라 승인받은 휴가를 지금 떠납니다. 한국에서의 영사업무는 한국 주재 부영사가 맡습니다. 이로써 외교업무는 귀하에게 인계되고 변리공사관은 곧 폐지됩니다.

위의 내용을 서울에 전달하길 부탁드립니다.

St. St. S.

13

원문 p.537

[주한독일공사관을 철수하겠다는 회답 및 군함파견 요청]

발신(생산)일	1905. 12. 3	수신(접수)일	1905. 12. 3
발신(생산)자	잘데른	수신(접수)자	
발신지 정보	서울 주재 독일 공사관	수신지 정보	베를린 외무부
	No. 12		A. 21645
메모	전보문 No. 6의 답신[1]		

A. 21645 1905년 12월 3일 오후 수신

전보문

서울, 1905년 12월 3일 오후 12시 20분
오후 5시 48분 도착

독일제국 변리공사가 외무부에 발송

해독

No. 12

전보문 No. 6의 답신

명령을 즉시 실행에 옮기겠습니다. 15일경 군함을 한 척 보내 본인을 상하이로 데려다주도록 순양함 함대에게 통지해 주십시오. 그렇지 않으면 일본이나 즈푸를 경유하는 열악한 배들 말고는 다른 적당한 배편이 없습니다. 그럴 경우 본인의 현재 건강상태로 보아 바람직하지 않습니다. 청국 공사가 소환되어 이곳 한국을 떠났습니다.

잘데른

1 [원문 주석] A. 21233, 21290.

베를린, 1905년 12월 5일

A. 21645. 급보!

해군 참모본부장 귀하

A. 21939 참조

G. A.

해군 참모본부의 담당자가 문서로 신청할 것을 요청했습니다. 그러면 배를 파견할 수 있는지 순양함 함대장에게 전신으로 문의할 것이라고 합니다. 긍정적인 답신을 받는 경우, 황제 폐하께는 보고할 필요가 없을 것이라고 합니다. 엄밀한 의미에서 군함이 아닌 "티타니아"호가 순양함 함대에 배속되어 있기 때문에, 참모본부의 담당자는 "군함"이라는 말을 피하고 일반적인 신청서를 작성할 것을 요청했습니다.

베를린, 1905년 12월 7일

크라허

연도번호 No. 13116

본인은 귀하께서 참조하시도록 서울 주재 독일제국 변리공사의 이달 3일 자 전신 보고문의 사본을 동봉하게 되어 영광입니다. 아울러 배를 한 척 보내달라는 잘데른의 요청을 들어주실 수 있는지 가능한 한 곧 알려주시기를 부탁드립니다.

14

원문 p.539

[주한독일공사관 철수 후 주일독일공사관이 업무를 인계한다고 일본측에 통지했다는 보고]

발신(생산)일	1905. 12. 6	수신(접수)일	1905. 12. 6
발신(생산)자	아르코	수신(접수)자	
발신지 정보	도쿄 주재 독일 대사관	수신지 정보	베를린 외무부
	No. 226		A. 21875

A. 21875 1905년 12월 6일 오전 수신

전보문

도쿄, 1905년 12월 6일 오전 10시 35분
오전 8시 32분 도착

독일제국 공사가 외무부에 발송

해독

No. 226

명령을 수행했습니다. 일본 내각이 독일제국 정부의 즉각적인 결정과 공정성에 대해 일본 정부의 이름으로 서면을 통해 기쁨과 사의를 표했습니다.

아르코

15

원문 p.540

[철수하는 주한독일공사를 위해 제물포로 선박 출항을 명령했다는 통지]

발신(생산)일	1905. 12. 7	수신(접수)일	1905. 12. 7
발신(생산)자	뷕셀	수신(접수)자	
발신지 정보	베를린 해군참모본부	수신지 정보	베를린 외무부
	B. 5396 III.		A. 21939
메모	해군 참모본부장 1905년 12월 5일의 A. 21645에 대한 답신		

A. 21939 1905년 12월 7일 오후 수신

베를린, 1905년 12월 7일

B. 5396 III.

베를린 외무장관 귀하

본인은 순양함 함대장에게 12월 15일경 제물포로 선박 한 척을 보내라는 명령을 내렸음을 삼가 장관께 알리게 되어 영광입니다. 아울러 독일제국 변리공사에게 직접 순양함 함대장과 연락을 취하라고 지시할 것을 부탁드립니다.

뷕셀[1]

1 [감교 주석] 뷕셀(Büchsel)

베를린, 1905년 12월 9일 A. 21939. 급보

변리공사
서울 No. 7

전보문 No. 12의 답신

연도번호 No. 13267

암호전보문

이달 15일경 순양함 함대에서 제물포로 배를 보낼 것입니다. 순양함 함대장과 직접 연락을 취하십시오.

st. ST. S.

16

원문 p.542

[주한독일공사관 철수에 대해 일본측이 사의를 표명했다는 보고]

발신(생산)일	1905. 12. 8	수신(접수)일	1905. 12. 10
발신(생산)자	리히트호펜	수신(접수)자	
발신지 정보	베를린	수신지 정보	베를린 정부
			A. 22136

A. 22136 1905년 12월 10일 오후 수신

베를린, 1905년 12월 8일

"독일제국 정부가 한국 문제를 즉각 해결한 방식에 대해 감탄을 표하라"는 임무를 일본 정부로부터 위임받았다고 일본 공사가 알려왔습니다.

이노우에[1]는 독일 국내의 한국 국민을 보호하는 임무의 인수 및 베를린 주재 한국 공사관 소환의 공식 통보를 위한 지시를 곧 일본 정부로부터 받을 것이라고 덧붙였습니다.

리히트호펜

1 [감교 주석] 이노우에 가쓰노스케(井上勝之助)

17

원문 p.543

[상하이에서 소요사태가 발생했다는 보고]

발신(생산)일	1905. 12. 19	수신(접수)일	1905. 12. 19
발신(생산)자	숄츠	수신(접수)자	
발신지 정보	상하이 주재 독일총영사관	수신지 정보	베를린 외무부
	No. 65		A. 22782

A. 22782 1905년 12월 19일 오전 수신

전보문

상하이, 1905년 12월 19일 -시 -분
오전 9시 7분 도착

독일제국 총영사관 관리인이 외무부에 발송

해독

No. 65

본인은 다음과 같은 내용의 전신을 베이징에 보냈습니다. "어제 오후 도대[1]가 공격과 관련해 본인에게 유감의 뜻을 표하고자 관리를 보냈습니다. 도대는 놀란 가슴을 진정시켜야 하는 탓에 직접 찾아올 수 없었다고 합니다. 그 관리의 말에 의하면, 도대는 지금의 동태를 매우 위험하게 여긴다고 합니다. 밤에 Putung의 거류지에 대한 대규모 공격이 계획되어 있다는 것입니다. 그러나 그들은 작은 돛단배로 바다를 건너는 것을 청국 선박을 이용해 저지할 수 있기를 바랐습니다.

청국 관청이 조치를 취하고 우리도 철저히 방어준비를 함으로써 밤은 조용히 지나갔습니다. 밤에 본인은 총영사관과 총영사관 주변에 피신한 많은 사람들을 보호하기 위해 많은 이탈리아 수병을 제공받았습니다. 그리고 오스트리아 총영사관을 수비하기 위해

1 [감교 주석] 도대(道臺)

이탈리아 수병들을 보냈습니다.

독일인은 11명의 소총수 가운데 다벨슈타인 한 명만이 중상을 입은 듯 보입니다. 그러나 생명이 위독한 사람은 없습니다.

어제의 실패한 반란으로 인해 모든 일이 해결되었는지 아직까지는 통찰하기 어렵습니다.

본인은 이곳 독일인들이 무척 분노하고 있다는 말씀을 드리지 않을 수 없습니다. 이런 위험한 시기에 잘데른을 데리러 티거호를 파견했기 때문입니다.

보고서 No. 179를 통해 베를린에 보고했습니다.

숄츠

원본 문서 청국 1

18

원문 p.544

[상하이 소요사태가 진정되었으며 티거호 파견 결정은 순양함 함대장의 지시라는 보고]

발신(생산)일		수신(접수)일	1905. 12. 20
발신(생산)자	리히트호펜	수신(접수)자	
발신지 정보	베를린	수신지 정보	베를린 정부
			A. 22931
메모	S. D. A. 22782 II G. A.		

사본

A. 22931 1905년 12월 20일 오후 수신

독일제국 변리공사 잘데른[1]을 데리러 제물포에 군함을 파견하는 일은 해군 참모본부에서 A. 21645를 통해 제기되었고, 그에 이어 A. 21939에 따라 해군 참모본부에서 지시했습니다. 해군 참모본부는 이 임무의 수행에 상하이의 독일제국 군함 "티거"호를 제안하지 않았습니다. 그보다는 전적으로 순양함 함대장의 지시에 의한 것이었습니다. 이쪽에서는 묾이 사전에 순양함 함대장의 문의를 받았는지 알지 못합니다.

그 동안에 독일제국 군함 "티거"호는 삼가 동봉한 전보문 A. 22830에 따라 다시 상하이에 도착했습니다. 이로써 독일인들의 바람대로 사태가 진정되었으며 이 일은 해결되었습니다.

(서명) 리히트호펜

원본 문서 청국 1

1 [감교 주석] 잘데른(K. Saldern)

19

원문 p.545

한국 주재 외교 사절

발신(생산)일	1905. 12. 8	수신(접수)일	1906. 1. 9
발신(생산)자	아르코	수신(접수)자	뷜로
발신지 정보	도쿄 주재 독일 대사관	수신지 정보	베를린 정부
	A. 368		A. 685

A. 685 1906년 1월 9일 오후 수신

도쿄, 1905년 12월 8일

A. 368

독일제국 수상 뷜로 각하 귀하

본인은 각하의 명령에 따라 한국 주재 독일 변리공사관과 관련해 이달 4일 일본 정부에 각서를 보냈습니다. 이 각서의 사본 및 이달 5일 자 일본 측 답신의 번역문을 삼가 동봉하는 바입니다.

본인은 서울 주재 독일제국 변리공사관에 이 두 서한을 전달했습니다.

아르코 백작

내용: 한국 주재 외교 사절

A. 368의 첨부문서 I

사본

도쿄, 1905년 12월 4일

No. 141

총리대신께

본인은 본국 정부의 위임을 받아 총리대신께 다음과 같은 내용을 전달하게 되어 영광입니다.

서울 주재 독일제국 변리공사가 건강상의 이유로 휴가를 받아 곧 떠날 예정입니다. 잘데른 변리공사가 떠나게 되면, 서울 주재 독일제국 부영사가 한국의 영사 업무를 맡게 될 것입니다. 한국을 위한 외교업무는 본인이 인계받았습니다. 서울 주재 독일제국 변리공사관은 곧 폐지될 것입니다.

가쓰라 다로[1] 백작 귀하

(서명) 아르코 팔라이 백작

A. 368의 첨부문서 II

번역문

도쿄, 1905년 12월 5일

No. 117

본인은 이달 4일 자 각서 No. 141을 수령하게 되어 영광입니다. 이 각서를 통해 귀하께서는 한국 주재 독일제국 변리공사가 질병으로 인해 며칠 후 본국으로 휴가를 떠날 것이라고 본인에게 알렸습니다. 그리고 잘데른 변리공사가 떠난 후에는 서울 주재 독일제국 부영사가 한국에서의 독일 영사 업무를 맡게 될 것이라고 말씀하셨습니다. 또한 한국과 관련한 독일 외교 업무는 지금부터 귀하께서 담당하시고, 서울 주재 독일제국 변리공사관은 곧 폐지될 것이라고 하셨습니다.

일본 정부는 독일제국 정부의 이런 즉각적이고 공정한 조처에 매우 만족했으며, 이에 대해 심심한 감사를 표하는 바입니다.

외무대신

(서명) 가쓰라 다로 백작

아르코 팔라이 백작 귀하

번역문: (서명) 틸

1 [감교 주석] 가쓰라 다로(桂太郎)

20

원문 p.547

[일본이 주한일본공사관과 영사관을 폐지한다는 보고]

발신(생산)일	1906. 1. 22	수신(접수)일	1906. 1. 22
발신(생산)자	아르코	수신(접수)자	
발신지 정보	도쿄 주재 독일 대사관	수신지 정보	베를린 외무부
	No. 13		A. 1549

사본

A. 1549 1906년 1월 22일 오전 수신

전보문

도쿄, 1906년 1월 22일 오전 9시 50분

–시 –분 도착

독일제국 공사가 외무부에 발송

해독

No. 13

일본 정부가 한국 주재 일본 공사관과 영사관의 폐지를 공고했습니다. 2월 1일부터 모든 업무가 통감부와 이사청으로 이관됩니다.

아르코

원본 문서 한국 10

21

원문 p.548

[주한청국공사관 폐지 보고]

발신(생산)일	1905. 12. 9	수신(접수)일	1906. 1. 24
발신(생산)자	뭄	수신(접수)자	뷜로
발신지 정보	베이징	수신지 정보	베를린 정부
	A. 378		A. 1698

A. 1698 1906년 1월 24일 오전 수신

베이징, 1905년 12월 9일

A. 378

뷜로 각하 귀하

베이징 공보에 의하면, 지금까지의 한국 주재 청국 공사가 베이징에 도착해서 황제를 폐현했습니다.

한국 주재 공사를 새로 임명할 계획은 없습니다. 공사관이 총영사관으로 변경될 것이라고 합니다.

뭄[1]

내용: 서울 주재 청국 공사관 폐지

1 [감교 주석] 뭄(Mumm)

22

원문 p.549

[보호조약 체결 후 한국 상황에 관한 보고]

발신(생산)일	1905. 12. 28	수신(접수)일	1906. 2. 15
발신(생산)자	나이	수신(접수)자	뷜로
발신지 정보	서울 주재 독일 영사관	수신지 정보	베를린 정부
	K. No. 85		A. 3246

사본

A. 3246 1906년 2월 15일 오후 수신

서울, 1905년 12월 28일

K. No. 85

독일제국 수상 뷜로 각하 귀하

보호통치조약[1] 체결로 위협받은 평온이 되돌아왔습니다. 많은 국민들이 행동보다는 말로 떠들썩하게 반대를 표현한 데 이어, 한국인들에게 잘 어울리는 무관심으로 돌아섰습니다. 일본인들은 도시 전역에 배치했던 보초병과 정찰병을 대부분 철수시켰습니다. 조약이 발표된 후 전염병처럼 번졌던 자결 시도도 한국의 최고위층에서 바란 것과는 달리 예상외로 크게 확산되지 않았습니다. 민영환[2] 장군과 75세의 전직 총리대신 Min Pyöng Sö[3]가 고매하게 스스로 목숨을 끊었습니다. 한국 군주는 그들에게 경의를 표함으로써 모든 애국적인 자결행위를 높이 평가했습니다. 그래서 한국의 몰락을 애도하며 자발적으로 생을 마감한 병사를 내각 비서관으로, 학부의 서기를 부대신으로 승진시킨다는 기사가 일간신문에 보도되었습니다. 그러나 자결한 자들에 대한 황제의 경의조차도 더 이상 자결을 모방하도록 사람들을 자극하는 것 같지는 않습니다.

한국 통감에 이토[4] 후작의 임명은 한국인들에게 불행 중 다행으로 여겨지고 있습니다. 그 늙은 일본 정치가는 한국에서 여러 가지 임무를 수행하면서 한국 정부에 극히

1 [감교 주석] 을사늑약(乙巳勒約)

2 [감교 주석] 민영환(閔泳煥)

3 [감교 주석] 조병세(趙秉世)의 오기로 추정

4 [감교 주석] 이토 히로부미(伊藤博文)

불편한 일을 안겨줄 때조차도 항상 능숙하게 유화적인 모습을 보여주었습니다. 그래서 어느 정도 한국인들의 신뢰를 얻었습니다. 이토 후작이 도착할 때까지, 일본 천황은 보호통치조약을 통해 통감에게 부여된 임무를 하야시에게 수행하도록 지시했습니다. 그러나 한국 주재 일본 공사관은 아직까지 공식적으로 폐지되지 않았습니다. 한국 대신들도 형식적으로 여전히 존속하고 있습니다. 그러나 최근의 정치적 사건들로 인해 몇몇 부서는 인기를 잃었고, 대신의 직책을 받아들일 용의가 있는 걸맞은 신분의 한국인을 찾아내기가 어렵습니다. 그로 인해 공석이 된 외부대신 직은 일본 통감의 지휘하에 "외사과"로 다시 출범할 때까지 임시로 스티븐스[5]가 이끌고 있습니다.

본인이 이미 보고 드린 바와 같이, 한국 주재 청국 공사[6]도 이곳을 떠났습니다. 서기관이 대리공사로서 공사관 업무를 인계받았습니다. 그러나 이미 공사관 문서가 한국 주재 청국 총영사관으로 이관되고 있습니다. 최근 프랑스 공사[7]는 본국 정부로부터 한국을 떠나라는 지시를 받았으며 1월 중순에 이곳을 떠날 예정입니다. 플랑시는 그에 대해 아직 공식적인 발표는 하지 않았습니다. 영국 대리공사[8]는 런던으로부터 아직 훈령을 받지 않았습니다. 다만 영국 정부가 곧 영국 변리공사관을 폐지하겠다고 일본 정부에게 확약했다는 소식을 도쿄로부터 들었을 뿐입니다. 게다가 콕번[9]은 한국 외부대신이 몇 주 전 영국 변리공사에게 보낸 각서에 최근 공식적인 답변을 보내는 수고를 마다하지 않았습니다. 그 각서에서 한국 외부대신[10]은 한국에 관계되는 제II조를 영일동맹조약에 포함시킨 것을 비우호적인 행위라 지칭하며 해명을 요구했습니다. 답변서에서 영국 대리공사는 1904년 일본과 한국 사이에 체결된 협정을 언급하며, 제II조는 그 협정에 의한 실제 상황을 인정할 뿐이라고 설명했습니다.

마침내 한국 황제는 외국 주재 한국 공사들을 소환하는 명령을 내렸습니다. 베를린 주재 한국 공사관에 정기적으로 송금하는 일을 맡았던 함부르크의 마이어 회사[11]는 베를린 주재 한국 공사가 2만 엔을 간청한다는 내용의 전보문을 최근 제물포의 지사에 보냈습니다. 한국 공사와 공사관 직원들이 이미 6개월 전부터 봉급을 받지 못했기 때문이라는 것입니다. 제물포 지사는 스티븐스의 조언을 좇아서, 한국 공사가 보관 문서들을 베를

5 [감교 주석] 스티븐스(D. W. Stevens)
6 [감교 주석] 쩡광취안(曾廣銓)
7 [감교 주석] 플랑시(V. C. Plancy)
8 [감교 주석] 조던(J. N. Jordan)
9 [감교 주석] 콕번(H. Cockburn)
10 [감교 주석] 박제순(朴齊純)
11 [감교 주석] 마이어 회사(E. Meyer & Co.; 세창양행(世昌洋行))

린 주재 일본 공사에게 인도하는 즉시 한국 정부로부터 돈을 받을 것이라는 내용의 답신을 함부르크의 본사에 보냈습니다. 그리고 이틀 후 스티븐스는 한국 공사관으로부터 이미 보관 문서를 일본 공사에게 양도했다는 통지문을 받았습니다. 그러나 보관 문서 같은 것을 인도받기는 했지만 한국 서기관이 이미 며칠 전에 인장과 암호를 가지고 행방을 감추었다는 일본 공사의 전신 연락이 스티븐스에게 도착했습니다. 그 가운데는 이곳 궁궐의 특별 전산 암호도 있습니다. 다른 국가들의 수도에서도 일본 대표에 업무를 인계하기 전에 마찬가지로 한국인의 암호와 인장이 감쪽같이 사라졌습니다. 그러므로 한국 궁궐에서 한국 공사관에 임지를 떠나지 말라는 비밀 지령을 내렸을 것이라고 추정됩니다. 한국의 궁중은 개선의 여지가 없습니다. 한국 궁중은 순진하고 무지해서, 한국이 어떤 상황에 있는지 아직까지도 파악하지 못하고 있습니다. 그런데 이제 한국 공사관의 채무를 갚고 직원 봉급을 지불하고 귀국 승차권을 구매할 수 있도록, 지금 베를린 주재 일본 공사관에 24,000엔이 송금되었습니다.

이곳 한국 주재 일본 공사관은 보호통치조약이 체결된 자세한 배경에 대해 공식 설명을 발표했습니다. 그에 따르면, 보호통치조약에 반대하는 몇몇 한국 대신들에게 물리적인 압력이 행사되었고 한국 외부가 아니라 일본 공사관 서기관 내지 심지어는 일본 헌병이 문서에 직인을 찍었다는 소식들이 유럽 언론에 유포되었다고 합니다. 그런데 그 소식들은 이곳 한국 궁궐에서 유래했다는 것입니다. 일본인들은 자신들의 설명을 믿어주길 무척 바라는 눈치입니다. 이곳 일본 공사관 직원들은 11월 17일 밤 한국 궁궐에서 있었던 사건들을 지금도 여전히 즐겨 화제에 올리곤 합니다. 이 점에서는 스티븐스도 일본인들을 열렬히 옹호합니다. 그런데 스티븐스는 그 사건에 대해 대화하는 도중, 모든 일은 실제로 근거 없는 이야기라고 특이하게 솔직히 덧붙였습니다. 한국 정부가 계속 조약 체결을 거부하는 경우 사용할 수 있는 다른 문서를 이토 후작이 확보했다고 합니다. 그 문서를 들이밀면 한국 정부로서는 조약에 동의할 수밖에 없으며, 그 문서는 11월 17일의 조약과 같은 효력을 가질 것이라고 합니다.

(서명) 나이[12]

원본 문서 한국 10

12 [감교 주석] 나이(Ney)

23

원문 p.552

[일본의 통감부, 이사청 업무에 관한 각서 접수 보고]

발신(생산)일	1906. 1. 22	수신(접수)일	1906. 2. 25
발신(생산)자	아르코	수신(접수)자	뷜로
발신지 정보	도쿄 주재 독일 대사관	수신지 정보	베를린 정부
	A. 23		A. 3927

사본

A. 3927 1906년 2월 25일 오전 수신

도쿄, 1906년 1월 22일

A. 23

독일제국 수상 뷜로 각하 귀하

본인은 이달 19일 자 일본 각서의 번역문을 삼가 동봉한 바 있습니다. 일본 외무대신[1]은 그 각서를 통해 본인에게 다음과 같이 알렸습니다.

1. 금년 2월 1일부터 서울 주재 일본 공사관과 한국 주재 일본 영사관은 폐지된다.

2. 마찬가지로 금년 2월 1일부터 서울의 통감부는 지금까지의 공사관 업무를, 이사청은 지금까지의 영사관 업무를 수행할 것이다.

3. 그러므로 금년 2월 1일부터 "지금까지 서울의 한국 정부에 전달하고 한국 정부와 협의했던 영사관 소관의 지방 업무를 통감부에 전달하고 통감부와 협의해야 할 것이다. 또한 지금까지 개항의 한국 관청에 전달하고 한국 관청과 협의했던 업무를 이사청에 전달하고 이사청과 협의해야 할 것이다."

본인은 이 각서의 수령증을 발부하고, 베이징과 서울 주재 공사관 및 상하이와 요코하마 주재 총영사관, 나아가 고베와 나가사키, 단수이 주재 영사관에 그 내용을 알렸습니다.

(서명) 아르코 백작

원본 문서 한국 10

1 [감교 주석] 고무라 주타로(小村壽太郎)

24

[을사늑약에 따른 한국 내 외교업무 건]

발신(생산)일		수신(접수)일	1906. 3. 27
발신(생산)자		수신(접수)자	뷜로
발신지 정보		수신지 정보	베를린 정부
			A. 3927

A. 5978 1906년 3월 27일 수신

메모!

우리 독일 측에서 한일협약[1]을 인정하고 서울 주재 우리 독일 공사관을 폐지하는 대신 일본 천황에게 한국 주재 독일 영사관 설치 승인을 요청하려는 계획에 대한 침머만[2]의 기록 /러시아 대사에게 구두로 전달/

원본 문서 한국 10에 있음

1 [감교 주석] 을사늑약(乙巳勒約)
2 [감교 주석] 침머만(Zimmermann)

25

원문 p.554

서울 주재 영국 총영사 퇴임

발신(생산)일	1906. 3. 13	수신(접수)일	1906. 4. 21
발신(생산)자	나이	수신(접수)자	뷜로
발신지 정보	서울 주재 독일 영사관	수신지 정보	베를린 정부
	K. No. 21		A. 7425
메모	연도번호 No. 161		

사본

A. 7425 1906년 4월 21일 오전 수신

서울, 1906년 3월 13일

K. No. 21

독일제국 수상 뷜로 각하 귀하

모든 열강 중에서 영국이 마지막으로 이곳 외교 사절의 임무를 중단시켰습니다. 지난달 11일 콕번[1]은 영국 정부로부터 대리공사 업무를 중단하고 앞으로는 총영사 대리로서 영국의 이해관계를 대변하라는 내용의 전보문을 받았습니다. 청국 대리공사는 2월 초에 아무 소리 없이, 작별인사도 없이 사라졌습니다. 지금까지의 총영사 Wuh는 영사 업무를 계속 수행하고 있습니다. 전쟁이 발발하기까지 이곳 러시아 공사관에서 통역관으로 일했던 케르베르크가 이달 2일 이곳에 도착했습니다. 머지않아 러시아 총영사관이 문을 열 것으로 예상되는데, 그 준비를 하기 위한 것입니다. 케르베르크는 매우 몸을 사리고 있으며 지금까지 어디에도 모습을 나타내지 않았습니다.

(서명) 나이

원본 문서 한국 10

내용: 서울 주재 영국 총영사 퇴임

1 [감교 주석] 콕번(H. Cockburn)

26

원문 p.555

[신임 주한러시아총영사 플란손 취임에 관한 일본의 입장 보고]

발신(생산)일	1906. 6. 28	수신(접수)일	1906. 7. 25
발신(생산)자	에케르트	수신(접수)자	뷜로
발신지 정보	도쿄 주재 독일 대사관	수신지 정보	베를린 정부
	A. 140		A. 12935

사본

A. 12935 1906년 7월 25일 오전 수신

도쿄, 1906년 6월 28일

A. 140

독일제국 수상 뷜로 각하 귀하

모든 징후가 사실이라면, 도쿄에서 우리는 4년 만에 처음으로 다시 정치적으로 조용한 여름을 맞이하게 될 것입니다. 그 동안 이곳에서는 커다란 사건 없는 시절도 있다는 것을 완전히 잊고 지냈습니다. 그러나 지금 일본 정치가들, 특히 외무성 사람들이 휴식과 휴가를 몹시 필요로 합니다. 그래서 외교관들이 여기저기로 피서를 떠난 동안, 현재 진행 중인 몇 가지 일 처리를 제외하고는 앞으로 2주 동안 모든 사무실에 깊은 정적이 감돌 것입니다.

Bachmetieff만이 그중 예외로서 도쿄에 머물 생각입니다. 그 이유는 예산 문제 때문이기도 하고 일이 많기 때문이기도 합니다. 현재 대체로 조용한 것과는 달리, 일본 외무성과 러시아 공사관 사이에서 여전히 열정적으로 협상이 진행 중이라는 것은 이곳에서 익히 알려진 사실입니다. 본인은 이것이 사실임을 일본 측으로부터 확인받았습니다. 포츠머스 평화조약에서 해결하지 않은 다수의 세부적인 문제들이 논의되고 있습니다. 그 과정에서 많은 난관이 예상되지만, 언론에서는 그 난관들을 조금 너무 지나치게 과장합니다.

러시아가 거부한다는 내용의 신문보도가 특히 그런 경우에 해당한다고 하야시 자작이 오늘 본인에게 말했습니다. 전쟁 포로 부양비가 이곳에서 발생했지만, 그다지 많은 비용은 아니라는 것입니다. 그보다는 한국 주재 신임 러시아 총영사 플란손[1]의 취임과 관계된 난관이 더 심각한 것 같습니다. 본인이 하야시[2] 자작에게 들은 바에 의하면, 플란손은 지난 몇 년 동안 동아시아 역사에서 뛰어난 역할을 했습니다. 그런 플란손을 임명하는 과정에서, 러시아 관습에 따라 영사가 임용되는 국가의 군주, 그러므로 이 경우에는 한국의 군주가 언급되었습니다. 그러나 일본인들은 누군가가 언급되어야 한다면 일본 천황이 언급되어야 한다고 주장합니다. 일본인들의 견해에 따르면, 최근의 한일협약 정신을 좇아 일본 천황이 한국 주재 외국 영사들에게 승인서를 교부해야 한다는 것입니다. 본인은 일본인들이 자신들의 견해를 관철시킬 것이라고 추정합니다. 그 동안 플란손은 이미 두 달 가까이 일본에 머물고 있습니다. 최근 이토 후작은 한국으로 돌아가기 전에 플란손을 접견했습니다. 이것은 당면한 문제를 좋은 쪽으로 해결한다는 의미로 이곳에서 해석되고 있습니다.

(서명) 에케르트[3]

원본 문서 한국 10

---

1 [감교 주석] 플란손(G. A. Plason)

2 [감교 주석] 하야시 곤스케(林權助)

3 [감교 주석] 에케르트(Erckert)

27

원문 p.557

한국의 상황

발신(생산)일	1906. 6. 14	수신(접수)일	1906. 8. 4
발신(생산)자	나이	수신(접수)자	뷜로
발신지 정보	서울 주재 독일 영사관	수신지 정보	베를린 정부
	No. 41		A. 13501
메모	페라, 런던, 마드리드, 파리, 페테르부르크, 로마 대사관, 도쿄, 워싱턴, 빈, 아테네, 베오그라드, 베른, 브뤼셀, 부쿠레슈티, 크리스티안, 헤이그, 코펜하겐, 리스본, 로마, 스톡홀름, 카이로, 소피아, 탕헤르, 다름슈타트, 드레스덴, 카를스루에, 뮌헨, 슈투트가르트, 바이마르, 올덴부르크, 함부르크, 베이징에 전달		

A. 13501 1906년 8월 4일 수신

서울, 1906년 6월 14일

No. 41

독일제국 수상 뷜로 각하 귀하

한국에 새로 설치된 일본 행정관청[1]이 이미 정식으로 일을 시작했습니다. "한국 정부"와의 익살극은 지금까지 성실하게 실행되었습니다. 통감은 모든 중요한 조치를 취할 경우, 공식적으로 한국 의정부의 승인을 요청합니다. 여러 분야에 배치된 고문들이 의정부의 동의를 얻는데 실패하면, 일본 통감이 명령을 내립니다. 그러면 일이 해결됩니다. 본인이 정통한 소식통으로부터 입수한 정보에 따르면, 이토[2]는통감의 임무를 1년 이상은 수행하지 않을 것입니다. 이토 후작은 통감에 임명된 이래 겨우 도합 6주 한국에 머물렀습니다. 그리고 열병식에 참석하러 도쿄에 간 4월 말부터는, 일본이 전쟁 후 해결해야 하는 중요한 문제들로 인해 일본의 수도에 붙잡혀 있습니다. 이토 후작은 대략 열흘 후쯤 한국에 돌아올 것으로 예상됩니다. 그 며칠 전에 노즈[3] 원수가 이끄는 일본 위원회가 한반도를 살펴보러 이곳에 도착할 것입니다. 이토 후작은 일본이 사려 깊고 공정한

---

1 [감교 주석] 통감부(統監府)

2 [감교 주석] 이토 히로부미(伊藤博文)

3 [감교 주석] 노즈 쓰네다케(野津鎭武)

행정업무를 수행하여 한국 국민들의 신뢰를 얻어야만 한국에서의 과제를 완수할 수 있다고 확신합니다. 그에 반해 일본 군부는 한국을 무력으로 문명화시키려 합니다. 이토 후작이 자신의 확신을 일본 군부에게도 관철시킬 수 있을지는 확실하지 않습니다. 군 당국에서 소유주에게 적절한 보상 없이 토지를 압류하는 사안도 여전히 자주 논의되고 있습니다. 이러한 강제 압류는 대다수 한국 주민들에게서 국가의 독립 상실보다 더 격렬한 분노를 야기할 것입니다. 이토 후작이 군사 목적을 위한 이러한 토지 압류에 동의하지 않으면서도 속수무책이라는 것은 비밀이 아닙니다. 한국 주둔 2개 사단의 철수가 얼마 전 논의되었습니다. 일본 신문의 최근 보도가 맞는다면, 결국 철수하지 않기로 결정되었습니다.

서울의 동쪽에 위치한 강원도 및 남쪽에 위치한 충청도와 경상도에서 지난달 초 상당히 큰 규모의 소요사태가 발생했습니다. 이 소요사태에 가담한 자들은 주로 의병 종파의 추종자들입니다. 의병 종파는 일본이 청일전쟁 후 갑자기 한국에서 영향력을 강화했을 때 창건되었으며, 그 후로 이따금 폭동을 일으켜 "반일운동"을 지원합니다. 일본인들에게 살해된 한국 왕비의 가까운 인척인 민종식[4]이 의병 종파를 이끌고 있습니다. 일본 신문들은 폭도들이 어느 정도 군대 조직을 갖추고 훈련을 받았다고 보도합니다. 또한 그 가운데는 지난 2년 동안 한국 군대를 감축하는 과정에서 해고된 한국 병사들도 수백 명 있다고 합니다. 소요사태의 주동자들은 상당수의 무라타 총기를 소지하고 있다고 전해집니다. 폭도들은 충청도의 홍주에 본거지를 두고 있습니다. 일본과 한국의 경찰 및 헌병들이 폭도들에게 전혀 손을 쓰지 못한 까닭에, 일본 통감부는 반란군을 격퇴할 수 있도록 한국 군대를 파견할 것을 한국 정부에 간청했습니다. 물론 결과는 형편없었습니다. 규율을 모르는 한국 군대에는 군사작전이라는 것이 존재하지 않는데다가, 한국인들은 의병에게 호의를 가지고 있습니다. 의병의 배후에 한국 궁중이 숨어 있을 수도 있습니다. 몇몇 일본 신문이 근사하게 표현한 바에 따르면, 한국이 "주권 국가로서 맡은 바 의무"를 다하지 못했기 때문에 일본 군대가 폭동을 진압하기 위해 동원되었습니다. 지난달 31일 일본군 2개 중대가 화포 몇 대를 가지고 홍주를 탈환했습니다. 홍주를 점령하는 과정에서 의병 60명이 목숨을 잃고 127명이 사로잡혔습니다. 그러나 천명 이상의 반란군이 달아났습니다. 앞에서 말한 3개 지방, 즉 강원도와 충청도, 경상도에서의 소요사태는 아직도 계속되고 있습니다. 이미 다수의 일본인들이 폭도들에게 붙잡혀 죽임을 당했습니다. 그러나 이 폭동에는 커다란 의미가 없습니다. 절망에서 시작한 폭동은 바로 일본

4 [감교 주석] 민종식(閔宗植)

군부가 바라던 바이며, 일본 군부에 더욱 더 단호한 조처를 취할 수 있는 구실을 제공할 뿐입니다.

플란손[5]이 한국 주재 러시아 총영사에 임명되자 일본인들은 커다란 불신을 드러냈습니다. 플란손은 벌써 3주 전부터 일본에 머물고 있습니다. 신문 보도에 따르면, 플란손이 한국 황제의 승인을 받으려 하기 때문에 한국으로의 출발이 지연되고 있다고 합니다. 그러나 당연히 일본 측에서는 한국 황제의 승인을 받는 것에 반대합니다. 일본인들은 한국과 러시아가 체결한 조약들이 1904년 2월 23일의 한일협약 체결로 인해 중단되었음을 그 근거로 내세웁니다. 또한 금년 11월 17일의 보호통치조약을 통해 일본이 한국과 다른 국가들 사이의 관계들을 주도하게 되었다는 것입니다. 그러므로 일본인들은 러시아가 한국과 관련해 일본하고만 협상할 수 있으며 이런 협상에서 한국 정부는 완전히 배제된다고 주장합니다. 이곳에서는 러시아와 일본의 논쟁이 어떤 상황에 있는지 자세히 알 길이 없습니다. 전쟁이 발발하기까지 이곳 공사관의 서기관으로 일한 케르베르크[6]는 몇 개월 전부터 몹시 몸을 사리고 있습니다. 본인의 지인 중에는 몇 년 전부터 케르베르크와 가까이 지내는 사람이 있습니다. 케르베르크는 그 사람에게 이 문제에 대해 매우 비관적으로 말했습니다. 심지어는 이 논쟁이 어떤 식으로 해결될지 전혀 예측할 수 없다고 선언했습니다. 러시아는 한국과의 조약을 고수하며, 한국 군주의 동의 없이 채결된 작년 11월 17일의 협정을 인정할 수 없다는 것입니다. 그런데 일본도 분명 물러서지 않을 것이라고 합니다. 케르베르크는 여전히 전쟁이 일어나기 전의 옛 시대에 살고 있는 듯 보입니다. 한국에서 일본의 조처를 지켜보는 사람은 러시아가 한국에서의 새로운 질서에 적응하든지 아니면 한반도 주재 대표부를 완전히 포기해야 한다는 것을 알 수 있습니다.

물론 이곳 한국 궁중에서는 러시아와 일본이 한국 때문에 불화를 빚고 있다는 소식을 매우 반깁니다. 한국 군주가 자신의 실제 처지를 깨닫지 못하는 탓에 낙관적인 희망을 품고 있습니다. 이토 후작이 오래 자리를 비우는 것도 이런 희망에 일조하고 있습니다. 이토 후작의 대리 쓰루하라[7]는 매우 조용하고 거의 소심합니다. 며칠 전 한국 황제는 사전에 통감부의 의견을 묻지 않고서 몇 년 전부터 공석이었던 의정대신[8] 자리를 민씨 일파의 한 사람에게 넘겨주었습니다. 그 동안은 참정대신이 의정대신의 임무를 수행하

5 [감교 주석] 플란손(G. A. Plason)
6 [감교 주석] 케르베르크(Kehrberg)
7 [감교 주석] 쓰루하라 사다키치(鶴原定吉)
8 [감교 주석] 민영규(閔泳奎)

곤 했습니다. 의정대신이 임명됨으로써 내각의 주도권이 이 민씨에게 넘어갔습니다. 이토 후작이 의정대신을 임명한 이유를 묻자, 한국 황제는 곧 가을에 거행될 황태자의 재혼을 위해 의정대신을 임명했다고 답변했습니다. 통감부는 이 설명에 만족하지 않고 한국 군주에게 더 이상의 설명을 요구했습니다. 민씨는 그 지위를 오래 누리지 못할 것입니다. 한국 황제는 통감부에서 요청한 (일본인 아닌) 외국 대표들의 알현을 모두 거부했습니다. 지금까지 청국 공사관의 일등서기관으로 근무하다가 한국 주재 총영사에 임명된 마팅량[9]은 아직까지 한국 군주를 접견하지 못했습니다. 한국 황제는 번번이 병환을 구실로 내세우고 있습니다. 그러나 진짜 이유는 외국 대표들을 접견하는 자리에 통감부 대표가 배석하는 것이 싫기 때문입니다. 이토 후작에 대한 외국 대표들의 불신을 조장하기 위해, 얼마 전 한국 군주는 통감이 일본으로 떠나기 전에 백인종과 황인종의 이해관계 대립에 대해 말했다는 소문을 심복들을 통해 퍼트리게 했습니다. 통감이 아시아인들은 단결해야 하고, 오로지 하나의 적, 외국인들만이 있다고 말했다는 것입니다. 청국은 이제 깨어났으며, 외국인들에게 빼앗겼던 권리를 모두 되찾는 중이라고 했다고 합니다. 이토 후작이 실제로 이런 의견을 표명했는지 지인이 의구심을 드러내자, 한 고위 관리는 그에 대한 한국 군주의 확인서를 가져다주겠다고 자청했습니다. 이토 후작은 한국 군주를 속속들이 잘 알고 있습니다. 그래서 그런 비슷한 말을 하지 않도록 주의했을 것입니다. 그러나 한국 군주는 그런 음모를 어떻게든 절대 그만둘 수 없을 것입니다. 한국 군주의 아둔함은 기이한 행동으로 나타납니다. 한국 군주가 얼마나 우둔하지 보여주는 좋은 예가 있습니다. 그 유명한 손탁이 몇 개월 자리를 비운 동안 궁중 관리 일을 수행한 독일 부인에게 한국 군주는 독일 황제 폐하께서 가을에 한국에 오신다는 말이 사실이냐고 몇 주 전 물었습니다.

처음에는 하야시[10]가, 나중에는 이토 후작이 후궁 소생인 의화군[11]을 불러들이도록 한국 황제를 설득하려 노력했고 결국 뜻을 이루었습니다. 당시 한국 왕비[12]가 살해되기 직전, 의화군은 한국 왕비의 사주에 의해 외국으로 보내졌습니다. 한국 왕비는 의화군을 자신의 소생인 아둔한 왕세자의 경쟁자라고 보았습니다. 그 후로 의화군은 일본과 미국에 머물렀습니다. 한국 군주는 오래 거부한 끝에 결국 의화군이 한국으로 돌아오는 것을 허락했습니다. 의화군은 완전히 일본의 영향하에 있으며, 4월 초 이곳에 도착했습니다.

---

9 [감교 주석] 마팅량(馬廷亮)

10 [감교 주석] 하야시 곤스케(林權助)

11 [감교 주석] 의친왕(義親王)

12 [감교 주석] 명성황후(明成皇后)

의화군은 궁궐이 아니라 이곳 일본인의 사저에 거처를 정했습니다. 의화군은 부친을 몇 번 만났고, 그럴 때마다 항상 통감부의 대리인이 배석했습니다. 한국 군주가 의화군을 일본에 반대하는 음모에 끌어들이는 것을 방지하기 위함입니다. 의화군은 일가친지로부터 아주 안전하다고 느끼는 것 같지 않습니다. 이토 후작이 도쿄로 출발하자 의화군은 곧 그 뒤를 따라갔으며 그 후로 한국에 돌아오지 않았습니다. 일본인들은 필요한 경우 반항적인 한국 군주 자리에 앉힐 누군가를 확보하기 위해 의화군을 포섭한 것이 분명합니다.

최근까지 볼리비아에서 프랑스를 대표한 브렝[13]이 서울 주재 프랑스 총영사에 임명되었습니다. 과거 몇 년 동안 하와이 주재 미국 총영사를 역임한 헤이우드[14]가 소환된 고든 패덕[15] 대신 이곳 총영사로 부임할 것입니다.

(서명) 나이

원본 문서 한국 10

내용: 한국의 상황

13 [감교 주석] 브렝(Belin)

14 [감교 주석] 헤이우드(W. Haywood)

15 [감교 주석] 패덕(G. Paddock)

28
원문 p.562

한국의 상황

발신(생산)일	1906. 6. 18	수신(접수)일	1906. 8. 4
발신(생산)자	나이	수신(접수)자	뷜로
발신지 정보	서울 주재 독일 영사관	수신지 정보	베를린 정부
	No. 42		A. 13502
메모	페라, 런던, 마드리드, 파리, 페테르부르크, 로마 대사관, 워싱턴, 빈, 아테네, 베오그라드, 베른, 브뤼셀, 부쿠레슈티, 크리스티안, 헤이그, 코펜하겐, 리스본, 스톡홀름, 카이로, 소피아, 다름슈타트, 드레스덴, 카를스루에, 뮌헨, 슈투트가르트, 바이마르, 올덴부르크, 함부르크에 전달		

A. 13502 1906년 8월 4일 수신

서울, 1906년 6월 18일

No. 42

독일제국 수상 뷜로 각하 귀하

얼마 전 이토[1]에 의해 도쿄로 소환된 스티븐스[2]가 최근 다시 이곳에 돌아왔습니다. 스티븐스는 자신이 총영사 승인 문제로 플란손[3]과 협상했다고 본인에게 이야기했습니다. 그에 따르면 플란손이 사실상 처음으로 한국 황제의 승인을 받도록 해 줄 것을 일본 정부에 요구했다고 합니다. 하지만 그것은 단지 허세였다는 것입니다. 플란손이 서울이 아니라 도쿄에 문의한 사실만 보아도 그 요구가 진심일 리가 없기 때문이라고 합니다. 또한 신임 러시아 총영사는 일본 정부에게 승인을 받는 것에 동의한다고 선언했다는 것입니다. 조러수호통상조약의 존속 문제 때문에 협상이 여전히 진행 중이지만, 이것은 다만 형식상의 문제라고 합니다. 한국과 관련해 러시아를 위한 최혜국약관을 내포하는 포츠머스조약이 러시아에게 옛 조약의 권리를 보장하기 때문이라는 것입니다. 스티븐스에 의하면, 플란손은 한국에서 일본 통감부와 최상의 관계를 유지할 것이라고 확언했다

1 [감교 주석] 이토 히로부미(伊藤博文)
2 [감교 주석] 스티븐스(D. W. Stevens)
3 [감교 주석] 플란손(G. A. Plason)

고 합니다. 그럼에도 불구하고 스티븐스는 신임 러시아 총영사가 한국 군주의 오른팔 역할을 할 생각으로 서울에 간다는 인상을 떨쳐버릴 수 없다고 덧붙였습니다. 한국 군주가 순응하지 않으면, 오로지 한 가지 방법밖에 없다는 것입니다. 즉, 한국 군주를 일본으로 데려가서 무력화시키겠다는 것입니다.

더욱이 스티븐스는 이토 후작이 도쿄에 머무는 동안 군사 목적을 위해 한국 토지를 점유하는 문제를 평화적인 방식으로 해결하는데 성공했다고 이야기합니다. 군사 행정에 필요하지 않은 모든 토지는 다시 제한을 해지하고, 군사 당국이 소유하게 될 토지는 소유주에게 적절한 보상을 할 것이라고 합니다. 이토 후작은 이 토지 문제로 많은 우려를 했으며, 군사 행정이 이런 방향으로 행동할 것을 극히 단호하게 요구할 것이라고 합니다.

(서명) 나이

원본 문서 한국 10

내용: 한국의 상황

29

원문 p.564

[일본 육군성 차관 이시모토와의 담화 보고]

발신(생산)일	1906. 7. 19	수신(접수)일	1906. 8. 15
발신(생산)자	에케르트	수신(접수)자	뷜로
발신지 정보	도쿄 주재 독일 대사관	수신지 정보	베를린 정부
	A. 153		A. 14072
메모	대사관 8월 17일 페테르부르크에 전달		

사본

A. 14072 1906년 8월 15일 오전 수신

도쿄, 1906년 7월 19일

A. 153

독일제국 수상 뷜로 각하

육군대신[1]이 어제 본인을 위해 개최한 만찬장에서 육군차관 이시모토[2] 장군이 본인 옆자리에 앉았습니다. 이시모토 장군은 러시아 포로 수용으로 인해 일본인들에게 발생하는 비용 지급을 두고 러시아인들이 실제로 어려움을 야기한다고 본인에게 말했습니다. 러시아인들은 일본이 요구하는 비용을 삭감하려 한다고 합니다. 그런데 일본이 요구하는 비용은 실제 발생한 비용이라는 것입니다. 양국 정부는 이 문제에 대해 계속 협상하고 있으며, 이시모토 장군은 비용을 언제 되돌려 받을 수 있을지 모른다고 말합니다. 이미 알려진 바와 같이, 전쟁 중에 이시모토 장군은 모든 전쟁포로를 관리하는 일을 겸직했습니다.

더욱이 이시모토 장군은 전쟁포로에 대한 소책자가 곧 일본어와 프랑스어로 발간될 것이라고 본인에게 이야기했습니다.

한국 주재 러시아 총영사에 대한 러시아와 일본의 협상도 아직 종결되지 않았습니다. 플란손[3]은 여전히 일본에 머물고 있습니다.

(서명) 에케르트

원본 문서 한국 10

1 [감교 주석] 데라우치 마사타케(寺內正毅)

2 [감교 주석] 이시모토 신로쿠(石本新六)

3 [감교 주석] 플란손(G. A. Plason)

30

원문 p.565

[주한러시아 총영사 승인문제의 해결에 관한 보고]

발신(생산)일	1906. 8. 24	수신(접수)일	1906. 8. 24
발신(생산)자	취르쉬키	수신(접수)자	빌로
발신지 정보	베를린	수신지 정보	베를린 정부
			A. 14527
메모	8월 27일 페테르부르크에 전달		

사본

A. 14527 1906년 8월 24일 오후 수신

베를린, 1906년 8월 24일

한국 주재 러시아 총영사의 승인 문제가 해결되었다고 일본 대사가 알려왔습니다. 러시아가 일본 천황에게 승인을 요청하는 데 동의했다는 것입니다.

그 기회에 일본은 한국이 일본의 동맹국으로서 러시아와의 전쟁을 수행했다고 러시아에게 강조했습니다. 또한 일본은 한국과 러시아의 모든 조약이 폐기되었다고 역설했습니다. 그리고 한국과 러시아의 새로운 조약은 일본이 한국을 대신해 체결할 것이라고 합니다.

이즈볼스키[1]는 이 문제에 대한 입장 표명을 아직까지 보류하고 있습니다. 어쨌든 일본은 러시아가 일본에게 승인을 요청했다는 사실을 토대로, 한국이 일본에게 일종의 보호통치를 받는다는 사실을 러시아가 암묵적으로 인정했다고 추론합니다.

(서명) 취르쉬키[2]

원본 문서 청국 25

1 [감교 주석] 이즈볼스키(A. P. Izwolskii)

2 [감교 주석] 취르쉬키(Tschirschky)

31

원문 p.566

한국 주재 영국 대표

발신(생산)일	1906. 7. 30	수신(접수)일	1906. 9. 7
발신(생산)자	나이	수신(접수)자	뷜로
발신지 정보	서울 주재 독일 영사관	수신지 정보	베를린 정부
	K No. 54		A. 15214
메모	연도번호 No. 473		

A. 15214 1906년 9월 7일 오전 수신

서울, 1906년 7월 30일

K. No. 54

독일제국 수상 뷜로 각하 귀하

콕번[1]이 금년 4월 1일 자로 한국 주재 영국 총영사에 임명되었음을 오늘 공식 발표했습니다. 콕번은 금년 7월 18일에 일본 천황에게 승인을 받았다고 합니다.

작년 11월 23일 콕번은 당시 휴가 중이던 변리공사 조던[2]에 이어 대리공사로서 영국의 이익을 대변하는 임무를 떠맡았습니다. 그러다 금년 2월 12일 콕번은 대리공사로서의 임무가 중단되었으며 총영사의 업무를 대리할 것이라고 알렸습니다.

본인은 이 보고서의 사본을 도쿄 주재 독일제국 대사관에 보낼 것입니다.

나이

내용: 한국 주재 영국 대표

1 [감교 주석] 콕번(H. Cockborn)
2 [감교 주석] 조던(J. N. Jordan)

32

원문 p.567

서울 주재 이탈리아 대표

발신(생산)일	1906. 8. 24	수신(접수)일	1906. 10. 1
발신(생산)자	나이	수신(접수)자	뷜로
발신지 정보	서울 주재 독일 영사관	수신지 정보	베를린 정부
	K No. 62		A. 16566
메모	연도번호 No. 531		

A. 16566 1906년 10월 1일 오후 수신

서울, 1906년 8월 24일

K. No. 62

독일제국 수상 뷜로 각하 귀하

작년 10월 변리공사 모나코가 한국을 떠난 후로, 이곳 영국 대표가 한국에서 이탈리아 이해관계를 대변했습니다,

이제 도쿄 주재 이탈리아 공사관의 일등통역관 L. Casati가 한국 주재 이탈리아 영사에 임명되었습니다. Casati는 어제 이곳에서의 업무를 시작했습니다. 본인이 Casati에게 들은 바에 의하면, 일본 정부는 Casati에게 임시 승인서를 교부했다고 합니다. Casati의 임명장이 아직 도착하지 않았기 때문이라는 것입니다. 며칠 전 Casati는 한국 주재 영사에 임명되었음을 전신으로 통보받았으며, 즉시 업무를 개시하라는 지시를 받았다고 합니다.

이달 3일의 보고서 No. 56[1]에서 본인은 최근 광산 관할구역 때문에 마이어 회사[2]와 "Societa Coloniale Italiano" 사이에서 미묘한 문제가 발생했다고 말씀드린 바 있습니다. Casati가 급작스럽게 영사에 임명되어 한국에 온 것은 이 문제와 관련 있는 것이 분명합니다.

본인은 이 보고서의 사본을 도쿄 주재 독일제국 대사관에 보낼 것입니다.

나이

내용: 서울 주재 이탈리아 대표

1 [원문 주석] II 25554 삼가 동봉.

2 [감교 주석] 마이어 회사(E. Meyer & Co.; 세창양행(世昌洋行))

33

원문 p.568

신임 프랑스 총영사. 옛 프랑스 공사관 부지 매각

발신(생산)일	1906. 10. 9	수신(접수)일	1906. 11. 28
발신(생산)자	나이	수신(접수)자	뷜로
발신지 정보	서울 주재 독일 영사관	수신지 정보	베를린 정부
	K No. 76		A. 19794
메모	연도번호 No. 689		

A. 19794 1906년 11월 28일 오전 수신

서울, 1906년 10월 9일

K. No. 76

독일제국 수상 뷜로 각하 귀하

지난달 말 신임 프랑스 총영사 브렝[1]이 이곳 한국에 도착해 업무를 인계받았습니다. 브렝은 2년 전까지 라파스 주재 대리공사를 역임했으며, 그 후 파리의 외무부에서 일했습니다.

최근 프랑스 정부는 옛 공사관 부지를 600,000프랑에 한국 궁중에 매각했습니다. 그 공사관 부지는 한국 궁궐 바로 지척의 낮은 언덕에 위치해 있습니다. 1896년 프랑스 대표를 위해 지은 웅장한 관저 및 직원 숙소가 딸린 사무실 건물이 아름다운 정원에 둘러싸여 있습니다. 그 부지는 서울에서 아마 가장 값비싼 곳으로 꼽힐 것입니다. 지금까지 프랑스 총영사관을 관리한 Berteaux는 누구든 적절한 매수자가 나타나는 경우 매각 협상에 임하라는 지시를 프랑스 정부로부터 받았다고 이미 몇 주 전 본인에게 말했습니다. 프랑스 정부는 그 건물과 대지가 이제는 많은 경비를 들여 유지할 만큼 중요하지 않기 때문이라고 매각 이유를 밝혔다고 합니다. 처음에는 일본 정부가 그 부지를 매입할 것으로 추측되었습니다. 러시아, 미국, 영국의 대표부는 한국 군주 아주 가까이에 위치해 있습니다. 그 반면에 일본인들은 지금까지 궁궐 근처에 넓은 부지를 소유하지 않은 만큼 그 추측은 더욱 설득력이 있었습니다.

---

1 [감교 주석] 브렝(Belin)

한국 군주가 그 대지를 매입한 동기에 대해서는 새삼 말할 필요조차 없습니다. 한국 군주에게는 그 부지가 전혀 필요 없습니다. 다만 일본인들이 그 부지에 정주하지 못하도록 막으려는 것일 뿐입니다. 그러나 한국 궁중이 그 부동산을 매입함으로써 소기의 목적을 달성할 수 있을지는 그야말로 확실치 않습니다. 통감부가 한국 궁중이 그 부지를 매입하도록 내버려두는 것으로 보아, 한국 군주가 일본인들의 "조언"을 쫓아 결국 "친일파"에게 그 부지를 넘겨줄 것이라고 예상하는 듯 보입니다. 한국 황제가 사비로 매입 대금을 지불했다면, 국고의 자금을 요구할 필요가 없었을 것입니다.

프랑스 총영사관이 새로운 건물을 마련할 때까지, 브렝은 일단 옛 건물에 머물고 있습니다.

본인은 이 보고서의 사본을 도쿄 주재 독일제국 대사관에 보낼 것입니다.

나이

내용: 신임 프랑스 총영사. 옛 프랑스 공사관 부지 매각

34

원문 p.570

[주한미국총영사가 건강 악화로 귀국했다는 보고]

발신(생산)일	1906. 10. 23	수신(접수)일	1906. 11. 28
발신(생산)자	나이	수신(접수)자	뷜로
발신지 정보	서울 주재 독일 영사관	수신지 정보	베를린 정부
	K No. 80		A. 19795
메모	연도번호 No. 725		

A. 19795　1906년 11월 28일 오전 수신

서울, 1906년 10월 23일

K. No. 80

독일제국 수상 뷜로 각하 귀하

지난달 12일 이곳에 취임한 한국 주재 미국 총영사 헤이우드[1]가 미국으로 돌아가려고 이달 17일 이미 다시 한국을 떠났습니다. 헤이우드는 폐병을 앓고 있는데, 이곳에 도착한 직후 병세가 악화되었습니다. 그래서 고향에서 휴가를 보내게 해달라고 서둘러 워싱턴에 요청할 수밖에 없었습니다. 헤이우드가 한국에 돌아올 가능성은 없습니다.

예전에 이곳 공사관 서기관으로서 총영사 지위를 겸했던 패덕[2]은 모건이 떠난 후로 영사 업무를 계속 수행했습니다. 패덕이 다시 미국의 이익을 대변하는 일을 맡았습니다. 헤이우드가 도착한 후, 패덕은 부총영사에 임명되었었습니다.

본인은 이 보고서의 사본을 도쿄 주재 독일제국 대사관에 보낼 것입니다.

나이

내용: 서울 주재 영국 총영사 퇴임[3]

1 [감교 주석] 헤이우드(W. Haywood)

2 [감교 주석] 패덕(G. Paddock)

3 [감교 주석] 본문과 내용이 맞지 않음.

35

원문 p.571

[소요사태에 따른 영사관 보호 건]

발신(생산)일		수신(접수)일	1907. 5. 22
발신(생산)자		수신(접수)자	
발신지 정보		수신지 정보	
			A. 8150

A. 8150 1907년 5월 22일 수신

메모

소요사태로부터 영사관들을 보호하기 위한 일본 군부의 제안에 대한 서울의 보고서가 원본 문서 한국 10에 있습니다.

36

원문 p.572

[한국 정치상황에 대한 보고 건]

발신(생산)일		수신(접수)일	1908. 6. 28
발신(생산)자		수신(접수)자	
발신지 정보		수신지 정보	
			A. 10086

A. 10086 1908년 6월 28일 오전 수신

메모

정치 상황에 대해 다시 상세히 보고하라고 서울 주재 총영사에게 6월 28일 전신으로 보낸 통지문이 원본 문서 독일 135 No. 29에 있습니다.

37

원문 p.573

[주한영국총영사 퇴임과 언론 보도에 관한 보고]

발신(생산)일	1908. 9. 19	수신(접수)일	1908. 10. 20
발신(생산)자	뭄	수신(접수)자	뷜로
발신지 정보	도쿄 주재 독일 대사관	수신지 정보	베를린 정부
	No. A. 3410		A. 17658

사본

A. 17658 1908년 10월 20일 수신

도쿄, 1908년 9월 19일

No. A. 3410

뷜로 각하 귀하

며칠 전 서울 주재 영국 총영사 콕번[1]이 고향으로 휴가를 떠났습니다. 그리고 휴가가 끝나면 은퇴할 예정입니다.

벌써 몇 개월 전부터 콕번은 한국을 떠날 것이 확실했습니다. 그런데도 일본 신문들과 일본의 영향을 받는 이곳의 외국어 신문들은 콕번이 한국을 떠나는 것을 베델[2]과 양기탁[3]을 옹호한 일과 연관 지었습니다. 그리고 영국 정부가 콕번을 "소환"함으로써 콕번의 태도를 인정하지 않는다고 추론합니다.

그렇지 않아도 영국 대사는 일본 언론이 이미 예전에 여러 차례 콕번을 공격한 것으로 인해 심기가 상해 있었습니다. 그런데 일본 언론이 이처럼 또 다시 자신 휘하의 관리를 비난하자 무척 기분이 상했습니다. 맥도널드 경이 이런 비난에 대해 울분을 표하고자 고무라 백작에게 긴 글을 쓰고 있었을 때 마침 본인과 마주쳤습니다. 맥도널드는 2미터 길이의 면직물을 깃발처럼 기다란 양팔로 흔들었습니다. 면직물에는 오사카 상사가 불법으로 버밍햄 상사를 모방한 매우 익살스러운 악어 상표가 그려져 있었습니다. 본인은

1 [감교 주석] 콕번(H. Cockborn)

2 [감교 주석] 베델(E. T. Bethell)

3 [감교 주석] 양기탁(梁起鐸)

그 도마뱀류의 모방에 대한 영국 대사의 말이 옳은지 모릅니다. 그러나 맥도널드는 콕번의 혐의에 대한 이의 제기에 성공했습니다. 오늘 고쿠민[4]이나 지지[5], Japan Daily Mail 같은 모든 신문들이 일제히 콕번에 대한 공격을 철회하거나 정정하는 기사를 게재했기 때문입니다.

(서명) 뭄

원본 문서 한국 10

내용: 한국 주재 미국 총영사[6]

4 [감교 주석] 고쿠민(國民)

5 [감교 주석] 지지신보(時事新報)

6 [감교 주석] 본문과 내용이 맞지 않음.

38

원문 p.575

[주한러시아총영사 임명 보고]

발신(생산)일	1908. 11. 7	수신(접수)일	1908. 11. 29
발신(생산)자	벤트슈흐	수신(접수)자	뷜로
발신지 정보	서울 주재 독일 영사관	수신지 정보	베를린 정부
	K No. 93		A. 19915
메모	연도번호 No. 1206 1906년 11월 26일 자 보고서 No. 88과 관련해.		

A. 19915 1908년 11월 29일 오전 수신

서울, 1908년 11월 7일

K. No. 93

독일제국 수상 뷜로 각하 귀하

본인은 작년 11월 1일부터 휴가 중인 플란손[1] 대신에 추밀원 고문관 Alexander de Somow가 한국 주재 러시아 총영사에 임명되었음을 삼가 각하께 보고 드리게 되어 영광입니다. Somow는 이달 3일 업무를 개시했습니다.

오스트리아 여인과 결혼한 Somow는 최근까지 테헤란 주재 러시아 공사관의 일등 서기관이었습니다. 그 전에는, 특히 1897년에는 도쿄 주재 러시아 공사관에서 근무했습니다.

본인은 도쿄 주재 독일제국 대사에게 Somow에 대해 알렸습니다.

벤트슈흐[2]

1 [감교 주석] 플란손(G. A. Plason)

2 [감교 주석] 벤트슈흐(Wendschuh)

39

원문 p.576

한국 황제의 신년하례식

발신(생산)일	1910. 1. 2	수신(접수)일	1910. 1. 21
발신(생산)자	크뤼거	수신(접수)자	베트만홀베크
발신지 정보	서울 주재 독일 영사관	수신지 정보	베를린 정부
	K. No. 3		A. 1091
메모	1월 25일 페테르부르크, 파리에 전달		

사본

A. 1091　1910년 1월 수신

서울, 1910년 1월 2일

K. 3

독일제국 베트만홀베크 수상 각하 귀하

어제 영사단을 위한 신년하례식 일정이 11시로 정해졌습니다. 지금까지 이토[1] 후작은 한국 관청이 우리 외국 대표들과 직접 접촉하는 것을 일체 금지했으며, 궁중의 통지문을 발표하는 경우에 통감부의 중재를 요청할 것을 주지시켰습니다. 그런데 이번에는 한국의 궁내부대신 민병석[2]이 직접 영사단을 초대했습니다.

신년하례식은 20만 엔의 비용을 들여 개축한 동궁(창덕궁)의 영접실에서 거행되었습니다. 이토의 말로는 동궁을 완전히 개축했다고 합니다.

예전에는 사각형 모양의 넓은 앞뜰을 에워싼 건물이 반쯤 트여 있었는데, 이제 건물을 전부 담으로 막았습니다. 그리고 지붕으로 덮은 통로를 만들고, 바깥쪽에는 난방이 잘 되고 현대식 가구가 비치된 대기실을 만들었습니다. 이제는 앞뜰로 이어지는 옥좌 맞은편의 큰 중문이 아니라 옥좌 좌우의 옆문을 지나야 알현실에 들어갈 수 있습니다. 궁궐을 개축하면서 중문을 막아버렸습니다. 지금은 궁궐 경내에 들어서면, 비바람이 불어도 발을 적실 염려 없이 알현실에 이를 수 있으니 예전에 비하면 많이 편해졌습니다.

1 [감교 주석] 이토 히로부미(伊藤博文)

2 [감교 주석] 민병석(閔丙奭)

지난 몇 달 동안 이곳의 영사단에 많은 변화가 있었기 때문에, 신년하례식은 8명의 영사단 동료들 중 다수에게 한국 황제와의 첫 만남이었습니다.

프랑스 총영사 브렝[3]은 10월에 서울을 떠났으며, 당분간은 부영사 M. Paillard가 임시로 업무를 대신하고 있습니다.

오랫동안 영사단 단장을 맡았던 벨기에 총영사 뱅카르[4]는 카라카스 주재 임시 대리대사에 임명되었고, (홍콩 영사를 역임한) 보지어[5]가 총영사 직을 물려받았습니다. 그러나 보지어는 부임 직후 곧바로 고국으로 휴가를 떠났습니다. 베이징에서 온 부영사 비르브리트[6]가 현재 총영사 직무를 대행하고 있습니다.

요코하마로 발령 난 미국 총영사 세몬스[7] 자리에는 (마지막으로 고베에서 근무한) 시드모어[8]가 부임했습니다.

퇴임한 콕번[9] 대신 (마찬가지로 고베에 근무한) Henry Bonar가 최근 영국 총영사에 임명되었습니다.

이탈리아 동료 카세티[10]는 12월 초에 오랜 숙환으로 세상을 떴으며, 현재 도쿄에서 건너온 대사관 서기관 Rogado가 업무를 보고 있습니다.

우리는 정해진 시간에 시종의 안내를 받아 대기실에서 알현실로 향했습니다. 영사단의 새 단장인 청국 총영사 마팅량[11]이 앞장섰습니다.

예전에 맨바닥이었던 알현실 바닥은 널마루로 바뀌어 있었고, 긴 양탄자가 어디로 가야할지를 표시해 주었습니다. 벽 역할을 했던 옛날 창호지 문들은 꼭 닫히는 창문으로 대체되었습니다. 벽과 천정에는 이곳 한국에서 좋아하는 선명한 색상으로 많은 그림이 그려져 있었고, 저녁 알현을 대비하여 호광등이 비치되어 있었습니다. 황동 격자로 둘러싸인 커다란 철제난로 6개는 천정이 높은 홀을 데우기에 충분합니다. 그러나 난로들이 공간을 차지하는 탓에, 난로 대신 벽 아래쪽 가장자리를 따라 난방시설을 설치할 것이라고 합니다. 그렇게 되면 지금 창문에 부착된 근대적인 커튼도 사라지는 편이 좋을 것입니다. 커튼이 전체적인 분위기에 맞지 않아서 어설픈 느낌을 줍니다.

---

3 [감교 주석] 브렝(M. Belin)
4 [감교 주석] 뱅카르(Leon Vincart)
5 [감교 주석] 보지어(J.Bribosia)
6 [감교 주석] 비르브리트(A. van Biervliet)
7 [감교 주석] 세몬스(T. Sammons)
8 [감교 주석] 시드모어(G. H. Scidmore)
9 [감교 주석] 콕번(H. Cockburn)
10 [감교 주석] 카세티(L. Casati)
11 [감교 주석] 마팅량(馬廷亮)

새로 개축한 알현실은 몇 가지 부족한 점이 있지만 전체적으로 예전의 그 어떤 알현실보다도 화려해 보입니다. 그 점에서는 일본인들이 "한국 황실의 품위를 유지할" 것이라는 약속을 어쨌든 완전히 이행했다고 볼 수 있을 것입니다.

한국 황제는 두 계단 높은 단상 위의 옥좌 앞에 서 있었습니다. 노란색 비단에 풍성하게 수놓은 천개가 옥좌 위를 장식했습니다. 황제는 검푸른 색의 군복을 입고 있었고, 지금까지 썼던 투구 대신 깃털로 장식한 일본식 모자가 오른편 탁자에 놓여 있었습니다. 한국 군주는 예전에 비해 살이 빠진 듯 보였지만, 안색은 여전히 잿빛이었고 표정이 전혀 없었습니다. 광채 없이 가늘게 뜬 눈, 축 늘어진 턱과 그로 인해 반쯤 벌어진 입, 두툼한 입술은 언제나 아둔하다는 인상을 일깨웁니다.

옥좌 오른편에는 우리보다 앞서 황제를 알현한 통감 소네 자작과 그의 수행원들(스무명 가량의 일본인)이 도열해 있었습니다. 옥좌 왼편에는 한국 대신들과 궁중관리들이 서 있었습니다.

우리가 한 사람씩 앞으로 나가면, 의전관 고가 우리의 이름을 말했고 황제가 손을 내밀어 악수를 청했습니다.

그에 이어 영사단 단장 마팅량이 청국어로 축하말을 했습니다. 축하말이 황제에게 통역되었고, 황제는 그에 대해 감사를 표했습니다. 마팅량이 황제의 감사말을 우리에게 영어로 통역해주었습니다.

영사단의 신년하례식은 3분 만에 끝났습니다.

우리는 들어온 입구 맞은편의 문으로 알현실을 나왔으며 복도를 지나 접대실에 이르렀습니다. 접대실에서 차와 샴페인 한 잔, 담배를 대접받았습니다. 우리 뒤를 이어 곧바로 일본과 한국의 고위관리들이 들어왔고, 우리는 그들과 덕담을 주고받았습니다.

소네[12] 자작은 접대실에 들어오자마자 즉각 안락의자를 붙잡고 녹초가 된 듯 털썩 주저앉았습니다. 그러고는 기운을 차리려고 차 한 잔을 요구했습니다. 짧은 의례였지만 지친 게 분명했습니다. 소네 자작 등 뒤로 외풍을 막기 위해 병풍을 세우고, 통감부 직원들은 자신들의 수장이 편히 쉬도록 축하객들을 저지했습니다. 소네의 얼굴은 그다지 수척하지 않았고 혈색도 변함없었지만, 눈빛이 피곤해 보이고 활동력이 현저하게 떨어진 것 같습니다. 이토 후작의 장례식 후로 소네는 공식행사에 모습을 드러내지 않았으며 관례적인 신년하례식도 생략했습니다. 소네가 위장 부근의 압박감에 시달리는데, 의사들은 아직까지 그 원인을 찾아내지 못했다고 합니다. 적어도 소네의 측근들은 그에 대해

12 [감교 주석] 소네 아라스케(曾禰荒助)

굳게 침묵을 지키고 있습니다. 이곳의 신문들은 물론 소네의 건강상태에 대해 좋은 소식만을 전하고 있습니다. 그러나 소네를 직접 눈으로 보면 사실은 정반대라는 것을 알 수 있습니다.

소네 자작은 – 1910년도 한국 예산이 때마침 해를 넘기기 전에 확정되어 공표될 수 있었기에 – 휴식을 취하며 건강을 회복하기 위해 우선 약 6주 예정으로 내일 일본으로 휴가를 떠날 계획입니다. 소네가 한국에 돌아올 것인지 아니면 후임자에게 자리를 넘겨줄 것인지는, 더 온화한 기후에서 체류한 결과 및 도쿄의 유력 인물들이 소네에게 받는 인상에 달려 있을 것입니다.

크뤼거

원본 문서 한국 1

내용: 한국 황제의 신년하례식

40

원문 p.579

[이즈볼스키의 청진항 영사관 창설 계획에 대한 베를린 지방신문의 보도]

발신(생산)일	1910. 5. 25	수신(접수)일	1910. 5. 25
발신(생산)자		수신(접수)자	
발신지 정보		수신지 정보	베를린
			A. 9013

A. 9013 1910년 5월 25일 오후 수신

베를리너 로칼 안자이거[1]
1910년 5월 25일

페테르부르크 5월 24일 밤 11시 15분. (우리 신문사 특파원의 전보문)

러시아 의회에서 이즈볼스키[2] 대신이 한국 북부지방, 정확히 말하면 청진항에 영사관을 창설하는 계획을 제안했습니다. 이즈볼스키의 견해에 따르면, 한국 북부지방이 러시아 영토에 가장 근접하기 때문에 한국에서 러시아의 정치적, 경제적 이해관계의 중심지입니다. 상업 분야에서 일본과의 경쟁도 이미 부분적으로 시작되었다고 합니다. 일본이 한국에서 끊임없이 계획을 확장하고 있다는 것입니다. 서울 주재 러시아 총영사가 혼자 힘으로는 성공을 거둘 수 없다고 합니다.

---

1 [감교 주석] 베를리너 로칼 안자이거(Berliner Lokal-Anzeiger)

2 [감교 주석] 이즈볼스키(A. P. Izwolskii)

외무부
A편

외무부 정치 문서고 조선의 유럽·미국 주재 외교관 파견 관계 문서 1

1887년 10월 21일부터
1888년 12월 31일까지

제1권
참조: 제2권

외무부 정치문서고
R 18954
조선 No. 1

목록	
베이징 1887년 12월 3일의 보고서 No. 344 조선 왕이 유럽과 미국에 외교사절 파견을 허락해줄 것을 청국 황제에게 청원하는 내용의 서한이 11월 29일 자 톈진 "Shipar"에 보도되었다. 1월 26일 런던 79, 페테르부르크 69에 사본 전달.	908 1888년 1월 23일 수신
베이징 12월 5일의 보고서 No. 348 조선 공사 두 명이 민영익 공과 논의하기 위해 홍콩을 경유하는 경로로 출발하다. 서울 주재 청국 변리공사 위안스카이가 두 공사를 위해 송별연을 베풀다. 1월 25일 런던 76, 페테르부르크 65에 사본 전달.	913 1888년 1월 23일 수신
도쿄 12월 8일의 보고서 No. 139 외국 주재 조선 외교대표의 지위와 관련한 청국 정부와 조선 정부의 협정 1월 19일 런던 58에 사본 전달.	667 1888년 1월 16일 수신
서울 1887년 8월 30일의 보고서 미합중국 및 유럽 5개국 주재 공사에 박정양과 심상학 임명. 조선 정부의 이런 조처에 대해 조선 주재 청국 대표의 분노.	12731 1887년 10월 21일 수신
베이징 9월 21일의 보고서 No. 254 조선 왕이 워싱턴과 유럽 주재 외교 대표를 임명하다. 그 결과 청국 대표가 제물포로 떠나다. 리훙장이 청국 대표에게 서울로 돌아가라고 지시하다. 조선 왕의 "고문"인 미국인 데니가 톈진에 도착할 것으로 예상된다. 영국인 Dunn이 데니의 자리를 물려받을 것이라고 한다. 11월 14일 페테르부르크 809, 런던 955, 워싱턴 90에 사본 전달.	13907 1887년 11월 14일 수신
베이징 1887년 9월 28일의 보고서 No. 265 청국 황제의 탄신일을 축하하기 위한 베이징의 조선 외교사절단. 조선 문제에서 청국 정부의 태도 변화. 리훙장은 조선 왕이 미국과 유럽에 공사를 파견하는 것을 간곡히 만류했다고 한다. 11월 15일 런던 959에 사본 전달.	13908 1887년 11월 14일 수신
베이징 10월 6일의 보고서 No. 271 워싱턴과 유럽에 조선 공사를 파견하려는 계획으로 인한 청국과 조선의 협상. 청국은 청국 공사가 조선 공사를 소개할 것을 요구한다. 서울 주재 미국 변리공사 딘스모어 측에서는 그에 반대한다. 이 모든 일은 미국 의사 앨런이 사주한 것이다. 청국은 조선 왕에게 공사 파견 청원서를 청국 황제에게 제출할 것을 요구한다. 11월 27일 페테르부르크 838, 런던 992, 워싱턴 96에 사본 전달.	14260 1887년 11월 22일 수신

베이징 10월 15일의 보고서 No. 287 데니의 청국 여행 이유. 조선 공사 파견 계획 및 외국 무역을 위한 평양항 개항. 그에 대한 리훙장의 반대 공작. 청국 변리공사 위안스카이와 미국 대표 딘스모어의 다툼. 딘스모어 자리에 롱이 임명됨. 도쿄 주재 조선 변리공사의 천황 알현 요청에 대한 일본 정부의 승인 거부는 신임장 형식의 결함 때문이다. I. 런던 1016, 워싱턴 98, 궁중과 장관에게 사본 전달. II. 12월 6일 함부르크 242에 원본 전달.	14884 1887년 12월 4일 수신
서울 10월 10일의 보고서 No. 81 청국의 이의제기로 인해 미국 주재 공사로 임명된 박정양의 소환. 이에 대한 딘스모어의 항의. 위안스카이의 답신과 딘스모어의 재답신. 이 문제를 리훙장과 해결하기 위해 데니가 톈진으로 출발. 일본 주재 조선 변리공사의 귀국. 조선 왕이 이탈리아 왕에게 보낸 서한의 영문 텍스트. 12월 9일 런던 1021, 페테르부르크 866, 워싱턴 99에 사본 전달.	14962 1887년 12월 5일 수신
베이징 10월 25일의 보고서 No. 296 조선 사신 Yon chin Ruei가 조선 왕의 서한을 가지고 베이징에 도착. 이 서한을 통해 조선 왕은 유럽과 미국 주재 조선 공사 임명을 승인해줄 것을 청국 황제에게 청원. 12월 12일 페테르부르크 877, 런던 1033에 사본 전달.	15263 1887년 12월 12일 수신
워싱턴 12월 28일의 보고서 No. 546 조선 공사의 도착 임박. 서울 주재 미국 대표 딘스모어를 교체할 계획이 없다. 1월 14일 런던 43, 베이징 1, 도쿄 1에 사본 전달.	495 1888년 1월 13일 수신
함부르크 1888년 1월 24일의 보고서 No. 12 조선 영사 H. C. Ed. 마이어와 조선 외교사절의 임박한 도착에 대한 담화. 조선 외교사절의 베를린 여행에 합류하려는 마이어의 의도. I. 1월 31일 런던 103, 페테르부르크 85에 훈령 전달. II. 베를린에서 조선 외교사절의 영접과 관련한 훈령을 2월 4일 함부르크 31에 전달. 경우에 따라서는 청국 외교사절이 조선 외교사절 소개. 청국인들의 예민함을 배려해야 한다. 베를린에서 마이어 영사의 접대.	990 1888년 1월 25일 수신
1888년 1월 21일 자 베르헴 백작의 기록. 조선 외교사절의 임박한 도착에 대해 청국 공사와 나눈 담화. 청국 황제가 조선 외교사절의 파견을 승인했으며, 청국 공사 Hung-chun이 이곳에서 조선 외교사절을 소개할 것이라고 한다. 조선이 가난한 나라인 탓에, 외교사절의 여행경비를 "어떤 외국"이 부담했을 가능성이 많다는 것이다. Hung-chun은 유럽의 국제법에 따르면 속국의 외교사절이 승인되는지 문의했다. 1월 31일 런던 111에 사본 전달.	1275 1888년 1월 31일 수신

베이징 1887년 11월 27일의 보고서 No. 329 청국 측에서는 조선이 외국에 파견한 공사를 청국 주재 조약국의 공사와 동등하게 여기지 않을 것이다. 636과 함께 처리.	616 1888년 1월 15일 수신
서울 11월 16일의 보고서 No. 84 청국 정부의 동의하에 조선 공사 2명 조선 출발. 박정양은 미국인 의사 앨런과 함께 미국으로, 조신희는 공사관 서기관 Li Yong Ik, Namkung Ok, Kim Song Rin 및 러시아어 통역관 Tchae Hion Shik과 함께 유럽으로 떠난다. 조신희 파견에 대한 조선 정부 공고문의 사본 번역문과 함께 신임장 번역문. 1월 17일 페테르부르크 45, 로마 B 42, 런던 50에 훈령 전달.	636 1888년 1월 16일 수신
워싱턴 1888년 1월 10일의 보고서 No. 13 조선 공사의 워싱턴 도착. I. 1월 31일의 훈령 런던 103, 페테르부르크 85에 전달. II. 3월 4일의 훈령 함부르크 31에 전달.	1183 1888년 1월 29일 수신
베이징 1888년 1월 6일의 보고서 No. 1 외국 주재 청국 대표와 조선 대표의 관계. 3월 7일 런던 243에 사본 전달.	2736 3월 5일 수신
베이징 1월 21일의 보고서 No. 13 청국이 제시한 조선 외교사절 파견 조건에 대한 조선 왕의 서한. 3월 27일 런던, 파리, 페테르부르크에 사본 전달.	3440 3월 26일 수신
4월 16일의 메일 워싱턴 주재 조선 공사가 청국 대표 없이 미국 대통령과 협상했다. 청국은 이를 협정 위반이라고 본다.	4290 4월 16일 수신
런던 1월 31일의 보고서 No. 27 런던에서 조선 외교사절의 영접 가능성에 대한 솔즈베리의 의견. 1. 2월 3일 런던 No. 120에 훈령 전달	1320 1888년 2월 2일 수신
워싱턴 1월 23일의 보고서 No. 29 미합중국 대통령의 조선 외교사절 영접. 2월 8일 런던 No. 134에 통지문 전달.	1550 1888년 2월 6일 수신
런던 2월 11일의 보고서 No. 41 런던에서 조선 외교사절의 영접.	1851 2월 13일 수신
서울 8월 24일의 보고서 No. 58 조선 외교사절의 홍콩 체류,	13808 10월 27일 수신

워싱턴 9월 12일의 보고서 No. 398 조선에 있는 데니 관련 New York Herald의 기사와 워싱턴 주재 조선 외교사절.	15560 11월 25일 수신
베이징 9월 30일의 보고서 No. 272 미국 클리블랜드 대통령의 조선 공사 박정양 접견.	15156 11월 18일 수신

01

원문 p.586

미합중국과 유럽 대표국가들 주재 공사 2명 임명

발신(생산)일	1887. 8. 30	수신(접수)일	1887. 10. 21
발신(생산)자	크리엔	수신(접수)자	비스마르크
발신지 정보	서울 주재 독일총영사관	수신지 정보	베를린 정부
	K. No. 68		A. 12731
메모	연도번호 No. 372		

A. 12731 1887년 10월 21일 오후 수신

서울, 1887년 8월 30일

No. 68

비스마르크 각하 귀하

본인은 내무부 협판 2명, 즉 박정양[1]과 심상학[2]이 공사로 임명되었음을 삼가 각하께 보고 드리게 되어 영광입니다. 이 소식은 이달 18일 자 관보에 공표되었으며, 본인은 이 관보의 번역문을 삼가 동봉하는 바입니다. 박정양은 북아메리카 미합중국의 워싱턴에 정주하고, 유럽 5개국 독일, 영국, 러시아, 이탈리아, 프랑스를 관할하는 심상학은 어디에 정주할 것인지 아직 정해지지 않았습니다. 8년 전 이 두 조선 관리는 비공식적으로 몇 개월 일본에 머문 적이 있습니다.

청국의 종주권 요구에 대항하고자 두 관리를 공사에 임명한 것에는 의심의 여지가 없습니다. 굳이 외교 대표를 유럽과 미국에 파견해야 할 필요성이 전혀 없었습니다. 또한 두 공사의 파견으로 인한 지출은 조선의 미미한 국가 세입에 커다란 부담이 될 것입니다.

그렇지 않아도 이곳 조선 주재 청국 대표는 조선 정부가 일본 주재 변리공사[3]를 임명하고 민영익[4]이 러시아 군함 편으로 여행을 떠나서 심기가 상해 있었습니다. 그런데다 조선 정부가 자신에게 사전에 미리 알리지 않고 이런 조처를 취하자 매우 흥분했습

1 [감교 주석] 박정양(朴定陽)

2 [감교 주석] 심상학(沈相學)

3 [감교 주석] 민영준(閔泳駿)

4 [감교 주석] 민영익(閔泳翊)

니다. 그래서 청국 대표는 피폐해진 건강을 제물포에서 회복하려 한다는 구실을 내세워 이달 19일 서울을 떠났습니다. 그러나 며칠 후 청국 대표는 가족을 제물포로 불러들였고, 모두들 청국 대표가 청국으로 떠날 것이라고 예상했습니다. 그러나 조선 왕이 고위 관리를 보내 돌아오길 바란다는 전갈을 보내자, 청국 대표는 이달 24일 다시 서울로 돌아왔습니다.

본인의 판단으로는, 청국의 반대를 감안하면 새로 임명된 공사들이 임지에 부임할 가능성은 별로 없습니다. 오늘자 관보에 의하면, 유럽 공사로 내정된 심상학은 건강상의 이유로 새 관직을 거두어주길 이미 조선 왕에게 청했습니다. 그리고 청국 공사관 서기관의 전언에 의하면, 위안스카이는 다른 공사 박정양도 비슷한 조처를 취할 것으로 기대하고 있습니다.

본인은 이 보고서의 사본을 베이징 주재 독일제국 공사관에 보낼 것입니다.

크리엔

내용: 미합중국과 유럽 대표국가들 주재 공사 2명 임명. 첨부문서 1부

조선 주재 독일제국 영사관 보고서 Kontrole No. 68의 첨부문서.

번역문

1887년 8월 18일 자 관보

칙령

조선이 맨 먼저 미합중국과 조약을 체결하고 이미 몇 년 전부터 우호관계를 맺었음에도 불구하고, 우리나라는 지금까지 미합중국의 수도에 상주하는 대표를 파견하지 않았다. 이는 실로 시정되어야 할 사항이다. 그러므로 이제 내무부 협판 박정양을 특명전권대사에 임명하는 바이다. 박정양은 워싱턴에 머물며 워싱턴에서 외교 대표 업무를 수행할 것이다.

칙령

영국, 독일, 러시아, 이탈리아, 프랑스는 차례로 조선과 조약을 체결했으며, 이 나라들과 조선의 관계는 나날이 긴밀해지고 우호적이 되었다. 이런 상황에서 이 조약국들의 수도에 상주하는 관리의 파견이 필요한 것 같기에, 내무부 협판 심상학을 특명전권대사에 임명하는 바이다. 심상학은 유럽 조약국들의 수도에 가서 그중 제일 적절한 장소에 머물며 외교 대표 업무를 수행할 것이다.

번역문

(서명) 크리엔[5]

---

5 [감교 주석] 크리엔(F. Krien)

02

원문 p.589

조선의 상황

발신(생산)일	1887. 9. 21	수신(접수)일	1887. 11. 14
발신(생산)자	브란트	수신(접수)자	비스마르크
발신지 정보	베이징 주재 독일공사관	수신지 정보	베를린 정부
	A. No. 254		A. 13907
메모	A. 14260 참조 11월 14일 페테르부르크 809, 런던 955, 워싱턴 90에 전달		

A. 13907　1887년 11월 14일 오후 수신

베이징, 1887년 9월 21일

A. No. 254.

비스마르크 각하 귀하

본인이 입수한 정보에 의하면, 8월 중순에 조선 왕이 외교 대표 2명을 임명했습니다. 한 명은 워싱턴에 파견할 박정양[1]이고, 다른 한 명은 유럽에 파견할 심상학[2]입니다. 조선의 이러한 정치적 독립 선언으로 인해, 서울 주재 청국 변리공사[3]는 근무지를 이탈해 가족과 공사관 직원들을 데리고 제물포로 떠났습니다. 그러나 조선 왕의 요청으로 다시 서울에 돌아왔습니다.

청국 변리공사의 이런 조처에는 신변 안전에 대한 우려도 작용한 듯 보입니다. 리훙장이 청국 변리공사에게 서울로 돌아가라는 지시를 전신으로 내렸다는 이야기가 적어도 톈진에서는 나돌고 있습니다. 리훙장[4]은 청국 변리공사의 신변이 위험에 처하든 말든 전혀 상관없다고 말했다고 합니다.

조선 왕의 "고문" 데니[5]가 오늘이나 내일 톈진에 도착할 것으로 예상되고 있습니다.

1 [감교 주석] 박정양(朴定陽)
2 [감교 주석] 심상학(沈相學)
3 [감교 주석] 위안스카이(袁世凱). 그의 공식 직함은 주찰조선총리교섭통상사의(駐紮朝鮮總理交涉通商事宜).
4 [감교 주석] 리훙장(李鴻章)
5 [감교 주석] 데니(O. N. Denny)

데니는 전직 미국 총영사였으며, 리훙장에게 채용되어 리훙장에게 급료를 받습니다. 데니가 지금의 직책을 포기하든지 아니면 오래 그 직책에 있지 못할 것이라고 추정됩니다. 데니가 조선인들뿐만 아니라 청국인들에게도 미움을 받기 때문입니다. 데니는 영국인 Dunn을 자신의 후임자로 추천합니다. Dunn이 보호 문제로 바티칸에 재임하던 시절부터 각하께서도 Dunn을 알고 계십니다. Dunn을 고문으로 임명하는 경우, 러시아 측에서는 못마땅하게 여기고 지금 서울에서 격렬해지는 대내외적인 모략을 잠재우는 데 기여하지 않을 것입니다.

브란트[6]

내용: 조선의 상황

6 [감교 주석] 브란트(M. Brandt)

베를린, 1887년 11월 14일

A. 13907

1. 상트페테르부르크 No. 809
2. 런던 No. 955
3. 워싱턴 대리공사

주재 대사관 귀중

보안 !

연도번호 No. 7133

본인은 조선의 상황과 관련한 기밀 정보를 귀하께 알려드리고자, 금년 9월 21일 자 베이징 주재 독일제국 공사의 보고서 사본을 삼가 동봉하는 바입니다.

원문 p.591

03
조선 외교사절의 베이징 체류 및 청국과 조선의 관계

발신(생산)일	1887. 9. 28	수신(접수)일	1887. 11. 14
발신(생산)자	브란트	수신(접수)자	비스마르크
발신지 정보	베이징 주재 독일공사관	수신지 정보	베를린 정부
	A. No. 265		A. 13908
메모	11월 15일 런던 959에 사본 전달		

A. 13908 1887년 11월 14일 오후 수신

베이징, 1887년 9월 28일

A. No. 265.

비스마르크 각하 귀하

본인은 금년 6월 1일 베이징에 도착한 조선 진하사[1] 일행이 고향으로 돌아가기 위해 며칠 전 이곳을 떠났음을 삼가 각하께 보고 드리게 되어 영광입니다. 조선 진하사 일행의 목적은 청국 황제의 탄신일을 축하하고 거문도항 문제에서 청국 정부의 지원에 감사를 표하기 위한 것이었습니다. 그러나 조선 진하사 일행이 묵은 건물 입구에 붙은 공고문에서 알 수 있는 바와 같이, 이번에도 여느 조공사절단처럼 상인들이 동행했습니다. 본인은 이 공고문의 번역문을 삼가 동봉하는 바입니다. 조선 진하사 일행이 묵은 건물은 초라하고 지저분하기 짝이 없어 "가축우리"라고 불리는데 건물에 완전히 어울리는 이름입니다.

조선 문제에서 청국 정부는 예전과는 다른 태도를 보이고 있습니다. 이런 다른 태도는 조선 사절단이 1884년과 1885년만 해도 항상 외국 공사관들을 방문했는데 그 후로는 방문하지 않는 사실에서 가장 잘 두드러집니다. 이것은 아마 청국 정부의 지시에 의한 것이라고 추정됩니다. 즉, 조선과 외국이 국제법적인 관계를 맺으면, 몇 년 전까지만 해도 청국 정부는 자국의 이익을 보호하는 것으로 여겼습니다. 그러나 지금은 속국에 대한 영향력과 자국의 위신이 손상될 뿐이라고 생각합니다.

일본 대리공사 가지야마[2] 육군중위의 전언에 따르면, 리훙장은 미국과 유럽에 공사를

1 [감교 주석] 진하사(進賀使)

파견하는 계획을 중단하라고 조선 왕에게 간곡히 조언할 것이라고 합니다. 이 말은 본인이 다른 곳에서 입수한 소식과도 일치합니다.

브란트

내용: 조선 외교사절의 베이징 체류 및 청국과 조선의 관계

1887년 9월 28일 자 보고서 A. No. 265의 첨부문서

조선 진하사 일행의 숙소에 붙은 공고

조선 조공사절단 숙소의 감독관이자 예조 부국장 Kuei는 다음과 같이 알린다.

황제 폐하께 축사를 올리고 감사의 말을 드리고자 이곳에 도착한 조선 진하사 일행의 관리와 하급관리, 그리고 현행법에 따라 사절단 숙소로 물건을 가져온 그 밖의 사람들은 오래 전부터 용인된 바와 같이 공식적인 임무를 완수한 후 이곳 상인들과 거래를 할 수 있다. 그러나 양측은 익히 알고 있는 규정을 준수해야 하며 암거래를 해서는 안 된다. 사기 등을 치는 경우에는 물건을 몰수하고 법에 따라 처벌을 내릴 것이다. 청국 상인이 조선인 숙소에 들어가려면 증명서를 제시해야 한다.

1887년 7월 1일

번역: (서명) 렌츠[3]

---

2 [감교 주석] 가지야마 데이스케(梶山鼎介)

3 [감교 주석] 렌츠(Lenz)

베를린, 1887년 11월 15일

A. 13908

1. 런던 No. 959
주재 사절단 귀중

보안!

연도번호 No. 7155

본인은 조선 사절단의 베이징 체류와 관련한 정보를 귀하께 알려드리고자, 베이징 주재 독일제국 공사의 9월 28일 자 보고서 사본을 동봉하게 되어 영광입니다.

04

원문 p.594

조선 공사의 외국 파견 계획

발신(생산)일	1887. 10. 6	수신(접수)일	1887. 11. 22
발신(생산)자	브란트	수신(접수)자	비스마르크
발신지 정보	베이징 주재 독일 공사관	수신지 정보	베를린 정부
	A. No. 271		A. 14260
메모	기밀 11월 27일 페테르부르크 838, 런던 992, 워싱턴 96에 사본 전달.		

A. 14260 1887년 11월 22일 오전 수신

베이징, 1887년 10월 6일

A. No. 271

비스마르크 각하 귀하

본인은 워싱턴과 유럽에 공사를 파견하려는 조선 왕의 계획에 대해 이미 각하께 삼가 보고 드린 바 있습니다. 이 계획은 청국과 조선의 장황한 협상을 야기했고 이 협상은 아직 결론에 이르지 못했습니다. 조선과의 관계를 주도하라는 임무를 부여받은 리훙장 총독 측에서는 외국에서 신임장을 받은 조선 공사와 청국 공사의 상호관계에 주로 주목했으며, 조선 공사가 청국 공사에게 예속되는 것으로 예상했습니다. 그 반면에 이곳 베이징에서는 이 문제의 국제법적인 측면, 특히 청국 공사가 조선 공사를 청국에 예속된 국가의 공사로 안내하고 소개하는 것에 더 큰 비중을 두었습니다. 그러나 이 문제는 아직 해결되지 않았습니다. 서울 주재 미국 변리공사 딘스모어[1]의 반대가 그 주요 원인인 것 같습니다. 청국 측에서는 미국 의사 알렌[2]의 간계로 이 모든 일이 시작되었다고 보고 있습니다. 쩡[3] 후작의 은밀한 전언에 따르면, 딘스모어가 청국 변리공사 위안스카이에게 그러한 요구는 조미수호통상조약에 위배된다고 말했다고 합니다. 당시 조미수호통상조약의 체결 시에 미국 특명전권대사에게 전달된 서한에는 실제로 조선이 행정적이고 정

1 [감교 주석] 딘스모어(H. A. Dinsmore)

2 [감교 주석] 알렌(H. N. Allen)

3 [감교 주석] 쩡기저(曾紀澤)

치적인 면에서 독립국가라는 내용이 포함되어 있습니다. 그 서한은 미국 대통령에게 보내는 것이었고, 그 자리에는 청국 측 책임자가 배석해 있었습니다. 쩡 후작은 영국 및 다른 모든 협상국들에게도 마찬가지로 이런 선언을 했지만 영국 측에서는 이 선언을 활용하지 않을 것이라는 견해를 표명했습니다. 이러한 추정이 명시적인 확언에 토대를 두고 있는지 아니면 영국 정부와 영국 대표의 일반적인 태도에서 추론된 것인지는 단언할 수 없습니다. 어쨌든 마찬가지로 서울로 파견된 이곳 영국 공사 월삼[4]도 아직까지 신임장을 받지 못했음을 언급해야 합니다. 월삼은 이미 두 번이나 서울로 출발한다고 예고했지만, 업무가 많이 밀렸다는 이유로 출발을 포기했습니다.

현재 조선 왕은 공사 파견을 승인해달라는 청원서를 청국 황제에게 제출하라는 요구를 받고 있습니다.

본인은 이 정보를 제공한 자의 이름을 밝히지 않은 채 이 보고서의 사본을 개인적으로 은밀히 도쿄 주재 독일제국 공사관과 서울 주재 영사관에 보낼 것입니다.

브란트

내용: 조선 공사의 외국 파견 계획

4 [감교 주석] 월샴(J. Walsham)

베를린, 1887년 11월 27일 A. 14260

1. 상트페테르부르크 No.
2. 런던 No. 955
3. 워싱턴 No A. 96
주재 대사관 귀중

본인은 조선 공사의 외국 파견 계획과 관련한 기밀 정보를 귀하께 알려 드리고자, 베이징 주재 독일제국 공사의 지난달 6일 자 보고서 사본을 삼가 동봉하는 바입니다.

보안!

연도번호 No. 7486

05

원문 p.597

조선의 상황

발신(생산)일	1887. 10. 15	수신(접수)일	1887. 12. 4
발신(생산)자	브란트	수신(접수)자	비스마르크
발신지 정보	베이징 주재 독일 공사관	수신지 정보	베를린 정부
	A. No. 287		A. 14884
메모	A. 15642 참조 I. 12월 6일 런던 1016, 워싱턴 98, 뮌헨 767, 드레스덴 766, 슈투트가르트 711, 바이마르 568, 장관에게 사본 전달 II. 12월 6일 함부르크 242에 원본 전달		

A. 14884 1887년 12월 4일 오후 수신

베이징, 1887년 10월 15일

A. No. 287

비스마르크 각하 귀하

본인이 톈진의 믿을만한 소식통으로부터 입수한 정보에 의하면, 조선 왕의 고문 데니[1]가 현재 톈진에 머물고 있습니다. 데니는 조약국 정부에 조선 공사 파견 계획 및 예정된 평양 개항을 청국 여행의 이유로 내세웠습니다. 데니는 조선 왕에게 이 두 계획의 추진을 간곡히 권유했다고 합니다. 그런데 청국 측에서는, 특히 리훙장[2]이 두 계획에 강력하게 반대한다고 전해집니다. 리훙장은 공사 파견이 조선 재정을 완전히 파탄 낼 뿐더러 조선에는 외교 훈련을 쌓은 인물이 없다는 이유로 반대한다고 합니다. 그러니 내정된 조선 공사들이 외국에서 복잡한 문제만을 야기할 것이고, 그러면 청국이 다시 수습할 수밖에 없다는 것입니다. 서해안에서 바다로 흘러드는 대동강 어구로부터 약 30 마일 떨어진 평양항의 개항을 리훙장이 반대하는 이유는, 그로 인해 청국과 조선의 육상 교역이 쇠퇴할 수 있기 때문이라고 합니다. 그런데 두 가지 모두 잘못된 생각이라고 합니다. 조선의 재정은 청국과 아무런 상관이 없고 조선에도 유능한 인물이 있다는 것입

1 [감교 주석] 데니(O. N. Denny)

2 [감교 주석] 리훙장(李鴻章)

니다. 그리고 평양의 개항은 육상 교역을 위축시키기보다는 오히려 증대시킬 것이라고 합니다. 그러나 핵심은, 조선에 대한 청국의 종주권 문제가 마침내 해결되어야 한다는 것입니다. 조선 왕이 직접 외국 사절들에게 신임장을 수여한다고 합니다. 그런데 조선 왕이 외국으로 사절을 파견하는 권리를 인정받지 못하고 관세 수익을 증대시키기 위한 개항 정책조차 제한을 받는다면, 조선의 독립을 위해 더 이상 애쓸 필요가 없다는 것입니다. 그리고 청국으로서는 즉각 청국의 권리를 발동시켜, 두고 보기 어려운 애매모호한 조선 상황에 끝을 내는 편이 더 좋을 것이라고 합니다. 데니는 리훙장에게 솔직히 이렇게 선언했으며, 이런 상황에서 자신이 다시 서울로 돌아가야 할 것인지 잘 모르겠다고 말했다고 합니다.

데니의 이런 말에 따르면, 조선 왕이 조약국에 공사를 파견할 생각을 하게 된 배후에는 주로 미국의 영향이 컸던 것에는 의심의 여지가 없는 듯 보입니다. 조선의 국제법상 위치를 놓고 청국 변리공사 위안스카이[3]와 미국 공사 딘스모어[4]가 격렬한 언쟁을 벌인 것도 마찬가지로 완전히 사실로 확인되었습니다. 게다가 딘스모어는 곧 조선을 떠날 것입니다. 딘스모어가 서울에서의 직책을 단기간 맡았고, 미국 언론에 의하면 이미 롱이 조선 주재 신임 공사로 임명되었기 때문입니다.

일본 정부는 도쿄 주재 조선 변리공사[5]의 천황 알현 요청에 대한 승인을 지금까지 거부하고 있습니다. 이에 대해 데니는 신임장에 결함이 있기 때문이라고 말했습니다. 데니가 국내 여행으로 잠시 자리를 비운 사이에 그 신임장이 작성되었다고 합니다. 그러나 여행에서 돌아온 후 즉시 새로운 신임장을 작성하게 했다는 것입니다. 그러나 일반적으로 통용되는 형식이 아니고, 데니 자신은 일본에서 조선 외교 사절을 받아들일 것을 의심하지 않는다고 합니다.

본인은 이 보고서의 사본을 도쿄 주재 독일제국 공사관에 보낼 것입니다.

브란트

내용: 조선의 상황

---

3 [감교 주석] 위안스카이(袁世凱)

4 [감교 주석] 딘스모어(H. A. Dinsmore)

5 [감교 주석] 민영준(閔泳駿)

06

원문 p.599

조선 공사의 미국 출발에 대한 청국 대표의 반대

발신(생산)일	1887. 10. 10	수신(접수)일	1887. 12. 5
발신(생산)자	크리엔	수신(접수)자	비스마르크
발신지 정보	서울 주재 독일총영사관	수신지 정보	베를린 정부
	K. No. 81		A. 14962
메모	A. 636 de 88 참조 12월 9일 런던 1021, 페테르부르크 866, 워싱턴 99에 사본 전달 연도번호 No. 432		

A. 14962 1887년 12월 5일 오후 수신. 첨부문서 1부.

서울, 1887년 10월 10일

No. 81

비스마르크 각하 귀하

금년 8월 30일의 보고서 No. 68에 이어, 본인은 미합중국 주재 조선 공사로 임명된 박정양[1]이 새로운 임지에 부임하기 위해 지난달 24일 서울을 떠났음을 삼가 각하께 보고 드리게 영광입니다. 그러나 박정양은 그 이튿날 바로 조선 왕에 의해 다시 소환되었습니다. 이곳 서울의 청국 대표[2]가 베이징으로부터 전신 지시를 받아 조선 외교 사절의 출발에 대해 이의를 제기했기 때문입니다.

지난달 24일 자 공보는 박정양 공사가 이미 임지로 떠났음을 발표했습니다. 그러나 다음 호 공보는 그 발표 내용이 오류라며 취소했습니다.

그러자 미국 변리공사 딘스모어[3]는 이 사안에서 청국 정부의 처사에 대한 해명을 요청하는 공식 서한을 위안스카이에게 보냈습니다. 그 서한에서 딘스모어는 조미수호통상조약에 의거해 미국과 조선은 제3국의 간섭 없이 외교 대표를 임명할 명백한 권리가 있음을 역설했습니다. 따라서 청국이 양국의 국제법 관계에 부당하게 개입했다는 것이

1 [감교 주석] 박정양(朴定陽)

2 [감교 주석] 위안스카이(袁世凱)

3 [감교 주석] 딘스모어(H. A. Dinsmore)

었습니다. 게다가 일본 주재 조선 외교사절이 출발할 때는 아무런 이의를 제기하지 않았다고 딘스모어는 말했습니다. 그러므로 청국이 일본과 미합중국 사이에서 미합중국을 차별했다는 것입니다.

이에 대한 답신에서 위안스카이는 조선 왕이 조약 비준을 교환하기 전에 미국 대통령에게 보낸 서한을 인용했습니다. 위안스카이는 미국 측에서 그 서한에 대해 지금까지 어떤 이의도 제기하지 않았다고 말했습니다. 그런데 그 서한은 조미수호통상조약의 불가분한 부분을 이룰 뿐만 아니라 그 토대를 형성한다는 것입니다. 그 서한의 서두에서 곧바로 조선 왕은 조선이 청국에 예속된 국가임을 미국 대통령에게 밝혔다고 합니다. 위안스카이는 조선이 조미수호통상조약에 근거해 미국에 공사를 파견할 권리가 있음은 의심의 여지가 없다고 말합니다. 그러나 조선은 공사를 파견하기 전에 확실한 의무를 수행해야 한다는 것입니다. 그리고 앞에서 인용한 서한에서 명백히 선언한 것처럼, 그 의무는 미국과는 아무 상관이 없다고 합니다. 따라서 이것은 오로지 청국과 조선 사이의 문제이며, 딘스모어는 이 일에 개입할 권한이 없다는 것입니다. 일본과 미국에 차별을 두는 것처럼 보인다고 하는데, 그것은 조선 정부 측에서 청국에 대한 의무를 저버리고 조선 공사가 일본으로 떠난 후에야 비로소 공사 파견에 대해 공표했기 때문이라고 합니다. 그러므로 이 사안도 아직 해결되었다고 볼 수 없다는 것입니다.

위안스카이의 이 답신에 대한 재답신에서 딘스모어는 인용된 서한이 조미수호통상조약에 포함되었거나 또는 조미수호통상조약과 어떤 식으로든 관련 있다는 주장을 단호하게 반박합니다. 조약이 체결된 후에야 비로소 그 서한이 미국 대통령에게 전달되었기 때문이라고 합니다. 조미수호통상조약은 완전한 독립국가들 사이에서 체결되었고, 이것이 국제법상으로도 더 적절하다는 것입니다.

그 사이 조선 왕의 고문 데니[4]가 지난달 30일 조선의 몇몇 하급관리와 함께 톈진을 향해 제물포를 떠났습니다. 현재 문제되는 사안을 리훙장 총독과 해결할 계획이라고 전해집니다.

본인이 조선 통역관에게 들은 바에 의하면, 오늘 리훙장[5] 총독의 서한이 이곳 외아문에 도착했습니다. 그 서한에서 리훙장은 일본에 공사를 파견한 사실을 무슨 이유로 적시에 공표하지 않았는지 해명을 요구했다고 합니다.

아울러 1887년 7월 9일 자 보고서 No. 57과 관련해, 본인은 금년 8월 3일 일본으로

4 [감교 주석] 데니(O. N. Denny)

5 [감교 주석] 리훙장(李鴻章)

떠난 조선 변리공사[6]가 이달 6일 서울로 돌아왔음을 삼가 각하께 보고 드립니다. 서기관[7]과 통역관은 도쿄에 남았습니다.

본인은 조선 왕이 이탈리아 왕에게 보낸 서한의 영문 사본을 첨부문서로 삼가 각하께 동봉하는 바입니다. 이 서한은 청국 대표가 언급한, 미국 대통령에게 보낸 서한과 같은 내용입니다.

본인은 이 보고서의 사본을 베이징과 도쿄 주재 독일제국 공사관에 보낼 것입니다.

크리엔

내용: 조선 공사의 미국 출발에 대한 청국 대표의 반대. 첨부문서 1부

조선 주재 독일제국 영사관 보고서 Kontrl. No. 81의 첨부문서.
첨부문서의 내용(원문)은 독일어본 601쪽에 수록.

---

6 [감교 주석] 민영준(閔泳駿)
7 [감교 주석] 김가진(金嘉鎭)

베를린, 1887년 12월 6일

A. 14884(I. Anf.)

1. 런던 No. 1016
2. 뮌헨 No. 767
3. 드레스덴 No. 766
4. 슈투트가르트 No. 711
5. 바이마르 No. 568

주재 사절단 귀중

6. 프로이센 왕국 내각
   푸트캄머 부수상 귀하

12월 10일 연락장교를 통해
첨부문서 1부(14884 met)

연도번호 No. 7746

본인은 조선의 상황과 관련한 정보를 귀하께 알려드리고자, 베이징 주재 독일제국 공사의 10월 15일 자 독일제국 공사의 보고서 사본을 삼가 동봉하게 되어 영광입니다.

베를린, 1887년 12월 6일

A. 14884(II. Anf.)

함부르크
쿠세로프 공사 귀하

No. 242

A. 15302 참조
A. 990 de 88 참조

연도번호 No. 7747

1870년 1월 23일 자 본인의 훈령(No. 3)과 관련해, 본인은 조선의 상황과 관련한 정보를 귀하에게 알려드리고자, 위원회의 동의하에 베이징 주재 독일제국 공사의 10월 15일 자 보고서 원본을 동봉하게 되어 영광입니다.

베를린, 1887년 12월 9일

A. 14962

1. 런던 No. 1021
2. 상트페테르부르크 No. 866
3. 워싱턴 A. No. 99

주재 사절단 귀중

본인은 조선 공사의 미국 파견에 대한 청국 대표의 이의제기와 관련해 귀하께 직접 기밀 정보를 알려드리고자, 서울 주재 독일제국 영사관의 10월 10일 자 보고서 사본을 삼가 동봉하는 바입니다.

연도번호 No. 7821

07

원문 p.605

조선 공사의 외국 파견 계획

발신(생산)일	1887. 10. 25	수신(접수)일	1887. 12. 12
발신(생산)자	브란트	수신(접수)자	비스마르크
발신지 정보	베이징 주재 독일 공사관	수신지 정보	베를린 정부
	A. No. 296		A. 15263
메모	12월 13일 페테르부르크 877, 런던 1033에 사본 전달 기밀		

A. 15263 1887년 12월 12일 오전 수신

베이징, 1887년 10월 25일

A. No. 296.

비스마르크 각하 귀하

쩡[1] 후작이 본인에게 은밀히 알려준 바에 의하면, 조선 왕의 사절 한 명이 10월 8일 이곳에 도착했습니다. 청국어 발음에 따르면, 조선 사절의 이름은 Yen Chin Huei[2]입니다. Yen Chin Huei는 모든 점에서 청국 정부의 요구에 부응하는 조선 왕의 서한을 가져왔나고 합니다. 그 서한을 통해 조선 왕은 미국과 유럽에 주재할 조선 공사의 임명을 승인해줄 것을 청국 황제에게 청원했다는 것입니다. 쩡 후작 자신은 그 서한을 베이징 신문에 발표하라고 조언했다고 합니다. 그럼으로써 조선에 대한 청국의 종주권과 관련한 모든 의혹을 말소할 수 있기 때문이라는 것입니다. 그러나 총리아문의 동료들이 그런 조처에 동의하지 않았으며, 그래서 실행되지 않았다고 합니다.

본인은 조선 왕 서한의 사본을 지금까지 입수하지 못했습니다.

브란트

내용: 조선 공사의 외국 파견 계획

1 [감교 주석] 쩡기저(曾紀澤)

2 [감교 주석] 고종이 박정양의 미국 파견 관련해서 청국에 파견한 인물은 윤규섭(尹奎燮)임.

베를린, 1887년 12월 13일

A. 15263

1. 상트페테르부르크 No. 877
2. 런던 No. 1033
주재 대사관 귀중

기밀 !

연도번호 No. 7916

본인은 조선 공사의 외국 파견과 관련한 기밀 정보를 귀하께 알려드리고자, 베이징 주재 독일제국 공사의 금년 10월 25일 자 보고서 사본을 삼가 동봉하는 바입니다.

08

원문 p.607

[조선 주미공사의 도착이 임박했다는 보고]

발신(생산)일	1887. 12. 28	수신(접수)일	1888. 1. 13
발신(생산)자	체트비츠	수신(접수)자	비스마르크
발신지 정보	워싱턴 주재 독일 공사관	수신지 정보	베를린 정부
	No. 546		A. 495
메모	A. 7183 참조 / 1월 14일 런던 43, 베이징 1, 도쿄 1에 사본 전달		

A. 495 1888년 1월 13일 오전 수신

워싱턴, 1887년 12월 28일

No. 546

비스마르크 각하 귀하

본인이 오늘 리버스[1] 차관보에게 들은 바에 의하면, 일본 주재 미국 대표는 워싱턴으로 발령받은 조선 공사[2]가 이달 23일 요코하마에 입항할 계획이라고 미국 국무부에 알렸습니다. 따라서 다음달 10일경에 샌프란시스코에 도착할 것이라고 합니다.

리버스는 미국 정부 측에서는 이런 신분의 조선 외교사절을 인정하고 받아들이는 것에 전혀 우려하는 분위기가 아니라고 덧붙였습니다.

조선 주재 미국 변리공사 딘스모어[3]가 곧 퇴임할 것이라는 소문이 있습니다. 이곳 신문들이 이에 대해 보도한 내용과 관련해, 본인은 그 소식이 롱을 서울의 공사관 서기관에 임명함으로써 야기된 언론의 오보에 기인함을 삼가 보고 드리게 되어 영광입니다. 베이징 주재 독일제국 공사도 이달 6일 자 훈령(A. 98)[4]을 통해 본인에게 전달한 금년 10월 15일 자 보고서 말미에서 그 신문 보도에 대해 언급했습니다. 본인이 리버스에게 들은 바에 의하면, 현재 조선 주재 미국 외교대표를 교체할 계획이 없습니다.

체트비츠[5]

내용: 조선 공사의 도착 임박

---

1 [감교 주석] 리버스(G. L. Rives)
2 [감교 주석] 박정양(朴定陽)
3 [감교 주석] 딘스모어(H. A. Dinsmore)
4 [원문 주석] A. 14884 원본 문서 조선 1의 9권 삼가 동봉.
5 [감교 주석] 체트비츠(Zedtwitz)

베를린, 1888년 1월 14일

A. 495

1. 런던 No. 43
주재 대사관 귀중

2. 베이징 No. A. 1
3. 도쿄 No. A. 1
주재 공사관 귀중

연도번호 No. 332

본인은 워싱턴 주재 조선 공사의 도착이 임박했다는 정보를 귀하께 알려드리고자, 워싱턴 주재 독일제국 대리공사의 지난달 29일 자 보고서 사본을 전달하게 되어 영광입니다.

09

원문 p.609

[조선의 해외공사 파견에 대한 총리아문의 입장 보고]

발신(생산)일	1887. 11. 27	수신(접수)일	1888. 1. 15
발신(생산)자	브란트	수신(접수)자	비스마르크
발신지 정보	베이징 주재 독일 공사관	수신지 정보	베를린 정부
	A. No. 329		A. 616
메모	1월 17일 페테르부르크 45, 로마 B. 42, 런던 50에 훈령 전달		

A. 616 1888년 1월 15일 오후 수신

베이징, 1887년 11월 27일

A. No. 329.

비스마르크 각하 귀하

서울 주재 독일제국 영사관의 금년 12월 16일 자 보고서 No. 84를 통해, 각하께서는 조선 외교사절이 곧 유럽과 워싱턴으로 출발한다는 것을 알고 계십니다. 청국의 총리아문은 이 사안에 대해 외국 대표들에게 의견을 표명하지 않았습니다. 그리고 본인은 그에 대한 설명을 요구하는 것을 본인의 임무라고 여기지 않았습니다. 총리아문의 서기관들이 우리 독일 공사관의 통역관에게 구두로 전한 바에 따르면, 청국 측에서는 조선이 외국에 파견한 외교사절을 완전하게, 즉 청국 주재 조약국의 외교사절과 동등하게 여기지 않을 것이라고 합니다.

브란트

10

원문 p.610

조선 공사의 유럽과 미국 파견

발신(생산)일	1887. 11. 16	수신(접수)일	1888. 1. 16
발신(생산)자	크리엔	수신(접수)자	비스마르크
발신지 정보	서울 주재 독일총영사관	수신지 정보	베를린 정부
	K. No. 84		A. 636
메모	A. 5490 참조, A. 4488/90 참조, A. 13194/89 참조. 1월 17일 페테르부르크 45, 로마 B. 42, 런던 50에 훈령 전달. 연도번호 No. 466.		

A. 636 1888년 1월 16일 오전 수신

서울, 1887년 11월 16일

Kontrole No. 84.

비스마르크 각하 귀하

본인은 (지난달 10일 자 보고서 No. 81[1]과 관련해) 청국 정부가 조선 공사의 유럽과 미국 파견에 동의했음을 삼가 각하게 보고 드리게 되어 영광입니다. 며칠 전 조선 공사 2명이 임지로 부임하기 위해 서울을 떠났습니다. 본인은 금년 8월 30일 자 보고서[2]에서 미국 주재 대표에 임명된 박정양에 대해 삼가 말씀드린 바 있습니다. 박정양은 공사관 서기관 3명[3]과 통역관 1명[4]으로 이루어진 수행원들과 함께 곧 미국의 프리깃함 "오마하" 호로 제물포에서 나가사키로 떠날 것입니다.

병환으로 앓아누운 심상학[5]의 후임자로 내무부의 2등 관리 조신희[6]가 이미 금년 9월 16일에 유럽의 5개 조약국, 즉 독일, 영국, 프랑스, 이탈리아, 러시아를 담당할 특명전권대사에 임명되었습니다. 그러나 조신희는 건강에 문제가 있다며 새로운 직책을 거두어

1 [원문 주석] A. 14962 삼가 동봉.
2 [원문 주석] A. 12731.
3 [감교 주석] 참찬관 이완용(李完用), 알렌(H. N. Allen), 서기관 이하영(李夏榮), 이상재(李商在)로 구성됨.
4 [감교 주석] 이채연(李采淵)
5 [감교 주석] 심상학(沈相學)
6 [감교 주석] 조신희(趙臣熙)

줄 것을 조선 왕에게 거듭 청원했습니다. 따라서 조신희가 임지에 부임할 수 있을지 확실하지 않은 것 같습니다. 조신희는 현직 대신의 조카로, 외국인들에게 아직까지 전혀 알려지지 않은 인물입니다.

공사관 서기관

Li Yong Ik[7]

남궁억[8]

김성규[9]

중에서 남궁억은 지금까지 조선 왕의 고문인 데니[10]의 통역관으로 배속되어 있었습니다. 남궁억은 영어를 매우 유창하게 말하며 매우 근면하고 총명한 젊은이입니다.

채현식이라는 사람이 조선 사절단의 러시아어 통역관으로 배속되었습니다. 예전에 채현식은 오랫동안 블라디보스토크에 머물렀으며, 최근에는 이곳 러시아 대리공사를 위해 일했습니다.

조선 외교사절단은 이달 20일 제물포에서 출발하는 일본 우편선을 타고 나가사키에 가서, 그곳으로부터 홍콩과 인도를 경유해 유럽으로 향한다고 합니다.

어제 외아문 독판[11]이 본인에게 구두로 알려준 바에 따르면, 조선 공사는 로마와 파리, 런던, 베를린에서 차례로 상당 기간 머문 후 상트페테르부르크에 가서 상주할 것입니다.

본인은 조신희 공사 파견에 대한 공고문을 외아문 독판으로부터 건네받았습니다. 그 공고문의 번역문 사본을 삼가 첨부하는 바입니다. 그리고 본인은 외아문 독판에게 본국 정부에 그의 청원에 상응하는 보고서를 독일 정부에 보내겠다고 답변했습니다.

아울러 본인은 조선 외아문 독판이 방금 보내준 공사의 신임장 사본 번역문도 삼가 각하께 제출하는 바입니다.

본인은 이 보고서의 사본을 베이징과 도쿄 주재 독일제국 공사관에 보낼 것입니다.

크리엔

내용: 조선 공사의 유럽과 미국 파견. 첨부문서 2부

---

7 [감교 주석] 이용익(李容翊)으로 추정됨.

8 [감교 주석] 남궁억(南宮檍)

9 [감교 주석] 김성규(金星圭)

10 [감교 주석] 데니(O. N. Denny)

11 [감교 주석] 조병식(趙秉式)

첨부문서 1

사본

조선 외아문에서 영사관 담당자 크리엔에게 보낸 1887년 11월 15일 자 급보

1887년 9월 16일 전하께서는 내무부 협판 조신희를 전권특명대사로서 독일에 파견하라는 명령을 의정부에 내리셨습니다. 조신희는 베를린에 상주하며, 독일과 조선의 관계를 조율할 것입니다.

본인은 (공사가) 곧 출발할 것임을 귀하께 알리게 되어 영광입니다. 그리고 이에 대해 독일 정부에 알릴 것을 부탁하는 바입니다.

(서명) 조

조선 왕국 외아문 독판

첨부문서 2

사본

조선 왕이 독일 황제께 보내는 서한

수년 전부터 우리 양국은 조약을 통해 굳건히 결합해 있으며 우리의 우호관계는 나날이 긴밀해지고 있습니다.

이 점을 유념하여 본인은 우리 양국의 관계가 점차 긴밀해지고 통상이 나날이 증대되는 상황에서 본인의 충복, 종이품 내무부 협판 조신희를 독일제국을 위한 특명전권대사로 발탁했습니다. 조신희는 독일에 체류하게 되면 베를린에 거처를 정하고 독일제국과 조선의 관계를 조율할 것입니다.

본인은 조신희 특명전권대사가 맡은 바 임무를 수행할 수 있는 충성심과 열의, 깊은 식견을 갖추고 있다고 확신합니다. 본인은 신임장을 직접 가져가도록 특명전권대사에게 위임했습니다. 부디 조신희 특명전권대사에게 신뢰를 베풀어 자비롭게 받아들여주시길 부탁드립니다. 그래서 언제든지 폐하를 알현하고 본인의 진심어린 생각을 전하도록 조

처해주십시오. 이를 통해 우리의 우호적인 관계가 더욱 돈독해지고, 모두들 평화로운 발전을 누릴 것입니다.

조선 왕국 창건 496년, 본인의 등극 24년 9월 28일에 경복궁에서 본인의 친필로 서명하고 직인을 찍는 바입니다.

왕의 서명과 직인

외아문 독판 조병식의 서명과 직인

번역: (서명) 라인스도르프

11

원문 p.614

외국 주재 조선 공사의 지위에 대한 청국 정부와 조선 정부의 협정

발신(생산)일	1887. 12. 8	수신(접수)일	1888. 1. 16
발신(생산)자	홀레벤	수신(접수)자	비스마르크
발신지 정보	도쿄 주재 독일 공사관	수신지 정보	베를린 정부
	C. N. 139 A		A. 667
메모	1월 19일 런던 58에 전달 연도번호 No. 374. A		

A. 667 1888년 1월 16일 오후 수신

도쿄, 1887년 12월 8일

C. N. 139 A.

비스마르크 각하 귀하

이곳 일본의 신문들이 믿을만한 소식통으로부터 입수했다며 보도하는 내용에 의하면, 외국 주재 조선 외교 대표의 지위와 관련해 청국 정부와 조선 정부는 최근 베이징에서 협정[1]을 체결했습니다. 그 협정에 따르면,

1) 조선 공사는 파견된 곳에서 항상 다른 외국 공사들에 앞서 맨 먼저 청국 공사를 방문해야 한다.
2) 조선 공사는 다른 공사관들과 분규가 발생하는 경우 언제나 청국 공사를 지원해야 한다.
3) 조선 대표는 항상 지위와 상관없이 청국 대표 아랫자리에 위치한다.[2]

이런 협정이 실제로 체결되었는지 아니면 다만 이런 사항들이 청국 측의 요망사항을 표현한 것인지는 이곳에서 확인할 수 없습니다. 조선 대리공사는 이에 대해 전혀 아는

1 [감교 주석] 영약삼단(另約三端)

2 [감교 주석] 실제 영약삼단의 내용은 다음과 같음. 첫째, 조선공사가 처음으로 각국에 도착하면 마땅히 먼저 청국공사관으로 나아가 구보(具報)하고 청국공사와 함께 외부(外部)로 나아가되 그 뒤에는 구정(拘定)하지 않는다. 둘째, 조회공연(朝會公宴) 및 수작교제(酬酌交際) 등이 있을 때 조선공사는 마땅히 청국공사보다 낮은 자리에 앉는다. 셋째, 교섭사대(交涉事大)에 관계되는 긴요한 일은 조선공사가 마땅히 먼저 청국공사에게 협상한 후 그 지시에 따라야 한다

바가 없다고 선언합니다. 하지만 이런 상황에서는 그 무엇도 추론해낼 수 없습니다. 조선 대리공사가 원래 소식에 밝지 못한데다가 사방에서 온갖 것을 문의하는 바람에 너무 주눅이 들어서 감히 명확한 답변을 할 엄두를 내지 못하기 때문입니다.

협정 내용과 관련해서는, 다만 3항만이 제3국의 관심을 어느 정도 유발할 것입니다. 특별한 세부 협정이 없다면, 어쨌든 청국 대리공사를 조선 공사 윗자리에 앉히도록 제3국의 공사관에 요구하기는 어려울 것입니다.

본인은 이 보고서의 사본을 베이징 주재 독일제국 공사관 및 서울 주재 독일제국 영사관에 보낼 것입니다.

홀레벤[3]

내용: 외국 주재 조선 공사의 지위에 대한 청국 정부와 조선 정부의 협정

3 [감교 주석] 홀레벤(T. Holleben)

베를린, 1888년 1월 17일 A. V. A. 616/636

1.) 상트페테르부르크 No. 45
2.) 로마 No. 42
3.) 런던 No. 50
주재 대사관 귀중

A. 1320 참조

연도번호 No. 429

본인은 베이징 주재 독일제국 공사의 11월 27일 자 보고서와 서울 주재 영사관 담당자의 이달 16일 자 보고서를 1과 2에는 기밀정보로, 3에는 일반 정보로 삼가 동봉하는 바입니다. 이 보고서들은 조선 외교사절의 유럽과 미국 파견에 대해 알리는 내용입니다. 서울 주재 영사관 담당자의 보고서에는 첨부문서가 딸려 있습니다.

3에게 추가로 알립니다.
동아시아 주재 우리 대표들의 예전 보고로 미루어 보아, 청국 정부가 조선 왕의 이런 조처를 달가워하지 않았으며 처음에는 반대했던 것으로 추정됩니다. 그러나 조선 측에서 이를 허락해줄 것을 종주국에 명시적으로 청원했습니다. 그리고 이를 계기로 조선 왕국이 청국의 속국임을 표명했습니다. 그럼으로써 조선 왕은 비로소 베이징의 승인을 얻어냈습니다.

조선의 상황을 고려해보면, 조선이 외교사절을 파견하게 된 과정에는 러시아와 미국의 영향이 결정적이었다고 추측할 수밖에 없습니다. (조선 외교사절이) 상트페테르부르크에 상주할 것이라는 사실에서도 (같은 결론을) 유추할 수 있습니다.

귀하께서는 조선에서 우리 독일의 이익이 미미하다는 것을 알고 있습니다. 그러므로 다만 우리는 조선 공사를 이곳에서 어떤 방식으로 맞아들이고 어떻게 대해야 할지만 결정하면 될 것입니다. 이 점에서 우리는 런던 내각의 방식에 따르고자 합니다. 런던의 내각도 마찬가지로 동아시아 주재 대표의 보고를 통해 이미 이 일에 대해 알고 있을 것입니다.

본인은 이탈리아 정부가 이미 몇 주 전에 이 일에 대한 우리의 견해를 타진했다고 은밀히 덧붙이는 바입니다. 아울러 조선 공사의 임박한 도착에 대해 솔즈베리 경과 논의하시기를 귀하께서 부탁드립니다. 그리고 솔즈베리 경의 견해와 런던에서 조신희를 맞이한 방식에 대해 보고하십시오.

N. S. E.

베를린, 1888년 1월 19일

A. 667

런던 No. 58
주재 대사관 귀중

보안!

연도번호 No. 480

본인은 외국 주재 조선 공사의 지위에 대한 청국 정부와 조선 정부의 협정과 관련한 정보를 귀하께 알려드리고자, 도쿄 주재 독일제국 공사의 지난달 8일 자 보고서 사본을 삼가 동봉하는 바입니다. 그리고 그 내용을 귀하의 판단에 따라 활용할 수 있는 전권을 위임합니다.

N. S. E.

12

원문 p.618

조선 공사의 외국 파견에 대한 조선 왕의 승인 요청. 조선 왕이 청국 황제에게 보낸 서한

발신(생산)일	1887. 12. 3	수신(접수)일	1888. 1. 23
발신(생산)자	브란트	수신(접수)자	비스마르크
발신지 정보	베이징 주재 독일 공사관	수신지 정보	베를린 정부
	A. No. 344		A. 908
메모	1월 26일 런던 79, 페테르부르크 69에 전달		

A. 908　1888년 1월 23일 오전 수신. 첨부문서 2부

A. No. 344　　　베이징, 1887년 12월 3일

비스마르크 각하 귀하

본인은 11월 29일 자 톈진 신보[1]에 보도된 조선 왕의 서한 내용에 대해 삼가 각하께 보고 드리게 되어 영광입니다. 이 서한을 통해 조선 왕은 유럽과 미국에 외교사절을 파견하도록 허가해줄 것을 청국 황제에게 청원합니다.

이 서한에서 두 가지 점이 주목할 만합니다. 조선 왕은 청국 관리들이 황제에게 청원할 때와 같은 표현으로 자신을 지칭하며, 일본에 공사를 파견한 일에 대해서는 전혀 언급하지 않습니다. 이 서한을 작성할 무렵에는 조선 공사가 이미 일본에 있었기 때문에, 공사의 일본 파견에 대해서는 우연히 빠트렸을 수도 있습니다. 아니면 조선 왕이 만일의 경우 일본에 의존할 가능성을 확보하기 위해 예전의 조공관계를 여전히 유효한 것으로 표현하려는 의도에서 비롯되었을 수도 있습니다. 본인으로서는 어느 쪽이 맞는지 판단할 수 없습니다.

이 서한의 진위에 대해서는 의심의 여지가 없습니다. 본인은 혹시 필요한 경우를 대비해 신문에 보도된 그 서한 한 부를 삼가 동봉하는 바입니다. 도쿄 주재 독일제국 공사관과 서울 주재 영사관에 그 서한과 번역문을 보낼 것입니다.

브란트

내용: 조선 공사의 외국 파견에 대한 조선 왕의 승인 요청.
조선 왕이 청국 황제에게 보낸 서한

1 [감교 주석] 신보(申報)

1887년 12월 3일 자 보고서 A. No. 344의 첨부문서 1
번역문

1887년 11월 29일 신보 기사

조선 왕이 외교사절 파견을 허락해달라고 청국 황제에게 보낸 청원서

조선 왕, 황제 폐하의 신하[2] 이희[3]는 외교사절을 파견하기 전에, 황제 폐하께서 의견을 주시고 외교사절 파견을 윤허해주시길 바라며 이에 대해 삼가 보고 드립니다.

1887년 9월 23일 조선 조정의 심순택[4] 서울 주재 청국 변리공사 위안스카이에게서 공식 서한을 받았다고 본인에게 보고했습니다.

그 공식 서한에서 위안스카이[5]는 서기장 리훙장[6]이 바로 그날 다음과 같은 전보문을 보냈다고 말했다는 것입니다.

총리아문은 다음과 같은 내용의 황제 폐하 칙령을 받았음을 전신으로 알립니다. 조선이 외교사절을 외국에 파견하고자 한다면, 반드시 사전에 청국에 문의해야 한다. 청국이 승인을 해야만 조선은 속국에 적용되는 국가의 관습과 규범에 따라 외교사절을 파견할 수 있다. 이 칙령을 따르도록 즉시 이에 대해 조선 조정에 알려야 할 것이다.

변리공사 위안스카이는 조선 조정이 조처를 취할 수 있도록 이 급보를 송달함으로써 맡은 바 임무를 다했습니다. 그리고 조선 조정은 이에 대해 본인에게 보고했습니다.

본인은 본인의 소국이 황제 폐하의 고귀한 왕조로부터 차고 넘치는 은혜와 도움을 대대손손 받았음을 익히 알고 있습니다. 그 은혜와 도움은 높은 산과고 같고 깊은 바다와도 같으며, 모든 일에 영향을 미치고 모든 간청이 이루어지도록 보장합니다.

이제 조선과 외국의 교류와 관련해, 황제 폐하께서는 조선이 청국의 동맹자로서(언제? 16세기 일본에 대항해?) 헌신한 바를 인정하시어 먼저 북아메리카 미합중국과 수호통상조약을 체결하도록 윤허하셨습니다. 그에 대한 칙령에서 황제 폐하께서는 조선이 청국에 예속된 국가임에도 불구하고 지금까지 국내 정치와 대외 관계에서 항상 자주국

---

2 [원문 주석] 여기에서 조선 왕은 청국 관리들이 황제에게 올리는 청원서에서 사용하는 것과 같은 방식으로 자신의 칭호 바로 뒤, 자신의 이름 앞에 臣이라는 말을 사용합니다. 마이어의 청국 조정 XI쪽 참조.

3 [감교 주석] 고종(高宗)

4 [감교 주석] 심순택(沈舜澤)

5 [감교 주석] 위안스카이(袁世凱)

6 [감교 주석] 리훙장(李鴻章)

가로서 정책을 펼쳤다고 말씀하셨습니다. 이 명령을 성실히 좇아, 본인의 소국은 계속 외국들과 완전히 동등한 입장에서 교류했습니다. 그리고 모든 유럽 국가들은 조선과 조약을 체결하고자 조선에 사절을 파견했습니다. 이 과정에서 미합중국과 체결한 조약문이 본보기로 이용되었습니다. 조약을 체결한 후 이 국가들은 모두 청국 정부의 승인을 받았으며, 북아메리카 미합중국은 조미수호통상조약 비준 후 본인의 수도에 상주하는 전권대사를 파견했습니다. 그때 이미 본인의 소국도 국제적인 예법에 부응하기 위해 미국에 전권대사를 파견했습니다. 그러나 그 전권대사는 임무를 완수하고 곧 다시 돌아왔습니다. 유럽 국가들에서 통용되는 관습에 따라 조선은 조약을 비준할 때마다 외교사절을 파견해 국제적인 예를 갖추어야 했지만, 지금까지 그럴 기회가(말뜻 그대로 번역하면 '여유가') 없었습니다. 모든 국가가 외국에 상주하는 관리를 파견하는 관습에 부응하고 이와 관련된 조약 조항을 이행하고 나아가 시대 상황을 고려할 수 있도록, 본인의 소국이

1. 박정양[7]을 북아메리카 미합중국의 전권대사로,
2. 조신희[8]를 영국, 프랑스, 독일, 이탈리아, 러시아 담당 전권대사로 임명해서 파견하는 것을 윤허해주시길 간청합니다.

본인은 본인의 제안을 너그러이 받아주셔서 위에서 말한 조처를 취할 수 있도록 허락해주시길 관례에 따라 황제 폐하께 청원합니다. 지금까지 준수한 규정에 따라, 조선의 공물과 관련한 모든 청원서들은 예부에 제출하여 예부에서 다시 전달되어야 합니다. 그 반면에 상업과 정치 교류에 관련된 모든 청원서들은 총리아문의 왕자와 대신들, 무역 감독관들을 통해 북쪽 항구들에 인계되어야 합니다. 그러므로 이번 청원서처럼 특별히 중대한 경우가 아니라면, 본인은 감히 이곳 조선에서 직접 황제 폐하께 보고 드리지 않을 것입니다. 이번 사항이 결정되면 전신으로 알려주시길 황제 폐하께 간청 드립니다. 본인은 말로 형용할 수 없이 조바심치며 두 무릎 꿇고서 답신을 기다리고 있을 것입니다.

본인은 감히 용기를 내어 황제 폐하를 번거롭게 하고 있습니다. 그러나 이 청원은 본인의 더없이 깊고 솔직한 확신에서 비롯되었습니다. 본인은 이루 말할 수 없는 두려움에 떨며 폐하의 결정을 기다리고 있습니다. 본인이 외교사절을 파견할 수 있도록 본인의 소청을 허가해주시길 고대하며 삼가 이만 줄입니다.

번역

(서명) 골츠

7 [감교 주석] 박정양(朴定陽)

8 [감교 주석] 조신희(趙臣熙)

1887년 12월 3일 자 보고서 A. No. 344의 첨부문서 2

청국 신문 “신보”

1887년 11월 29일

13

원문 p.622

조선 공사의 외국 파견

발신(생산)일	1887. 12. 5	수신(접수)일	1888. 1. 23
발신(생산)자	브란트	수신(접수)자	비스마르크
발신지 정보	베이징 주재 독일 공사관	수신지 정보	베를린 정부
	A. No. 348		A. 913
메모	1월 25일 런던 76, 페테르부르크 65에 사본 전달		

A. 913 1888년 1월 23일 오전 수신

베이징, 1887년 12월 5일

A. No. 348

비스마르크 각하 귀하

조선 공사의 외국 파견과 관련해 서울 주재 독일제국 영사관의 11월 26일 자 보고서 No. 84에 이어, 본인은 미합중국[1]과 유럽 주재 조선 공사[2] 두 명이 홍콩을 경유하는 경로를 택했음을 삼가 각하께 보고 드리게 되어 영광입니다. 미합중국 주재 공사는 홍콩에서 다시 일본으로 돌아가야 하는데, 그렇게 되면 상당히 먼 길을 우회하게 됩니다. 그 이유는 조선 공사들이 유명한 민영익[3] 공과 의논하라는 지시를 받았기 때문이라고 추정됩니다. 민영익은 얼마 전부터 홍콩에 머물고 있습니다.

서울에서는 조선 측과 청국 측 모두 외교사절 문제가 평화롭게 해결된 것으로 간주하는 듯 보입니다. 적어도 청국 변리공사 위안스카이는 조선 공사 둘이 조선을 떠나기 전에 성대한 연회를 베풀었습니다. 그 자리에는 조선인과 청국인만이 참석했습니다.

브란트

내용: 조선 공사의 외국 파견

1 [감교 주석] 박정양(朴定陽)

2 [감교 주석] 조신희(趙臣熙)

3 [감교 주석] 민영익(閔泳翊)

베를린, 1888년 1월 25일

A. 913

1. 런던 No. 76
2. 상트페테르부르크 No. 65
주재 대사관 귀중

보안!

연도번호 No. 636

본인은 조선 공사의 외국 파견과 관련한 정보를 귀하께 알려드리고자, 베이징 주재 독일제국 공사의 1887년 12월 5일 자 보고서 사본을 삼가 동봉하는 바입니다.

N. S. E.

14

원문 p.624

유럽 주재 조선 외교사절단

발신(생산)일	1888. 1. 24	수신(접수)일	1888. 1. 25
발신(생산)자	쿠세로브	수신(접수)자	비스마르크
발신지 정보	함부르크	수신지 정보	베를린 정부
	No. 12		A. 990
메모	Ⅰ. 1월 31일 런던 103, 페테르부르크 85에 훈령 전달 Ⅱ. 2월 4일 함부르크 31에 훈령 전달		

A. 990 1888년 1월 25일 오전 수신

함부르크, 1888년 1월 24일

No. 12

비스마르크 각하 귀하

오늘 조선 영사 마이어[1]가 본인을 방문한 자리에서, 조선 외교사절단의 임박한 도착에 대한 이야기를 꺼냈습니다. 조선 외교사절단 파견에 대해서는 지난달 6일의 훈령과 보고서 No. 242에서 이미 언급된 바 있습니다.

마이어는 청국 정부가 조선 외교사절단을 자신들의 비호하에 둔 보이게 하려고 시도했거나 아니면 앞으로 시도할 것이라는 정보를 입수한 듯 보입니다. 청국 정부가 실제로 이런 시도를 하고 조선 궁궐에서 이에 응하는 경우에는, 청국 외교사절이 조선 외교사절을 소개하게 될 것입니다. 그렇게 되면 베를린 주재 청국 공사가 크라이어 박사를 통역관으로 투입할 것으로 예상됩니다. 마이어는 이런 상황을 달갑게 보지 않는 것 같습니다. 마이어는 예전에 베이징에서 독일 통역관으로 일한 아렌트[2]가 우리의 이익에 훨씬 더 부합할 것이라는 의견을 표명했습니다. 현재 아렌트는 동양학과 교수로 재직하고 있습니다.

게다가 마이어 영사는 조선 외교사절이 도착하는 즉시 자신도 베를린에서 주목받는 것을 매우 중요하게 여기는 눈치입니다. 본인은 조선 외교사절이 도착하면 마이어도 당

1 [감교 주석] 마이어(Meyer)

2 [감교 주석] 아렌트(Arendt)

연히 인사를 할 권리와 의무가 있다는 말로 그런 식의 의사 타진을 회피했습니다. 그리고 나머지 일들은 저절로 해결될 것이라고 덧붙였습니다. 이런 조언을 하다 보니, 지난번 태국 외교사절이 베를린에 왔을 당시 이곳 태국 총영사 Pickenpack의 사건이 뇌리에 떠올랐습니다.

마이어는 유럽으로 발령받은 조선 외교사절의 행로에 대해 상세히 알게 되는 즉시, 본인에게 알려주겠다고 했습니다. 조선 외교사절은 최근 홍콩에 도착했다고 합니다. 본인은 마이어에게 연락을 받게 되면 반드시 각하께 보고 드릴 것입니다.

쿠세로브[3]

내용: 유럽 주재 조선 외교사절단

3 [감교 주석] 쿠세로브(Kusserow)

베를린, 1888년 1월 26일

A. 908

1. 런던 No. 79
2. 상트페테르부르크 No. 69
주재 대사관 귀중

연도번호 No. 655

본인은 외교사절 파견에 대한 조선 왕의 승인 청원과 관련한 정보를 귀하께 알려드리고자, 베이징 주재 독일제국 공사의 지난달 3일 자 보고서 사본을 삼가 동봉하는 바입니다.

아울러 이 정보를 귀하의 판단에 따라 활용하도록 위임함과 동시에 정보 내용을 참고하도록 그곳 정부에 전달할 것을 부탁합니다.

N. S. E.

15

원문 p.627

[조선 주미공사가 도착했다는 보고]

발신(생산)일	1888. 1. 10	수신(접수)일	1888. 1. 29
발신(생산)자	체트비츠	수신(접수)자	비스마르크
발신지 정보	워싱턴 주재 독일 공사관	수신지 정보	베를린 정부
	No. 13		A. 1183
메모	Ⅰ. 1월 31일의 훈령 런던 103, 페테르부르크 85에 발송. Ⅱ. 2월 4일의 훈령 함부르크 31에 발송.		

A. 1183 1888년 1월 29일 오전 수신

워싱턴, 1888년 1월 10일

No. 13

비스마르크 각하 귀하

지난달 28일 자 보고서 No. 546과 관련해, 본인은 조선 공사[1]가 수행원들과 함께 어제 이곳에 도착했음을 삼가 각하께 보고 드리게 되어 영광입니다. 소문에 의하면, 조선 공사는 며칠 후에 미국 대통령을 접견할 것이라고 합니다.

체트비츠

내용: 조선 공사 도착

1 [감교 주석] 박정양(朴定陽)

베를린, 1888년 1월 31일 A. 1183/990(첨부문서 1부)

1. 하츠펠트 백작 귀하
런던 No. 103

19일의 훈령과 관련해, 본인은 조선 외교사절의 워싱턴 도착에 대해 보고하는 워싱턴 주재 독일제국 공사의 10일 자 보고서 사본을 동봉하는 바입니다. 조선 외교사절이 유럽에 어떤 경로로 올 것인지는 아직 알려지지 않았습니다. 그러나 미국에서 출발해 먼저 영국을 방문할 것이라고 추정됩니다. 만일 그렇다면, 본인은 런던에서 조선 외교사절을 어떻게 맞이하는지 적절한 시기에 알려줄 것을 귀하에게 요청하는 바입니다. - 조선 외교사절의 지위는 청국과 조선의 관계로 인해 특이합니다. 한편으로는 우리와 우호관계를 맺은 조선의 대표를 당연히 환대할 계획이지만, 그러나[2] 이번 경우에는 무엇보다도 청국인들의 심기를 상하게 할 수 있는 일을 삼가도록 주의해야 합니다.

영국은 청국과의 관계를 가능한 한 우호적으로 유지하는 데 관심을 기울이고 있습니다. 그러므로 본인은 영국 정부가 이 문제를 우리와 같은 취지에서 다룰 것이라고 추정합니다.

N. S. E.

2. 슈바이니츠 장관
상트페테르부르크 No. 85

연도번호 No. 820

지난달 26일 자 훈령[3]과 관련해, 본인은 조선 외교사절이 이달 9일 워싱턴에 도착했음을 귀하께 보고하는 바입니다. 워싱턴 주재 우리 독일 대표의 보고에 의하면, 미국 대통령이 며칠 후 조선 외교사절을 접견할 것입니다. 그런 다음 조선 외교사절은 유럽을 향해 세계 일주 여행을 계속할 것이라고 추측됩니다. 조선 외교사절이

2 [원문 주석] 본인이 은밀히 덧붙이는 바입니다.
3 [원문 주석] A. 636 삼가 동봉.

유럽의 수도들을 어떤 순서로 방문할 계획인지는 아직 알려지지 않았습니다. 조선 외교사절이 맨 먼저 영국으로 향할 가능성이 많습니다. 그러나 이곳 궁중에서 영국 대사는 조선 외교사절이 먼저 상트페테르부르크로 향할 것이라고 추정했습니다. 그러므로 본인은 러시아 정부 측에서 조선 외교사절을 어떻게 맞이하는지 적절한 시기에 알려줄 것을 당부합니다.

N. S. E.

16

원문 p.630

[독일주재 청국공사와의 담화 보고]

발신(생산)일	1888. 1. 31	수신(접수)일	1888. 1. 31
발신(생산)자	베르헴	수신(접수)자	
발신지 정보	베를린	수신지 정보	베를린
			A. 1275
메모	1월 31일 런던 111에 사본 전달		

A. 1275 1887년 1월 31일 오후 수신

베를린, 1888년 1월 31일

청국 공사가 상트페테르부르크에서 이곳으로 다시 돌아왔습니다. 청국 공사는 조선 외교사절이 머지않아 이곳에 도착할 것으로 예상된다고 본인에게 말했습니다. 조선이 청국의 속국인데도 청국 황제가 조선 사절단 파견을 승인했다는 것입니다. 그러나 청국 대표인 홍준[1] 자신이 이곳에서 조선 외교사절을 안내하고 소개할 것이라고 합니다.

조선은 외교 대표를 유지할 재력이 없는 가난한 나라라고 합니다. 러시아와 일본이 이 왕국을 보호하는 권리를 획득하려 했습니다. 그러므로 조선 외교사절의 여행경비를 "어떤 다른 외국"이 부담했을 가능성이 많다고 합니다.

홍준은 유럽의 국제법에 따르면 속국의 외교사절이 승인되는지 문의했습니다. 본인은 홍준이 조선 외교사절의 도착을 이곳에서 공식적으로 알리게 되면 그때 이에 대해 장관에게 문의하라며 답변을 유보했습니다.

베르헴 [막시밀리안 폰 베르헴 백작: 1841-1910]

1 [감교 주석] 홍준(洪鈞)

베를린, 1888년 1월 31일 A. 1275

하츠펠트 백작 귀하

런던 No. 111

본인은 조선 외교사절과 관련해 청국 공사가 오늘 외무부에 전달한 내용의 기록 사본을 동봉하는 바입니다.

연도번호 No. 842

N. S. E.

17

원문 p.632

조선 외교사절의 유럽 파견

발신(생산)일	1888. 1. 31	수신(접수)일	1888. 2. 2
발신(생산)자	하츠펠트	수신(접수)자	비스마르크
발신지 정보	런던 주재 독일 대사관	수신지 정보	베를린 정부
	No. 27		A. 1320
메모	2월 3일 런던 120에 훈령 발송		

A. 1320 1888년 2월 2일 오전 수신

런던, 1888년 1월 31일

No. 27.

비스마르크 각하 귀하

본인은 조선 외교사절의 유럽 파견에 대한 훈령 No. 50을 수령하는 영예를 누렸습니다.

솔즈베리[1] 경도 마찬가지로 이 사안에서 러시아의 영향이 결정적이었다는 견해를 표명했습니다. 이런 견해 표명으로 미루어, 솔즈베리가 이곳에서 조선 외교사절을 어떤 방식으로 맞이할지 아직 확실한 결정을 내리지 못한 것이 분명합니다. 그러나 독립국의 외교사절 접대와는 차이가 있어야 한다는 점에서는 대체로 마음을 정했습니다. 그리고 이런 점에서 여왕 폐하가 친히 조선 외교사절을 영접하지 않는 쪽으로 생각이 기울고 있습니다.

본인 앞에서 솔즈베리 장관은 이 문제에 대해 최종 결정을 며칠 간 유보했습니다.

하츠펠트[2]

내용: 조선 외교사절의 유럽 파견

1 [감교 주석] 솔즈베리(The third Marquess of Salisbury)
2 [감교 주석] 하츠펠트(Hatzfeldt)

베를린, 1888년 2월 3일 A. 1320에 첨부

하츠펠트 백작 귀하
런던 No. 120.

1851 참조

연도번호 No. 931

본인은 조선 외교사절의 유럽 파견과 관련해 지난달 31일 자 보고서 No. 27을 받는 영예를 누렸습니다.

이 보고서는 본인의 지난달 31일 자 훈령과 엇갈렸습니다. 그 훈령에는 베를린 주재 청국 공사가 자신이 이곳에서 조선 외교사절을 안내하고 소개할 것이라고 언급했다는 내용이 담겨 있었습니다. 이로써 빅토리아 여왕 폐하가 조선 왕의 외교사절 영접 문제를 솔즈베리 경과는 다른 관점으로 볼 것으로 추정됩니다. 우리는 이 문제에서 영국과 합의를 도출하려고 노력하고 있습니다. 그러나 영국과의 합의에 어긋나지 않는 선에서, 청국 황제의 가신 대리인을 이곳 궁중에서 청국 공사의 안내하에 영접해도 무리가 없는 듯 보입니다. 본인은 이에 대해 황제 폐하의 명령을 받을 수 있을 것으로 예상합니다. 그러나 그 전에 지금 솔즈베리 경의 의견에 대해 알게 되면 좋을 것입니다.

본인은 이런 의미에서 솔즈베리 경과 대화를 나눌 것을 부탁드립니다.

N. S. E.

베를린, 1888년 2월 4일

A. 990 (첨부문서 2부)

쿠세로브 씨 귀하

함부르크 No. 31

연도번호 No. 957

조선 외교사절의 유럽 파견과 관련한 지난달 24일 자 보고서 No. 12에 이어, 본인은 귀하에게만 친히 긴밀한 정보를 알려드리는 바입니다. 우리는 우리 독일과 우호관계를 맺고 있는 조선 대표를 당연히 환대할 계획입니다. 그러나 이 사안에 있어서 청국의 심기를 해칠 수 있는 일을 하지 않도록 우선적으로 주의해야 합니다. 그러므로 우리에게는 청국 대표가 조선 외교사절을 소개하는 것에 반대할 하등의 이유가 없을 것입니다. 조선 외교사절에게 독일 관리를 통역관으로 배정하는 것은 더욱 말할 것도 없습니다.

마이어 영사와 관련해서는, 귀하도 충분히 짐작하시겠지만 예전에 태국 총영사 Pickenpack를 맞이했을 때와 같은 태도를 유지해야 할 것입니다. 우리는 베를린에서 마이어를 만나는 것에 별로 관심이 없습니다. 그러나 마이어가 주장하는 조선에서의 독일 통상 이익을 지원할 준비가 되어 있습니다. 그런 경우, 우리는 마이어가 조선 외교사절과 함께 베를린에 오게 되면 조선 사절의 일원처럼 적절히 친절하게 맞이할 것입니다.

N. S. E.

18

원문 p.635

조선 외교사절 영접

발신(생산)일	1888. 1. 23	수신(접수)일	1888. 2. 6
발신(생산)자	알벤스레벤	수신(접수)자	비스마르크
발신지 정보	워싱턴 주재 독일 공사관	수신지 정보	베를린 정부
	No. 29		A. 1550
메모	2월 8일 런던 134에 훈령 발송		

A. 1550 1888년 2월 6일 오후 수신

워싱턴, 1888년 1월 23일

No. 29.

비스마르크 각하 귀하

이달 10일 자 보고서에 이어, 본인은 미합중국 대통령[1]이 조선 외교사절을 영접했음을 삼가 각하께 알려드리게 되어 영광입니다. 조선 외교사절의 영접은 다른 유사한 외교사절 영접과 전혀 다르지 않았다고 알려졌습니다.

조선 사절단은 공사 박정양[2]과 공사관 참찬관 4명,[3] 통역관 1명[4]으로 구성되어 있습니다. 조선 사절단에 대한 이곳 청국 대표의 태도와 관련해서는, 청국 공사[5]가 조선 공사의 도착 직후 조선 공사의 예방을 받기도 전에 청국 공사관 서기관을 통해 환영 인사를 전하고 명함을 전달함으로써 주목받았습니다.

알벤스레벤[6]

내용: 조선 외교사절 영접

---

1 [감교 주석] 클리블랜드(S. G. Cleveland)
2 [감교 주석] 박정양(朴定陽)
3 [감교 주석] 참찬관 이완용(李完用), 알렌(H. N. Allen), 서기관 이하영(李夏榮), 이상재(李商在)로 구성됨.
4 [감교 주석] 이채연(李采淵)
5 [감교 주석] 장인환(張蔭桓)
6 [감교 주석] 알벤스레벤(Alvensleben)

베를린, 1888년 2월 8일 A.1550

하츠펠트 백작 귀하
런던 No. 134

1851 참조

연도번호 No. 1061

본인은 이곳에서 보낸 이달 3일 자 훈령에 이어, 워싱턴 주재 독일제국 공사의 1월 23일 자 보고서 사본을 귀하께 보내게 되어 영광입니다. 이 보고서에 따르면, 미국 대통령은 조선 공사를 자주국가의 대표로서 영접했습니다. 그리고 워싱턴 주재 청국 공사는 이에 대해 전혀 이의를 제기하지 않았습니다. 우리에게는 이곳 청국 공사가 조선 외교사절을 안내하는 것에 반대할 하등의 이유가 없습니다.[7] 앞에서 언급한 훈령의 수령 후, 이에 대해 논의되었을 것으로 추정됩니다. 영국 내각은 본 사안에서 미국 대통령의 태도에 더 이상 영향 받지 않을 것입니다.

N. S. E.

7 [원문 주석] 본인은 솔즈베리 경이 어떤 견해인지 알아내는 것을 훨씬 더 중요하게 여깁니다.

19

원문 p.637

조선 외교사절의 영접

발신(생산)일	1888. 2. 11	수신(접수)일	1888. 2. 13
발신(생산)자	하츠펠트	수신(접수)자	비스마르크
발신지 정보	런던 주재 독일 대사관	수신지 정보	베를린 정부
	No. 41		A. 1851

A. 1851 1888년 2월 13일 오전 수신

런던, 1888년 2월 11일

No. 41

비스마르크 각하 귀하

본인은 조선 외교사절의 영접과 관련해 이달 3일 자 훈령 No. 120과 8일 자 훈령 No. 134를 받는 영광을 누렸습니다.

지난번 보고서 이후 본인은 솔즈베리[1] 경과 이 일에 대해 여러 차례 논의했습니다. 또한 이곳 런던에서 조선 사절을 어떤 방식으로 맞이할 것인지 알려달라고 외무부의 담당자에게도 여러 차례 신신당부했습니다.

솔즈베리 경이 담당자로부터 이 사안에 대해 설명을 들은 결과, 마침내 영국 정부는 조선 외교사절에게 관례적인 영접을 거부할 수 없을 것이라는 견해에 이르렀습니다. 영국 정부가 조선 정부와 조약을 체결했기 때문이라는 것입니다. 그러나 먼저 이곳 청국 대표의 의견을 들어보고, 필요한 경우 가능한 한 청국대표의 의견을 참작하는 편이 바람직할 것이라고 합니다. 솔즈베리 경은 청국 대표가 표명한 의견에 대해 본인에게 은밀히 알려주겠다고 약속했습니다.

어제 본인에게 송달된 문서에서 솔즈베리 경은 현재 영국 정부로서는 조선 외교사절을 관례대로 영접하지 않을 이유가 없다고 본다고 알렸습니다. 그러나 청국 대표의 의견에 대해서는 아직 아는 바가 전혀 없다는 것이었습니다. 그러므로 영국 정부의 현재 입장은 청국 대표의 요청에 따라 변경될 수 있다고 합니다.

---

1 [감교 주석] 솔즈베리(The third Marquess of Salisbury)

그러므로 청국 공사가 아직까지 의견 표명을 하지 않았으며, 일단 청국 정부에 문의했을 것이라고 추정할 수 있습니다. 본인은 청국 대표가 어떤 요구사항을 표명했고 런던에서는 그 요구사항을 어떻게 받아들였는지 알게 되는 즉시 다시 보고할 것입니다.

하츠펠트

내용: 조선 외교사절의 영접

20

원문 p.639

외국 주재 청국 대표와 조선 대표의 관계

발신(생산)일	1888. 1. 6	수신(접수)일	1888. 3. 5
발신(생산)자	브란트	수신(접수)자	비스마르크
발신지 정보	베이징 주재 독일 공사관	수신지 정보	베를린 정부
	A. No. 1		A. 2736
메모	3월 7일 런던 243에 사본 전달		

A. 2736 1888년 3월 5일 오전 수신

베이징, 1888년 1월 6일

A. No. 1

비스마르크 각하 귀하

일본 신문들, 특히 마이니치신문[1] 보도에 의하면, 청국 정부가 조선 외교사절의 외국 파견에 동의한 조건은 다음과 같다고 합니다.

1) 내정된 조선 외교사절들은 조선을 떠나기 전에 서울 주재 청국 변리공사[2]를 방문해야 한다.

2) 외국 주재 조선 외교사절이 파견된 나라의 외무장관에게 조언을 청할 기회가 발생하는 경우, 먼저 그곳 주재 청국 외교사절과 협조해야 할 것이다.

3) 조선 대표의 지위가 무엇이든지간에, 절대 청국 대표에 대한 우선권을 요구해서는 안 될 것이다.

본인은 이 보도 내용에 대해 일본 동료에게 문의했습니다. 그러자 일본 동료도 신문 기사 이상의 내용은 알지 못한다고 답변했습니다.

청국 대신들은 이 문제와 상관없기 때문에, 본인은 총리아문에 이 문제에 대한 설명을 요청할 필요가 없다고 생각했습니다.

브란트

내용: 외국 주재 청국 대표와 조선 대표의 관계

---

1 [감교 주석] 마이니치신문(每日新聞)

2 [감교 주석] 위안스카이(袁世凱). 그의 공식 직함은 주찰조선총리교섭통상사의(駐紮朝鮮總理交涉通商事宜).

베를린, 1888년 3월 7일

A. 2736

1. 런던 No. 243
주재 대사관 귀중

보안 !

연도번호 No. 1815

본인은 외국 주재 조선 대표의 여러 관계와 관련한 정보를 귀하께 알려드리고자, 베이징 주재 독일제국 공사의 금년 1월 6일 자 보고서 사본을 삼가 동봉하는 바입니다.

21

원문 p.641

조선 외교사절의 외국 파견. 이와 관련해 청국이 제시한 조건에 대한 조선 왕의 서한

<table>
<tr><td>발신(생산)일</td><td>1888. 1. 21</td><td>수신(접수)일</td><td>1888. 3. 26</td></tr>
<tr><td>발신(생산)자</td><td>브란트</td><td>수신(접수)자</td><td>비스마르크</td></tr>
<tr><td rowspan="2">발신지 정보</td><td>베이징 주재 독일 공사관</td><td rowspan="2">수신지 정보</td><td>베를린 정부</td></tr>
<tr><td>A. No. 13</td><td>A. 3440</td></tr>
<tr><td>메모</td><td colspan="3">3월 27일 런던 297, 파리 110, 페테르부르크 192에 사본 전달</td></tr>
</table>

A. 3440 1888년 3월 26일 오전 수신. 첨부문서 1부

베이징, 1888년 1월 21일

A. No. 13

비스마르크 각하 귀하

본인은 1월 13일 자 톈진 신보[1]에 실린 조선 왕 서한의 번역문을 삼가 각하께 전달하게 되어 영광입니다. 조선 왕이 리훙장 총독에게 보낸 서한이 확실합니다.

이 서한에 의하면, 청국 정부는 청국 공사가 조선 공사를 해당 정부에 소개하고, 조선 공사는 반드시 청국 공사에게 우선권을 인정하며 모든 중요한 사항에서 청국 공사와 사전에 의논하고, 조선 공사가 소환장을 받아 소환되는 경우 대리공사로 대체해야 한다는 조건을 제시했다고 합니다. 조선 왕은 이 조건들에 동의한다고 선언했다는 것입니다.

본인은 도쿄 주재 독일제국 공사관과 서울 주재 독일제국 영사관에 조선왕 서한의 번역문을 보냈으며, 서울 주재 독일제국 영사관에는 청국어본도 보냈습니다.

브란트

내용: 조선 외교사절의 외국 파견. 이와 관련해 청국이 제시한 조건에 대한 조선 왕의 서한

1 [감교 주석] 신보(申報)

1888년 1월 21일의 보고서 A. No. 13의 첨부문서

1888년 1월 13일 신보 기사

번역문

조선 왕이 리훙장[2] 총독에게 보낸 서한

1887년 11월 11일 외무독판 조병식[3](趙秉式)이 청국 변리공사 위안스카이[4]에게 다음과 같은 내용의 서신을 받았다고 본인에게 보고했습니다.

본인 위안스카이는 11월 9일 저녁 8시에 리훙장 총독으로부터 전신 급보를 받았습니다. 이 급보는 본인이 리훙장 총독에게 보낸 급보에 대한 답신입니다. 답신에서 리훙장 총독은 조선 외교사절을 외국에 파견할 계획임을 조선 왕으로부터 전달받았다고 알렸습니다. 또한 조선 왕은 이미 외교사절을 파견했고 해당 국가들에게도 통지했다고 덧붙였다고 했습니다. 그러므로 리훙장 총독은 자칫 의혹이 발생할 수 있기 때문에 일단 "전권공사"라고 부여된 칭호를 뒤늦게 변경하기는 어려울 것 같다고 말했습니다. 그런데 조선 왕은 외교사절들이 국제적인 예의를 충분히 수행한 후 소환하고 대리공사들이 대신 업무를 처리하게 하는 방법을 제안했다는 것이었습니다. 그럼으로써 비용을 절감할 수 있다고 말했다는 것입니다. 또한 조선 왕은 외교사절들에게 부임지에 도착한 후 지금까지 준수한 관례를 그대로 좇아 겸허하게 존경하는 태도로 청국 공사들을 대하라는 지시를 내렸다고 부연했다고 합니다.

이 급보에서 리훙장 총독은 조선 왕이 사용한 언어가 합당한 복종심을 표현한다고 일컬었습니다. 그리고 조선 왕의 어려운 처지를 헤아리지 않을 수 없다고 말을 이었습니다. 그러나 리훙장 총독 자신이 다음과 같은 내용의 황제 칙령을 받았다고 합니다.

조선 외교사절의 파견 후, 청국의 이해관계와 조선의 이해관계가 균등하게 유지되도록 정치적인 업무를 처리해야 한다. 조선 외교사절은 청국 외교사절을 대함에 있어서 속국과 종주국의 관계에서 비롯되는 규범을 항상 준수해야 한다. 또한 아직 결정되지 않은 업무를 처리하는 과정에서는, 반드시 필요한 평화적인 해결책을 찾아낼 수 있도록

---

2 [감교 주석] 리훙장(李鴻章)

3 [감교 주석] 조병식(趙秉式)

4 [감교 주석] 위안스카이(袁世凱)

그때마다 청국 외교사절에게 조언을 요청해야 한다.

리훙장 총독은 급보에서 다음과 같이 말을 이었습니다. "그러므로 다음의 3가지 결정 사항[5]을 미리 조선 정부에 알리는 것이 본인의 다급한 임무입니다.

1) 조선 외교사절은 해당 부임지에 도착하는 즉시, 먼저 그곳의 청국 공사관을 방문해야 한다. 그리고 해당 국가의 외무부서나 외무성에 함께 가서 자신을 소개시켜 줄 것을 청국 공사에게 청원해야 한다. 나중에는 굳이 함께 가야 할 의무가 없다.
2) 궁중 연회와 공식 만찬을 비롯한 그 밖의 모든 축하 행사에서 조선 공사는 청국 공사 아랫자리에 위치해야 한다.
3) 국제적으로 매우 중요한 업무가 발생하면, 조선 공사는 항상 맨 먼저 청국 공사와 비밀리에 논의하고 청국 공사의 의견을 좇아야 한다.

이 세 가지 규칙은 모두 속국과 종주국과의 관계에서 비롯되며, 다른 국가들과의 관계와는 무관합니다. 그리고 해당 국가의 정부가 이 규정들의 이유에 대해 문의하는 경우, 아직 확정되지 않은 사항들을 평화로운 방식으로 해결하라는 청국 황제의 명령에 따른 것이며 청국의 이해관계와 조선의 이해관계는 밀접하게 결합되어 있다고 답변해야 할 것입니다.

또한 청국 공사들은 모두 높은 지위의 관리들이며, 그러므로 어쨌든 조선 공사들에게 최대한의 친절을 표하는 데 익숙할 것입니다.

조선 왕이 관련 외교사절들로 하여금 이 규정에 따라 처신하게 할 수 있도록, 위안스카이는 조선 외부에 이러한 내용을 조선 왕에게 전달할 것을 요청하십시오. 이와 관련된 서한이 조선 외교사절의 부임지에 도착하는 즉시 본인(리훙장)에게 다시 보고하십시오."

여기까지가 인용된 리훙장 급보의 내용이다. 그런 다음 조선 왕 서한의 실질적인 내용이 이어진다.

본인은 귀하께서 미천한 자들에 대한 황제 폐하의 자비로운 성심을 헤아리고 본인 소국의 어려운 처지를 감안하심을 본인은 귀하의 급보를 통해 알 수 있었습니다. 귀하는 이미 부여된 전권공사의 칭호를 변경할 필요가 없다고 너그러이 허락함으로써, 본인의 정직한 의도에 대한 신뢰를 전 세계에 보장하십니다. 그리고 이웃국가들 사이에서 의심이 싹트는 것을 방지하십니다. 나아가 국제적인 업무를 수행함에 있어서 양국의 이해관

---

5 [감교 주석] 영약삼단(另約三端)

계가 항상 균등하게 유지되어야 할 것입니다. 이로써 본인의 나라를 위해 영원히 평화와 안정이 조성되고, 더 이상의 번거로운 논쟁이 벌어지지 않을 것입니다. 이는 모든 일에서 처음과 끝을 고려하는 귀하의 확고한 의사에서 비롯됩니다. 본인은 귀하의 공명정대함을 감사한 마음으로 기억할 것입니다.

본인은 미합중국 주재 전권공사에 임명한 박정양과 영국, 독일, 러시아, 이탈리아, 프랑스 주재 전권공사에 임명한 조신희에게 귀하의 급보 사본을 수일 내로 전달할 것입니다. 그러면 두 전권공사는 서양에 도착하여 자신들의 지위에 걸맞게 거동할 것입니다. 두 사람은 귀하가 황제 폐하의 명령을 좇아 제시한 3가지 규칙을 정확히 준수할 것입니다.

본인은 해당 공사들에게 앞에서 말한 대로 조치를 취했을 뿐만 아니라, 전달받은 규정대로 조치할 것임을 청국 변리공사 위안스카이에게 전달하라고 조선 외부에 지시했습니다. 끝으로 본인은 이 서한을 통해 삼가 귀하의 노고에 감사드리며, 본인을 위해 황제 폐하께 보고해주시기를 바라마지 않습니다.

번역: 골츠

베를린, 1888년 3월 27일

A. 3440

1. 런던 No. 297
2. 파리 No. 110
3. 상트페테르부르크 No. 192
주재 대사관 귀중

보안 !

청국이 조선 외교사절의 파견에 대한 조건을 제시했습니다. 본인은 이 조건에 대한 조선 왕의 서한과 관련해 귀하께 정보를 알려드리고자, 베이징 주재 독일제국 공사의 금년 1월 21일 자 보고서 사본을 삼가 동봉합니다. 그리고 그 내용을 귀하의 판단에 따라 활용하시도록 위임하는 바입니다.

연도번호 No. 2262

N. S. E.

22

원문 p.646

[주미공사 박정양이 미국 대통령에게 신임장을 제출한 일이 영약삼단에 위배된다는 리훙장의 지적에 관한 메일 지의 보도]

발신(생산)일	1888. 4. 16	수신(접수)일	1888. 4. 16
발신(생산)자		수신(접수)자	
발신지 정보	톈진	수신지 정보	베를린
			A. 4290
메모	3월 27일 런던 297, 파리 110, 페테르부르크 192에 사본 전달		

A. 4290 1888년 4월 16일 오후 수신

1888년 4월 16일의 메일

No. 4293

청국과 조선

톈진 4월 14일

Li Hung Chang, on behalf of the Chinese Government, has addressed to the King of Corea a peremptory demand for explanations respecting the presentation of his letters of credence by the Corean Minister at Washington to the President of the United States without the intervention of the Chinese Minister. The Viceroy points out that this is a breach of the explicit conditions on which the Chinese Government granted the King permission to send Envoys abroad.

23

원문 p.647

[조선 정부가 파견한 주유럽공사가 여전히 홍콩에 체류중이라는 보고]

발신(생산)일	1888. 8. 24	수신(접수)일	1888. 10. 27
발신(생산)자	크리엔	수신(접수)자	비스마르크
발신지 정보	서울 주재 독일총영사관	수신지 정보	베를린 정부
	K. No. 58		A. 13808
메모	Ⅰ.11월 2일 런던 851, 페테르부르크 405에 전달 Ⅱ. 11월 2일 런던 852, 페테르부르크 406, 서울 A. No. 1에 전달 Ⅲ. 11월 3일의 암호문 베이징 No. 29와 서울 A. No. 2에 전달		

사본

A. 13808 1888년 10월 27일 오전 수신

서울, 1888년 8월 24일

Kontrole No. 58.

비스마르크 각하 귀하

이미 말씀드린 조선 외교사절의 유럽 파견과 관련해, 본인은 최근 조선 외교사절[1]이 여전히 홍콩에 머물고 있다는 정보를 입수했음을 삼가 각하께 보고 드리는 바입니다.

(서명) 크리엔

1 [감교 주석] 조신희(趙臣熙)

24

원문 p.648

[뉴욕주재 조선총영사 프레이저, 공사관 참찬관 알렌, 조선정부 고문 데니의 조선 문제 관련 언론 선전에 관한 보고]

발신(생산)일	1888. 9. 30	수신(접수)일	1888. 11. 18
발신(생산)자	브란트	수신(접수)자	비스마르크
발신지 정보	베이징 주재 독일 공사관	수신지 정보	베를린 정부
	A. No. 272		A. 15156
메모	11월 22일 런던 899, 페테르부르크 426, 워싱턴 A. 95에 전달		

사본

A. 15156 1888년 11월 18일 오전 수신

베이징, 1888년 9월 30일

A. No. 272

비스마르크 각하 귀하

뉴욕 주재 조선 총영사 Everett Frazer는 미국 클리블랜드 대통령이 조선 외교사절을 영접했다는 서한을 "London & China Express"에 보냈고, "London & China Express"는 8월 17일 이 서한을 보도했습니다. 이 기사에 의하면, 조선 공사 박정양은 1887년 12월 20일 베이야드[1] 국무장관이 배석한 자리에서 미국 대통령[2]을 접견했습니다. 조선 측에서는 공사관 참찬관 알렌[3] 박사와 서한 작성을 위한 서기가 배석했습니다. 그 며칠 전 12월 17일에 이미 베이야드 국무장관은 조선 외교사절을 만났습니다.

그 자리에서 클리블랜드 대통령은 조선 공사가 건네준 신임장을 받았으며, 신임장을 읽은 후 조선 공사에게 답신을 주었습니다. 답신에서 미국 대통령은 더없이 진심어린 호의를 표현하고, 조선 공사가 워싱턴에 무사히 도착한 것을 축하했습니다.

Everett Frazer는 이런 상세한 내용을 담은 서한을 "London & China Express"의 발행인에게 보냈으며, 특히 영국에 유포된 잘못된 견해를 바로잡기 위함이라고 말했습니다. 영국에서는 이제 워싱턴에 정주한 조선 공사를 미국 대통령이 공식적으로 접견하지 않

1 [감교 주석] 베이야드(T. F Bayard)

2 [감교 주석] 클리블랜드(S. G. Cleveland)

3 [감교 주석] 알렌(H. N. Allen)

았다는 소문이 유포되었습니다.

또한 8월 17일 자 "London & China Express"는 조선 공사관 참찬관 알렌 박사가 "New York Herald"의 기자에게 한 말도 보도했습니다. 그 말에 따르면, 알렌은 조선과의 무역에 많이 관여한 뉴욕의 여러 상사와 접촉했다고 합니다. 또한 알렌은 자신의 노력과 뉴욕 상사들과의 논의가 조선을 위해 매우 중요하며 조선과 미국의 무역을 비약적으로 발전시킬 것이라고 믿습니다. 알렌 박사가 조선 외교사절의 외국 파견을 주도한 인물이라고 조용히 덧붙일 수 있을 것입니다.

마찬가지로 알렌의 말에 따르면, 캘리포니아의 자본가들이 조선의 금광에 투자할 용의가 있다고 합니다. 캘리포니아 자본가들은 이미 조선 정부에 채굴권과 특허를 신청했다는 것입니다. 그들의 제안이 유리하고 저렴하기 때문에, 조선 정부가 그들의 제안에 동의해서 곧 작업이 시작될 가능성이 매우 농후하다고 합니다.

정치적인 면에서 알렌은 러시아가 조선의 독립을 보호하지 않을 수 없다는 견해를 표명합니다. 청국이 조선에서 결정권을 갖게 되면, 이것은 조선이 영국의 영향에 굴복하는 것과 같기 때문이라고 합니다. 그런데 이것은 러시아인의 이익에 부합하지 않는다는 것입니다.

본인은 조선 왕의 고문 데니의 소책자에 대해 이미 여러 차례 보고 드린 바 있습니다. 지금 이곳에 도착한 미국과 영국의 신문들을 통해 알 수 있는 바와 같이, 그 소책자가 Everett Frazer와 알렌의 이런 발표와 동시에 미국에서 발행되었습니다. 그러므로 조선 문제와 관련해 명백한 프레스 캠페인이 진행되는 듯 보입니다. 자기 자신과 자식이 현재의 위치에 오르도록 도와준 나라를 위해 광고하는 것에 개인적으로 관심 있는 사람들이 이 프레스 캠페인을 시작했고 앞으로도 프레스 캠페인은 계속할 것으로 예상됩니다. 이 일 그 자체는 별로 의미가 없으며, 미국의 양심 없는 모험가들과 투기꾼들의 작당으로 시작되어 조선 정부의 재정 파탄으로 끝날 것으로 추정됩니다. 그렇지 않으려면 한편으로는 워싱턴의 권위 있는 부서에서 데니와 알렌, Konsorten의 노력에 주목하여 이들을 후원해야 할 것이며, 다른 한편으로는 청국 정부가 경솔하게도 여기에 휘말리는 사태를 우려해야 할 것입니다. 청국 정부가 휘말리는 경우에는 정치적으로 심각한 분규를 초래할 수 있습니다.

청국 정부가 이런 상황에서 어떤 결정을 내릴지는 당분간 가늠할 수 없습니다. 현재 청국 정부는 미국에서 벌어지는 사건에 당혹해하는 단계에 있습니다.

(서명) 브란트

원본 문서 조선 1

25

원문 p.650

[데니 해임에 관한 뉴욕 헤럴드 보도 보고]

발신(생산)일	1888. 11. 12	수신(접수)일	1888. 11. 25
발신(생산)자	아르코	수신(접수)자	비스마르크
발신지 정보	워싱턴 주재 독일 공사관	수신지 정보	베를린 정부
	No. 398		A. 15560
메모	11월 16일 런던 915, 베이징 34에 전달		

사본

A. 15560 1888년 11월 25일 오전 수신

워싱턴, 1888년 11월 12일

No. 398

비스마르크 각하 귀하

오늘 New York Herald는 1886년부터 조선에서 일종의 외교 고문으로 근무한 데니[1]가 청국 정부의 요구로 해고되었다는 소식을 보도했습니다. 데니가 미국 상원의원 Mitchell von Oregonweil에게 보낸 서한에서 리훙장[2] 총독이 조선 왕을 살해할 계획이라고 말했기 때문이라고 합니다.

New York Herald는 데니가 조선에서 청국 측에 불리하게 러시아 세력을 비호했다는 것을 외교계에서도 알고 있었다고 주장합니다. 미국 국무부에서는 데니가 해고된 사실을 아직 확인하지 못했습니다. 게다가 이곳 미국 신문들은 청국이 워싱턴에 파견된 조선 외교사절을 소환할 것을 고집한다고 주장합니다. 이런 근거 없는 기사들은 이곳에서 중병으로 앓아누운 조선 공사가 휴가를 요청한 것에서 비롯된 것 같습니다.

그밖에 본인은 청국이 워싱턴 주재 조선 공사관 창립에 결코 동의하지 않았다고 당시 각하께 삼가 보고 드린 바 있습니다.

(서명) 아르코 백작

원본 문서 조선 1

1 [감교 주석] 데니(O. N. Denny)

2 [감교 주석] 리훙장(李鴻章)

외무부
A편

외무부 정치 문서고
한국의 유럽·미국 주재
외교관 파견 관계 문서 2

1889년 1월 1일부터
1905년 12월까시

제2권
참조: 일본 22권

외무부 정치 문서고
R 18955
조선 No. 8

내용 목차	
1889년 1월 21일 자 베이징 발 보고서 No. 47 -워싱턴 주재 조선 공사 박정양의 소환, 후임자는 Te-cha-t'un.	4080 3월 18일
2월 15일 자 서울 발 보고서 No. 17 -미국 주재 조선 공사 Pak의 도쿄 체류, 워싱턴에서의 첫 접견과 관련해 청 정부가 조선 공사한테 내린 지시를 위배했다고 함.	5940 4월 14일
8월 8일 자 서울 발 보고서 No. 55 -조선 공사관의 대리공사와 통역관의 정부들의 워싱턴 사교계에 등장함, 9월 28일 워싱턴 A. 96에 전달.	13124 4월 27일
9월 18일 자 서울 발 보고서 No. 63 -워싱턴 주재 조선 공사 박정양의 귀환, 지침에 어긋나는 그의 태도에 대한 청의 항의.	15269 11월 12일
11월 30일 자 워싱턴 발 보고서 No. 561 -워싱턴 주재 조선 공사와 청나라 공사의 정체가 애매한 여성 동료들에 관하여.	17032 12월 18일
1890년 2월 4일 자 서울 발 보고서 No. 14 -유럽 조약체결국 담당 공사 조신희가 2년 간 홍콩에 체류한 뒤 서울로 귀환, 공사는 임무를 제대로 수행하지 못했다는 죄목으로 유배형을 받음, 후임은 박제순.	4488 90년 4월 2일
1890년 1월 21일 자 서울 발 보고서 No. 19 -유럽 조약체결국 담당 조선 공사로 박제순이 임명되었다는 사실을 정식으로 통보함.	4822 4월 11일
7월 30일 자 서울 발 보고서 No. 57 -전임 워싱턴 주재 조선 공사관 서기관 알렌 박사가 서울 주재 미국 변리공사관 서기관으로 임명됨.	10643 9월 29일
1898년	
5월 25일 자 서울 발 보고서 No. 54 -독일, 영국, 이탈리아 담당 조선 공사로 성기운이 임명되고 오스트리아, 러시아, 프랑스 담당 조선 공사로 시종장 Yun Yong Sik이 임명됨, 독일의 조선 황제의 승인 문제.	8134 7월 11일
기록: -일본에 의한 왕의 황제 칭호 승인.	8134^{II}에 첨부 7월 14일

9월 12일 자 프라하 발 보고서 No. 71 -독일, 영국, 이탈리아 담당 조선 공사로 임명된 성기운의 신상에 관한 정보.	10893 9월 21일
9월 10일 자 텐진 발 보고서 No. 71 -독일, 영국, 이탈리아 담당 조선 공사로 임명된 성기운에 대한 인물평.	12174 10월 24일
A. 8134에 대한 진술 III에 관한 기록: -폐하께서는 황제 칭호 승인 건에 대해 전혀 이의를 제기하지 않음.	8134^II^에 첨가 7월 20일
1899년	
서울에 보낸 3월 2일 자 암호 훈령 No. A. 1 -성기운에 대한 조속한 보고 요청.	8134 12174
3월 20일 자 서울 발 보고서 No. 23 -러시아, 프랑스, 오스트리아 담당 조선 공사 민영돈이 해임되고 후임으로 워싱턴에 있는 이범진이 임명됨, 워싱턴에는 민영환으로 대체됨, Kim Sok Kim이 일본 공사로 임명됨, 독일, 영국, 이탈리아 담당으로 임명된 성기운의 부임.	5720 5월 13일
4월 26일 자 서울 발 보고서 No. 34 -독일, 영국, 이탈리아 공사로 임명된 성기운의 신상.	7576 6월 24일
1900년	
4월 21일 자 서울 발 보고서 No. 36 -러시아, 프랑스 오스트리아 담당 공사 이범진이 페테르부르크로 부임함, 독일, 영국, 이탈리아 담당 공사로 임명된 성기운은 아직 임지로 떠나지 않음.	7034 6월 6일
1901년	
4월 15일 자 서울 발 전보 A. No. 7 -베를린-빈, 런던-로마, 파리 담당 조선 공사의 출발.	5658 4월 16일
메모: -유럽 열강들에 조선 외교사절단 파견 계획.	7018에 첨가 5월 12일
3월 20일 서울 발 보고서 No. 46 -독일, 오스트리아, 영국, 이탈리아, 프랑스 담당 조선 공사들의 부임지 파견이 임박함.	7017 5월 12일
5월 1일 자 서울 발 보고서 No. 74 -베를린으로 배치된 조선 공사한테 그곳에 어울리는 적절한 태도를 잘 숙지하라는 지침이 내려짐.	8894 6월 15일

3월 20일 자 서울 발 보고서 No. 46 –독일, 오스트리아, 영국, 이탈리아, 프랑스 담당 조선 사절단 파견 예정.	7017 5월 12일
1900년 11월 20일 자 서울 발 발 보고서 No. 138 –독일 조선 공사로 임명된 민철훈에 대한 인물평.	548 1월 11일
1902년	
2월 21일 자 서울 발 보고서 No. 41 –파리와 브뤼셀 담당 신임 공사 민영찬.	5534 4월 9일
5월 19일 자 서울 발 보고서 No. 88 –러시아 공사 신임장을 받은 파블로프. 원본 문서 조선 7	10406 7월 6일
9월 24일 자 서울 발 보고서 No. 154 –공사 박제순이 그의 임지인 베이징으로 출발함.	16417 11월 10일
1903년	
2월 17일 자 서울 발 보고서 No. 24 –신임 도쿄 공사 고영희.	4695 4월 3일
1904년	
3월 18일 자 조선 공사관의 서신 –독일 신문에 공사관 서기관 Hong에 대한 기사가 실리지 않도록 해달라는 요청.	4698 3월 19일
2월 9일 자 서울 발 보고서 No. 15 –상트페테르부르크 주재 조선 공사 이범진을 베를린 공사로 임명하는 문제.	8894 5월 26일
5월 24일 자 베를린 지역신문 기사 –이른바 페테르부르크 주재 조선 공사가 베를린에 도착해 일본 공사관에 들렀다는 소식은 거짓임.	8894 5월 26일
4월 26일 자 페테르부르크 발 보고서 No. 368 –독일 외무부를 통해 자신의 편지를 아내한테 전달해 달라는 조선 공사의 소망.	7169 4월 28일
7월 22일 자 서울 발 보고서 No. 82 –상트페테르부르크 주재 조선 공사의 고향과의 서신교환, 독일 변리공사를 서신 중개인으로 이용하려는 시도.	14716 9월 12일
9월 8일 자 도쿄 발 보고서 B. 269 –일본과의 합병으로 인한 조선 공사관 법의 폐지 문제. 원문: 일본 20, No. 3	15566 9월 28일

9월 9일 자 페테르부르크 발 보고서 No. 702 -외교관 접견 때 조선 공사도 참석함, 그의 소환 명령은 아직 내려지지 않았음, [해독불가]... 빛. 원본 문서 러시아 88	14636 9월 11일
1905년	
7월 19일 자 서울 발 보고서 No. 47 -조선 공사관에 고용된 외국인 고문 및 관리들을 해임하라는 일본 공사의 요청.	15141 8월 27일
12월 15일 자 베이징 발 전보 No. 314 -조선 사절단 및 조선 영사들이 청에서 철수함, 조선의 관심사는 일본이 대표하기로 함.	22421 12월 15일
외무부 장관 리히트호펜의 1905년 12월 8일 자 기록: -조선 공사 해임이 임박했으며, 독일 내 조선인들의 보호를 일본 공사에게 위임하기로 했다는 통지. 사본: 조선 7	22136 12월 10일
12월 27일 자 도쿄 발 보고서 A. 378 -조선 공사 조민희의 출발 및 일본 공사관의 폐쇄. 사본: A. 일본 7	2240 06년 2월 1일
12월 12일 자 일본 공사관의 서신: -조선 대표부의 인수 및 조선 영사관의 폐지.	22264 06년 12월 12일
12월 16일 자 함부르크 주재 조선 영사의 서신 -함부르크 주재 조선 영사관의 폐지.	22637 06년 12월 17일
12월 18일 자 일본 공사관의 서신: -베를린 조선 공사관 및 함부르크 조선 영사직의 폐지.	22828 12월 19일
12월 21일 자 일본 공사관에 보내는 서신:	22264에 첨부 22637, 22828 12월 21일
12월 28일 자 서울 발 보고서 No. 85 -베를린 조선 공사관 및 함부르크 영사직의 폐지, 빛, 문서 이관의 위반.	3248 06년 12월 15일
1906년	
12월 18일 자 베이징 발 보고서 A. 388 -일본 측에서 청 주재 조선 공사관 폐쇄 및 조선 영사 직 폐지를 고지함.	2076 1월 30일

01

원문 p.657

워싱턴 주재 조선 대표부의 인물 교체에 관하여

발신(생산)일	1889. 1. 21	수신(접수)일	1889. 3. 18
발신(생산)자	브란트	수신(접수)자	비스마르크
발신지 정보	베이징 주재 독일공사관	수신지 정보	베를린 정부
	A No. 47		A. 4080

A. 4080 1889년 3월 18일 오전 수신

베이징, 1889년 1월 21일

A. No. 47

비스마르크 각하 귀하

일본에서 발행되는 외국 신문들에 의하면, 워싱턴 주재 조선 공사 박정양[1]이 작년 12월 19일 요코하마에 도착했다고 합니다. 그는 그곳에서 잠시 체류한 뒤 도쿄로 가서 1월에 서울로 돌아갈 예정이라고 합니다.

그의 후임으로 새로 임명된 워싱턴 주재 조선 대표 이완용[2]는 그의 아내 및 그와 마찬가지로 기혼자인 직원 한 명을 대동하고 12월 19일에 요코하마에서 샌프란시스코로 가는 선박에 탑승했습니다.

브란트[3]

내용: 워싱턴 주재 조선 대표부의 인물 교체에 관하여

1 [감교 주석] 박정양(朴定陽)
2 [감교 주석] 이완용(李完用)
3 [감교 주석] 브란트(M. Brandt)

02

원문 p.658

미국 주재 조선 공사에 관해서

발신(생산)일	1889. 2. 15	수신(접수)일	1889. 4. 14
발신(생산)자	크리엔	수신(접수)자	비스마르크
발신지 정보	서울 주재 독일영사관	수신지 정보	베를린 정부
	No. 17		A. 5490

A. 5490 1889년 4월 14일 오전 수신

서울, 1889년 2월 15일

검열 No. 17

비스마르크 각하 귀하

각하께 1887년 11월 16일 자 보고서 No. 84[1]와 관련해 삼가 아래와 같이 보고 드리게 되어 영광입니다. 워싱턴 주재 조선 공사가 몇 달 전 다시 워싱턴을 떠났으며, 작년 11월부터 계속 도쿄에 체류하고 있습니다.

그 관리의 주장에 따르면, 그는 질병 치료차 그곳에 머물고 있다고 합니다. 실제로 박정양[2]은 요코하마에 도착했을 때 이미 병에 걸려 있었던 것 같습니다. 하지만 약 두 달 전에 그는 이미 완전히 질병에서 회복된 상태입니다. 그런데 믿을 만한 소식통으로부터 정반대되는 이야기를 들었습니다. 이곳에 있는 청나라 대표[3]가 리훙장[4]의 지시에 따라 그 공사의 처벌을 요구하고 있다는 것입니다. 이유는 청나라가 조선 정부를 통해 그에게 내린 지시, 즉 워싱턴 주재 청나라 공사[5]를 통해 미국 대통령[6]과 국무장관[7]한테 접근하라는 지시를 지키지 않았기 때문이라고 합니다.

하지만 조선 왕이 박정양[8]에게 비밀리에 그 지시를 무시해도 좋다는 명령을 내렸을지

1 [원문 주석] A. 636에 삼가 첨부됨.
2 [감교 주석] 박정양(朴定陽)
3 [감교 주석] 위안스카이(袁世凱)
4 [감교 주석] 리훙장(李鴻章)
5 [감교 주석] 장인환(張蔭桓)
6 [감교 주석] 클리블랜드(S. G. Cleveland)
7 [감교 주석] 베이야드(T. F Bayard)

모른다는 의혹이 사라지지 않고 있어 현재 조선 정부가 크게 당혹해하고 있습니다. 조선 정부는 청 쪽에서 처벌 요구를 취소해주기를 기대하면서 자구책으로 그 공사를 조선에서 멀리 떼어놓고 있다고 합니다.

유럽의 5개 조약체결국 담당으로 임명된 그 공사[9]는 여전히 홍콩에 머물고 있습니다.

본인은 본 보고서의 사본을 베이징과 주재 독일제국 공사관에 보낼 것입니다.

크리엔[10]

내용: 미국 주재 조선 공사에 관해서

8 [감교 주석] 박정양(朴定陽)

9 [감교 주석] 조신희(趙臣熙)

10 [감교 주석] 크리엔(F. Krien)

03

원문 p.660

워싱턴 주재 조선 대리공사와 공사관 번역관의 정부들이 미국 대통령 영부인의 영접을 받음

발신(생산)일	1889. 8. 8	수신(접수)일	1889. 9. 27
발신(생산)자	크리엔	수신(접수)자	비스마르크
발신지 정보	서울 주재 독일영사관	수신지 정보	베를린 정부
	No. 55		A. 13124

A. 13124 1889년 9월 27일 오전 수신

서울, 1889년 8월 8일

검열 No. 55

비스마르크 각하 귀하

각하께 워싱턴 주재 조선 대리공사가 저지른 엄청나게 불미스러운 사건에 대해 삼가 아래와 같이 보고 드리게 되어 영광입니다.

워싱턴 공사관 번역관으로 임명된 이채연[1]은 자신의 정부를 이곳에서 은밀히 남장을 시켰고, 공사관 참찬관 이완용[2]은 부산에서 돈으로 매춘부를 샀습니다. 그들은 이 두 여자들을 데리고 미국으로 갔습니다. 워싱턴 사람들은 이 두 여자를 그들의 정식 아내라고 생각했습니다. 그 결과 그 여자들은 워싱턴에 부임한 외교사절단들의 관례에 따라 미국 대통령과 영부인을 접견할 기회를 가졌습니다.

왕의 고문 데니[3]는 그 두 조선인들이 저지른 엄청난 불법행위를 강력하게 비난했습니다. 그리고 그런 불미스러운 일이 벌어진 책임을 전부 조선 공사관 참찬관으로 있는 알렌[4] 박사에게 전가했습니다. 알렌 박사가 조선 관리들이 아내를 외국에 데려가는 것이 허용되지 않는다는 사실을 알고 있었을 게 분명하다는 것입니다. 알렌 박사가 과거에 조선 왕에게 항상 큰 영향을 미쳐왔을 뿐 아니라 현재에도 데니 자신보다 더 큰 영향력

---

1 [감교 주석] 이채연(李采淵)

2 [감교 주석] 이완용(李完用)

3 [감교 주석] 데니(O. N. Denny)

4 [감교 주석] 알렌(H. N. Allen)

을 갖고 있다는 사실로 인해 그의 분노는 더 커졌습니다.

알렌 박사는 1887년 10월까지 서울 주재 미국 외교사절이자 왕의 주치의였습니다. 그리고 1887년 11월 16일 자 본인의 보고서 No. 84[5]에서 이미 각하께 보고 드린 바와 같이 그 후 미국 주재 조선 외교사절단의 일원인 공사관 참찬관으로 임명되었습니다.

데니의 주장에 따르면 왕은 두 관리의 상스러운 행동에 격노한 나머지 그들을 소환해 처벌할 것이라고 합니다.

앞에서 언급된 두 여자들이 워싱턴 주재 독일제국 공사한테도 소개되었을 가능성이 있기 때문에 아마도 각하께 그 사건에 대해 이미 보고가 올라갔을 거라고 생각합니다.

본인은 본 보고서의 사본을 베이징 주재 독일제국 공사관에 보낼 것입니다.

크리엔

내용: 워싱턴 주재 조선 대리공사와 공사관 번역관의 정부들이 미국 대통령 영부인의 영접을 받음

5 [원문 주석] 제1권에 있는 A. 636임.

베를린, 1889년 9월 28일

A. 13124

주재 공사관 귀중
워싱턴 No. A 96

참조 A. 17032

연도번호 No. 7512

귀하에게 워싱턴 주재 조선 공사관의 직원들에 관한 지난달 8일 자 서울 주재 독일제국 영사의 보고서 사본을 삼가 정보로 제공합니다.

N. S. E.

04

원문 p.663

미국 주재 조선 공사의 서울 귀환

발신(생산)일	1889. 9. 18	수신(접수)일	1889. 11. 12
발신(생산)자	크리엔	수신(접수)자	비스마르크
발신지 정보	서울 주재 독일영사관	수신지 정보	베를린 정부
	No. 63		A. 15269

A. 15269 1889년 11월 12일 오전 수신

서울, 1889년 9월 18일

검열 No. 63

비스마르크 각하 귀하

각하께 금년 2월 15일 자 본인의 보고서 No. 17에 이어, 미국 담당 조선 공사가 지난 달 말 서울에 도착했다는 소식을 보고 드립니다.

독일제국 영사관의 조선어학자의 보고에 의하면, 박정양[1]이 도착하자마자 이곳 청 대표는 서울 외아문에 워싱턴 주재 공사가 그에게 내린 지시를 지키지 않은 이유를 서면으로 답변해 달라고 요구했습니다. 그러자 외아문 독판[2]은 공사가 워싱턴에 도착하고 한참 지나서야 그 지시들이 그에게 전달되었다고 답변했습니다. 외아문 독판의 이러한 서면 답변에 대해 위안[3]은 내용이 충실하지 않다면서 다시 반송했습니다.

청나라 서기관의 전언에 의하면, 이 논란에 대해 베이징에서 판단을 내릴 것이라고 합니다.

본인은 본 보고서의 사본을 베이징 주재 독일제국 공사관에 보낼 것입니다.

크리엔[4]

내용: 미국 주재 조선 공사의 서울 귀환

---

1 [감교 주석] 박정양(朴定陽)

2 [감교 주석] 조병직(趙秉稷)

3 [감교 주석] 위안스카이(袁世凱)

4 [감교 주석] 크리엔(F. Krien)

05

원문 p.664

조선과 청 공사관의 여성 직원들

발신(생산)일	1889. 11. 30	수신(접수)일	1889. 12. 18
발신(생산)자	뭄	수신(접수)자	비스마르크
발신지 정보	워싱턴 주재 독일 공사관	수신지 정보	베를린 정부
	No. 561		A. 17032

A. 17032 1889년 12월 18일 오전 수신, 첨부문서 1부

워싱턴, 1889년 11월 30일

No. 561

비스마르크 각하 귀하

조선 사절단의 일부 직원들에 대한 금년 9월 28일 각하의 훈령 A. 96과 관련해 삼가 아래와 같이 보고 드리게 되어 영광입니다. 금년 8월 8일 자 서울 주재 독일제국 영사의 보고서에 언급된 그 여자들은 아직 이곳 워싱턴에 있는 조선 공사관에서 체류하고 있습니다. 그 여자들은 이곳에서 현 대리공사 이완용[1]과 공사관 제2서기관 이채연[2]의 아내들로 알려져 있습니다.

조선 공사관 측에서는 두 "부인들"의 존재를 얼마 전까지 이곳 국무부에 공식적으로 전혀 알리지 않았기 때문에 그 두 여자들은 외교단 명단에 오르지 않았습니다. 하지만 최근 그 두 여자들의 이름이 국무부에서 발간된 명단에 올랐습니다. 이달 23일 자로 발간된 명단을 삼가 첨부합니다.

본인은 백악관에서 금년 2월 말 클리블랜드 부인이 개최한 저녁 환영만찬에서 그 두 "부인들"을 딱 한 번 보았습니다. 당시 환영만찬에는 모든 외교사절들이 초대받았습니다. 외교사절들에게 공사관 직원들과 함께 백악관에 들어오라는 요구가 있었습니다.

독일 공사와 본인은 그 두 여자들과 개인적으로 인사를 나누지는 않았으며, 독일 공사관에서 그 여자들과 교류한 적도 없습니다.

---

1 [감교 주석] 이완용(李完用)

2 [감교 주석] 이채연(李采淵)

대체적인 정황은 이러하며 본인은 각하께 삼가 아래와 같이 보고 드립니다. 최근 미 국무부 소속 지인이 은밀히 전해준 바에 의하면, 그 두 여자가 청나라 공사관 측에 보인 태도 때문에 국무부 측에서 몹시 곤혹스러워하고 있다고 합니다. 신임 청나라 공사 추이코인[3]이 워싱턴에 부임할 때 여자 두 명, 즉 Tsui Kwo Yin 부인과 Yeong She 부인을 대동하였습니다. 그는 전자는 아내로, 후자는 아내의 말벗으로 국무부에 보고했습니다. 하지만 국무부에 들어온 정보에 의하면 Yeong She 부인은 공사의 정부라고 합니다. 그래서 국무부 쪽에서는 이 여자를 백악관 환영만찬에 초대하는 것을 망설이고 있습니다.

어쨌든 두 여자는 사교계에 모습을 드러내지 않고 있고, 그 덕분에 국무부는 Yeong She 부인의 백악관 출입허가 문제의 어려움을 회피할 수 있을 것으로 보입니다.

뭄[4]

내용: 조선과 청 공사관의 여성 직원들

1889년 11월 30일 자 보고서 No. 561의 첨부문서
첨부문서의 내용(원문)은 독일어본 666~673쪽에 수록.

3 [감교 주석] 추이코인(崔國因)
4 [감교 주석] 뭄(Mumm)

06

원문 p.674

유럽 담당 조선 공사의 귀환

발신(생산)일	1890. 2. 4	수신(접수)일	1890. 4. 2
발신(생산)자	크리엔	수신(접수)자	비스마르크
발신지 정보	서울 주재 독일영사관	수신지 정보	베를린 정부
	No. 14		A. 4488

A. 4488 1890년 4월 2일 오전 수신

서울, 1890년 2월 4일

검열 No. 14

비스마르크 각하 귀하

각하께 1889년 11월 16일 자 본인의 보고서 No. 84와 관련해 삼가 아래와 같이 보고 드립니다. 약 2년간 홍콩에 체류했던 유럽 조약체결국 담당 조선 공사 조신희[1]가 며칠 전 질병 때문에 대부분의 수행원을 대동하고 이곳으로 돌아왔습니다.

이달 1일 자 관보에 의하면 공사는 그 사건으로 인해 공사 직위에서 해임되었습니다. 그의 후임으로 인천 도호부 지사이자 전직 텐진 영사인 내무부 협판 박제순[2]이 임명되었습니다. 오늘 자 관보에 조신희가 유배형에 처해졌다는 소식이 실렸습니다. 사절단이 갖는 중요한 의미를 생각해 볼 때 설령 그가 중병에 걸려 유럽 공사 직을 제대로 수행할 수 없을 상황이었다 해도 조선으로 돌아오는 것은 옳지 못했다는 이유입니다.

본인은 본 보고서의 사본을 베이징과 도쿄 주재 독일제국 공사관에 보낼 것입니다.

크리엔

내용: 유럽 담당 조선 공사의 귀환

1 [감교 주석] 조신희(趙臣熙)

2 [감교 주석] 박제순(朴齊純)

베를린, 1890년 4월 2일

A. 4488에 관하여

주재 대사관 귀중

1. 런던 No. 174
2. 상트페테르부르크 No. 154
3. 로마 No. 112

연도번호 No. 2872

귀하에게 조선 공사 Tcho Shim Hui에 관한 2월 4일 자 서울 주재 독일제국 영사의 보고서 사본을 삼가 정보로 제공합니다.

N. S. E.

07
원문 p.676

유럽 조약체결국들 담당 신임 조선 공사의 임명

발신(생산)일	1890. 2. 21	수신(접수)일	1890. 4. 11
발신(생산)자	크리엔	수신(접수)자	비스마르크
발신지 정보	서울 주재 독일영사관	수신지 정보	베를린 정부
	No. 19		A. 4822

A. 4822 1890년 4월 11일 오후 수신, 첨부문서 1부

서울, 1890년 2월 21일

검열 No. 19

비스마르크 각하 귀하

각하께 삼가 아래와 같이 보고 드립니다. 조선 외아문 독판[1]이 본인에게 내무부 협판 박제순[2]을 독일 전권대신으로 임명했다는 사실을 서면으로 통지했습니다.

외아문 독판은 통지문에서 전임 공사 조신희[3]는 임지로 출발한 직후 질병에 걸렸음을 강조했습니다. 그는 젊은 나이에도 불구하고 -현재 36세입니다.- 질병이 너무 심각하게 악화되는 바람에 도저히 임무를 수행할 수 없었다고 합니다.

외아문 독판은 이곳 러시아, 프랑스, 영국 대표한테도 비슷한 내용을 통지했습니다.

본인은 외아문 독판에게 해당 문서에 담긴 요청에 대해 각하에게 보고 드리겠다고 답변했습니다.

크리엔

내용: 유럽 조약체결국들 담당 신임 조선 공사의 임명, 첨부문서 1

1 [감교 주석] 민종묵(閔種默)

2 [감교 주석] 박제순(朴齊純)

3 [감교 주석] 조신희(趙臣熙)

No. 19의 첨부문서

사본

번역

서울, 1890년 2월 20일

독일제국 영사

크리엔 귀하

외아문에서 당시 이미 귀하에게 통지했던 바와 같이, 내무부 협판 조신희가 1887년 9월 16일 자 폐하의 칙령을 통해 독일 담당 전권대신으로 임명되었습니다. 그런데 그가 임지로 떠난 직후 질병을 얻었습니다. 젊은 나이에도 불구하고 증세가 심해지는 바람에 도저히 외교사절의 임무를 수행할 수 없었습니다. 그런 연유로 그는 건강을 회복하기 위해 다시 이곳으로 돌아왔습니다.

그로 인해 현재 비어 있는 전권대신 자리는 금년 2월 2일 자 폐하의 칙령을 통해 내무부 협판 박제순한테로 넘어갔습니다. 그는 독일로 건너가 베를린에서 체류하게 될 것입니다.

이에 본인은 귀하에게 앞에서 언급된 내용을 독일 정부에 전해줄 것을 간곡히 요청드립니다.

(서명) 민

번역

(서명) 라인스도르프

베를린, 1890년 4월 12일

A. 4822에 관하여

주재 대사관 귀중
1. 런던 No. 305
2. 상트페테르부르크 No. 169

귀하에게 이달 2일에 내려 보낸 훈령에 이어 유럽 조약체결국들 담당 새 조선 공사의 임명에 관한 금년 2월 21일 자 서울 주재 독일제국 영사의 보고서 사본을 삼가 정보로 제공합니다.

연도번호 No. 2872

N. S. E.

08

원문 p.679

알렌 박사가 서울 주재 미국 공사관 서기관으로 임명됨

발신(생산)일	1890. 7. 30	수신(접수)일	1890. 9. 29
발신(생산)자	크리엔	수신(접수)자	카프리비
발신지 정보	서울 주재 독일영사관	수신지 정보	베를린 정부
	No. 57		A. 10643

A. 10643 1890년 9월 29일 오전 수신

서울, 1890년 7월 30일

검열 No. 57

카프리비 각하 귀하

각하께 삼가 아래와 같이 보고 드립니다. 약 2년 동안 -작년 가을까지- 워싱턴 주재 조선 공사관 참찬관 직을 역임한 선교사-의사 알렌[1] 박사가 작년 말 해임된 공사관 서기관 롱[2] 육군대령의 후임으로 얼마 전 이곳 미국 변리공사관 서기관으로 임명되었습니다.

본인은 본 보고서의 사본을 베이징 주재 독일제국 공사관에 보낼 것입니다.

크리엔

내용: 알렌 박사가 서울 주재 미국 공사관 서기관으로 임명됨

1 [감교 주석] 알렌(H. N. Allen)
2 [감교 주석] 롱(Long)

09

원문 p.680

두 명의 한국 공사의 임명

발신(생산)일	1898. 5. 25	수신(접수)일	1898. 7. 11
발신(생산)자	크리엔	수신(접수)자	호엔로에-쉴링스퓌어스트
발신지 정보	서울 주재 독일영사관	수신지 정보	베를린 정부
	No. 54		A. 8134
메모	7월 21일 비엔나 497, 프라하 2, 북경 A. 68, 서울 A. 6, 천진 A. 5에 전달 연도 번호 No. 271		

A. 8134 1898년 7월 11일 오후 수신

서울, 1898년 5월 25일

No. 54

호엔로에-쉴링스퓌어스트 각하 귀하

이달 22일 자 한국 왕의 칙령에 의해 유럽의 6개 조약체결국 담당 한국 영사 민영익이 해임된 뒤 의정부 위원으로 임명되었습니다.

같은 날 그의 후임자들이 아래와 같이 특명전권공사로 임명되었습니다.

1) 독일, 영국, 이탈리아 담당: 궁내부 회계담당 국장 성기운[1]

2) 오스트리아-헝가리, 러시아, 프랑스 담당: 시종장 윤용식[2]

성기운은 청일전쟁 이전에 텐진 주재 한국 영사로 있다가 인천(제물포)의 무역감독관을 역임했습니다. 그리고 작년에는 유럽 조약체결국 담당 공사관의 1등서기관이었습니다.

윤용식은 외국인들 사이에 전혀 알려지지 않은 인물입니다.

이곳 외부대신[3]의 요청에 따라 본인은 각하께 오스트리아-헝가리 정부에 윤용식의 임명 사실을 전해주실 것을 요청합니다.

1 [감교 주석] 성기운(成岐運)

2 [감교 주석] 윤용식(尹容植)

3 [감교 주석] 박제순(朴齊純)

본인은 본 보고서의 사본을 베이징과 도쿄 주재 독일제국 공사관에 보낼 것입니다.

크리엔

내용: 두 명의 한국 공사의 임명

A. 8134 I에 추가

편집

I.

서울 주재 독일제국 영사의 10월 4일 자 보고서 No. 63에 의하면, 한국 왕은 1897년 10월 2일 스스로 황제라는 칭호를 사용하였습니다. 동월 4일 공식 칙령을 통해 자신의 결심을 고지한 이후 왕은 동월 13일 조약체결국 대표들을 접견하였으며 그 자리에서 구두로 신하들과 백성들의 요청에 따라 스스로 "황제"라는 칭호를 사용하게 되었다고 밝혔습니다. 독일 영사가 이미 1897년 10월 4일 자 보고서(A. 13775)에서 말씀드린 바와 같이, 왕은 애당초 자신의 새 칭호를 조약체결국들 정부로부터 곧바로 인정받을 거라는 기대를 거의 하지 않았습니다. 또한 총리대신은 자신의 군주에게 황제 칭호의 사용을 권하는 청원서에서, 모든 독립국은 국제법상으로 최고통치자에게 어떤 칭호라도 사용할 수 있는 권리가 있다는 사실을 적시하였습니다. 최고통치자는 자신의 신하들을 대상으로 이 칭호를 사용할 수 있다는 뜻입니다. 물론 다른 나라들한테 그것을 강요할 수는 없습니다. 그런데 왕은 다른 나라 정부들이 칭호 사용을 승인해줄 때까지 기다리지 않고 이 칭호를 수용하고자 합니다(A. 14208/07의 첨부문서들). 그래서 한국 왕 본인은 물론이고 한국 정부까지도 조약체결국들한테 새로운 칭호의 승인을 요청하지 않았습니다. 오히려 한국 외부대신은 조약체결국 대표들에게 보내는 1897년 10월 14일 자 외교문서를 통해서 단지 황제 칭호의 수용 사실만을 통지하였습니다. 왕 역시 대표들의 접견 자리에서 스스로 그 사실을 밝힌 후 대표들한테 자국 정부에 그 사실을 전달해줄 것을 요청하였습니다(A. 14208/97). 그 후 외부대신은 1897년 10월 16일 자 외교문서에서 외국 대표들에게 "황제"의 칙령에 따라 자국의 이름이 "대 한국"에서 "대한"으로 바뀌었다는 사실을 통지하였습니다(A. 1434/97). 상기 내용을 보고하면서 크리엔 영사는 다른 훈령이 하달될 때까지 일단 한국 관청과의 교류에서도 옛날 국호를 사용할 것이라고 보고했습니다.

크리엔 영사의 보고(A. 135/98)에 따르면 러시아 정부는 예전에 밝혔던 입장과는 달리 현재 한국의 황제라는 칭호를 제일 먼저 승인하였습니다. 무라비예프[4] 백작은 이것은 단지 전보로 보낸 축하인사에 불과하다고 답변하면서 무의미한 인사치레라고 설명했습니다. 러시아에 이어 일본이(A. 1795/98) "대황제"라는 칭호를 승인하였습니다.

독일은 한국에 대해 아무런 정치적 관심 없이 단지 경제적인 관심만 갖고 있으며, 정치적으로는 한국을 러시아의 관심 영역에 속하는 것으로 간주하고 있다는 사실을 러시아 정부에 입증해주기 위해 독일 정부는 이번 사안의 경우 러시아의 선례를 따르기로 했습니다. 즉 독일제국 영사한테 한국 관청과 소통할 때 한국어를 사용하게 되는 상황일 경우에는 러시아 동료처럼 적당히 새로운 칭호를 사용하라는 훈령이 내려갔습니다(A. 2583, III에 추가). 물론 이 경우에도 독일 측에서는 이 새로운 칭호들에 독립적인 군주와 독립 국가를 일컫는 것 이외에 다른 그 어떤 의미도 부여하지 않았습니다. 유럽인들과 소통할 경우에는 한국의 칭호는 예전과 마찬가지로 지금까지 사용해온 유럽식 표현들을 사용하고 있습니다(A. 2583. I에 추가).

미국 정부에 이어 영국과 프랑스 정부도 황제라는 칭호를 승인하였습니다(A. 4514 내지 A. 5248). 우리가 갖고 있는 문서들에 의하면 이탈리아와 오스트리아-헝가리 정부는 이 사안에 대해 아직 입장을 표명하지 않았습니다.[5] 더욱이 오스트리아-헝가리 정부한테는 독일 정부를 통해서 금년 5월 19일에야 비로소 한국 왕이 스스로 황제를 선언했다는 사실이 공식적으로 전달되었습니다.

하지만 러시아가 금년 4월 13일과 25일[6] 일본과 조약을 체결함으로써 러시아의 관심이 한국으로 향한 이후로 독일 정부는 서울 주재 독일 영사한테 명확한 지시를 내릴 수 있는 재량권을 갖고 있습니다.

II.

서울 주재 독일제국 영사의 1897년 9월 23일 자 보고서(A. 1298)에 따르면, 한국 외부

---

4 [감교 주석] 무라비예프(M. Mouravieff)

5 [원문 주석] 짧은 논평: 취소선을 그어 알아볼 수 없게 된 기록이 하나 있음.

6 [감교 주석] 로젠-니시협정

대신이 독일, 오스트리아-헝가리, 이탈리아, 러시아, 영국, 프랑스 담당 한국 공사로 민영익이 임명되었다고(A. 12981) 통지했습니다. 하지만 독일 정부는 공사 승인 문제에 관해 아직 입장을 정하지 않았습니다. 독일 정부는 한국 정세의 불확실성을 고려할 때 공사가 이곳에 부임해 승인을 요청하는 시점에 비로소 입장을 결정하는 것이 바람직하다고 생각하고 있습니다(A. 14763/97에 첨부). 이 문제와 관련된 오스트리아-헝가리 정부와 이탈리아 정부의 문의에 대해서는 이러한 관점에 입각해 답변하였습니다(A. 842/98 내지 A. 14763/97 추가). 프랑스 정부는 Min이라는 인물 개인에 대해 이의를 제기했습니다(A. 14007/97). 러시아는 그의 임명에 동의하였습니다(A. 712/98). 영국은 공식적으로는 이 문제에 대해 의견을 밝히지 않은 것 같습니다(A. 3000/98).

지난달 14일

볼렌 할바흐

베를린, 1898년 7월 21일

A. 8134 II에 관하여

I. 주재 대리공사 귀하
빈 No. 497
A. 12174 참조

금년 5월 25일 자 서울 주재 독일제국 영사의 보고에 의하면, 동월 22일 한국 왕의 칙령이 발표되었습니다. (칙령 내용 삽입)
한국 정부는 독일제국 영사를 통해 본인에게 오스트리아-헝가리 정부에 첨부자료를 동봉해 Yun의 공사 임명 사실을 전해 달라고 요청했습니다. 그런데 독일 영사는 외국 대표들 사이에 Yun이라는 인물에 대해 알려진 바가 전혀 없다고 말했습니다.

\# \# \#

II. 주재 영사 귀하
서울 A. No. 6

암호우편!
금년 5월 25일 자 보고서 No. 54와 함께 가능하면 새로 임명된 공사 성기운 Ki-Wun의 신상에 관해 보다 자세하게 조사해 그 결과를 본인에게 제출해 주시기 바랍니다.

\# \# \#

III. 주재 영사 귀하
톈진 A. No. 5

암호우편!
서울 주재 독일제국 영사의 보고에 의하면 한국 궁내부 회계 국장인 성기운 Ki-Won이 독일, 영국, 이탈리아 담당 공사로 임명되었다고 합니다. 성기운이라는 자는 청일전쟁이 발발하기 전 톈진 주재 한국 영사를 역임한 후 인천(제물포) 무역조사관으로 임명되었다고 합니다. 최대한 그자의 신상에 대해 조사하여 본인에게 그 결과를 보고해주기 바랍니다.

\# \# \#

IV. 주재 영사 귀하
프라하 No. 2

[III의 내용 발췌] ......톈진에 머물다가 인천(제물포) 무역조사관으로 임명되었다고 합니다. (생략) 귀하가 당시 톈진에서 근무하였으므로 혹시 성기운이라는 자를 기억할 가능성이 있습니다.[7] 따라서 성기운이라는 인물의 신상에 대해 본인에게 보고해 주시기를 요청합니다.

# # #

V. 주재 공사 귀하
베이징 No. 68

귀하에게 정보로 제공함: 본인은 서울과 톈진 주재 독일제국 영사한테, 금년 5월 25일 자 서울 발 보고서를 통해 귀하도 이미 알고 있다시피 독일 담당 공사로 임명된 성기운 Ki-Won이라는 인물의 신상에 대해 보다 상세하게 조사해서 그 결과를 보고해 달라는 지시를 내렸습니다.

# # #

연도번호 No. 6151

볼렌 할바흐

7 [원문 주석] ['가능성이 있습니다'는 제3자에 의해 삭제선이 그어짐.

베를린, 1898년 7월 20일 | A. 8134 III에 관하여

Eulenburg 백작 귀하
독일제국의 왕궁 No. 20

연도번호 No. 6128

각하께 두 명의 한국 공사 임명에 관한 금년 5월 25일 자 서울 주재 독일제국 영사의 보고서 사본을 첨부문서로 동봉해 전달합니다. 황제 폐하께 보고서의 내용을 전달해 주실 것을 삼가 요청 드립니다.

한국 궁내부 회계 국장이었던 성기운의 신상에 대해서 현재 보다 자세하게 조사하도록 지시해 놓았습니다. 이는 한국 정부에서 그자의 아그레망을 요청할 경우를 대비해 황제 폐하께 보다 상세한 정보를 제공하기 위해서입니다.

그보다 앞서 유럽의 6개 조약체결국 담당 공사로 내정되었던 민영익은 알려진 바에 의하면 공사 신분으로 유럽으로 오는 일이 절대 없을 것이라고 합니다. 현재 독일, 영국, 이탈리아 담당으로 임명된 성기운이 그의 후임으로 이곳으로 부임할 예정입니다. 아직까지 미결정 상태인 그의 아그레망 문제 이외에도 한국 군주의 황제 칭호 사용 승인 문제 역시 다시 현안으로 대두될 것으로 예상됩니다.

현재까지 우리가 알기로는, 러시아와 일본, 미국과 영국 정부는 황제 칭호에 대해 부분적으로 명확하게 승인하였습니다. 그들이 이 칭호를 한국 관청과 소통하는 경우에만 사용한다는 점에서 부분적인 승인이라 할 수 있습니다.

황제 폐하의 허락하에 현재 서울 주재 독일제국 영사한테는 -독일은 한국에 대해 아무런 정치적 관심 없이 단지 경제적인 관심만 갖고 있으며, 정치적으로는 러시아의 정책이 자유롭게 실행될 수 있는 여지를 주기 위해서- 한국 관청과 소통할 때 한국어를 사용하게 되는 상황일 경우 러시아 동료처럼 한국 군주와 군주의 가족, 그리고 한국의 새로운 칭

호들을 적당히 사용하라는 훈령이 내려갔습니다. 물론 이 경우에도 우리는 "황제" 내지 "대한"이라는 칭호들은 단지 군주 내지 독립 국가를 일컫는 하나의 표현에 불과하다는 관점에서 출발하고 있습니다.

한국 공사가 이곳에 부임하는 경우에도 아마 이러한 조처와 조화를 이루는 선에서 적절한 방법을 찾게 될 것입니다. 이를테면, 일본의 Tenno와 마찬가지로 한국 군주도 그 칭호를 엉뚱한 단어로 번역함으로써 오히려 유럽인들이 잘못된 상상을 자극하지 않도록 그 칭호를 그대로 사용해 그에게 귀속된 통치권을 인정하는 방법입니다.

볼렌 할바흐

오일렌부르크 백작에게 보내는 훈령 No. 20에 관하여

A. 8134에 첨부

오일렌부르크 백작이 황제폐하에게 해야 할 발언들

1 페이지

1) Bei I B z. g. K. f ges Br.

본인의 견해로는, 황제의 칭호를 승인하는 것이..... 필요없는 일은 아니라고 생각합니다. 또한 본인은 [해독불가] 그것을 인정하는 것이 [판독불가] 정치적 이유들로 볼 때 [판독불가] 바람직한 일로 생각합니다.

2) V. L. R. Klehnert [판독불가] d. z. g. K. K.에게

날짜가 7월 31일이 아니라 8월 1일임.

추가 지시가 있을 때까지 서류처리 완료할 것.

Ki. 8월 2일

10

원문 p.688

[성기운의 유럽 주재 공사 임명]

발신(생산)일		수신(접수)일	1898. 7. 20
발신(생산)자		수신(접수)자	
발신지 정보		수신지 정보	베를린 정부
	No. 20		A. 8134

외무부, 첨부문서 1

베를린, 1898년 7월 20일

No. 20[1]

황제의 행궁,

독일제국 대사 오일렌부르크 각하 귀하

각하께 두 명의 한국 공사 임명에 관한 금년 5월 25일 자 서울 주재 독일제국 영사의 보고서 사본을 첨부문서로 동봉해 전달합니다. 이 보고서의 내용을 황제 폐하께 전달해 주시기를 삼가 요청 드립니다.

한국 궁내부 회계담당 책임자 성기운[2]의 신상에 관해 현재 보다 상세하게 조사하라는 지시를 내려놓았습니다. 한국 정부에서 그의 승인을 요청할 경우 황제 폐하께 보다 상세한 정보를 제공하기 위한 조처입니다.

성기운에 앞서 유럽의 6개 조약체결국 담당 공사로 내정되었던 민영익[3]은 알려진 바에 의하면 공사 신분으로 유럽으로 부임하는 일이 절대 없을 것이라고 합니다. 따라서 그의 후임으로 독일, 영국, 이탈리아 담당 공사로 임명된 성기운이 이곳에 부임할 예정입니다. 아직 미정 상태인 공사 승인 문제 이외에도 한국 군주의 황제 칭호의 승인 문제 역시 다시 현안으로 대두될 것으로 예상됩니다.

현재까지 우리가 아는 것은 러시아, 일본, 미국, 영국 정부는 황제 칭호에 대해 부분적

1 [원문 주석] 황제폐하께서는 황제 칭호의 승인에 반대하는 입장에 대해서도 아무런 언급이 없었음. 7월 25일, Sch.

2 [감교 주석] 성기운(成岐運)

3 [감교 주석] 민영익(閔泳翊)

으로 명확하게 승인하였습니다. 그들은 이 칭호를 한국 관청과 소통하는 경우에만 사용한다는 점에서 부분적인 승인이라 할 수 있습니다.

황제 폐하의 허락하에 서울 주재 독일제국 영사한테는 현재 -대체로 독일은 한국에서 정치적인 이익을 전혀 추구하지 않으며, 오히려 러시아의 정책이 자유롭게 실행될 수 있는 여지를 주기 위해서- 한국 관청과의 업무처리 시 한국어를 사용해야 하는 상황일 경우 러시아 동료의 사례를 따라서 군주와 군주의 가족, 그리고 군주의 나라에 대한 새로운 칭호들을 사용하라는 훈령을 내렸습니다.

그 경우 우리는 "황제" 내지 "대한"이라는 칭호는 단지 군주 내지 독립 국가를 지칭하는 표현에 다름 아니라는 입장에서 출발하고 있습니다. 한국 공사가 이곳에 부임하는 경우에도 아마 이러한 조치와 조화를 이루는 선에서 방법을 찾게 될 것입니다. 즉 일본의 텐노[4]와 마찬가지로 한국 군주의 경우에도 그 칭호를 엉뚱한 단어로 번역함으로써 유럽인들이 잘못된 상상력을 자극하지 않도록 차라리 원어 그대로 사용해 그에게 귀속된 통치권을 인정하는 방법입니다.

리히트호펜

4 [감교 주석] 텐노(天皇)

A. 16893

(결정 유보)

그 보고서는 승인을 거절할 아무런 이유들도 제시하지 못함.

서울과 톈진에서의 발언들을 기대하면서.

w. 2달 후 w.v.

Ki. 9월 21일

11

원문 p.691

독일 담당 공사로 임명된 성기운에 관하여

발신(생산)일	1898. 9. 12	수신(접수)일	1898. 9. 21
발신(생산)자	제헨스도르프	수신(접수)자	호엔로에-쉴링스퓌어스트
발신지 정보	프라하	수신지 정보	베를린 정부
	No. 71		A. 10893
메모	연도번호 No. 875		

A. 10893 1898년 9월 21일 오후 수신

프라하, 1898년 9월 12일

No. 71

호엔로에-쉴링스퓌어스트 각하 귀하

한국 궁내부의 회계원경 성기운[1]의 독일, 영국, 이탈리아 담당 공사 임명 건에 관한 금년 7월 21일 자 폐하의 훈령[2]에 대한 답신을 본인이 원래의 직위로 돌아갈 때까지 미뤄주시기를 부탁드립니다. 본인이 청에서 일하던 시기에 그 인물에 대해 작성한 메모들을 확보하기 위해서입니다.

지금 당장 말씀드릴 수 있는 것은 적어도 청일 전쟁이 발발하기 전까지 톈진에 파견된 한국 관리들은 현재 우리가 사용하는 의미의 영사는 아니었다는 사실입니다. 더 정확히 말씀드리자면, 그곳 책임자는 톈진에 있는 청나라 관청에 완전히 예속된 상태였습니다. 즉 총독에게 "보고하고" 총독으로부터 "훈령"과 "지시"를 받고 스스로를 한국 무역-특별위원이라고 지칭했습니다. -다만, 조약체결국들과 교류할 경우, 특히 당시 그곳에 주재하던 일본인 동료를 상대할 때에만 한국인들은 스스로를 영사라고 칭했습니다. 그들 중에는 항상 "1급" 관리도 있고 "2급" 관리도 있었습니다,

매년 연례적으로 개최되던 공식적인 신년하례식이나 각국의 명절 기념행사 때를 제외하고는 조약체결국의 영사들은 대부분 한국인들과 접촉할 기회가 거의 없었습니다.

1 [감교 주석] 성기운(成岐運)

2 [원문 주석] A. 8234에 삼가 첨부됨.

앞에서 이미 암시된 바와 같이, 한국 관리들은 청인들에 의해 독립성을 인정받지 못했기 때문입니다. 매년 서너 차례 개최되는 공식행사에는 아무도 참석하지 않았습니다. 특히 외국인들과의 교류는 의심을 사서 그런지 통제되었습니다. –한국 땅 Jashan과 평양에서 벌어진 첫 번째 전투에서 전세가 청에 불리하게 전개된 이후 비로소 한국 무역특별위원들이 우리의 관심권 안으로 더 깊숙이 들어왔습니다. 당시 그들은 우리한테 소식들을 알려달라고 요청했으며, 부탁과 제안을 해오기도 했습니다. 당시 본인도 한국인들의 특별한 신뢰를 받았습니다. 특히 바닥이 뚫린 증기선 "Kowshing"호에 타고 있던 청나라 병사들 일부가 한국의 어느 섬에서 구조되어 독일 선박 "Iltis"호를 타고 Chefoo로 옮겨진 이후에 그랬습니다. 이후 상황이 갈수록 심각해지고 일본인들이 Talienwan, Arthur항, Wiehai 등에서 승리를 구가하며 밀고 올라오자 당시 두 한국 관리가 저를 찾아와 고향으로 돌아갈 수 있도록 독일 전함에 태워달라고 요청했습니다. 본인은 당시 독일제국 영사의 지시에 따라 그들의 부탁을 거절해야 했습니다.

본인이 톈진에서 근무하던 마지막 2년 동안에는, 즉 청일전쟁이 발발하기 이전부터 청일전쟁이 벌어지던 와중에 그곳 한국 주진독리통상사무[3] 가운데 1급 위원은 Hsü라는 자였습니다. 그자의 성은 현재 기억나지 않습니다. 그리고 현재 독일 공사로 임명된 성기운이 2급 특별위원이었습니다. 머리와 수염이 허옇게 셀 정도로 나이가 많았던 Hsü는 한국 왕의 가까운 친척으로서 인상이 아주 좋았을 뿐 아니라 유럽의 사정에 대해서도 비교적 잘 이해하고 있었습니다.

1893년 서울에서 소요사태가 발생했을 때 리홍장[4] 및 청 정부가 모두 청나라 상인들을 한국에서 철수시키라는 결정을 하도록 한국에서 Hsü를 특사로 청에 파견한 적이 있습니다. –당시 리홍장은 Hsü를 매우 거칠게 대하였을 뿐만 아니라 베이징에서 그의 제안을 받아들이지 못하도록 만들었습니다. 당시 본인은 그 사건이 스스로를 전능하다고 생각한 청나라 정치인의 몹시 큰 잘못에서 비롯된 것이라고 생각하였으며, 이미 그때 상세하게 보고 드린 바 있습니다. – 그 후 Hsü는 톈진에 머물면서 성기운의 조력을 받았습니다. 성기운은 본인에게 한 번도 깊은 인상을 남긴 적이 없습니다. 그는 고향 어딘가에서 익힌 단편적인 영어 실력을 자랑하기를 좋아했는데, 대부분 적절치 않게 사용하는 바람에 오히려 사람들의 비웃음을 샀습니다. 게다가 그가 유럽식 개념들을 혼동하여 사용하는 적이 많았습니다. 그런 모습을 볼 때면 1874년에서 1878년까지 본인이

3 [감교 주석] 주진독리통상사무(駐津督理通商事務)

4 [감교 주석] 리홍장(李鴻章)

어렸을 적에 알던 몇몇 일본 지인들 -본인에게 편지를 보낼 때마다 항상 "최고의 경의(Hochachtung)를 표하며"라는 표현 대신 "최고의 멸시(Verachtung)를 표하며"라는 말로 끝을 맺곤 했던- 모습이 떠오르곤 했습니다. 그가 항상 조심스럽게 밝히곤 했던 정치적인 발언들을 보면 본인이 보기에 성기운은 일본의 개혁에 열렬히 감탄하는 쪽이라기보다는 오히려 한국이 청에 예속관계였던 과거를 더 추종하는 자였던 것으로 생각됩니다. 물론 청나라 무기보다 일본 무기가 월등하다는 사실을 눈앞에서 목도했으니 그의 생각을 바꿨을 가능성도 배제할 수는 없습니다. -성기운은 얼굴은 홀쭉하고, 한국인치고는 키가 큰 편이었고 얼굴은 유난히 짙은 갈색이었습니다. 또한 수염이 몹시 가늘었습니다. -본인이 보기에 그는 50대 남자로 보였습니다.[5]-.

제켄도르프[6]

내용: 독일 담당 공사로 임명된 성기운에 관하여

5 [원문 주석] Eulenburg가 94년 9월 17일 빈에서 읽었음.

6 [감교 주석] 제켄도르프(Seckendorff)

12

원문 p.694

[독일, 영국, 이탈리아 주재 한국 공사로 임명된 성기운에 대한 보고]

발신(생산)일	1898. 9. 10	수신(접수)일	1898. 10. 24
발신(생산)자	아이스발트	수신(접수)자	호엔로에-쉴링스퓌어스트
발신지 정보	톈진 주재 독일 영사관	수신지 정보	베를린 정부
	A. 71		A. 12174

A. 12174 1898년 10월 24일 오전 수신

톈진, 1898년 9월 10일

A. 71

호엔로에-쉴링스퓌어스트 각하 귀하

암호해독

금년 7월 21일 자 훈령 N. No. 5[1]에 따라서 본인은 성기운[2]의 신상에 관해 조사하였습니다. 하지만 그 결과가 보잘 것 없습니다.

성기운은 이곳에서 근무하는 동안 톈진 주재 외국인들과 접촉이 미미하거나 전혀 없었던 것 같습니다. 아무튼 청나라 고위 관리들과는 그다지 많은 교류가 없었습니다. 리훙장의 통역관으로 유명한 런던 주재 임시 청나라 공사를 역임한 뤄펑루[3]와는 약간 친밀하게 교류한 듯합니다. 뤄펑루는 성기운을 긍정적으로 평가했다고 합니다.

성기운은 사업을 하는 청인들과 더 많이 교류한 것으로 보이며 그 분야에서는 확실히 좋은 인상을 남겨놓았습니다. 그 분야 사람들한테 성기운은 정직하고 판단력이 빠르고 의지가 강한 인물로 평가받았습니다.

아이스발트[4]

1 [원문 주석] A. 8134에 삼가 첨부됨.

2 [감교 주석] 성기운(成岐運)

3 [감교 주석] 뤄펑루(羅豊祿)

4 [감교 주석] 아이스발트(Eiswaldt)

베를린, 1899년 3월 2일

A. 8134 IV, 12174/98에 관하여

주재 영사 귀하

서울 No. A. 1

연도번호 No. 1676

암호우편

작년 7월 21일 자 훈령 A. No. 6에서 요청한 성기운의 신상에 관한 자료가 아직까지 이곳에 들어오지 않았습니다.

최대한 서둘러 그 사안에 대해 보고해 주기를 요청합니다.

N. S. E.

13

원문 p.696

미국, 일본, 러시아, 프랑스 오스트리아 담당 한국 공사의 임명

발신(생산)일	1899. 3. 20	수신(접수)일	1899. 5. 13
발신(생산)자	라인스도르프	수신(접수)자	호엔로에-쉴링스퓌어스트
발신지 정보	서울 주재 독일영사관	수신지 정보	베를린 정부
	No. 23		A. 5720

A. 5720 1899년 5월 13일 오후 수신

서울, 1899년 3월 20일

No. 23

호엔로에-쉴링스퓌어스트 각하 귀하

각하께 삼가 아래와 같이 보고 드리게 되어 영광입니다. 작년 10월 러시아, 프랑스, 오스트리아 담당 특명전권공사로 임명되었으나 임지로 떠나지 않고 서울에 계속 머물렀던 민영돈[1]이 직위에서 해임되고, 그 후임으로 현재 워싱턴 주재 한국 공사로 있는 이범진[2]이 임명되었습니다. 한국 외부대신[3]이 본인에게 오스트리아-헝가리 정부에 이 임명 사실을 전해달라고 요청했기에 각하께 삼가 보고 드립니다.

현재 워싱턴에 있는 후임자 이범진은 1급 관리로서 민영환[4]의 시종장이자 피살된 왕비의 친척입니다. 그는 1896년 즉위식 축제 때 러시아 공사를 역임했으며 1897년에는 유럽 조약체결국 담당 공사로 임명되었고, 영국 여왕 즉위 60주년 기념식에 한국 왕비의 축하사절로 파견되었습니다. 1897년 갑자기 영국에서 미국으로 여행을 갔다가 그 직후에 해임되었습니다. 서울로 귀환한 그는 마지막으로 의정부 부의장을 역임했습니다. 민영환은 이미 미국에 잠시 체류하는 동안 왕에게 전보를 통해 자신의 유럽 공사 직을 이범진의 직책과 바꿔달라고 요청한 바 있습니다. 그의 예전에 했던 요청을 이제 허락한 것은 왕의 애첩 엄비가 왕비가 되고자 하는 것과 연관이 있는 듯합니다. 민영환은 지금까

1 [감교 주석] 민영돈(閔泳敦)
2 [감교 주석] 이범진(李範晉)
3 [감교 주석] 박제순(朴齊純)
4 [감교 주석] 민영환(閔泳煥)

지 왕에게 영향력을 미쳐왔지만 독립협회의 활동에 공감하는 바람에 왕의 눈밖에 났다고 합니다.

민영돈은 조만간 새 임지로 떠날 생각입니다. 하지만 한국의 어려운 재정형편을 고려할 때 이범진은 유럽으로 떠나거나 유럽에 체류하기 힘들 것으로 보입니다. 이곳 미국 대표인 알렌[5] 박사는 그가 해임되면 워싱턴 사람들이 기뻐할 거라고 말했습니다. 물론 한국 정부는 공식적으로 그에게 부담을 주지 않으려 합니다. 하지만 그가 공사 직을 유지하기 위해 해온 더러운 방식들과 직위에 전혀 어울리지 않는 태도 등으로 워싱턴 사람들은 그의 자리가 다른 사람으로 대체되기를 바라고 있습니다.

그 밖에 한국 궁내부의 봉상사 제조[6]이자 왕의 친척인 김석규[7]가 일본 공사로 임명되었습니다. 김석규은 2급 관리로서, 지금까지 크게 눈에 띄는 인물은 아니었습니다. 그는 1894년 이전에 잠시 내무부 협판으로 있었습니다. 일본 측 설명에 의하면 그의 임명은 왕이 친척으로서 그를 특별히 믿고 있다는 뜻이라고 합니다. 또한 일본에 거주 중인 한국 정치 망명객들을 다시 한국으로, 그리고 그의 통제권 안으로 데려와 달라는 뜻이라고 합니다. 전임자인 이하영[8]은 왕의 뜻을 제대로 실행에 옮기지 못했습니다.

독일, 영국, 이탈리아 담당 유럽 공사로 임명된 성기운[9]은 이범진의 유럽 공사 임명을 이용해 다시 한 번 아래의 사실들을 확인하고자 했습니다. 즉 미국을 거쳐서 유럽으로 가는 것과 인도양을 통해 유럽으로 가는 것 중에서 어느 쪽이 제일 좋은지, 또한 4월과 5월에는 바람이 어떻게 부는지를 알아내고자 한 것입니다.

본인은 본 보고서의 사본을 베이징과 도쿄 주재 독일제국 공사관에 보낼 것입니다.

라인스도르프

내용: 미국, 일본, 러시아, 프랑스 오스트리아 담당 한국 공사의 임명

---

5 [감교 주석] 알렌(H. N. Allen)

6 [감교 주석] 봉상사 제조(奉常司提調)

7 [감교 주석] 김석규(金錫圭)

8 [감교 주석] 이하영(李夏榮)

9 [감교 주석] 성기운(成岐運)

베를린, 1899년 5월 17일

A. 5720에 관하여

주재 대리공사 귀하
빈 No. 176

반드시!

연도번호 No. 3926

귀하에게 오스트리아-헝가리 공사로 새로 임명된 이범진 및 그의 임명 사실을 오스트리아-헝가리 정부에 알려 달라는 한국 외부대신의 부탁에 관한 금년 3월 20일 자 서울 주재 독일제국 영사대리의 보고서에서 발췌한 내용을 삼가 정보로 제공합니다.

독일제국 영사대리는 "우리한테 보낸 보고서"에서 한국의 신임 공사의 신상에 대해 추가로 언급하고 있습니다.

본인은 그 자료 역시 엄격한 기밀유지를 전제로 오스트리아-헝가리 정부에 전달할 예정입니다.

N. S. E.

14

원문 p.699

한국 공사 성기운의 신상에 관하여

발신(생산)일	1899. 4. 26	수신(접수)일	1899. 6. 24
발신(생산)자	라인스도르프	수신(접수)자	호엔로에-쉴링스퓌어스트
발신지 정보	서울 주재 독일영사관	수신지 정보	베를린 정부
	No. 34		A. 7576

A. 7576 1899년 6월 24일 오전 수신

서울, 1899년 4월 26일

No. 34

호엔로에-쉴링스퓌어스트 각하 귀하

독일, 영국, 이탈리아 담당 공사로 임명된 성기운[1]은 한국 귀족 가문 출신입니다. 이곳의 교육방식에 의하면 귀족의 자제들은 관직에 들어서기 위한 과거시험에 합격하기 위해 오로지 중국 고전과 역사서들에만 매달립니다. 하지만 성기운의 가문 자제들은 여러 세대 동안 단 한 명도 수도는 물론이고 지방에서도 고위직에 오르지 못했습니다. 성기운은 현재 53세입니다. 그는 1877년에 공직에 들어섰으며, 출중한 한문 실력 덕분에 곧바로 왕이나 왕자들을 교육하는 시강원에 들어갔으며 이어서 국가기록물을 작성하는 기관에 들어가 헌신했습니다. 당시 왕비의 가까운 친척이었던 민씨의 영향으로 그는 톈진 주재 영사로 임명되었습니다(1887-1890), 한국으로 돌아온 뒤에 그는 내무부 협판에 임명되었고, 1890-1893까지 인천-제물포의 무역 감독관으로 일했으며, 이후 외아문 협판으로 일했습니다. 이곳에서 협판은 아무런 실권이 없는 직위입니다. 그 직위에 있는 사람은 해당 부서의 업무에 전혀 관여하지 않습니다. 성기운은 무역감독관으로 있을 때 여러 면에서 외국인 관련 업무를 처리한 경험이 있습니다. 그런데 외국인 관련 업무를 담당할 때 그는 태만한 일처리로 유명했습니다. 이는 한국에서 아주 드문 경우라 할 수 있습니다. 심지어 그는 가장 간단한 일조차도 정확하고 신속하게 처리하지 못해 애를 먹었습니다. 1890년 그는 청 황제가 보낸 사절단을 맞이하는 관리들 가운데 한 사람이었

1 [감교 주석] 성기운(成岐運)

습니다. 왕의 모친이 사망하자 청 황제가 한국에 대한 그의 통치권을 명확하게 주지시키고자 보낸 사절단이었습니다. 그런데 그는 당시 제물포에서 도망쳐야만 했습니다. 임무를 수행하는 동안 하도 여러 번 무고한 사람들을 체포해 처벌하는 바람에 인천 주민들이 제물포로 몰려가 그를 붙잡아 매질을 하려 했기 때문입니다. 하지만 이런 종류의 사건들이 일어났을 경우 한국의 업무규정에 대한 조사가 선행되지 않는 한 이 사건에서 그에게 얼마만큼 책임이 있는지, 또 그의 부하들이 얼마나 독단적으로 일을 처리하다가 벌어진 사단인지 확인할 길이 없습니다. 아무튼 그는 그 직위에서 사임했고 새로운 무역감독관이 임명되었습니다. 성기운은 청의 숭배자이자 민씨의 추종자로서 1894년부터 일본의 영향력하에서 지속적으로 진행된 개혁운동에 반대했습니다. 또한 그를 자신들 편으로 끌어들이려던 개화당의 시도들 역시 실패했습니다. 그는 1894년 그에게 제시된 일본 공사 직위와 전국을 23개 지역으로 분할할 뒤 그에게 제시된 Ichow 도호부사 직위를 와병중임을 내세워 거절했습니다. 1897년 그는 유럽 조약체결국 담당 공사관 1급서기관으로 임명되었습니다. 하지만 그것은 프랑스 정부가 민영익의 공사 승인을 거부함으로써 실행에 옮겨지지 못했습니다. 현재 그는 한국 궁내부의 금고를 맡고 있는 2급관리[2]입니다.

그가 공사로 임명된 결정적인 이유는 텐진에 주재할 때 외교 업무를 다루고 외국인들과 교류해본 경험이 있기 때문으로 보입니다. 성기운과 그의 가족이 비록 가난하다고 할 정도는 아니나 검소하게 생활하는 것으로 판단하건대 외부에서 뇌물을 받곤 하는 대다수 한국 관리와는 달리 그는 지금까지 자신의 직위를 이용해 사익을 취하지는 않은 듯합니다. 그는 단순한 성격이지만 청의 예의범절 교육을 받은 터라 태도가 완전히 제멋대로는 아니었습니다. 그는 유럽에서 겉모습을 화려하게 치장하지는 않을 것입니다. 그의 급여(5,000 S Gold)를 많이 절약해야 하기 때문입니다. 사절단이 실제로 오래 유지되기 위해서는 그렇게 해야 합니다. 그는 개인적인 재산이 없기 때문에 재정 상황이 안 좋은 정부가 외국에 파견한 관리의 급여를 제때 지급하지 못할 경우를 대비하지 않을 수 없습니다. 물론 왕은 그런 상황이 오는 것을 너무 바란 나머지 이미 자신의 주머니에서 돈을 꺼내줄 준비가 되어 있다고 합니다. 또한 외부대신은 공사를 파견하는 것은 조약체결국들한테 한국 왕이 황제가 되었다는 사실을 알리는 데 목적이 있으니 유럽과 미국에 공사를 파견하는 것에는 일단 반대하시라는 조언을 비밀리에 했다고 합니다. 성기운은 뛰어난 업적과 결과를 남길 만한 탁월한 재능과 외교적 노련함은 갖고 있지 않으

---

2 [감교 주석] 회계원경을 가리킴

며 스스로 책임감을 갖고 행동하는 것을 항상 회피합니다. 그는 자신보다 직위가 높은 대다수 윗사람들의 의견에 동조합니다. 하지만 그는 배움에 대한 열의가 높아, 유럽에 대해 다루고 있는 한자 책들은 전부 입수해 읽는다는 점이 다른 사람들과 구별되는 점입니다. 그는 중국어가 아주 능통하기 때문에 외국에 파견된 청나라 외교관들과 쉽게 어울리는 편입니다. 그는 원래 이곳에 살고 있는 허치슨[3]이라는 이름의 영국인을 -그는 일찍이 세관원으로 일했으며 현재는 영어 학교를 운영하고 있습니다- 비서관으로 데려가려 했으나 포기했으며, 유럽에서 적당한 인물을 찾을 생각입니다. 만약 그가 많은 것을 관찰한 뒤 그 경험을 자신의 나라에 접목시킬 계획을 갖고 있었다면 유감스럽게도 그는 그런 목적을 관철시킬 만큼의 충분한 영향력과 명망을 얻지 못했습니다.

이곳 영국 대표 조던[4]이 얼마 전 본인에게 전해준 바에 의하면, 영국 정부로부터 성기운이 임명되었다는 통지를 받았으며, 그가 출발할 때 전신으로 보고하라는 지시를 받았다고 합니다. 조던에 의하면 영국 측에서는 성기운의 임명을 전혀 고민거리로 여기지 않는 듯합니다.

라인스도르프

내용: 한국 공사 성기운의 신상에 관하여

3 [감교 주석] 허치슨(W. D. Hutchison)

4 [감교 주석] 조던(J. N. Jordan)

베를린, 1899년 6월 26일

A. 7576에 관하여

주재 대사관 귀중
1. 런던 No. 387
2. 로마 No. 148

연도번호 No. 5170

귀하에게 독일, 영국, 이탈리아 담당 한국 공사로 임명된 성기운의 신상에 관한 금년 4월 26일 자 서울 주재 독일제국 영사의 보고서 사본을 삼가 정보로 제공합니다.

15

원문 p.703

유럽 담당 한국 공사들

발신(생산)일	1900. 4. 21	수신(접수)일	1900. 6. 6
발신(생산)자	바이페르트	수신(접수)자	호엔로에-쉴링스퓌어스트
발신지 정보	서울 주재 독일영사관	수신지 정보	베를린 정부
	No. 36		A. 7034

A. 7034 1900년 6월 6일 오후 수신

서울, 1900년 4월 21일

No. 36

호엔로에-쉴링스퓌어스트 각하 귀하

러시아, 프랑스, 오스트리아 담당 한국 공사로 임명된 이범진[1]이 지난달 말 유럽으로 출국하라는 지시를 받았습니다. 그는 일단 상트페테르부르크를 거쳐 파리와 빈을 방문한 뒤 러시아에서 계속 상주할 예정입니다. 아마도 파리에 인사차 들르기 위해 파견을 서둘렀던 것 같습니다. 독일, 영국, 이탈리아 담당 성기운[2] 공사는 아직 이곳에 돌아오지 않았습니다. 현재로서는 그의 출발을 어렵게 만드는 난관들 가운데 특히 재정적인 문제가 조만간 해결될 가능성이 거의 없는 듯합니다.

바이페르트

내용: 유럽 담당 한국 공사들

1 [감교 주석] 이범진(李範晉)

2 [감교 주석] 성기운(成岐運)

16

원문 p.1704

독일, 영국, 이탈리아 담당 한국 공사의 임명

발신(생산)일	1900. 11. 20	수신(접수)일	1901. 1. 11
발신(생산)자	바이페르트	수신(접수)자	호엔로에-쉴링스퓌어스트
발신지 정보	서울 주재 독일영사관	수신지 정보	베를린 정부
	No. 138		A. 548

A. 548 1901년 1월 11일 오전 수신

서울, 1900년 11월 20일

No. 138

호엔로에-쉴링스퓌어스트 각하 귀하

이곳 외부대신[1]이 이달 17일 자 외교문서를 통해 아래와 같이 통지했습니다. 독일, 영국, 이탈리아 담당 공사로 임명된 성기운[2]이 해임되고, 후임으로 변리공사인(관할지가 없음) 민철훈[3]이 앞에 언급된 세 나라 담당 특명전권공사로 임명되었다고 합니다.

성기운은 도쿄 주재 공사로 임명되었습니다. 이달 14일 의정부 참정으로 임명된 일본 주재 공사 조병식[4]은 현재 대신이 공석인 상태라 이 나라에서 최고로 높은 자리에 오른 것입니다. 성기운은 조속히 도쿄로 부임할 것이라고 합니다. 그는 몇 달 전부터 의정부 참찬으로 일했습니다. 하지만 정치적인 움직임에 적극 개입하지 않고 뒤로 물러선 삶을 살아가고 있었습니다.

민철훈은 현 임시 궁내부대신 민종묵[5]의 자제인데, 정황상 자신의 임명에 동의한 것처럼 보입니다. 현재 42세로서, 1886년에 과거시험에 합격했습니다. 그는 잠시 동안 영어를 배운 적도 있다고 하는데, 실력은 많이 부족합니다. 그는 여러 대신들의 비서관으로 일한 뒤 작년에 2급 관리로 승진했습니다. 그 후 시종장이자 변리대사로 임명되었으나

1 [감교 주석] 박제순(朴齊純)
2 [감교 주석] 성기운(成岐運)
3 [감교 주석] 민철훈(閔哲勳)
4 [감교 주석] 조병식(趙秉式)
5 [감교 주석] 민종묵(閔種默)

지금까지 관할지에 배속되지는 못했습니다.

민철훈은 현재로서는 임지로 부임하지 못할 듯합니다. 재정적인 어려움으로 인해 전임자들 역시 출발이 계류되었기 때문입니다. 외부대신이 본인에게 전해준 바에 의하면 재정문제는 아직도 해결되지 못했습니다.

본인은 본 보고서의 사본을 베이징과 도쿄 주재 독일제국 공사관에 보낼 것입니다.

바이페르트[6]

내용: 독일, 영국, 이탈리아 담당 한국 공사의 임명

6 [감교 주석] 바이페르트(H. Weipert)

17

원문 p.706

[유럽 주재 한국 공사가 출발하였다는 보고]

발신(생산)일	1901. 4. 15	수신(접수)일	1901. 4. 16
발신(생산)자	바이페르트	수신(접수)자	
발신지 정보	서울 주재 독일영사관	수신지 정보	베를린 외무부
	No. 7		A. 5658

A. 5658

1901년 4월 16일 오후 수신

전보

서울, 1901년 4월 15일 오전 1시 _분
도착 오전 1시 _분

발신: 독일제국 영사대리
수신: 외무부 귀중

암호해독

No. 7

베를린 및 빈 겸임 한국 공사로 임명된 자[1]가 오늘 출발했음.
런던, 로마, 파리 겸임 신임 공사[2]도 출발했음.

(서명) 바이페르트

1 [감교 주석] 민철훈(閔哲勳)
2 [감교 주석] 이범진(李範晉)

베를린, 1901년 4월 19일 A. 548, A. 5658

주재 대사관 귀중
빈 No. 266

연도번호 No. 3563

1899년 5월 17일 자 훈령과 연관해,

귀하에게 아래와 같이 전달하게 되어 영광입니다. 작년 11월 서울 주재 독일제국 영사가 전보로 보고해온 바에 의하면, 독일, 영국, 이탈리아 담당 한국 특별공사 겸 전권대신으로 임명된 민철훈이 빈도 겸임하게 되었으며, 이달 15일 서울을 떠나 임지로 부임한다고 합니다.

작년 4월 21일 자 서울 주재 독일제국 영사의 보고서에 의하면, 한국 정부는 성기운을 독일, 영국, 이탈리아 담당 공사로 임명하였으나 재정적인 어려움으로 인해 그의 출발이 미루어졌습니다. 한국 정부는 작년 11월 17일 자 바이페레트한테 보낸 외교문서를 통해 성기운이 그의 직위에서 해임된 뒤 도쿄 주재 공사로 나갈 예정이며, 유럽 공사 자리는 민철훈으로 대체되었다고 통지했습니다. 전임자의 발목을 잡았던 재정적인 어려움은 지금까지도 민철훈의 출발[3]을 가로막고 있습니다.

바이페르트 영사가 신임 공사의 신상 및 그의 지금까지의 활동에 대해 아래와 같이 보고해왔습니다.

"작년 11월 20일 자 서울 발 보고서 No. A. 548의 내용 삽입."

N. S.

3 [원문 주석] [독일제국 영사의 보고서에 따라서.... 'Min의 출발' 부분은 제3자에 의해 삭제선이 그어졌습니다.]

18

원문 p.708

독일, 오스트리아, 영국, 이탈리아, 프랑스로 한국 공사들을 파견하려는 계획

발신(생산)일	1901. 3. 20	수신(접수)일	1901. 5. 12
발신(생산)자	바이페르트	수신(접수)자	뷜로
발신지 정보	서울 주재 독일영사관	수신지 정보	베를린 정부
	No. 46		A. 7017

A. 7017 1901년 5월 12일 오전 수신

서울, 1901년 3월 20일

No. 46

뷜로 각하 귀하

이달 16일 한국 외부대신[1]이 본인에게 아래와 같이 통지했습니다. 즉 독일, 영국, 이탈리아 담당 한국 공사[2]가 -그의 임명에 관해서는 작년 11월 20일 자 보고서 No. 138[3]에서 이미 보고 드린 바 있습니다.- 영국과 이탈리아를 담당지역에서 제외하고 대신에 오스트리아-헝가리 담당 한국 대표를 겸임하게 되었다고 합니다. 또한 지금까지 러시아, 프랑스, 오스트리아-헝가리 담당 공사[4]는 파리와 빈을 담당지역에서 제외하게 됨으로써 현재 오스트리아-헝가리 담당 한국 대표는 공석이 되었다고 합니다. 또한 외부대신은 본인에게 오스트리아-헝가리 정부에 이와 같은 변경사실을 전달해줄 것을 요청했습니다.

이달 15일과 19일 자 이곳 관보에 실린 포고령에 따르면, 영국과 이탈리아 담당 공사 및 프랑스 담당 공사, 그리고 미국 담당 공사가 새로 임명되었습니다. 향후 그 포고령에 따라 역할을 수행하게 될 것입니다.

1 [감교 주석] 박제순(朴齊純)
2 [감교 주석] 민철훈(閔哲勳)
3 [원문 주석] A. 54801이 담당자들에게 전달되었음.
4 [감교 주석] 이범진(李範晉)

1. 독일 및 오스트리아-헝가리: 현 독일, 영국, 이탈리아 담당 공사 민철훈
2. 영국 및 이탈리아: 현 궁내부 특진관인 신임 공사 민영돈[5]
3. 러시아: 현 러시아, 프랑스, 오스트리아-헝가리 담당 공사 이범진[6]
4. 프랑스: 현 궁내부 시종장인 신임 공사 김만수[7]
5. 미국: 현 군부대신인 신임 공사 조민희[8]

새로 설치된 공사관들에는 기존 공사관들과 마찬가지로 서기관 2인, 사무원 2인이 배치될 예정이라고 합니다. 베를린 및 빈 담당 공사관의 1급서기관에는 이곳 독일학교 1회 졸업생 홍현식[9]이 임명되었습니다. 그는 지적이고 명민한 젊은이로, 비교적 독일어를 잘 구사하며, 지금까지 궁에서 번역자로 있었습니다. 2급서기관 민재설[10]은 공사의 친척으로 영어를 조금밖에 구사하지 못합니다.

외부대신이 본인에게 설명한 바에 의하면, 베를린, 빈, 런던-로마, 파리 담당 공사들이 몇 주 후 부임지로 떠날 예정이라고 합니다. 비록 필요한 재원을 마련하려는 현재의 노력들이 언제 결실을 맺을지 불투명하지만 이번 파견 계획은 진정성이 있어 보입니다.

본인은 본 보고서의 사본을 베이징과 도쿄 주재 독일제국 공사관에 보낼 것입니다.

바이페르트

내용: 독일, 오스트리아, 영국, 이탈리아, 프랑스로 한국 공사들을 파견하려는 계획

---

5 [감교 주석] 민영돈(閔泳敦)
6 [감교 주석] 이범진(李範晉)
7 [감교 주석] 김만수(金晩秀)
8 [감교 주석] 조민희(趙民熙)
9 [감교 주석] 홍현식(洪賢植)
10 [감교 주석] 민재설(閔載卨)

A. 7018에 첨부, 1901년 5월 12일 오전 수신

메모

서울에서는 유럽 각국에 공사들을 파견하면 그 상대국들 또한 실제로 한국에 공사를 파견해줄 것으로 믿고 있다.

3월 20일 자 서울 발 보고서 참조

원문: 한국 1

베를린, 1901년 6월 1일

A. 7017에 관하여

주재 대사관 귀중
빈 No. 266주재 대사관 귀중
빈 No. 332

연도번호 No. 4800

연도번호 No. 3563

귀하에게 독일, 오스트리아-헝가리, 영국, 이탈리아, 프랑스에 공사를 파견하려는 한국의 계획에 관한 3월 20일 자 한국 주재 독일제국 영사의 보고서 사본을 삼가 정보로 제공합니다. 또한 이 내용을 그곳 정부에 전달해주기를 요청합니다.

19
원문 p.712

베를린 주재 한국 공사를 위한 지침서

발신(생산)일	1901. 5. 1	수신(접수)일	1901. 6. 15
발신(생산)자	바이페르트	수신(접수)자	뷜로
발신지 정보	서울 주재 독일영사관	수신지 정보	베를린 정부
	No. 74		A. 8894

A. 8894 1901년 6월 15일 오전 수신

서울, 1901년 5월 1일

No. 74

뷜로 각하 귀하

본인이 어제 한국 정부 고문으로 있는 샌즈[1]로부터 들은 바에 의하면, 현재 베를린에 파견된 한국 공사한테 런던과 파리 담당 공사와 비슷한 지시가 내려갔다고 합니다. 즉 지침서에 나와 있는 적절한 태도들을 잘 숙지하고, 적절한 태도를 선택할 때에는 각하에게 조언을 요청하라는 내용입니다. 그의 보수는 매달 300엔(약 600마르크)으로 책정되었다고 합니다.

바이페르트

내용: 베를린 주재 한국 공사를 위한 지침서

1 [감교 주석] 샌즈(W. F. Sands)

20

원문 p.713

파리와 브뤼셀 담당 신임 한국 공사

발신(생산)일	1902. 2. 21	수신(접수)일	1902. 4. 9
발신(생산)자	바이페르트	수신(접수)자	뷜로
발신지 정보	서울 주재 독일영사관	수신지 정보	베를린 정부
	No. 41		A. 5534

A. 5534 1902년 4월 9일 오전 수신

서울, 1902년 2월 21일

No. 41

뷜로 각하 귀하

건강 문제로 얼마 전 귀국한 파리 및 브뤼셀 담당 한국 공사 김만수[1]의 후임으로 임명된 민영찬[2]이 최근 시베리아를 거쳐 임지로 부임하기 위해 서울을 떠났습니다. 그는 프랑스어와 영어를 구사할 수 있으며, 지난번 세계박람회에 한국 특별위원으로 활동한 바 있어 파리에서는 이미 알려진 인물입니다. 공사 임명 전까지 그는 학부 협판과 새로운 군악대 단장을 역임했습니다.

그는 레오폴트훈장 수여에 대한 한국 군주의 감사 답신과 함께 벨기에-한국 간 통상조약 체결을 계기로 한국 군주가 벨기에 왕에게 수여할 금척대훈장을 브뤼셀에 가져갑니다. 또한 조약 체결에 기여한 공로로 한국 외부대신[3]에게 수여된 레오폴트-십자훈장에 대한 보답으로 벨기에 외무부장관에게 1급 한국국기훈장을 수여할 예정입니다.

그 외에도 민영찬은 헤이그에서 de Beaufort한테 한국 왕의 친서 두 통을 전달하라는 임무를 부여받았습니다. 친서 한 통은 제네바협정에 보내는 서신이고, 다른 한 통은 평화회담에 보내는 서신인데, 한국의 회원 가입을 허락해 달라는 요청을 명확하게 담고 있습니다.

---

1 [감교 주석] 김만수(金晚秀)

2 [감교 주석] 민영찬(閔泳瓚)

3 [감교 주석] 박제순(朴齊純)

본인은 본 보고서의 사본을 베이징과 도쿄 주재 독일제국 공사관에 보낼 것입니다.

바이페르트

내용: 파리와 브뤼셀 담당 신임 한국 공사

베를린, 1902년 4월 16일

A. 5534에 관하여

주재 대사관 귀중
1. 파리 No. 208
2. 브뤼셀 No. 67

귀하에게 파리와 브뤼셀 담당 신임 한국 공사에 관한 금년 2월 21일 자 서울 주재 독일제국 영사의 보고서 사본을 삼가 정보로 제공합니다.

연도번호 No. 3230

21

원문 p.715

베이징 주재 한국 공사가 임지로 출발함

발신(생산)일	1902. 9. 24	수신(접수)일	1902. 11. 10
발신(생산)자	바이페르트	수신(접수)자	뷜로
발신지 정보	서울 주재 독일영사관	수신지 정보	베를린 정부
	No. 154		A. 16417

A. 16417 1902년 11월 10일 오전 수신

서울, 1902년 9월 24일

No. 154

뷜로 각하 귀하

금년 2월 3일 베이징 주재 공사로 임명된 전임 외부대신 박제순[1]이 어제 2명의 서기관과 2명의 실습생을 대동하고 임지에 부임하기 위해 제물포를 떠났습니다. 프랑스 언어교사 마르텔[2]이 이미 몇 주 전 베이징에 가서 한국을 대리해 미국 공사관 부지였던 땅을 매입 완료했습니다. 그는 처음 시설공사 할 때 사절단과 동행하였으며, 나중에도 도움을 줄 것으로 보입니다. 공사관 서기관 박태영[3]은 중국어를 아주 유창하게 구사한다고 힙니다. 공사 역시 예진에 주진독리통상사무[4]를 역임한 터라 중국어를 약간 구사할 수 있습니다.

최근 공사 사절단이 출발을 서두른 주된 이유는 그동안 연기됐던 기념축제[5] 행사에 긍정적인 영향을 주기 위해 청나라 특별사절단의 파견을 기대하기 때문으로 보입니다.

본인은 본 보고서의 사본을 베이징과 도쿄 주재 독일제국 공사관에 보낼 것입니다.

바이페르트

내용: 베이징 주재 한국 공사가 임지로 출발함

1 [감교 주석] 박제순(朴齊純)

2 [감교 주석] 마르텔(Martel)

3 [감교 주석] 박태영(朴台榮)

4 [감교 주석] 주진독리통상사무(駐津督理通商事務)

5 [감교 주석] 칭경예식

22

원문 p.716

새로 임명된 도쿄 주재 한국 공사

발신(생산)일	1903. 2. 17	수신(접수)일	1903. 4. 3
발신(생산)자	바이페르트	수신(접수)자	뷜로
발신지 정보	서울 주재 독일영사관	수신지 정보	베를린 정부
	No. 24		A. 4695

A. 4695 1903년 4월 3일 오전 수신

서울, 1903년 2월 17일

No. 24

뷜로 각하 귀하

이미 1895년 몇 달 동안 도쿄 공사를 역임한 바 있으며 1896년 한국 외부협판 및 임시 외부대신을 역임한 바 있는 신임 도쿄 주재 한국 공사 고영희[1]가 지난번 우발사건 이후로 양국 관계를 다시 새롭게 구축하는 데 힘쓰라는 지시를 받고 오늘 임지로 떠났습니다. 그는 농상공부, 탁지부, 학부의 협판을 역임했는데, 학부협판이 마지막에 제일 오랫동안 머문 직책이었습니다. 그는 유능한 관리로 통하지만 이곳 음모론자들이 항상 그와 멀찍이 거리를 유지하기 때문에 특별히 두드러진 역할을 수행한 적은 없습니다. 그는 외국어를 못하는 관계로 일본어를 구사할 수 있는 궁내부 통역관 박기준[2]이 잠시 수행원으로 따라가게 되었습니다. 지적인 젊은이이자 궁내부 통역관인 그의 아들 고희성[3]은 예전에 이곳 국립독일학교[4]에서 보조교사로 일했습니다. 그는 영어와 중국어는 물론이고 독일어도 약간 구사할 수 있으며 이곳의 독일 사람들과 가깝게 지내고 있습니다.

고희성의 말에 의하면, 그의 아버지는 주로 일본에 거주하고 있는 한국 학생들로 인해 생긴 도쿄 공사관의 빚을 청산하는 데 필요한 자금을 가져갈 것이며, 공사관 건물 건축에 착수할 예정이라고 합니다.

1 [감교 주석] 고영희(高永喜)
2 [감교 주석] 박기준(朴基駿)
3 [감교 주석] 고희성(高羲誠)
4 [감교 주석] 한성덕어학교(漢城德語學校)

본인은 본 보고서의 사본을 베이징과 도쿄 주재 독일제국 공사관에 보낼 것입니다.

바이페르트

내용: 새로 임명된 도쿄 주재 한국 공사

23

원문 p.717

[독일 언론이 서기관 문제에 관해 보도하지 않도록 조처해달라는 민철훈의 서한]

발신(생산)일	1904. 3. 18	수신(접수)일	1904. 3. 19
발신(생산)자	민철훈	수신(접수)자	
발신지 정보	독일 주재 한국 공사관	수신지 정보	베를린 외무부
			A. 4698

A. 4698 1904년 3월 19일 오전 수신

베를린, 1904년 3월 18일

베를린 외무부 귀중[1]

본인은 인준을 받은 특명전권공사로서 독일 언론이 공사관 참서관 홍현식[2]의 문제 및 그와 연관된 사안들에 관한 소식이나 기사들을 절대 싣지 않도록 조처해주시기를 삼가 요청 드립니다. 그로 인해 서면 조사가 방해받을 수 있기 때문입니다.

(직인) 민철훈[3]

한국 공사

1 [원문 주석] 언론에 협조요청 하였음 [판독불가]. 언론은 더 이상 그 사건들에 매달리지 않고 있음. 서류처리는 완료되지 않았음.

2 [감교 주석] 홍현식(洪賢植)

3 [감교 주석] 민철훈(閔哲勳)

24

원문 p.718

신임 베를린 주재 한국 공사의 임명

발신(생산)일	1904. 2. 9	수신(접수)일	1904. 3. 23
발신(생산)자	잘데른	수신(접수)자	뷜로
발신지 정보	한국 주재 독일 공사관	수신지 정보	베를린 정부
	No. 15		A. 4635

A. 4635 1904년 3월 23일 오후 수신

서울, 1904년 2월 9일

No. 15

뷜로 각하 귀하

한국 외부대신[1]이 본인에게, 상트페테르부르크 주재 한국 공사 이범진[2]이 베를린 공사로 임명되었다고 알려왔습니다.

잘데른[3]

내용: 신임 베를린 주재 한국 공사의 임명

1 [감교 주석] 이지용(李址鎔)
2 [감교 주석] 이범진(李範晉)
3 [감교 주석] 잘데른(K. Saldern)

베를린, 1904년 3월 26일 A. 4935

G. A.

이곳 한국 공사에 관해 수집한 정보에 의하면, 당연히 이범진은 이곳의 직위를 유지하고, Min Choel Hun은 워싱턴으로 자리를 옮기게 될 것이라고 합니다. 하지만 지난달 24일 새로 도착한 서울 발 전보[4]에 의하면, 다시 모든 것을 원래대로 되돌리기로 했다고 합니다.

크라허

4 [원문 주석] 나중에 '보고서'로 제출함.

25

원문 p.720

[러시아 주재 한국 공사의 우편물 전달에 대한 편의제공 요청]

발신(생산)일	1904. 4. 26	수신(접수)일	1904. 4. 28
발신(생산)자	알벤스레벤	수신(접수)자	뷜로
발신지 정보	페테르부르크 주재 독일 대사관	수신지 정보	베를린 정부
	No. 368		A. 7169

A. 7169 1904년 4월 28일 오후 수신

상트페테르부르크, 1904년 4월 26일

No. 368

뷜로 각하 귀하

암호해독

이곳 한국 공사[1]가 -그의 아내는 이미 오래 전부터 한국에 머물고 있습니다,- 본인에게 아래와 같은 요청을 했습니다. 즉 러시아 우편운송이 불안정한 점을 고려해 그가 가족에게 보내는 편지를 이곳 독일 대사관의 주선으로 독일 외무부와 서울 주재 독일 공사관을 거쳐 자신이 지정하는 수신처로 전달해 달라는 것입니다.

우편물 발송에서 도착까지 시간이 아주 오래 걸리는 점을 고려할 때 본인은 한국 공사의 요청에 응하는 것에 주저할 필요가 없다고 생각합니다. 이에 본인은 각하께 전보로 긍정적인 결정을 내려주시기를 요청합니다.

알벤스레벤

1 [감교 주석] 이범진(李範晉)

베를린, 1904년 4월 29일 A. 7169

주재 대사 귀하

상트페테르부르크 No. 151[2]

연도번호 No. 5281

암호 전보

보고서 No. 368에 대한 답신:

한국 공사의 요청에 응하는 것은 심각하게 고려해야 할 문제입니다. 한국의 정세를 고려할 때 그의 요청을 수락했을 경우 호의가 오용될 가능성을 완전히 배제할 수 없을 듯합니다. 따라서 정중하게 그의 요청을 거절하기 바랍니다.

2 [원문 주석] 한국 공사가 다시 이 요청을 해올 경우 대사의 견해에 따라 서신들을 공개적으로 건네야 한다는 사실을 암시할 것. 그런 다음에도 그가 계속 같은 요구를 해온다면 그땐 어떤 핑계를 대며 거절할 것인지 고민해봐야 함.

26

원문 p.722

[러시아 주재 한국 공사가 베를린 도착 후 일본공사관을 방문했다는 베를린 지역신문의 보도]

발신(생산)일	1904. 5. 24	수신(접수)일	1904. 5. 26
발신(생산)자		수신(접수)자	
발신지 정보	베를린	수신지 정보	베를린
			A. 8894

A. 8894 1904년 5월 26일 오후 수신

베를리너 로칼 안자이거[1]

1904년 5월 24일

1면에 실린 기사에 이어 오후 늦게 우리한테, 페테르부르크 주재 한국 공사[2]가 베를린에 도착한 뒤 일본 공사관에 들렀다는 소식이 전해졌다. 일본 공사관에서는 한국 공사가 공사관에서 아주 오래 머무른 것에 놀랐지만 한국인들은 일본의 동맹자들이라고 설명했다. 어느 개인 정보가 우리한테 아래와 같이 알려준다.:

1 [감교 주석] 베를리너 로칼 안자이거(Berliner Lokal Anzeiger)

2 [감교 주석] 이범진(李範晉)

베를린, 1904년 5월 26일 A. 8894에 첨부

이 첨부문서는 Hata에 의해서, 이곳 일본 공사관은 상트페테르부르크 주재 한국 공사가 이곳에 도착했다는 사실을 알지 못했으며, 실제로 한국 공사가 이곳 일본 공사관에 들렀다는 소식은 가짜 뉴스라는 내용의 메모와 함께 전달되었습니다.

Hata는 그런 식의 가짜 뉴스를 막기 위해 외무부 쪽에서 언론에 압박을 가할 수 없느냐고 묻고 있습니다. 상기 사건의 경우 〈베를린 지역신문〉 기자는 자신이 직접 Hata한테서 페테르부르크 주재 한국 공사가 온다는 소식을 들었다고 했습니다. 하지만 Hata는 그 사실을 전혀 몰랐다고 했습니다.

27

원문 p.724

[러시아 주재 한국 공사 이범진의 해임에 대한 러시아 외무부의 입장 보고]

발신(생산)일	1904. 9. 9	수신(접수)일	1904. 9. 11
발신(생산)자	알벤스레벤	수신(접수)자	뷜로
발신지 정보	페테르부르크 주재 독일 대사관	수신지 정보	베를린 정부
	No. 792		A. 14636

사본

A. 14636 1904년 9월 11일 오전 수신

상트페테르부르크, 1904년 9월 9일

No. 792

뷜로 각하 귀하

한국 공사[1]는 자신이 해임되었다는 신문기사가 나온 이후인 어제도 람스도르프[2] 백작이 개최한 외교관 접견식에 참석했습니다. 람스도르프 백작은 그 문제에 대해, 아직 한국 황제에 의해 공식적으로 해임된 것이 아니기 때문에 사절로서 공사의 직무가 끝났다고 볼 수 없다고 말했습니다. 이것은 러시아 정부의 현재 입장과 일치합니다. 아시다시피 전쟁 초기 일본이 한국을 무력으로 점령하고 있을 때 일본이 한국에 시행한 모든 조처들을 무효라고 천명한 바 있습니다. 게다가 그 공사는 최근 인터뷰를 통해 황제가 자신에게 특별한 호의를 갖고 있다고 자랑했습니다. 동시에 외부대신[3]은 천사인 자신의 적이라고 지칭했습니다. 이곳 신문들에서도 그 공사의 말처럼 이달 4일 한국 황제의 생일날 공사관에 한국 국기를 게양했으며, 저녁에는 공사가 주최하는 연회가 열렸다고 보도했습니다. 그 자리에서 그가 해임됐다는 전보는 어떻게 된 거냐는 질문이 나오자 공사는, 한국인들 대다수의 의견에 따라 자신이 일본인들에게 적대감을 노골적으로 표출하는 것으로

1 [감교 주석] 이범진(李範晉)
2 [감교 주석] 람스도르프(V. Lamsdorf)
3 [감교 주석] 이하영(李夏榮)

유명한지라 아마도 일본 측에서 다시 거짓 음모를 꾸몄을 거라고 추정했습니다.

계속해서 이범진은 그의 상트페테르부르크 체류가 48,000루블까지 늘어난 빚과 연관이 있다는 소문에 대해서도 언급했습니다. 그는 자신의 생활방식이 굉장히 소박하다면서 아무리 어리석은 사람도 그렇게 큰 빚을 지기는 쉽지 않다는 점을 지적했습니다. 실제로 그에게 생필품을 공급해준 곳은 아마도 러시아 정부인 듯합니다.

(서명) 알벤스레벤

원본 문서 러시아 88

28

원문 p.726

한국의 서신교환

발신(생산)일	1904. 7. 17	수신(접수)일	1904. 9. 12
발신(생산)자	잘데른	수신(접수)자	뷜로
발신지 정보	한국 주재 독일 공사관	수신지 정보	베를린 정부
	K. No. 82		A. 14716

A. 14716 1904년 9월 12일 오후 수신, 첨부문서 2부

K. No. 82 서울, 1904년 7월 17일

뷜로 각하 귀하

상트페테르부르크 주재 한국 공사 이범진[1]이 본인에게 은밀히 자신의 서찰을 일본인의 손에 들어가지 않도록 직접 지정한 수신지에 전달해 달라는 요청을 담은 편지를 보냈습니다. 아무래도 그는 우편제도를 믿지 못하는 듯합니다. 그리고 얼마 전 정말로 본인에게 이곳에 사는 아들한테 전해 달라며 편지 한 통을 보냈습니다. 그 편지를 전달하면서 본인은 그의 아들에게, 앞으로는 중립적인 국가의 대표인 본인에게 이런 부탁을 하지 말라는 말을 아버지한테 전해주고, 아들도 본인의 중개 역할을 기대하지 말아 달라고 말했습니다.

그런데 공사한테 본인의 거부하는 입장이 전해지기도 전에 상트페테르부르크에서 서신과 함께 엽서 한 통이 도착했습니다. 본인은 어쩌면 은밀한 정치 관련 소식들이 포함돼 있을지도 모르는 서신 교환에 우리가 중간에서 전달자 역할을 수행하는 것은 안 된다고 생각합니다. 또한 이러한 본인의 입장에 각하께서도 분명히 동의하실 것이라고 믿습니다. 물론 그 편지는 아마 아무런 해가 없을 것입니다. 그렇지만 정확한 사실은 누구도 알 수 없습니다. 또한 어쩌면 그로 인해 우리가 사람들로부터 의심을 살 수도 있습니다. 따라서 본인은 한국 공사가 동봉해 보내온 서신들을 상트페테르부르크 주재 독일제국 대사관 직원을 통해 되돌려줄 생각입니다. 또한 그때 자세한 사정을 구두로도 알리는 것이 최선일 듯합니다.

잘데른

내용: 한국의 서신교환

1 [감교 주석] 이범진(李範晉)

베를린, 1904년 9월 18일 A. 14716

주재 대사 귀중
상트페테르부르크 No. 1063

연도번호 No. 10934

귀하에게 상트페테르부르크 주재 한국 공사가 보낸 서신 전달에 관한 금년 7월 27일 자 서울 주재 독일제국 변리공사의 보고서 사본을 첨부 문서들과 함께 전달합니다. 더 고민할 여지가 없다면 잘데른의 제안에 따라 귀하가 이 자료들을 다시 그에게 전달해주기를 요청합니다.

29

원문 p.728

[조일관계에 관한 일본 언론 보도 중 공사관 종료가 언급되었다는 보고]

발신(생산)일	1904. 9. 2	수신(접수)일	1904. 9. 28
발신(생산)자	아르코	수신(접수)자	벨로
발신지 정보	도쿄 주재 일본 공사관	수신지 정보	베를린 정부
	B. 269		A. 15566

사본

A. 15566 1904년 9월 28일 오후 수신

도쿄, 1904년 9월 2일

B. 269

대체로 정확한 소식을 다루는 Nichi Nichi Shimbun[1]이 지난달 27일 한국과의 관계 설정에 관한 상세한 계획을 다룬 기사를 실었습니다. 일본 정부가 갖고 있는 계획에 대한 기사입니다. 그 기사에서 한국의 능동적이고 수동적인 공사관 법의 종료도 언급되었습니다.

일본 외무성은 즉각 이 계획의 실행을 부인하였습니다. 또한 고무라[2] 남작은 본인에게 공사관 법 문제를 명확히 언급하면서. 정부의 바뀐 계획들에 대해 매우 강력하게 이의를 제기했습니다.

(서명) 아르코 백작

원본 문서 일본 20 No. 3

1 [감교 주석] 도쿄니치니치신문(東京日日新聞)

2 [감교 주석] 고무라 주타로(小村壽太郎)

30

원문 p.729

한국의 공사관들

발신(생산)일	1905. 7. 19	수신(접수)일	1905. 8. 27
발신(생산)자	잘데른	수신(접수)자	벨로
발신지 정보	한국 주재 독일 공사관	수신지 정보	베를린 정부
	K. No. 47		A. 15141

A. 15141 1905년 8월 27일 오전 수신

서울, 1905년 7월 19일

K. No. 47

벨로 각하 귀하

각하께서도 아시다시피 현재 일본인들이 가장 바라는 것은 한국 공사관들을 철수시키는 것입니다. 하지만 공사 직을 없애려는 그들의 노력은 한국 군주의 저항에 부딪쳐 실패했습니다. 그러자 일본인들은 현재 간접적인 방식으로 그들의 목적을 이룰 방도를 찾고 있습니다. 서울 주재 일본 공사는 현재 한국 공사관들에 채용된 비한국인 고문들과 직원들을 해임하자는 제안을 내놓았습니다. 황제는 이 제안을 허가할 것으로 보입니다. 황제는 최근 본인에게 믿을 만한 사람을 보내 이 문제에 대한 조언을 구했습니다. 본인은 그에게 황제에게 공식적으로 조언할 수 있는 입장이 아니라고 설명했습니다. 하지만 개인적으로는 현재 왕이 자신을 지킬 수 있는 수단이 전혀 없기 때문에 일본의 요구를 수용하는 것이 최선으로 보인다고 말했습니다. 또한 왕이 순순히 그 제안을 받아들이지 않으면 왕 자신의 지위 역시 매우 흔들리게 될 것이라고 덧붙이면서, 본인의 발언이 심히 유감스럽겠지만 아무도 왕을 도와줄 수는 없을 것이라고 말했습니다.

황제를 비롯해 많은 한국인들은 여전히 믿기지 않을 만큼 환상에 사로잡혀 있습니다. 그들은 나무만 볼 뿐 숲을 보지 못하며, 지금도 이건 현실이 아닐 것이라는 희망에 매달리고 있습니다. 황제는 단 한 번도 궁의 담장 밖으로 나가본 적이 없기 때문에 외부세계에 대한 그의 지식은 궁중 관리들이 하는 아첨의 말에 기반하고 있습니다. 다른 한국인들 역시 일본의 손에서 빠져나갈 엄두조차 못 내고 있습니다. 황제가 며칠 전 어느 관리한테 자금을 주면서 워싱턴에서 열린 평화협상의 내용을 염탐하고 오라는 지시를 내리려 한 것을 보면 그가 현 사태를 얼마나 세상과 동떨어진 시각으로 보고 있는지 알 수 있습니다. 당연히 이 지시는 일본 공사의 압박을 받고 철회된 듯합니다.

이곳 군주는 한국 공사관 문제에 대해 이곳의 다른 외교사절들한테도 조언을 구했던 것 같습니다. 미국 공사가 그 문제에 관한 의견을 묻기에 본인은 그에게 황제에게 했던 답변을 그대로 전해주었습니다. 또한 독일 정부는 이 문제에 거의 관심이 없기 때문에 적극적으로 개입하지 않고 한국에서 이 혼란이 어떻게 진행되는지 조용히 지켜보고 있다고 말했습니다. 우리는 단지 이곳에서 상업적 이익에만 관심을 갖고 있으며, 상업적 이익을 지키는 법을 알고 있다고도 했습니다. 모건[1]은 한국 공사관 문제에 대해 자국에 전보로 보고한 듯합니다. 본인은 현재 진행 중인 협상들에서 중요한 지위를 차지하는 것이 당연하다고 말했습니다.

만약 한국 공사들한테서 외국인 고문들을 빼내버리면 그들은 완전히 절망적인 상황에 처할 게 명백합니다. 그게 바로 일본인들이 노리는 바이기도 합니다. 일본인들은 한국을 대표하는 외교사절 직을 자신들이 차지할 속셈입니다.

본인은 베이징과 도쿄로 이 보고서의 사본을 보낼 것입니다.

잘데른

내용: 한국의 공사관들

1 [감교 주석] 모건(E. V. Morgan)

베를린, 1905년 8월 29일

A. 15141

주재 외교관 귀중
워싱턴 A. No. 926

연도번호 No. 9632

귀하에게 한국 공사관들에 관한 지난달 19일자 서울 주재 독일제국 변리공사의 보고서 사본을 삼가 정보로 제공합니다.

31

원문 p.732

[독일 주재 일본 공사의 감사 전달]

발신(생산)일	1905. 12. 8	수신(접수)일	1905. 12. 10
발신(생산)자	리히트호펜	수신(접수)자	
발신지 정보	베를린 외무부	수신지 정보	
	No. 23		A. 22136

사본

A. 22136 1905년 12월 10일 오후 수신

베를린, 1905년 12월 8일

No. 23

일본 공사가 자국 정부로부터 "독일 정부가 곧바로 한국 문제를 해결해준 것에 대해 크게 감사하고 있다"는 사실을 전해달라는 지시를 받았다고 말했습니다.

그 자리에서 이노우에[1]는 자국 정부의 지시에 따라서 독일에 거주하는 한국인들의 보호를 이곳 일본 공사관에서 넘겨받았다고 했습니다. 또한 정식으로 베를린 담당 한국 공사 직을 폐지한다는 공문이 오기를 기다리고 있다고 했습니다.

(서명) 리히트호펜

원문: 한국 7

1 [감교 주석] 이노우에 가쓰노스케(井上勝之助)

32

원문 p.733

[한국의 해외공사관 철수 통지]

발신(생산)일	1905. 12. 12	수신(접수)일	1905. 12. 12
발신(생산)자	이노우에 가쓰노스케	수신(접수)자	리히트호펜
발신지 정보	베를린 주재 일본 공사관	수신지 정보	베를린 외무부
			A. 22264

A. 22264 1905년 12월 12일 오후 수신

베를린, 1905년 12월 12일

외무부 장관
폰 리히트호펜 각하 귀하

아래 서명자는 본국 정부로부터 독일 외무부 장관 폰 리히트호펜 각하께 삼가 아래와 같이 통지하라는 지시를 받았음을 알려 드립니다. 일본과 한국이 1905년 11월 17일 체결한 조약에 의거해 한국 공사관들은 폐쇄되고 한국 영사들도 그 직위에서 해임되었습니다. 또한 한국 공사관이 가진 권한과 기능은 해당 일본 외교대표부 내지 영사한테로 이관되었음을 통지합니다.

또한 아래 서명자는 이번 기회에 독일 내 한국의 관련 업무를 파악하라는 지시를 받았음을 알려 드립니다. 외무부 장관 각하께 다시 한 번 존경의 뜻을 표합니다.

이노우에[1]

1 [감교 주석] 이노우에 가쓰노스케(井上勝之助)

33

원문 p.734

[주청일본공사가 주청한국공사관 폐쇄를 통지했다는 보고]

발신(생산)일	1905. 12. ?	수신(접수)일	1905. 12. 15
발신(생산)자	뭄	수신(접수)자	
발신지 정보	베이징 주재 독일공사관	수신지 정보	베를린 외무부
	No. 314		A. 22421
메모	암호전보		

A. 22421 1905년 12월 15일 오전 수신

전보

베이징, 1905년 12월 __일 __시 __분
도착 12월 15일 오전 5시 10분

발신: 독일제국 공사
수신: 외무부 귀중

암호해독

No. 314

일본 공사가 영사단 수석으로서 본인에게 이곳 한국 공사관의 폐쇄, 청 주재 한국 영사의 해임, 한국 관련 사안들을 일본 공사관 내지 일본 영사들한테 위임한다는 사실을 통지해 왔습니다.

수신을 확인하였으며 내용을 회람하였습니다.

뭄

A. 22421에 첨부

제국편람에 서울 주재 독일 변리공사 및 총영사, 베를린 주재 한국 공사관 및 함부르크 주재 한국 영사가 어떤 식으로 기술되어야 하는가?

일단 A국에서 의견을 밝혀 달라는 요청이 들어옴. B. 1905년 12월 18일

바르베, 1905년 12월 18일

독일 변리공사는 삭제하고 제국편람에는 단지 한국 주재 총영사에 관해서만 기술할 것. 베를린 주재 한국 공사관 및 한국 영사에 대한 기술은 제국편람에서 통째로 빼야 함. IB의 의견.

다시 제출.
Z. 12월 21일

1906년 1월 3일
E. o. I C 84에 의해 처리 완료됨.

34

원문 p.736

[함부르크 주재 한국 영사관 폐지를 통지받았다는 보고]

발신(생산)일	1905. 12. 16	수신(접수)일	1905. 12. 17
발신(생산)자		수신(접수)자	벨로
발신지 정보	함부르크	수신지 정보	베를린 정부
			A. 22637

A. 22637 1905년 12월 17일 오후 수신

함부르크, 1905년 12월 16일

벨로 각하 귀하

본인이 오늘 한국 정부로부터 아래와 같은 전보를 수령하였음을 삼가 보고 드립니다.:

서울

마이어[1]가 오늘 담당자에게 구두로 그가 발표한 공지의 내용을 확인해 주었습니다.

찬성하지 않음.

Z. 12월 21일

1 [감교 주석] 마이어(Meyer)

서울, 12월 15일 오후 4시

"Your office is terminated by treaty with Japan transfer archives to Japanese Legation at Berlin accept cordial thanks of imperial government for your services Yi Wan Yong Acting Minister Foreign Affairs"

본인은 전보의 내용에 따라서 본 영사의 문서고와 직인을 다음 주 중으로 일본 공사관에 넘길 것입니다. 동시에 본인은 외무부에 들어가 이 사안에 대해 밝힐 예정입니다.

각하께
삼가
고지합니다.
H. C. 에두아르트 마이어

35

원문 p.738

[한국의 해외공사관 및 영사관 폐지 통지]

발신(생산)일	1905. 12. 18	수신(접수)일	1905. 12. 19
발신(생산)자	이노우에 가쓰노스케	수신(접수)자	리히트호펜
발신지 정보	베를린 주재 일본공사관	수신지 정보	베를린 외무부
	No. 23		A. 22828

A. 22828 1905년 12월 19일 오후 수신

베를린, 1905년 12월 18일

No. 23

독일 외무부 장관
폰 리히트호펜 각하 귀하

아래 서명자는 독일 외무부 장관 폰 리히트호펜 각하께 이달 12일 자 외교문서[1]에 이어 삼가 아래와 같이 알려 드리게 되어 영광입니다. 독일 주재 한국 공사관은 폐지되고 함부르크 주재 한국 영사는 해임되었습니다. 또한 이곳 일본 공사관이 독일 내 한국의 관련 업무를 이미 넘겨받았음을 알려 드립니다.

또한 아래 서명자는 이번 기회에 독일 외무부 장관 각하께 다시 한 번 존경의 뜻을 표합니다.

이노우에[2]
[일본제국 공사관]

1 [원문 주석] A. 2226가 담당자에게 이미 내용을 설명함.
2 [감교 주석] 이노우에 가쓰노스케(井上勝之助)

베를린, 1905년 12월 21일

A. 22264, 22637, 22828

일본 공사관 귀중

연도번호 No. 13917

메모:

이곳 한국 공사관의 구두 전언에 의하면, 한국 공사관 측에서 한국 공사관 폐쇄를 공식적으로 발표하지는 않을 것이라고 합니다. 한국 공사의 발표 내용은 고별 방문을 고지하는 것에 한정될 듯합니다.

(서명자가) 이달 12일과 18일 자 외교문서의 수신을 확인해 주었습니다. 그에 따르면 일본과 한국 간에 1905년 11월 17일에 체결된 조약에 따라 한국 공사관이 폐지되고, 한국 영사들은 해임되었으며, 일본 공사관이 독일 내 한국의 관련 업무를 넘겨받았다고 합니다.

서명자는 그 사실을 통지하면서 특별한 존경심을 다시 한 번 표했습니다.

36

원문 p.740

한국 공사관 및 청 주재 한국 영사의 철수

발신(생산)일	1905. 12. 18	수신(접수)일	1906. 1. 30
발신(생산)자	뭄	수신(접수)자	뷜로
발신지 정보	베이징 주재 독일공사관	수신지 정보	베를린 정부
	A. 388		A. 2076

A. 2076 1906년 1월 30일 오전 수신, 첨부문서 1부

베이징, 1905년 12월 18일

A. 388

뷜로 각하 귀하

각하께 이곳 한국 공사관 및 청 주재 한국 영사의 철수, 그와 연계된 한국 관련 업무 담당이 이곳 일본 공사관 및 일본 영사한테 넘어갔다는 일본 공사의 통지문 사본을 삼가 제출합니다.

뭄

내용: 한국 공사관 및 청 주재 한국 영사의 철수

1905년 12월 18일 자 보고서 A. 388의 첨부문서

첨부문서의 내용(원문)은 독일어본 741쪽에 수록.

37

원문 p.742

[일본 주재 한국 공사관 폐쇄 보고]

발신(생산)일	1905. 12. 27	수신(접수)일	1906. 2. 1
발신(생산)자	아르코	수신(접수)자	뷜로
발신지 정보	도쿄 주재 일본 공사관	수신지 정보	베를린 정부
	A. 378		A. 2240

사본

A. 2240 1906년 2월 1일 오전 수신

도쿄, 1905년 12월 27일

A. 378

뷜로 각하 귀하

이달 21일 한국 공사 조민희[1]가 도쿄를 떠났고, 한국 공사관도 폐쇄되었습니다. 이곳에서 공부하고 있는 한국인들을 보살피기 위해 공사관 직원 한 명만 이곳에 남았습니다.

(서명) 아르코 백작

원본 문서 일본 71

1 [감교 주석] 조민희(趙民熙)

38

원문 p.743

[보호조약 체결 후 한국 상황에 관한 보고]

발신(생산)일	1905. 12. 28	수신(접수)일	1906. 2. 15
발신(생산)자	나이	수신(접수)자	뷜로
발신지 정보	서울 주재 독일영사관	수신지 정보	베를린 정부
	K. No. 85		A. 3246

사본

A. 3246 1906년 2월 15일 오후 수신

서울, 1905년 12월 28일

K. No. 85

뷜로 각하 귀하

보호조약[1] 체결로 위기에 빠졌던 평화가 다시 회복되었습니다. 한국인들 대부분이 행동보다는 말로 시끌벅적하게 반대했으나 이제 그 자리는 한국인들한테 아주 잘 어울리는 무관심이 차지했습니다. 또한 일본인들도 모든 도시에 배치했던 초소와 수색대를 대부분 철수시켰습니다. 조약체결이 알려진 후 자살 행렬이 시작되었고, 그 최고의 희생자는 민영환[2] 장군과 76세의 전직 총리대신 조병세[3]였습니다, 하지만 자살 대유행은 한국 최고위직 관리들한테로 퍼져나갈 것으로 기대했으나 그렇지 않았습니다. 한국 군주는 애국적으로 자기 목숨을 버린 모든 이들에게 사후에 경의를 표함으로써 그들을 인정했습니다. 그래서 신문에는 한국의 몰락에 대한 슬픔으로 자살한 어느 병사가 내각의 비서로, 또 교육부의 어느 필경사가 협판으로 추서되었다는 기사를 접할 수 있습니다. 하지만 자살자들에 대한 황제의 이런 식의 추서는 더 이상 모방할 만한 매력이 없어 보입니다.

이토[4] 후작이 한국 통감으로 임명된 것을 한국인들은 그나마 불행 중 다행으로 받아

1 [감교 주석] 을사늑약(乙巳勒約)

2 [감교 주석] 민영환(閔泳煥)

3 [감교 주석] 조병세(趙秉世)로 추정됨.

4 [감교 주석] 이토 히로부미(伊藤博文)

들이고 있습니다. 그는 한국에서 다양한 임무를 수행하는 과정에서 늘 유화적인 접근법을 사용하였습니다. 그래서 이 노회한 일본 정치인은 한국 정부로 하여금 가장 쓴 약을 삼키도록 했을 때 어느 정도 한국인들의 신뢰를 획득했습니다. 그가 서울에 도착하기 전까지는 일본 왕의 지시에 따라서 하야시[5]는 조약 체결로 인해 통감에게 부여된 직무들을 잘 인지해야 합니다. 하지만 아직 이곳 일본 공사관은 공식적으로 폐쇄되지 않았습니다. 한국의 대신들 역시 형식적으로 아직 직위를 유지하고 있습니다. 하지만 지난번 정치적인 사건들 이후로 몇몇 부서는 너무 인기가 떨어지는 바람에 대신의 직위를 넘겨받으려는 후임자들을 찾아보기 힘들 정도입니다. 그로 인해 공석이 된 외부대신 직은 일본 통감의 지휘하에 "외사과"로 다시 출범할 때까지 임시로 스티븐스[6]가 이끌고 있습니다.

이미 보고 드린 바와 같이 한국 주재 청나라 공사[7]도 이미 이곳을 떠나고, 서기관 1명과 대리공사가 공사관 업무를 맡고 있습니다. 하지만 이미 공사관 문서들을 청 총영사한테로 옮기는 작업을 진행 중입니다. 프랑스 공사[8]는 최근 본국 정부로부터 이곳을 떠나라는 지시를 받았습니다. 그는 1월 중순 이전에 한국을 떠날 계획입니다. 영국 대리공사[9]는 런던에서 아직 아무런 지시도 받지 못했습니다. 단지 도쿄로부터 영국 정부가 일본 정부에 조만간 한국 주재 영국 변리공사의 해임을 확약했다는 소식을 들었습니다. 아무튼 콕번[10]은 그동안 몇 주 전 한국 외부대신[11]이 영국 변리공사한테 보낸 외교문서에 대한 공식적인 답변을 준비하느라 애썼습니다. 한국과 관련해 영국-일본 동맹조약 제2조의 수용을 비우호적인 조항으로 명시하면서 해명을 요청하는 외교문서였습니다. 그에 대한 답변에서 영국 대리공사는 1904년 일본과 한국이 체결한 조약을 언급한 뒤, 조약 제2조는 단지 이 조약을 통해 형성된 실제 관계를 승인하는 의미일 뿐이라고 말했습니다.

드디어 한국 황제도 외국에 파견된 한국 공사들을 소환하라고 지시했습니다. 베를린 주재 한국 공사관에 정기적으로 송금하는 일을 대행했던 함부르크 마이어 회사[12]는 최근 제물포 지점에 전보를 보내 공사와 공사관 직원들이 6개월 전부터 급여를 전혀 받지 못했다면서 공사가 2만 엔을 요구하고 있다는 내용이었습니다. 제물포 지점은 스티븐스

5 [감교 주석] 하야시 곤스케(林權助)
6 [감교 주석] 스티븐스(D. W. Stevens)
7 [감교 주석] 쩡광취안(曾廣銓)
8 [감교 주석] 플랑시(V. C. Plancy)
9 [감교 주석] 조던(J. N. Jordan)
10 [감교 주석] 콕번(H. Cockburn)
11 [감교 주석] 박제순(朴齊純)
12 [감교 주석] 마이어 회사(E. Meyer & Co.; 세창양행(世昌洋行))

의 조언에 따라 함부르크 본사에 전보로, 베를린 주재 일본 공사관에 자료가 이관되는 즉시 공사가 정부로부터 돈을 지급받을 거라는 내용의 답신을 보냈습니다. 그로부터 이틀 뒤 스티븐스는 한국 공사관에서 자료가 이관되었다는 소식을 전달받았습니다. 하지만 베를린 주재 일본 공사관에서 전신으로, 자료 비슷한 것이 넘어오기는 했지만 며칠 전 한국 서기관이 직인과 한국 궁의 특수코드가 포함된 암호를 갖고 사라져버렸다는 보고가 들어왔습니다. 다른 여러 나라의 수도에서도 한국인들의 직인과 암호가 일본 대표부에 업무가 이관되기 전에 비밀리에 사라졌다고 합니다. 사람들은 한국 궁에서 공사관들에 그곳을 떠나지 말라는 은밀한 지령이 내려갔을 것으로 추정하고 있습니다. 한국의 궁은 여전히 완벽한 무지와 어리석음에 사로잡혀 있습니다. 궁에서는 여전히 한국이 현재 어떤 상황에 놓여 있는지 파악하지 못하고 있습니다. 아무튼 한국 공사와 직원들의 빚을 갚고 그들이 고향으로 돌아가는 차편을 구할 수 있도록 현재 베를린 주재 일본 공사관에 24,000엔이 송금되었습니다.

이곳 일본 공사관은 공식적으로 보호조약이 체결된 상황에 대해 보다 자세한 설명을 내놓았습니다. 그에 따르면, 이곳 궁을 소식통으로 한 유럽 언론의 기사들에는 사실에 맞지 않는 내용들이 포함되어 있다고 합니다. 조약에 반대하는 몇몇 대신들에게 물리적인 압박이 가해졌다는 것과 한국 외부대신의 직인이 본인이 아니라 일본 공사관 서기관이나 헌병에 의해 문서에 날인되었다는 내용이 그렇다고 합니다. 일본인들은 사람들로 하여금 그들의 설명을 믿도록 만드는 것을 아주 중요하게 여기는 듯합니다. 이곳 일본 공사관 직원들은 지금도 여전히 한국의 궁에서 11월 17일에 벌어진 사건들에 대해 대화하는 것을 매우 즐깁니다. 스티븐스 역시 그 점에 있어서는 일본인들의 열렬한 추종자입니다. 그 사건에 대한 대화를 나누던 중 스티븐스가 이상할 정도로 솔직하게, 그 모든 사건은 원래 이론상으로만 의미를 갖고 있었다고 털어놓았습니다. 이토 후작은 만약의 경우를 대비해 주머니에 다른 문서를 갖고 있었으며, 만약 한국 정부가 지속적으로 조약 체결을 거절했을 경우 그는 다른 문서를 사용했을 것이라고 합니다. 그것은 한국 정부에 동의 이외의 다른 여지를 전혀 남겨 놓지 않는 문서로서, 한국 입장에서는 11월 17일 체결된 조약과 똑같은 결과를 가져왔을 거라고 합니다.

(서명) 나이[13]

원본 문서 한국 10

---

13 [감교 주석] 나이(Ney)

Auswärtiges Amt

Abth. A.

Politisches Archiv d. Auswärt. Amts

Acta

Betreffend

Die fremde Vertretung in Korea

Vom 7. September 1894

Bis Februar 1903

Bd. 2

f. Bd. 3

Politisches Archiv des Auswärtigen Amts

R 18952

KOREA. № 7.

Inhalts-Verzeichniß 1894.	
Ber. a. Söul v. 24. 9. № 69: Ankunft des britischen Generalkonsuls Hillier. Sonderbares Benehmen des Konsuls Gardner.	10295 11. 10.
Ber. a. Peking v. 6. 11. A. 186: die Thätigkeit des japanischen Gesandten Otori in Korea.	11818
Ber. a. Söul v. 19. 10. № 77: Abberufung des japanischen Gesandten Otori, Nachfolger desselben wird Graf Inouye.	11315 11. 12.
desgl. v. 27. 10. № 78: Eintreffen des neuernannten japanischen Gesandten Grafen Inouye in Söul. Gründe der Abberufung des H. Otori.	11701 22. 12.
1895.	
Bericht aus Schinwan v. 10. 8. № 24. Der ehem. Leggat.-Secr. der russ. Gesandtschaft in Schinwan, Speyer, ist zum Geschäftsträger bezw. Generalkonsul Rußlands in Korea ernannt. - orig. i. a. Rußland 87 -	9691 3. 9.
Ber. a. Tokio v. 25. 8. A. 273. Ernennung des Vicomte Miura zum japanischen Gesandten für Korea an Stelle des zurückberufenen Grafen Inouye.	10693 3. 10.
Ber. a. Söul v. 8. 8. № 43: Versetzung des russischen Geschäftsträgers Waeber nach Mexiko, sein Nachfolger wird der Legationssekretär Speyer sein.	10873 9. 10.
desgl. v. 12. 9. K. № 46: Der neue japanische Gesandte für Korea, Vicomte Miura, hat die Geschäfte übernommen.	11667 31. 10.
Ber. a. Tokio v. 21. 10. A. 311: Abberufung des Gesandten Miura, welcher bei dem Putsch in Söul komprommitirt erscheint, und des Legationssekretärs Sugi-mura aus Söul.	12802 29. 11.
1896.	
Ber. a. Washington v. 16. 12. № 637. Beschwerde der japanischen Regierung über den interimistischen Vertreter der Vereinigten Staaten in Söul, der sich in innere koreanische Angelegenheiten eingemischt habe.	139 5. 1.
Ber. a. Petersburg v. 26. 2. № 88: Der ehemalige russische Gesandte Waeber ist zum Berather des Königs von Korea als dessen Cabinetschef berufen und Oberst Strelbicki zum Militär-Attaché ernannt worden.	2150 28. 2.

Ber. v. 12. 6. a. Tokio A. 113: Ernennung des japanischen Gesandten in Korea, Komura, zum Viceminister der ausw. Angelegenheiten an Stelle des als Gesandten nach Söul versetzten Herrn Hara. Origl. i. a. Japan 10	7658 23. 7.
1897/98.	
Bericht aus Söul v. 26. 3. № 20. Ernennung des interimistischen Geschäftsträgers Kato Masuo zum japan. Minist.-Residenten. Der großbrit. Gesandte, Sir Claude Mac Donald, hat sein Beglaubigungsschreiben übergeben.	6727 21. 5.
desgl. v. 27. 7. № 42: Ernennung des G. Dr. H. N. Allen zum amerikanischen Ministerresidenten.	11340 24. 9.
desgl. v. 13. 9. № 54: Der russische Geschäftsträger von Speyer hat die Geschäfte übernommen; der amerikanische Minister-Resident Allen hat sein Beglaubigungsschreiben übergeben.	12904. 4. 11.
1898.	
Notiz: Schriftstücke, betr. die Beschwerde des russischen Botschafters in Berlin über die angeblich antirussische Haltung des Konsuls Krien in Korea, befinden sich i. a. Korea 1.	2583 2. 3.
Ber. a. Söul v. 2. 12. K. № 78: Ernennung des russischen Geschäftsträgers für Korea von Speyer zum Gesandten für China.	1310 2. 2.
desgl. v. 30. 12. K. № 81: Ernennung des G. Matunin zum russischen Geschäftsträger für Korea.	1990 17. 2.
Ber. a. London v. 1. 4. N. 311: Erhebung der englischen Konsular-Vertretung in Söul zur diplomatischen Mission und Ernennung des bisherigen Generalkonsuls Jordan zum Geschäftsträger.	4055 3. 4.
Notiz: Bericht a. Söul v. 24. 2. № 26, betr. einen Angriff auf den unter seinen Landsleuten verhassten koreanischen Dolmetscher der russischen Gesandtschaft Kin Hong Yuk, befindet sich i. a. Korea 3.	4508 14. 4.
Ber. a. Söul v. 10. 3. № 32: Ernennung des englischen Generalkonsuls Jordan zum Geschäftsträger für Korea.	5249 1. 5.
Bericht aus Söul v. 19. 4. № 43 n. Eintreffen des neuen Russ. Vertreters N. Matunin. Abreise des Herrn von Speyer nach Shanghai in Begleitung des H. Alexieff.	6991 13. 6.
desgl. v. 20. 5. № 51: Die Beglaubigungen des englischen, des französischen und des russischen Geschäftsträgers.	8019 8. 7.

Ber. a. Chuzenji v. 21. 7. № A. 94: Japanische Zeitungsnachricht von einem angeblichen thätlichen Angriff unsres Konsuls Krien in Söul auf den koreanischen Vertreter des Ministers der auswärtigen Angelegenheiten.	9871 26. 8.
Ber. a. Peking v. 19. 8. A. 150: Errichtung einer chinesischen Gesandtschaft in Söul, deren Führung Hsi Shou Peng übernehmen soll.	11345 2. 10.
desgl. v. 3. 9. A. 158: Charakteristik des zum russischen Generalkonsul und Geschäftsträger ernannten H. Pawlow.	11925 17. 10.
1899.	
Notiz: Der Bericht a. Peking v. 27. 2. A. 39, betr. Beglaubigung eines chinesischen Gesandten in Korea, befindet sich i. a. Korea 3.	4408 15. 4.
Ber. a. Söul v. 18. 2. № 14: Telegramm des Königs von Korea an den Zaren aus Anlaß der Abberufung des russischen Geschäftsträgers Matunine.	3876 3. 4.
desgl. v. 3. 2. № 12: Ernennung des Hsü Shou Péng zum chinesischen Gesandten für Korea. Beabsichtigter Abschluß eines chinesisch-koreanischen Handelsvertrages.	4177 16. 4.
desgl. v. 31. 12. № 101: Ernennung des japanischen Ministerresidenten Kato in Söul zum Gesandten in Korea. Seine plötzliche Rückkehr nach Söul u. ihre Gründe / Russische Befürchtungen betr. Einmischung Japans in innere Angelegenheiten trotz der russ.-japan. Konvention) Festhalten Japans an dem Vertrage mit Rußland des jap. Leg.-Sekr. Hioki u. des russ. Geschäftsträgers Matunine.	2844 10. 3.
Bericht aus Söul v. 21. 1. № 6. Der russ. Geschäftsträger Matunine ist abberufen u. Alexander Pavlow zum Nachfolger ernannt. Des Letzteren demnächstiger Nachfolger wird wahrscheinlich Gen. Cons. Dmitrevsky aus Cairo.	2845 10. 3.
Ber. aus Tokio v. 5. 6. № A. 71. Gründe für die Ersetzung des japan. Ges. Kato durch Hayaschi.	8278 10. 7.
Ber. a. Söul v. 17. 5. № 39: Abberufung des japanischen Gesandten Kato.	8274 10. 7.
desgl. v. 30. 6. № 51: Neuer japanischer Gesandter für Korea H. Hayashi Gousuke.	10602 8. 9.
desgl. v. 2. 10. № 75: Tod des interimistischen russischen Geschäftsträgers in Söul, Dmitrewsky. Als Gerant fungirt Leg.-Sekretär Stein.	13781 21. 10.

1900.	
Ber. a. Söul v. 1. 5. № 39: Audienz des ksrl. Kons. Weipert und des österreichischen Leg.-Sekr. v. Grubissich beim Könige.	7626 29. 6.
desgl. v. 30. 12. 99. № 91: Der chinesische Gesandte in Söul Hsü-Shou Péng hat seine Amtsgeschäfte übernommen, zum chinesischen General-Konsul dort ist Wu Kwang Péi ernannt worden.	2481 26. 2.
desgl. v. 18. 5. № 44: Abreise des englischen Geschäftsträgers J. N. Jordan auf Urlaub, Vertreter Leg.-Sekr. Gubbins	8644 6. 7.
Aufzeichnung des Herrn Arco Freiherrn von Richthofen v. 13. 4.: Frankreich wünscht zu wissen, welche Stellung wir zu der Frage einnehmen, ob der Vertreter Chinas Doyen des diplomatischen oder Konsularcorps sein kann. / cfr. 2 Aufzeichnungen zur Frage /	5155 25. 4.
Aufzeichnung des. H. Ges. von Derentholl v. 2. 8.: Wiederholung der Anfrage der französischen Regierung wegen des Doyenats des französischen Vertreters in Söul.	10339 3. 8.
Anfrage Sr. Exc. des G. R. Cylos v. 2. 3.: Verwendung des Prinzen Heinrich von Preußen für Übertragung eines Konsulates an Be. v. d. Goltz u. Ernennung eines Minister-Residenten für Söul.	Ap 411 2. 3.
1901.	
Ber. a. Söul v. 7. 2. № 23: Abreise des chinesischen Gesandten Hsü Sou Pung, als Geschäftsträger fungirt der Leg.-Sekretär Hsü Tai Seng.	4642 28. 3.
desgl. v. 15. 3. № 43: Rückkehr des französischen Geschäftsträgers Collin de Plancy mit dem Charakter als Gesandter.	6608 4. 5.
Bericht aus Söul v. 20. 4. -67- Reise des russ. Geschäftsträgers nach Japan aus Gesundheitsrücksichten.	8488 7. 6.
desgl. v. 7. 6. -77- Besuch eines oesterreichischen Geschwaders in Chemulpo. Die Frage der Entsendung eines oesterreichischen Vertreters nach Söul. orig. i. a. Oesterreich 73[a]	9671 30. 6. Mot
rv v. 27. 5. № 88. Die Erhebung des franz. Vertreters in Korea. H. Collin de Plancy zum Ministerresidenten scheint darauf hinzudeuten, daß man in Paris auf weitere Förderung des heutig wachsenden franz. Einflusses erheblichen Werth legt.	10706 22. 7.

desgl. v. 7. 1. -№ 7- Der französische Geschäftsträger wird zum Gesandten ernannt werden und dann auch Doyen werden können. Unfähigkeit des chinesischen Gesandten zur Verwaltung des Doyenats.	2819 22. 2.
desgl. v. 28. 6. -№ 106- Der russische Vertreter Pavlow soll nach Peking versetzt werden. Der König will den früheren russischen Vertreter Waeber als Ratgeber für das Hausministerium engagieren.	11580 9. 8.
Ber. a. Söul v. 3. 8. № 130: Errichtung eines russischen Vizekonsulats für Söul und Neu-Eintheilung der Amtsbezirke der russischen Konsulate in Korea.	13865 28. 9.
Ber. a. Peking v. 29. 7. A. 279: Hsü-tai-schen, neuernannter chinesischer Gesandter für Korea.	13482 20. 9.
Ber a. Söul. v. 3. 9. № 148: Frage der Errichtung einer österreichischen diplomatischen Vertretung in Korea und Erlangung einer Bergerechtsconcession dort für österreichische Kapitalisten.	14984 24. 10.
desgl. v. 3. 9. № 147: Der König von Korea wünscht eine österreichische diplomatische (?) Vertretung in Söul, als deren Chef ihm der Konsul Pisko genehm wäre.	14983 24. 10.
Schr. d. Admiralstabs v. 5. 12.: Der Chef des Kreuzergeschwaders befürwortet eine Erhöhung des Ranges des H. Konsuls in Söul.	17481 9. 12.
Ber. a. Söul. v. 19. 10. № 172: Erhebung des belgischen Generalkonsuls in Korea zum Geschäftsträger. Gegenwärtiger Inhaber ist H. Vincart.	17648 12. 11.
desgl. v. 27. 6. № 104. Ernennung des amer. Min.-Residenten Dr. Allen in Söul zum Gesandten.	11578 9. 8.
desgl. v. 7. 8. № 132. Desgleichen. s. Erl. nach Peking u. Tokio. Wir haben die Absicht, in Söul eine Gesandtschaft oder Ministerresidentur einzurichten. Welche Rückwirkung würde eine solche Maßnahmen haben	13906 29. 9.
Ber. a. Tokio v. 25. 11. № A. 134: Befürwortung der Umwandlung des Konsulates in Söul in eine diplomatische Vertretung. Auslassung des Kons. Coates in gleichem Sinne.	18505 30. 12.
1902.	
Ber. a. Söul v. 11. 11. № 183: Accreditierung des ständigen englischen Geschäftsträgers in Söul als Minister-Resident.	114 4. 1.

Ber. a. Soul v. 16. 11. № 185. Charakteristik des neuen chinesischen Gesandten in Soul Hsü Tai Shên.	934 19. 1.
Desgl. v. 17. 12. № 198. Ernennung des Grafen U. Francesetti di Malgrà zum ital. Konsul für Korea.	1776 2. 2.
Desgl. v. 31. 1. _ № 73. Ernennung des russischen Geschäftsträgers Pavlow zum Gesandten.	4776 25. 3.
Bericht aus Washington v. 25. 1. _ № A. 33. Charakteristik des zum Gesandten in Korea ernannten Horace N. Allen.	2343 12. 2.
Bericht aus Seoul v. 19. 5. _ № 88. Bericht aus St. Petersburg v. 5. 2. _ № 95. Ernennung Pavlows zum russischen Gesandten in Korea und zum bevollmächtigten Minister für den Abschluß eines Handelsvertrages.	10406 6. 7. 2074 7. 2.
Bericht aus Soul v. 30. 1. _ № 20. Der amerikanische Militärattaché in China ist gleichzeitig für Korea ernannt.	4237 16. 3.
Ber. a. Peking v. 28. 11. № A. 423: Befürwortung der Errichtung einer diplomatischen Vertretung in Soul.	965 19. 1.
Ber. a. Söul v. 14. 10. № 165: Tod des italienischen Konsuls in Söul, Grafen Ugo Francesetti di Malgrà,	17486 2. 12.
desgl. v. 20. 10. № 170: Ernennung des H. di Cossato zum italienischen Konsul für Korea.	17960 12. 12.
desgl. v. 19. 10. № 166: Gerücht, daß der frühere russische Gesandte in Söul, von Waeber, diesen Posten wieder erhalten solle.	17987 12. 12.
1903.	
Ber. a. Söul v. 7. 11. № 179: Das italienische Konsulat gerirt der Marine-Offizier Rossetti, der Ministerresident Monaco wird erst in einigen Monaten eintreffen.	21 1. 1.
Notiz: Anweisung an die K. Minister-Residentur in Söul, Berichte von allgemeinem Interesse in Abschrift nach Peking und Tokio mitzutheilen, s. i. a. Personalia gen. 63	A. № 431. 18. 2.
Ber. aus Söul v. 17. 11. № 185. Stellung und Tätigkeit des russischen Spezialgesandten Waeber.	23 1. 1.
desgl. v. 22. 2. -№ 29- Entgegengesetzte Meldungen über das Wiedereintreffen des russ. Geschäftsträgers Pavlow in Soeul.	5203 12. 4. s. Bd. 3

Ankunft des Britischen Generalkonsuls Hillier. Sonderbares Benehmen des Consuls Gardner.

PAAA_RZ201-018952_019 ff.			
Empfänger	Caprivi	Absender	Krien
A. 10295 pr. 11. November 1894. a. m.		Söul, den 24. September 1894.	
Memo	Vertraulich J. № 554.		

A. 10295 pr. 11. November 1894. a. m. 1 Anl.

Söul, den 24. September 1894.

Kontrolle № 69.

An Seine Excellenz den Reichskanzler
General der Infanterie
Herrn Grafen von Caprivi.

Eurer Excellenz beehre ich mich ganz gehorsamst zu berichten, daß der stetige Britische Generalkonsul Hillier am 21. d. Mts. hierher zurückgekehrt ist und am folgenden Tage die Geschäfte des Generalkonsulats wieder übernommen hat. Sein bisheriger Stellvertreter Gardner hat gestern Söul verlassen, um sich auf seinen Posten in Amoy zurückzubegeben.

Herr Hillier theilte mir mit, daß er beabsichtigt hätte, noch länger in England zu verweilen, daß er indes Anfangs August von dem Auswärtigen Amt in London angewiesen worden wäre, sich ohne Verzug aus seinen Posten zu begeben. - Anlaß zu diesem Befehle hat vermuthlich das sonderbare Benehmen in den letzten Monaten gegeben. Euer Excellenz verfehle ich nicht einige Beispiele davon im Nachstehenden ehrerbietigst vorzutragen.

Kurz nach seinem Zusammenstosse mit Japanischen Soldaten[1] erklärte er mir und dem Russischen Geschäftsträger, er bedauere den Vorfall nicht, weil der Friede nach seiner Überzeugung dadurch gesichert sei; er sei gern bereit, für diesen guten Zweck seine Person zu opfern.

Nachdem am 10. Juli d. J. der Japanische Gesandte neben anderen Reformvorschlägen

1 A. 8081, 8203, 7992, 8086 i. a. gehört beigef.

der koreanischen Regierung gerathen hatte, das alte Heer- und Marinesystem abzuändern, telegraphirte Herr Gardner nach London, Herr Otori hätte die Entlassung des Englischen Marine-Instrukteurs Callwel verlangt. Wie mir Herr Suyematsu, Präsident des Japanischen Departments für Gesetzgebung (Board of Legislation), der mit dem Marquis Saionji in Söul eintraf und sich hier vierzehn Tage aufhielt, gesprächsweise erklärt, hatte die Englische Regierung sich in Folge dieses Telegramms eine Zeit lang geweigert, den neuen Englisch-Japanischen Vertrag zu unterzeichnen. Den über diesen Fall zwischen den Herren Otori und Gardner geführten Briefwechsel, welchen der Erstere den hiesigen Vertretern durch Circularschreiben zur Kenntnis gebracht hat, beehre Eurer Excellenz ich mich in der Anlage abschriftlich zu unterbreiten. Herr Otori fordert darin Herrn Gardner in schroffer Weise auf, die bezüglichen Telegramme an das Auswärtige Amt in London und die Großbritannische Gesandtschaft in Tokio zu wiederrufen, worauf dieser erwidert, Herr Otori möchte den üblichen Weg benutzen, wenn er Aufschlüsse über seine Berichte an die Englische Regierung zu erhalten wünschte.

In den Zusammenkünften der Europäischen und Amerikanischen Vertreter pflegte sich Herr Gardner stets sehr abfällig über die Japaner und die Japanischen Soldaten und äußert rühmend über die Chinesen und deren Truppen zu äußern. Mehrere Male erklärte er, „The Japanese are all liars from the Emperor down to the lowest coolie“. Besonders aufgeregt war er darüber, daß die Japanische Commandant den Englischen Dampfer Kowashing in Grund geschossen hatte. Unter Anderem bemerke er dazu: „If this act of piracy is condoned, then Englad may shut up as a nation, and I will return my commission.“

Ein anderes Mal erzählte er uns, daß er seiner Mittheilung an den Japanischen Gesandten betreffend die Übernahme des Chinesischen Schutzes hinzugefügt hatte: „If the wheel of fortune should turn the other way, I would be equally happy to take the Japanese under my protection.“

Bei unserer ersten Sitzung behufs Neutralisierung von Chemulpo entwickelte er in einer längeren Rede, daß wir vielleicht den wichtigsten Congreß dieses Jahrhunderts bildeten, und daß wir unsrer hohen Aufgabe, Geschichte zu machen, stets eingedenk sein sollten. Er machte dabei den Eindruck eines Geistesgestörten.

Bald nach seiner Rückkehr aus Peking theilte mir Herr Waeber mit, der General Gouverneur Li Hungchang hätte ihm in Tientsin versichert, daß er nicht Chinesische Truppen nach Korea gesandt haben würde, wenn ihm Herr Yuan nicht ausdrücklich telegraphirt hätte, daß die Fremden Vertreter ihn um Chinesische militärische Hilfe gebeten hätten. Der Russische Geschäftsträger hat Herrn Gardner im Verdacht, Herrn Yuan eine derartige Eröffnung gemacht oder ihm den Rathe, Chinesische Soldaten kommen zu lassen, gegeben zu haben. Doch behauptet Herr Gardner, daß er, wenn er gefragt worden wäre, dem Chinesischen Vertreter von einem solchen Schritte abgerathen haben würde.

Eine Abschrift dieses Berichtes sende ich an die Kaiserliche Gesandtschaft zu Peking.

Krien.

Inhalt: Ankunft des Britischen Generalkonsuls Hillier. Sonderbares Benehmen des Consuls Gardner. 1 Anlage.

Anlage zum Bericht № 69.
Abschrift.

H. I. J. M's Legation
Seoul, 16. July 1894.

Sir,

I have received this morning to my great surprise a telegram from our minister for Foreign Affairs conveying the telegram from H. I. J. M's Minister at London that H. R. M's Foreign Office received a telegram from you that I have demanded the Corean Government to dismiss the naval instructor to Corea Mr. Balwell. I am also informed that a telegram to the same effect has been sent by you to H. R. M's Legation in Tokio.

I have now the honour to demand you the immediate and thorough contradiction of your telegram above mentioned because I have never made such a demand to the Corean Government.

I cannot help in this connection expressing my deep regret for your having taken such hasty step in regard to an affair of such grave importance without previously letting me know the matter.

I have etc.
gez. K. Otori.

I. F. Gardner, gsq C. M. S.
H. R. M's Acting Consul General
etc. etc. etc.
Seoul.

H.

H. R. M's Legation
Söul
July 17. 1894.

Sir,

I have to acknowledge receipt of your letter of yesterday's date.

I would suggest that you should apply through usual channels for any information you may desire as to the communication made by me to my Government.

I have etc.
gez. C. F. Gardner.
H. M. Acting Consul General.

H. G.
K. Otori,
Japanese Minister,
etc. etc. etc.
Söul.

Wechsel des Japanischen Gesandten in Söul.

PAAA_RZ201-018952_027 ff.			
Empfänger	Caprivi	Absender	Krien
A. 11315 pr. 11. Dezember 1894. a. m.		Söul, den 19. Oktober 1894.	
Memo	J. № 584.		

A. 11315 pr. 11. Dezember 1894. a. m.

Söul, den 19. Oktober 1894.

Kontrole № 77.

An Seine Excellenz
den Reichkanzler, General der Infanterie
Herrn Grafen von Caprivi.

Euerer Excellenz habe ich die Ehre ganz gehorsamst zu berichten, daß der Japanische Gesandte Otori von seiner Regierung abberufen worden ist und heute Söul verlassen hat, um nach Japan zurückzukehren. Sein Nachfolger, Graf Inouye - Kaoru, der im Jahre 1885 als außerordentlicher Botschafter Japans für kurze Zeit in Korea war, wird bereits in einigen Tagen hier erwartet.

Abschriften dieses ganz gehorsamen Berichtes sende ich an die Kaiserlichen Gesandtschaften zu Peking und Tokio.

Krien.

Inhalt: Wechsel des Japanischen Gesandten in Söul.

[ ]

PAAA_RZ201-018952_030 f.			
Empfänger	Caprivi	Absender	Krien
A. 11701 pr. 22. Dezember 1894. a. m.		Söul, den 27. Oktober 1894.	
Memo	mtg. 25. 12. London 1100.		

Abschrift.

A. 11701 pr. 22. Dezember 1894. a. m.

Söul, den 27. Oktober 1894.

Kontr. № 78.

Seiner Excellenz
dem Reichskanzler, Gen. d. Inf.
Herrn Grafen von Caprivi.

Euerer Excellenz beehre ich mich im Anschluß an meinen Bericht № 77 vom 19. d. M. ganz gehorsamst zu melden, daß der neuernannte Japanische Gesandte Graf Inouye Kaoru gestern hier eintraf. Mit ihm kam der ehemalige Viceminister des Japanischen Ministeriums für Handel und Ackerbau, Saito Shuichivo.

Man nimmt deshalb hier an, daß Graf Inouye zwar in erster Linie auf Durchführung von Reformen in Korea dringen, daneben aber auch Handelsprivilegien, Minen- und Eisenbahn-Konzessionen für seine Landesleute zu erlangen suchen wird.

Mit Bezug auf die Gründe der Abberufung des Herrn Otori äußert der japanische Legationssekretär Hioki dem Vicekonsul Reinsdorf gegenüber: Herr Otori wäre nicht mehr Herr der Situation gewesen, er wäre zu alt und von den neuen fortschrittlichen Ideen und Bestrebungen Japans nicht genügend durchdrungen pp.

gez. Krien.

ori. i. a. China 20

[ ]

PAAA_RZ201-018952_032 f.			
Empfänger	Fürst zu Hohenlohe - Schillingsfürst	Absender	Schenck
A. 11818 pr. 25. Dezember 1894. a. m.		Peking, den 6. November 1894.	
Memo	Vertraulich.		

Abschrift.

A. 11818 pr. 25. Dezember 1894. a. m.

Peking, den 6. November 1894.

A. № 186.

Seiner Excellenz
dem Herrn Reichskanzler
Fürsten zu Hohenlohe - Schillingsfürst.

Mein hiesiger englischer Kollege gewährte mir vertraulich Einsicht mehrerer Berichte des englischen Generalkonsuls Hillier in Söul, welche für die gegenwärtige Lage in Korea und die Thätigkeit des dortigen japanischen Gesandten Otori charakteristisch sind.

Ich gestatte mir zwei Berichte abschriftlich hier gehorsamst vorzulegen. Der eine (№ 107) betrifft die Berufung japanischer Rathgeber in die neu kreirten koreanischen Staatsämter, und die Form, in welcher Herr Otori den koreanischen Auswärtigen Minister veranlaßte, diese Rathgeber von Japan zu erbitten.

Der zweite Bericht (№ 108) handelt von der Entsendung eines illegitimen Sohnes des Königs von Korea als Gesandten nach Japan, welchen Herr Otori bezw. die japanische Regierung als Kandidaten für den koreanischen Thron in Aussicht genommen zu haben scheint.

gez. Schenck.

orig. i. a. Korea 1

[ ]

PAAA_RZ201-018952_034 f.			
Empfänger	Fürst von Hohenlohe - Schillingsfürst	Absender	Mallwitz
A. 9691 pr. 3. September 1895. p. m.		Schinwan, den 10. August 1895.	

Abschrift.

A. 9691 pr. 3. September 1895. p. m.

Schinwan, den 10. August 1895.

Seiner Durchlaucht
dem Herrn Reichskanzler
Fürsten von Hohenlohe - Schillingsfürst.

Entzifferung.

Wie hier eingetroffene Telegramme melden, ist der ehemalige Legationssekretär der hiesigen russischen Gesandtschaft, Speyer, zum Geschäftsträger bzw. Generalkonsul Rußlands in Korea ernannt worden.

Herr Speyer, welcher in Persien etwa 5 Jahre lang als Legationssekretär, häufig auch als interimistischer Geschäftsträger thätig war und von hier vor etwa Jahresfrist in das Ministerium der auswärtigen Angelegenheiten in Petersburg einberufen wurde, gehörte vor seiner Versetzung nach Teheran während eines Zeitraumes von ungefähr 5 Jahren der russischen Gesandtschaft in Tokio an und hat von da aus Korea bereist. Er darf als ein fähiger, gewandter und thätiger Beamter bezeichnet werden. Seine Entsendung nach Soeul dürfte die Schlußfolgerung gerechtfertigt erscheinen lassen daß in Petersburg jetzt besonderer Werth auf eine geschickte und energische Wahrnehmung der russischen Interessen in Korea gelegt wird.

gez. Mallwitz.

orig. i. a. Rußland 87

[ ]

PAAA_RZ201-018952_036 f.			
Empfänger	Fürst von Hohenlohe - Schillingsfürst	Absender	Gutschmid
A. 10693 pr. 3. October 1895. a. m.		Tokio, den 25. August 1895.	
Memo	mtg 5. 10. London 1182, Paris 579, Petersburg 616.		

Abschrift.

A. 10693 pr. 3. October 1895. a. m.

Tokio, den 25. August 1895.

A. 273.

Seiner Durchlaucht
dem Herrn Reichskanzler
Fürsten von Hohenlohe - Schillingsfürst.

Der am Schluß meines gehorsamsten Berichts A. 263 vom 9. d. M., betreffend Korea, als wahrscheinlicher Nachfolger des Grafen Inouye bezeichnete Generallieutenant a. D. Vicomte Miura ist nunmehr zum Gesandten am Hofe von Söul ernannt und seine Ernennung im Amtsblatt vom 21 d. M. publicirt worden. Der Genannte wird sich in diesen Tagen auf seinen Posten begeben.

Ueber den Zeitpunkt der Rückkehr des Grafen Inouye verlautet noch nichts Bestimmtes; derselbe wird indessen voraussichtlich die Ankunft seines Nachfolgers abwarten und seine Rückreise erst antreten, nachdem er den Vicomte Miura mit den Geschäften vertraut gemacht hat.

Die Ernennung eines Gesandten, welchem nur die eigentlichen diplomatischen Funktionen obliegen werden, darf wohl als ein erster Schritt zur thatsächlichen Anerkennung der Unabhängigkeit Koreas und somit als ein Zugeständniß an Rußland angesehen werden. Denn obschon Graf Inouye amtlich nur den Charakter eines Gesandten innehatte, so war doch der ausgesprochene Zweck seiner Sendung nach Korea im vergangenen Winter, tief eingreifende Reformen nach Japanischem Vorbild einzuführen. Er war mehr Regent als diplomatischer Vertreter. Daß er den Zweck seiner Mission erfüllt, d. h. das Reformwerk durchgeführt hätte, läßt sich nicht behaupten. Seine Ersetzung durch einen Gesandten, welcher ausschließlich die ihm aus Tokio zugehenden Instruktionen auszuführen hat, muß daher im Lichte eines Rückzugs von der Stellung, welche Japan ursprünglich in Korea einzunehmen gedachte und die auf ein Protektorat hinauslief, erscheinen.

gez. v. Gutschmid.

orig. i. a. Japan 6

[ ]

PAAA_RZ201-018952_038			
Empfänger	Fürst von Hohenlohe - Schillingsfürst	Absender	Krien
A. 10873 pr. 9. Oktober 1895. a. m.		Söul, den 8. August 1895.	

Abschrift.

A. 10873 pr. 9. Oktober 1895. a. m.

Söul, den 8. August 1895.

Kontrol № 43.

Seiner Durchlaucht
dem Herrn Reichskanzler
Fürsten von Hohenlohe - Schillingsfürst.

pp.

Der Russische Geschäftsträger Waeber ist nach Mexico versetzt worden, seine Abreise soll indessen erst in einigen Monaten erfolgen. Als sein Nachfolger wird der 1. Legationssekretär in Teheran, Herr Schpeyer, genannt, der im Jahre 1885 auf Veranlassung des Herrn von Möllendorff von Tokio hierher gekommen war, um der koreanischen Regierung Russische Militär-Instrukteure anzubieten - ein Anerbieten, daß jedoch von dem Könige abgelehnt wurde. pp.

gez. Krien.

orig. i. a. Korea 1

[ ]

PAAA_RZ201-018952_039			
Empfänger	Fürst von Hohenlohe - Schillingsfürst	Absender	Krien
A. 11667 pr. 21. Oktober 1895. p. m.		Söul, den 12. September 1895.	

Abschrift.

A. 11667 pr. 21. Oktober 1895. p. m.

Söul, den 12. September 1895.

Kontr. № 46.

Seiner Durchlaucht
dem Herrn Reichskanzler
Fürsten von Hohenlohe - Schillingsfürst.

Euerer Durchlaucht beehre ich mich im Anschluß an meinen ganz gehorsamen Bericht № 43 vom 8. v. M. ebenmäßig zu melden, daß der neue Japanische Gesandte Vicomte Miura am 1. d. Mts hier eingetroffen und am 3. die Geschäfte der Japanischen Gesandtschaft von dem Grafen Inouye übernommen hat. Der Letztere will am 17. d. Mts. Söul verlassen pp.

gez. Krien.
orig. i. a. Korea 1

[   ]

PAAA_RZ201-018952_040 f.			
Empfänger	Fürst von Hohenlohe - Schillingsfürst	Absender	Gutschmid
A. 12802 pr. 29. November 1895. p. m.		Tokio, den 21. Oktober 1895.	
Memo	mtg. 6. 12. London 1472, Petersburg 754.		

Abschrift.

A. 12802 pr. 29. November 1895. p. m.

Tokio, den 21. Oktober 1895.

A. 311.

Seiner Durchlaucht
dem Herrn Reichskanzler
Fürsten von Hohenlohe - Schillingsfürst.

Die offiziöse Nichi-Nichi-Zeitung giebt jetzt nicht nur die direkte Betheiligung von etwa 30 japanische braves (sogen. soshi) an den am 8. d. M im koreanischen Königspalast begangenen Mordthaten zu, sondern konstatiert sogar bedauernd, daß eine Abtheilung der zur Zeit in Söul stationirten japanischen Truppen mit Tai-Won-Kun gemeinsame Sache gemacht und denselben bis in den Hof des Palastes begleitet habe, sowie ferner, daß selbst der dortigen japanischen Gesandtschaft der Vorwurf einer gewissen Konnivenz in Bezug auf die ganze Angelegeneheit gemacht werden zu müssen scheine. Mit Rücksicht hierauf sei die sofortige Abberufung des bisherigen Gesandten Vicomte Miura sowohl, wie des Legationssekretärs Sugi-mura die erste und nothwendigste Maßregel gewesen, welche der hiesigen Regierung sich aufgedrängt habe.

Es liegt auf der Hand, daß die darin liegende Annahme, der Gesandte habe in Korea eine gewagte Politik auf eigene Faust getrieben, an einer erheblichen Unwahrscheinlichkeit leidet. Der Zweifel erscheint daher nicht gänzlich ausgeschlossen, ob die hiesige Regierung selbst in der Sache wirklich völlig reine Hand habe. Es ist dabei in Betracht zu ziehen, daß die Wahl des Vicomte Miura zum Gesandten in Korea von vornherein auffallend erscheinen mußte. Der Genannte, ein Generallieutenant a. D., der nie diplomatisch thätig war und seit Jahren dem politischen Leben völlig fern stand, hatte nach Allem, was man über ihn weiß, keinerlei ehrgeizige Pläne bezüglich einer nun noch zu beginnenden staatsmännischen Laufbahn. Dagegen war gerade aus diesem Grunde für ihn die Gefahr, durch die Uebernahme einer heiklen Aktion der hier in Rede stehenden Art kompromittirt zu werden, eine weit weniger schwerwiegende, als für einen Staatsmann von der Stellung und Bedeutung des Grafen Inouye.

gez. von Gutschmid.

orig. i. a. Korea 1.

[ ]

PAAA_RZ201-018952_042 ff.			
Empfänger	Fürst von Hohenlohe - Schillingsfürst	Absender	Thielmann
A. 139 pr. 5. Januar 1896. a. m.		Washington, den 16. December 1895.	
Memo	I. mtg 9. 1. London 25, Petersburg 18. II. Erh. 9. 1 v. Tokio A. 1.		

Abschrift.

A. 139 pr. 5. Januar 1896. a. m.

Washington, den 16. December 1895.

№ 637.

Seiner Durchlaucht
dem Herrn Reichskanzler
Fürsten von Hohenlohe - Schillingsfürst.

Nach einer vertraulichen Mittheilung des dritten Hülfs-Staats-Sekretärs Herrn Rockholl hatte die japanische Regierung sowohl durch ihren hiesigen Gesandten, als auch dem amerikanischen Vertreter in Tokio gegenüber vor kurzem die Haltung des amerikanischen Geschäftsträgers in Seoul und dessen Einmischung in koreanische innere Angelegenheiten zum Gegenstand einer Beschwerde gemacht. Eine Untersuchung der Angelegenheit ergab, daß der mit der Vertretung des auf kurze Zeit beurlaubten amerikanischen Minister-Residenten betraute Deputy Consul General, Horace N. Allen, ein früherer Missionar, - sich im Oktober d. J. unter Führung des russischen Geschäftsträgers Herrn Waeber und in Begleitung des englischen Generalkonsuls Hillier zu verschiedenen Malen ins Palais begeben und daselbst allerhand Reform-Vorschläge vorgebracht hatte; auch nach Ermordung der Königin von Korea hat er geglaubt gegen diesen Gewaltakt amtlich Protest erheben zu sollen. Weiter hatte er sich seinen Collegen zu einem gemeinsamen Schritt gegen das neu formirte koreanische Kabinett, welchem japanfreundliche Gesinnungen nachgesagt würden, angeschlossen und hatte sich geweigert, dasselbe anzuerkennen.

Endlich hatte er gegen den japanischen Gesandten in Korea auf Grund des gegen ihn erhobenen Verdachts der Betheiligung an der Palastrevolution Stellung genommen und war mit seinen Collegen dahin übereingekommen, den japanischen Vertreter von den gemeinsamen Berathungen des Konsularkorps anzuschließen.

Wegen dieses Verhaltens ist Herr Allen nunmehr scharf gemaßregelt und ihm von dem Staatssekretär Olney bedeutet worden, sich jeglicher Einmischung in innere koreanische Angelegenheiten sowie jeder offenkundigen Feindschaft gegen die dortigen japanischen Bestrebungen zu enthalten. Weiterhin ist die amerikanische Vertretung in Korea angewiesen worden, den Traditionen der hiesigen Politik getreu sich aller und jeglicher gemeinsamen Schritte mit den Vertretern auswärtiger Mächte zu enthalten und da, wo die geschädigten Interessen amerikanischer Staatsangehöriger in Frage kommen, gesondert und lediglich in Vertretung der amerikanischen Forderungen bei der koreanischen Regierung vorstellig zu werden.

gez. Thielmann.

orig. i. a. Korea 1

[ ]

PAAA_RZ201-018952_045 f.			
Empfänger	Fürst von Hohenlohe - Schillingsfürst	Absender	Radolin
A. 2150 pr. 28. Februar 1896. p. m.		St. Petersburg, den 26. Februar 1896.	

A. 2150 pr. 28. Februar 1896. p. m.

St. Petersburg, den 26. Februar 1896.

№ 88.

Seiner Durchlaucht
dem Herrn Reichskanzler
Fürsten von Hohenlohe - Schillingsfürst.

Entzifferung.

Wie ich von gutunterrichteter Quelle höre, ist der bisherige russische Vertreter in Korea Waeber, welcher durch den Gesandten Speyer ersetzt worden ist, zum Berather des Königs von Korea als dessen Kabinetschef berufen worden. Oberst Strelbicki, russischer Generalstabsofficier, über den Hauptmann Lauenstein berichtet, wurde zum Militär-Attache in Söul ernannt.

Das russische Protectorat accentuirt sich mehr und mehr und wird der Posten als nothwendig bezeichnet um Ordnung wieder herzustellen, die durch die Japaner gestört worden sei.

Der Bau der Eisenbahn durch die Mandschurei soll nach Kräften gefördert werden, so daß er gleichzeitig mit der russischen Hauptbahn nach Wladiwostock fertig werde.

Radolin.

orig. i. a. Korea 1

[ ]

PAAA_RZ201-018952_048			
Empfänger	Fürst von Hohenlohe - Schillingsfürst	Absender	Gutschmid
A. 7658 pr. 23. Juli 1896. a. m.		Tokio, den 12. Juni 1896.	

Abschrift.

A. 7658 pr. 23. Juli 1896. a. m.

Tokio, den 12. Juni 1896.

A. 113.

Seiner Durchlaucht
dem Herrn Reichskanzler
Fürsten von Hohenlohe - Schillingsfürst.

Der Minister der auswärtigen Angelegenheiten theilte mir gestern im Vertrauen mit, daß der vor einigen Tagen mit Urlaub hier eingetroffene Japanische Gesandte in Korea, Herr Komura, zum Vice-Minister der auswärtigen Angelegenheiten designirt sei und seine amtliche Ernennung unmittelbar bevorstehe. Statt seiner werde der jetzige Vice-Minister des Aeusseren, Herr Hura, als Gesandter nach Söul gehen pp. [2]

gez. Gutschmid.
orig. i. a. Japan 10

2 Die betreffenden Ernennungen sind inzwischen amtlich veröffentlicht worden.

Ernennung eines Japanischen Minister-Residenten. Eintreffen des Großbritannischen Gesandten für China und Korea in Söul.

PAAA_RZ201-018952_049 ff.			
Empfänger	Fürst von Hohenlohe - Schillingsfürst	Absender	Krien
A. 6727 pr. 21. Mai 1897. p. m.		Söul, den 26. März 1897.	
Memo	J. № 140.		

A. 6727 pr. 21. Mai 1897. p. m.

Söul, den 26. März 1897.

Kontrol. № 20.

An seine Durchlaucht
den Herrn Reichskanzler
Fürsten von Hohenlohe - Schillingsfürst.

Euer Durchlaucht habe ich die Ehre ganz gehorsamst zu berichten, daß der interimistische Geschäftsträger Kato Masuo zum Japanischen Minister-Residenten für Korea ernannt worden ist und am 22. d. Mts. dem Könige sein Beglaubigungsschreiben überreicht hat.

Der Großbritannische Gesandte für China und Korea, Sir Claude Mac Donald, traf von Peking kommend vorgestern hier mit seiner Gemahlin, dem zweiten Legationssekretär Grosvenor und seinem Privatsekretär Tours ein und übergab heute dem Könige sein Beglaubigungsschreiben. Sir Claude Mac Donald will am 1. nächsten Monats auf dem Englischen Kreuzer „Narcissus“ von Chemulpo nach China zurückkehren.

Abschriften dieses ganz gehorsamen Berichtes sende ich an die kaiserlichen Gesandtschaften zu Peking und Tokio.

Krien.

Inhalt: Ernennung eines Japanischen Minister-Residenten. Eintreffen des Großbritannischen Gesandten für China und Korea in Söul.

Ernennung eines neuen Amerikanischen Minister-Residenten.

PAAA_RZ201-018952_052 ff.			
Empfänger	Fürst von Hohenlohe - Schillingsfürst	Absender	Krien
A. 11340 pr. 24. September 1897. p. m.		Söul, den 27. Juni 1897.	
Memo	J. № 302.		

A. 11340 pr. 24. September 1897. p. m.

Söul, den 27. Juni 1897.

Kontrol № 42.

An seine Durchlaucht
den Herrn Reichskanzler
Fürsten von Hohenlohe - Schillingsfürst.

Euer Durchlaucht beehre ich mich ganz gehorsamst zu berichten, daß der bisherige Amerikanische Legations-Sekretär Dr. H. N. Allen an Stelle des Herrn Sill zum Minister-Residenten der Vereinigten Staaten für Korea ernannt worden ist.

Abschrift dieses ganz gehorsamen Berichtes sende ich an die Kaiserlichen Gesandtschaften zu Peking und Tokio.

Krien.

Inhalt: Ernennung eines neuen Amerikanischen Minister-Residenten.

Wechsel der Russischen und Amerikanischen Vertreter in Söul.

PAAA_RZ201-018952_055 ff.			
Empfänger	Fürst von Hohenlohe - Schillingsfürst	Absender	Krien
A. 12904 pr. 4. November 1897. a. m.		Söul, den 13. September 1897.	
Memo	J. № 396.		

A. 12904 pr. 4. November 1897. a. m.

Söul, den 13. September 1897.

Kontrol № 54.

An seine Durchlaucht
den Herrn Reichskanzler
Fürsten von Hohenlohe - Schillingsfürst.

Euer Durchlaucht habe ich die Ehre ganz gehorsamst zu berichten, daß der Russische Geschäftsträger von Speyer aus Tokio hier eingetroffen ist und am 5. d. Mts. die Gesandtschafts-Geschäfte von seinem bisherigen Vertreter Herrn Waeber, der übermorgen Söul verlassen will, um sich nach Petersburg zu begeben, wieder übernommen hat.

Der neuernannte Amerikanische Minister-Resident und General-Konsul Allen (Bericht № 42 vom 27. Juli d. J.) [3] hat heute dem König sein Beglaubigungsschreiben überreicht und seine Posten angetreten.

Abschriften dieses ganz gehorsamen Berichtes sende ich an die Kaiserlichen Gesandtschaften zu Peking und Tokio.

Krien.

Inhalt: Wechsel der Russischen und Amerikanischen Vertreter in Söul.

3 A. 11340 grade beigefügt.

Ernennung des Russischen Geschäftsträgers zum Gesandten in Peking.

PAAA_RZ201-018952_058 f.			
Empfänger	Fürst von Hohenlohe - Schillingsfürst	Absender	Krien
A. 1310 pr. 2. Februar 1898. a. m.		Söul, den 2. Dezember 1897.	
Memo	J. № 514.		

A. 1310 pr. 2. Februar 1898. a. m.

Söul, den 2. Dezember 1897.

Kontrol № 78.

An seine Durchlaucht
den Herrn Reichskanzler
Fürsten von Hohenlohe - Schillingsfürst.

Der russische Geschäftsträger Herr von Speyer hat heute den hiesigen Vertretern angezeigt, daß er zum Außerordentlichen Gesandten und Bevollmächtigten Minister für Peking ernannt worden ist, bis auf Weiteres aber die Geschäfte der Gesandtschaft zu Söul fortführen wird.

Abschriften dieses Berichtes sende ich an die Kaiserlichen Gesandtschaften zu Peking und Tokio.

Krien.

Inhalt: Ernennung des Russischen Geschäftsträgers zum Gesandten in Peking.

Ernennung eines Russischen Geschäftsträgers für Korea.

PAAA_RZ201-018952_060 ff.			
Empfänger	Fürst von Hohenlohe - Schillingsfürst	Absender	Krien
A. 1990 pr. 17. Februar 1898. p. m.		Söul, den 30. Dezember 1897.	
Memo	mtg. 21. 2. Petersbg. 158. J. № 537.		

A. 1990 pr. 17. Februar 1898. p. m.

Söul, den 30. Dezember 1897.

Kontrol № 81.

An seine Durchlaucht
den Herrn Reichskanzler
Fürsten von Hohenlohe - Schillingsfürst.

Euer Durchlaucht beehre ich mich (im Anschluß an meinen Bericht № 78 vom 2. d. Mts.) gehorsamst zu melden, daß der bisherige Grenz-Kommissar für das Gebiet von Süd-Ussuri, Herr Matunin, zum Russischen Geschäftsträger in Söul ernannt worden ist. Im Sommer v. Js. hielt sich Herr Matunin einige Wochen hier auf. In Korea hat er früher weite Reisen gemacht und namentlich den Norden des Landes kennt er sehr genau.

Abschriften dieses Berichtes sende ich an die Kaiserlichen Gesandtschaften zu Peking und Tokio.

Krien.

Inhalt: Ernennung eines Russischen Geschäftsträgers für Korea.

Berlin, den 21. Februar 1898. zu A. 1990.

An
die Botschaften in
St. Petersburg № 158

J. № 1539.

Euerer pp. übersende ich anbei ergebenst Abschrift eines Berichts des Kai. Consuls in Söul vom 30. Dezember v. Js., betreffend die Ernennung eines Russischen Geschäftsträgers für Korea, zu Ihrer gefälligen Information.

N. S. E.

i. m.

[   ]

PAAA_RZ201-018952_065			
Empfänger	[o. A.]	Absender	[o. A.]
A. 2583 pr. 2. März 1898.		[o. A.]	

A. 2583 pr. 2. März 1898.

Notiz.

Schriftstücke, betr. die Beschwerde des hiesigen russischen Botschafters über die angeblich antirussische Haltung des Konsuls Krien in Korea, befinden sich

i. a. Korea 1

Erhebung der englischen Vertretung in Söul zur diplomatischen Mission.

PAAA_RZ201-018952_067 f.			
Empfänger	Fürst von Hohenlohe - Schillingsfürst	Absender	Matzfeldt
A. 4055 pr. 3. April 1898. a. m.		London, den 1. April 1898.	

A. 4055 pr. 3. April 1898. a. m.

London, den 1. April 1898.

№ 311.

An seine Durchlaucht
den Herrn Reichskanzler
Fürsten von Hohenlohe - Schillingsfürst.

Die bisherige englische Konsular-Vertretung in Söul ist in einen diplomatischen Posten umgewandelt und der bisherige dortige Generalkonsul Mr. John Newell Jordan dementsprechend zum Geschäftsträger am koreanischen Hofe ernannt worden.

Matzfeldt.

Inhalt: Erhebung der englischen Vertretung in Söul zur diplomatischen Mission.

[ ]

PAAA_RZ201-018952_069			
Empfänger	[o. A.]	Absender	[o. A.]
A. 4508 pr. 14. April 1898.		[o. A.]	

A. 4508 pr. 14. April 1898.

Notiz.

Bericht a. Söul v. 27/2 № 26, betr. einen Angriff auf den unter seinen Landsleuten verhaßten koreanischen Dolmetscher der russischen Gesandtschaft Kim Hong Yak, befindet sich

i. a. Korea 3

Beförderung des Englischen General-Konsuls zum Geschäftsträger.

PAAA_RZ201-018952_071 ff.			
Empfänger	Fürst von Hohenlohe - Schillingsfürst	Absender	Krien
A. 5249 pr. 1 Mai 1898. p. m.		Söul, den 10. März 1898.	
Memo	J. № 126.		

A. 5249 pr. 1 Mai 1898. p. m.

Söul, den 10. März 1898.

№ 32.

An seine Durchlaucht
den Herrn Reichskanzler
Fürsten von Hohenlohe - Schillingsfürst.

Der hiesige Englische General-Konsul Jordan hat heute den fremden Vertretern amtlich angezeigt, daß er laut einem Telegramm von Lord Salisbury zum Geschäftsträger Ihrer Britischen Majestät ernannt worden ist.

Das bisher von der Gesandtschaft zu Peking abhängige General-Konsulat ist damit in eine selbständige Mission umgewandelt worden.

Abschriften dieses Berichtes sende ich and die Kaiserlichen Gesandtschaften zu Peking und Tokio.

Krien.

Inhalt: Beförderung des Englischen General-Konsuls zum Geschäftsträger.

Wechsel in der Russischen Vertretung.

PAAA_RZ201-018952_074 ff.			
Empfänger	Fürst von Hohenlohe - Schillingsfürst	Absender	Krien
A. 6991 pr. 13. Juni 1898. a. m.		Söul, den 12. April 1898.	
Memo	J. № 188.		

A. 6991 pr. 13. Juni 1898. a. m.

Söul, den 12. April 1898.

№ 43.

An seine Durchlaucht
den Herrn Reichskanzler
Fürsten von Hohenlohe - Schillingsfürst.

Der neue Russische Geschäftsträger und General-Konsul, Herr N. Matunin, traf am 4. d. Mts. in Söul ein und übernahm am 8. die Geschäfte von Herrn von Speyer. An demselben Tage überreichte er dem Könige sein Beglaubigungsschreiben.

Herr von Speyer reiste heute von hier ab, um sich von Chemulpo auf einem Russischen Kanonenboote nach Shanghai zu begeben. Bis dahin begleitet ihn der der Russischen Gesandtschaft zu Tokio als Handels-Attache zugetheilte Finanzrath Alexeieff. Von Shanghai wird Herr von Speyer mit dem Französischen Postdampfer nach Europa fahren.

Abschriften dieses Berichtes sende ich an die Kaiserlichen Gesandtschaften zu Peking und Tokio.

Krien.

Inhalt: Wechsel in der Russischen Vertretung.

Beglaubigungen der Englischen, Russischen und Französischen Geschäftsträger.

PAAA_RZ201-018952_077 ff.			
Empfänger	Fürst von Hohenlohe - Schillingsfürst	Absender	Krien
A. 8019 pr. 8. Juni 1898. a. m.		Söul, den 20. Mai 1898.	
Memo	J. № 295.		

A. 8019 pr. 8. Juni 1898. a. m.

Söul, den 20. Mai 1898.

№ 51.

An seine Durchlaucht
den Herrn Reichskanzler
Fürsten von Hohenlohe - Schillingsfürst.

Der britische Geschäftsträger, Herr Jordan, hat gestern dem Könige von Korea sein Beglaubigungsschreiben überreicht. Wie mir Herr Jordan mittheilt, ist eine Gehalts-Aufbesserung mit seiner Rangerhöhung nicht verbunden.

Während der hiesige Französische Geschäftsträger dem Minister der Auswärtigen Angelegenheiten im Jahre1896 ein Einführungsschreiben des Französischen Ministers des Aeußern übergeben hat, sind die Russischen und Englischen Geschäftsträger mit Beglaubigungsschreiben ihrer Souveraine an den König ausgestattet worden.

Abschriften dieses Berichtes sende ich an die Kaiserlichen Gesandtschaften zu Peking und Tokio.

Krien.

Inhalt: Beglaubigungen der Englischen, Russischen und Französischen Geschäftsträger.

Ein angeblich deutsch-koreanischer Zwischenfall.

PAAA_RZ201-018952_080 ff.			
Empfänger	Fürst von Hohenlohe - Schillingsfürst	Absender	Leyden
A. 9871 pr. 26. August 1898. a. m.		Chuzenji, den 21. Juli 1898.	

A. 9871 pr. 26. August 1898. a. m.

Chuzenji, den 21. Juli 1898.

A. 94.

An seine Durchlaucht
den Herrn Reichskanzler
Fürsten von Hohenlohe - Schillingsfürst.

In den ersten Tagen dieses Monats veröffentlichte ein hiesiges Blatt eine sehr unglaublich klingende Notiz, daß der Kaiserliche Konsul in Söul aus Anlaß einer Minenangelegenheit den Koreanischen Vertreter des Ministers der Auswärtigen Angelegenheiten thätlich angegriffen habe. Ich ließ mich damals unter der Hand vertraulich erkundigen, woher diese Nachricht stamme, um eventuell ein Dementi herbeiführen zu können, und erhielt die Antwort, daß der ordentliche Vertreter der Zeitung in Söul die Nachricht telegraphirt habe und seither noch nichts Näheres darüber verlautet sei.

Eine kürzlich eingetroffene angebliche Bestätigung sagt, daß Konsul Krien am 29. v. M. von dem Vertreter des Ministers der Auswärtigen Angelegenheiten den schriftlichen Vollzug eines früher abgeschlossenen Vertrages über eine Bergwerksconcession verlangt habe. Yu habe dies abgelehnt, weil das fragliche Bergwerk dem kaiserlichen Hause gehöre und solche Concessionen an Fremde nicht vergeben werden dürften. Konsul Krien habe am 30. v. M. den Antrag schriftlich wiederholt, und dieses Schreiben habe Yu zurückgeschickt. Konsul Krien habe Yu auf das Konsulat rufen lassen und ihn dort ohne weitere Verhandlungen mit der Faust ins Gesicht geschlagen. Yu sei fortgelaufen und habe sich beim Kaiser beschwert und um Entlassung gebeten. Erregte Volksversammlungen in Söul hätten Schritte wegen Abberufung Krien's gefordert.

Andere hiesige Zeitungen veröffentlichen im Allgemeinen ähnlich lautende Darstellungen zum Theil mit entschuldigenden Wendungen für Konsul Krien, der ein schriftliches Versprechen des früheren Ministers der Auswärtigen Angelegenheiten in

Händen gehabt zu haben scheine.

Alles, was hier sonst aus Corea verlautet, gibt das Bild so trostloser Verkommenheit, daß das neue russisch-japanische Abkommen bald auf seine erste Probe gestellt werden dürfte.

Leyden.

Inhalt: Ein angeblich deutsch-koreanischer Zwischenfall.

[ ]

PAAA_RZ201-018952_084			
Empfänger	Fürst zu Hohenlohe - Schillingsfürst	Absender	Heyking
A. 11345 pr. 2. Oktober 1898. a. m.		Peking, den 19. August 1898.	
Memo	mtg 5. 10. London 914, Petersburg 704, Tokio A. 28.		

Abschrift.

A. 11345 pr. 2. Oktober 1898. a. m.

Peking, den 19. August 1898.

A. 150.

Seiner Durchlaucht
dem Herrn Reichskanzler
Fürsten zu Hohenlohe - Schillingsfürst.

Die chinesische Regierung hat die in Peking beglaubigten Gesandtschaften benachrichtigt, daß am 11. d. M. der Salztaotai der Provinz Hunan, Huangtsun hsien, zum Gesandten in Japan ernannt worden ist. Es ist dies derselbe Mandarin, der im Winter 1896/97 als Gesandter für Berlin abgelehnt worden war. Der japanische Geschäftsträger sagt mir, daß die Ernennung in Tokio acceptirt worden sei.

Gleichzeitig hat das Tsungli Yamen mitgetheilt, daß die chinesische Regierung beschlossen habe, eine Gesandtschaft in Korea zu errichten und daß der Provinzialoberrichter von Anhui, Hsü shou peng, zum Gesandten ernannt worden ist. Durch die Ernennung eines Gesandten in Söul hat China seine letzten Prätentionen auf oberrechtliche Vorrechte in Korea fallen lassen. Auch der Souverän von Korea wird demnächst in Peking durch einen Gesandten vertreten werden.

gez. Frhr. v. Heyking.

orig. i. a. China 10

[ ]

PAAA_RZ201-018952_085 f.			
Empfänger	Fürst zu Hohenlohe - Schillingsfürst	Absender	Heyking
A. 11925 pr. 17. Oktober 1898. a. m.		Peking, den 3. September 1898.	
Memo	Vertraulich. mtg. 5. 11. Petersburg 784.		

Abschrift.

A. 11925 pr. 17. Oktober 1898. a. m.

A. 158. Peking, den 3. September 1898.

Seiner Durchlaucht
dem Herrn Reichskanzler
Fürsten zu Hohenlohe - Schillingsfürst.

Herr Pavlow, der seit dem Fortgange des Grafen Cassini der russischen Gesandtschaft als Geschäftsträger vorgestanden hat, ist zum Generalkonsul mit dem Titel Chargé d' Affaires in Soeul ernannt worden. Es wird indessen zunächst die Ankunft des neuen russischen Gesandten in Peking, Herrn von Giers, abwarten und sodann einen längeren Urlaub antreten, ehe er sich auf seinen Posten nach Korea begiebt.

Herr Pavlow ist vor 7 Jahren als Marineoffizier nach Peking gekommen und wurde zunächst Privatsekretär des Grafen Cassini. Er wußte sich dem Grafen und den Damen, die diesen in zweifelhafter Stellung umgaben, angenehm zu machen und stieg nach Verdrängung aller Legationssekretäre seines Chefs zum ersten Sekretär der Gesandtschaft auf. Er ist der Typus eines Menschen zweiter Klasse aus einer Nation, in der bekanntlich die erste Klasse durch einen Abgrund von allem was dahinter kommt geschieden ist. In seiner eigenen Gesandtschaft wenig beliebt, hat er stets verstanden, mit seinen fremdländischen Collegen auf gutem Fuße zu bleiben, suchte aber möglichst diese Collegen untereinander zu verfeinden. Charakteristisch für ihn ist, daß wenn er mit uns oder den Italiern spricht, er sich gerne über die Franzosen lustig macht, die ihm freilich stark nachlaufen. Seine Aeusserungen sind mit großer Vorsicht aufzunehmen, da er die Neigung hat, der Wahrheit aus dem Wege zu gehen. Seine Ruhe und sein Gleichmuth sind sehr lobenswerthe Eigenschaften.

gez. Heyking.

orig. i. a. China 11

Ernennung des bisherigen japanischen Ministerresidenten Kato in Söul zum Gesandten in Korea und Gründe für seine plötzliche Rückkehr vom Urlaub.

PAAA_RZ201-018952_087 ff.			
Empfänger	Fürst zu Hohenlohe - Schillingsfürst	Absender	Reinsdorf
A. 2844 pr. 10. März 1899. a. m.		Söul, den 31. Dezember 1898.	
Memo	mtg. 15. 3. Petersbg. 146. J. № 724.		

A. 2844 pr. 10. März 1899. a. m.

Söul, den 31. Dezember 1898.

№ 101.

An Seine Durchlaucht
den Herrn Reichskanzler
Fürsten zu Hohenlohe - Schillingsfürst.

Euerer Durchlaucht beehre ich mich gehorsamst zu berichten, daß der bisherige japanische Ministerresident in Söul, Herr Kato, zum Außerordentlichen Gesandten und Bevollmächtigten Minister in Korea ernannt worden ist und am 15. d. Mts. dem Könige in Audienz seine Accreditive überreicht hat.

Herr Kato war am 13. Oktober wegen Erkrankung seiner Frau auf Urlaub gegangen, den 1. Legationssekretär Hioki als interimistischen Geschäftsträger zurücklassend, traf aber am 14. d. Mts. mit erhöhtem Range plötzlich auf seinem Posten wieder ein. Bei Gelegenheit eines Besuches, den er Herrn Konsul Krien vor dessen am 23. d. Mts erfolgter Abreise machte, erzählte er diesem ganz vertraulich, daß er auf Weisung des Vicomte Aoki seinen Urlaub habe abkürzen müssen. Der russische Vertreter Baron Rosen in Tokyo habe nämlich auf ein Telegramm des hiesigen russischen Geschäftsträgers Matunin Herrn Aoki gefragt, ob die japanische Regierung ihre Politik in Korea geändert hätte mit der Absicht sich in die koreanischen inneren Angelegenheiten einzumischen, worauf das Verhalten des Herrn Hioki hinzudeuten scheine. Vicomte Aoki hätte erwiederte, daß Japan die mit Rußland geschlossene Convention stets auf da Gewissenhafteste beobachtet hätte und auch jetzt und in Zukunft beobachten würde, zugleich aber Herrn Kato angewiesen, sich sofort nach Söul zurückzubegeben, obwohl seine Frau todkrank wäre. Herr Konsul Krien erzählte dann Herrn Kato, daß die Herren

Matunine und Hioki in einer Sitzung der fremden Vertreter allerdings eine etwas pointirte Unterhaltung gehabt hätten, in dem Herr Hioki behauptete, daß Rathertheilung noch nicht Intervention bedeutete, denn das hinge ganz von der Art des Rathes ab, während Herr Matunine betonte, daß jede Ratheertheilung einer Einmischung gleichkäme. Ein anders Mal habe Herr Matunin in Abwesenheit Herrn Hiokis seinen Collegen gesagt, wie sehr er über die in der letzten Sitzung abgegebene Erklärung Hiokis, daß japanische Truppen eventuell zum Schutze des Königs verwandt werden würden, erstaunt gewesen wäre; es sei ihm jedoch von allen Seiten bedeutet worden, daß ein Mißverständnis seinerseits vorläge. Herr Hioki habe im Gegentheil gesagt, daß der König vielleicht ganz gerne japanische Truppe zu dem Zwecke haben möchte, daß diese aber lediglich zum Schutze ihrer eigenen Landsleute benutzt werden könnten. Seine mangelhafte Kenntniß der englischen Sprachen habe Herrn Matunin wohl die Hioki´sche Erklärung mißverstehen lassen.

Herr Kato betonte dann nochmals, daß die japanische Regierung die erwähnte Convention, solange sie bestände, auf das Strikteste beobachten würde.

Einige Tage später hat auch der hiesige japanische Konsul Akidzuku Herrn Konsul Krien in derselben Sache befragt.

Abschriften dieses ehrerbietigen Berichtes habe ich an die Kaiserlichen Gesandtschaften in Peking und Tokyo geschickt.

Reinsdorf.

Inhalt: Ernennung des bisherigen japanischen Ministerresidenten Kato in Söul zum Gesandten in Korea und Gründe für seine plötzliche Rückkehr vom Urlaub.

Wechsel in der Person des russischen Vertreters in Söul.

PAAA_RZ201-018952_093 ff.			
Empfänger	Fürst zu Hohenlohe - Schillingsfürst	Absender	Reinsdorf
A. 2845 pr. 10. März 1899. a. m.		Söul, den 21. Januar 1899.	
Memo	mtg. 15. 3. Petersbg. 147. J. № 57.		

A. 2845 pr. 10. März 1899. a. m.

Söul, den 21. Januar 1899.

№ 6.

An Seine Durchlaucht, den Herrn Reichskanzler, Fürsten zu Hohenlohe - Schillingsfürst.

Euerer Durchlaucht beehre ich mich gehorsamst zu berichten, daß der bisherige russische Geschäftsträger Herr Matunine von seinem Posten abberufen und an seiner Stelle der bisherige Geschäftsträger in Peking, Alexander Pavlow, Kammerjunker seiner Majestät des Czaren, zum russischen Geschäftsträger und Generalkonsul für Korea ernannt worden ist. Die Geschäftsübergabe hat am 13. d. Mts. stattgefunden, und Herr Matunine hat heute Söul verlassen, um per russisches Kanonenboot „Robi" nach Nagasaki und von dort nach Petersburg zu reisen, ehe er sich auf seinen neuen Posten als Generalkonsul nach Sidney begiebt. Herr Matunine sprach sich dahin aus, daß er seine Versetzung umsomehr bedauere, als man ihm s. Z. in Petersburg die bestimmte Zusicherung gemacht habe, ihn 5 Jahre hier zu belassen.

Herr Pavlow gedenkt nicht länger als etwa 2 Monate in Korea zu bleiben; Urlaub nach Europa ist ihm bereits bewilligt; als seinen wahrscheinlichen Nachfolger nennt er den Generalkonsul Dmitrevsky, z. Z. in Kairo, der bereits von August 1891 bis November 1893 als Geschäftsträger hier fungiert hat.

Abschriften dieses ehrerbietigen Berichtes sende ich an die Kaiserlichen Gesandtschaften in Peking und Tokyo.

Reinsdorf.

Inhalt: Wechsel in der Person des russischen Vertreters in Söul.

Berlin, den 15. März 1899.

zu A. 2844.

An
die Botschafter in
St. Petersburg № 146

J. № 1961.

Euerer pp. übersende ich anbei ergebenst Abschrift eines Berichts des K. Konsuls in Söul vom 31. December v. J. betreffend die Ernennung des Japanischen Minister-Residenten zum Gesandten

zu Ihrer gef. Information

N. S. E.

i m

Berlin, den 15. März 1899.

zu A. 2845.

An
die Botschafter in
St. Petersburg № 147

J. № 1962.

Euerer pp. übersende ich anbei ergebenst Abschrift eines Berichts des K. Konsuls in Söul vom 21. Januar d. J. betreffend Personenwechsel in der russischen diplomatischen Vertretung
zu Ihrer gef. Information

N. S. E.

i. m.

Telegramm des Königs von Korea an den Czaren über die Abberufung des Herrn Matunine.

PAAA_RZ201-018952_099 ff.			
Empfänger	Fürst von Hohenlohe - Schillingsfürst	Absender	Reinsdorf
A. 3876 pr. 3. April 1899. a. m.		Söul, den 18. Februar 1899.	
Memo	mtg. 5. 4. n. Petersburg 193. J. № 133.		

A. 3876 pr. 3. April 1899. a. m.

Söul, den 18. Februar 1899.

№ 14.

An Seine Durchlaucht
den Herrn Reichskanzler
Fürsten von Hohenlohe - Schillingsfürst.

Dem Bericht № 6[4] vom 21. Januar dieses Jahres, mittelst dessen ich Euerer Durchlaucht die Ernennung des Herrn Pavlow zum russischen Geschäftsträger und die Abreise des Herrn Matunine meldete, beehre ich mich gehorsamst hinzufügen, daß der König ein Telegramm an den Czaren gerichtet hat, in dem er sein tiefes Bedauern über die plötzliche Abberufung des Herrn Matunine, seit dessen Ankunft in Söul die Beziehungen zwischen Korea und Rußland täglich intimer geworden wären, ausspricht. Das Telegramm ist vom 22. Januar, dem Tage der Abreise des Herrn Matunine von Chemulpo, datirt, aber erst am 14. d. Ms. von hier abgeschickt worden.

Abschriften dieses ehrerbietigen Berichtes sende ich an die Kaiserlichen Gesandtschaften zu Peking und Tokyo.

Reinsdorf.

Inhalt: Telegramm des Königs von Korea an den Czaren über die Abberufung des Herrn Matunine.

4 A. 2845 ehrerbiet. Beigefügt.

Berlin, den 5. April 1899.

zu A. 3876.

unter Bezugnahme auf den Erlaß № 147 vom 15. v. M.

An
die Botschaften in
St. Petersburg № 193

J. № 2602.

Euerer pp. übersende ich anbei ergebenst Abschrift eines Berichts des K. Konsuls in Söul vom 18. Januar d. J. betreffend Telegramm des Königs von Korea an den Kaiser von Rußland wegen der Abberufung des Herrn Matunine zu Ihrer gef. Information.

N. S. E.

i. m.

Ankunft eines chinesischen Gesandten in Korea zum Abschluß eines chinesisch-koreanischen Handelsvertrags.

PAAA_RZ201-018952_104 ff.			
Empfänger	Fürst zu Hohenlohe - Schillingsfürst	Absender	Reinsdorf
A. 4177 pr. 10. April 1899. a. m.		Söul, den 3. Februar 1899.	
Memo	mtg. 11. 4. London 227, Petersbg. 206. J. № 120.		

A. 4177 pr. 10. April 1899. a. m. 1 Anl.

Söul, den 3. Februar 1899.

№ 12.

An Seine Durchlaucht
den Herrn Reichskanzler
Fürsten zu Hohenlohe - Schillingsfürst.

Zum Zwecke des Abschlusses eines chinesisch-koreanischen Handelsvertrags ist am 24. v. Mts. der bisherige Provinzialrichter in Anhui, Hsü shou péng, an Bord des chinesischen Kriegsschiffes Kaichi von Shanghai kommend als außerordentlicher Gesandter und bevollmächtigter Minister in Korea eingetroffen und hat dem König am 1. d. Mts. sein vom Kaiser von China gezeichnetes Beglaubigungsschreiben in Audienz überreicht. Herr Hsü war früher mehrere Jahre lang als Legationssekretär in Washington und spricht etwas Englisch; als Englisch secretary ist im ein früherer Marineoffizier Wu chi tsao beigegeben; außerdem gehören zu der Gesandtschaft noch 12 Sekretäre und Attachees.

Koreanische Zeitungen heben hervor, daß der Kaiser von China in dem (in Abschrift und Uebersetzung beifolgenden) Beglaubigungsschreiben für den König sich derselben Bezeichnung „Groß Hoangti" bedient wie für sich selbst, und daß er für das Land den im Jahre 1897 neueingeführten Namen Han-Reich, mit dem früher von China für sich allein beanspruchten Prädikate ta „groß" gebraucht, sowie daß darin auf die alte Interessengemeinschaft zwischen China und Korea Bezug genommen und das Aufhören der Abhängigkeit und die Selbständigkeit von Korea betont sind. Herr Hsü, mit dem Charakter als Beamter der 2. Rangclasse, soll ein im Range höherstehender Beamter sein, als es sonst in China üblich ist, bei den europäischen Mächten zu beglaubigen.

Bei der Audienz hat der König von Korea zum ersten Male Militäruniform angelegt,

„wie sie der Kaiser von Deutschland und Rußland tragen," sagen die koreanischen Zeitungen; seine Absicht, die fremden Vertreter in Zukunft immer so zu empfangen, soll er vorläufig wieder aufgegeben haben; wenn er sich einer europäischen Kopfbedeckung bedient und sie nicht ablegt, befürchtet er, daß die Vertreter die ihrigen ebenfalls aufbehalten würden. Die chinesische Etikette verbietet das Abnehmen des Hutes, daher kann er das Aufbehalten dem Chinesen nachsehen.

Der Vertrag soll sich den bereits bestehenden möglichst anschließen; wesentliche Punkte werden die Regelung des Grenzhandels und die Frage der Exterritorialität bilden. Die koreanische Regierung beansprucht letztere dem Vernehmen nach für ihre Unterthanen in China, wäre aber nicht bereit, dasselbe Recht Chinesen in Korea zuzugestehen; ebenso soll sie bestrebt sein, den Erwerb von Grundstücken durch Chinesen in Söul zu erschweren.

Abschriften dieses ehrerbietigen Berichtes sende ich an die Kaiserlichen Gesandtschaften zu Peking und Tokyo.

Reinsdorf.

Inhalt: Ankunft eines chinesischen Gesandten in Korea zum Abschluß eines chinesisch-koreanischen Handelsvertrags.

Anlage zu Bericht № 12.
Uebersetzung.

Einführungsschreiben des chinesischen Gesandten Hsü shou péng beim König von Korea.

Gruß vom Großhoangti von Großch´ung (China) an den Großhoangti von Großhan (Korea) Reiche.

Unsere beiden Länder, bei einander gelegen in Asien, mit engen Verbindungen zu Wasser und zu Lande, haben seit Jahrhunderten Glück und Unglück mit einander getheilt und sich als zusammengehörig betrachtet. So oft sie sich einander Hülfe und Beistand leisten konnten, sind sie dazu nach besten Kräften bereit gewesen, um Ordnung und Frieden aufrecht zu erhalten, - wie es verzeichnet steht in der Geschichte Ihres Landes und hier keiner näheren Darlegung bedarf. Im Anfang meiner Regierung hat sich Ihr Land, als es mit den amerikanischen europäischen Mächten Verträge abschloß, durch die damals abgegebenen Erklärungen, ein schönes Zeugnis ausgestellt dessen, daß es der alten Intimität eingedenk ist. In Uebereinstimmung mit der modernen Forderung von der Unabhängigkeit der einzelnen Länder der Erde, hat China im 21. Jahre meiner Regierung im chinesisch-japanischen Vertrag von Bakan im Artikel 1 die Unabhängigkeit Ihres Landes anerkannt. Vergegenwärtigen wir uns die glücklichen Verhältnisse früherer Zeiten oder fassen wir die Schwere der jüngsten Vergangenheit ins Auge, immer mehr findet man das Prinzip, daß Räder und Wagen, Lippen und Zähne (d. h. China und Korea) zu einander gehören, allgemein in Geltung. Ich habe jetzt den Hsü shou péng, Ministerialdirektor, Beamten 3ter Classe mit dem Charakter eines Beamten der 2ten Rangklasse, ausersehen, als Gesandter dieses Einführungsschreiben persönlich zu überbringen; er wird sich nach Söul begeben und statt meiner meine Absichten und Gesinnungen darlegen. Herr Hsü ist mir aufrichtig ergeben und hat große Erfahrung in der Behandlung amtlicher Geschäfte; ich hoffe Euere Majestät werden in gnädig empfangen, auf daß es ihm gelinge, mit der Regierung Ihres Landes einen Handelsvertrag zu Stande zu bringen; daß dieser von langer Dauer sein, daß die Beziehungen der beiden Reiche sich dauernd freundschaftlich gestalten und daß beide Reiche sich des Friedens und Gedeihens erfreuen mögen, ist mein innigster Wunsch.

Kuangsü 24. Jahr 8. Monat 21. Tag

6. Oktober 1898.

◎(淸使奉書)再再日淸使徐壽朋氏가陛
見ᄒᆞ고國書를奉呈ᄒᆞ엿ᄂᆞᆫᄃᆡ其副本을得
ᄒᆞ야左에記ᄒᆞ노라
大淸國大皇帝敬問
大韓國大皇帝好我兩國同在亞洲水陸緊
連數百年來休戚相關無分彼己凡可相扶
助之事輒竭心力以期奠安貴國典籍具存
無煩縷述光緖初年貴國與墨歐諸洲立約
仍備文聲叙足徵貴國久要不忘之美比年
環球各國均以自主自保爲公義是以光緖
二十一年中日馬關約第一欵中國認明貴
國獨立自主遠懷舊好近察時艱輔車唇齒
之義尤當共切講究玆派二品銜候補三品
京堂徐壽朋爲出使大臣親賚國書馳詣漢
城代宣朕意該大臣樸實忠誠辦事明練尙
望
大皇帝優加接待俾貴國政府約議通商條
約以垂久遠從此兩國永敦和好共享昇平
朕有厚望焉
大淸光緖二十四年八月二十一日

Berlin, den 11. April 1899.

zu A. 4177.

An
die Botschaften in
1. London № 227
2. St. Petersburg № 206

J. № 2805.

Euerer pp. übersende ich anbei ergebenst Abschrift eines Berichts des K. Consuls in Söul vom 3. Februar d. J. betreffend Ankunft eines chinesischen Gesandten in Korea zum Abschluß eines chinesisch-koreanischen Handelsvertrags zu Ihrer gefl. Information.

N. S. E.
i. m.

[ ]

PAAA_RZ201-018952_114			
Empfänger	[o. A.]	Absender	[o. A.]
A. 4408 pr. 15. April 1899.		[o. A.]	

A. 4408 pr. 15. April 1899.

Notiz.

Ber. a. Peking v. 27. 2. A 33, betr. Beglaubigung eines chinesischen Gesandten in Korea, befindet sich

i. a. Korea 3

Abberufung des japanischen Gesandten Kato.

PAAA_RZ201-018952_116 ff.			
Empfänger	Fürst zu Hohenlohe - Schillingsfürst	Absender	Reinsdorf
A. 8274 pr. 10. Juli 1899 a. m.		Söul, den 17. Mai 1899.	
Memo	J. № 357.		

A. 8274 pr. 10. Juli 1899 a. m.

Söul, den 17. Mai 1899.

№ 39.

An Seine Durchlaucht
den Herrn Reichskanzler
Fürsten zu Hohenlohe - Schillingsfürst.

Der japanische Außerordentliche Gesandte und Bevollmächtigte Minister Herr Kato ist durch ein Telegramm des Auswärtigen Amtes in Tokyo von seinem hiesigen Posten abberufen worden und hat heute Söul verlassen. Der erste Legationssekretär Hioki ist interimistisch mit der Leitung der japanischen Vertretung beauftragt worden. Ueber Herrn Kato's Nachfolger liegen noch keine bestimmten Nachrichten vor. Der König von Korea hatte dem Kaiser von Japan telegraphisch sein Bedauern über die Abberufung des Herrn Kato ausgedrückt und gebeten ihn hier zu lassen. Verstimmung über das stärkere Hervortreten russischen Einflusses hier in letzter Zeit scheint die Abberufung mit herbeigeführt zu haben.

Abschrift dieser gehorsamen Meldung sende ich an die Kaiserlichen Gesandtschaften in Peking und Tokyo.

Reinsdorf.

Inhalt: Abberufung des japanischen Gesandten Kato.

Japan und Korea.

PAAA_RZ201-018952_119 ff.			
Empfänger	Fürst zu Hohenlohe - Schillingsfürst	Absender	Leyden
A. 8278 pr. 10. Juli 1899. a. m.		Tokio, den 5. Juni 1899.	
Memo	mtg 11. 7. Lond. 410, Petbg. 354, Peking A. 79.		

A. 8278 pr. 10. Juli 1899. a. m.

Tokio, den 5. Juni 1899.

A. 71.

An Seine Durchlaucht
den Herrn Reichskanzler, Fürsten zu Hohenlohe - Schillingsfürst.

Die Ersetzung des bisherigen Japanischen Gesandten in Korea, Herrn Kato, durch den Direktor der Handels-Abtheilung im hiesigen Gaimusho, Herrn Hayashi, ist auf die Unzufriedenheit zurückzuführen, welche in Tokio durch das jüngste Wachsen des russischen Einflusses in Söul hervorgebracht worden ist. Der Seitens des Königs von Korea hier geäußerte Wunsch, Herrn Kato noch ferner zu behalten, hat im Hinblick darauf die hiesige Entschließung, einen Personenwechsel eintreten zu lassen, nur befestigt. In den letzten Tagen sind hier ziemlich ernste Nachrichten über an verschiedenen Orten Korea's ausgebrochene Unruhen eingetroffen und die hiesigen politischen Kreise rechnen schon seit langem nicht mehr mit der Möglichkeit der Herstellung geordneter Zustände, weil jedes Vertrauen in die Charakterfestigkeit des Königs geschwunden ist. Die Stärkung des Prestiges eines japanischen Vertreters in Söul wird unter diesen Verhältnissen untrennbar von der Unterstützung sein, welche ihm von Tokio aus gewährt wird, und in dieser Hinsicht hatte man Herrn Kato ziemlich in der Luft hängen lassen.

Sein Nachfolger ist ein intelligenter jüngerer Mann, der den größten Theil seiner Karriere in China zurückgelegt hat.

Graf Leyden.

Inhalt: Japan und Korea.

Berlin, den 11. Juli 1899.

zu A. 8278.

An
die Missionen in
1. London № 410
2. St. Petersburg № 354
3. Peking № A. 79

J. № 5630.

Euerer pp. übersende ich anbei ergebenst Abschrift eines Berichts des K. Gesandten in Tokio vom 5. v. Mts. betreffend Wechsel im Gesandtenposten in Korea

zu Ihrer gef. Information

N. d. H. U. St. S.

i. m.

Ernennung eines neuen japanischen Gesandten für Korea.

PAAA_RZ201-018952_124 ff.			
Empfänger	Fürst zu Hohenlohe - Schillingsfürst	Absender	Reinsdorf
A. 10602 pr. 8. September 1899. a. m.		Söul, den 30. Juni 1899.	
Memo	J. № 480.		

A. 10602 pr. 8. September 1899. a. m.

Söul, den 30. Juni 1899.

№ 51.

An Seine Durchlaucht
den Herrn Reichskanzler
Fürsten zu Hohenlohe - Schillingsfürst.

Als Nachfolger des Herrn Kato ist der Direktor der Handelsabtheilung des Auswärtigen Amtes in Tokyo, Herr Hayashi Gonsuke, zum Außerordentlichen Gesandten und Bevollmächtigten Minister Japans in Söul ernannt worden und hat gestern dem Könige in Audienz sein Beglaubigungsschreiben überreicht. Eine Änderung der japanischen Politik in Korea scheint mit diesem Personenwechsel nicht beabsichtigt zu sein. Nach einer Aeußerung des ersten Legationssekretärs Hioki wäre für die Abberufung des Herrn Kato hauptsächlich mit maßgebend gewesen, daß derselbe seine Regierung nicht pünktlich über hiesige Vorgänge auf dem Laufenden erhalten habe, und bei dem nervösen Interesse, mit dem man in Japan die Dinge in Korea verfolge, wäre es der Regierung unbequem, daß das Publikum durch die zahlreichen Correspondenten japanischer Zeitungen in Korea sowie durch die vielen koreanischen Refugies in Japan, die durch ihre hiesigen Parteigänger über das Treiben bei Hofe und in politics stets genau informirt würden, reichlicher mit Nachrichten versorgt wäre, als die Regierung durch den amtlichen Vertreter.

Herr Hayashi ist mit koreanischen Verhältnissen nicht unbekannt; er war Dec. 1888 bis Mai 1892 Konsul in Chemulpo. Von dort ging er als Stellvertretender Generalkonsul nach Shanghai und Ende 1893 als Konsul nach London. Im September 1896 wurde er zum ersten Legationssekretär bei der Gesandtschaft in London ernannt und im November 1897 in gleicher Eigenschaft nach Peking versetzt; nachdem er die letzten 3 Monate seines Aufenthalts in Peking als Charge d´ Affaires a. i. fungirt hatte, erfolgte im November vorigen Jahres seine Berufung in das Auswärtige Amt nach Tokyo.

Abschriften dieses gehorsamen Berichtes sende ich an die Kaiserlichen Gesandtschaften in Peking und Tokyo.

Reinsdorf.

Inhalt: Ernennung eines neuen japanischen Gesandten für Korea.

Wechsel in der Person des interimistischen russischen Geschäftsträgers.

PAAA_RZ201-018952_128 ff.			
Empfänger	Fürst zu Hohenlohe - Schillingsfürst	Absender	Reinsdorf
A. 13781 pr. 23. November 1899. p. m.		Söul, den 2. Oktober 1899.	
Memo	J. № 656.		

A. 13781 pr. 23. November 1899. p. m.

Söul, den 2. Oktober 1899.

№ 75.

An Seine Durchlaucht
den Herrn Reichskanzler
Fürsten zu Hohenlohe - Schillingsfürst.

Euerer Durchlaucht habe ich gehorsamst zu melden, daß der mit der Vertretung des Herrn Pavlow beauftragte interimistische russische Geschäftsträger, Generalkonsul Dmitresky am 29. August gestorben und an seiner Stelle nunmehr der Legationssekretär E. Stein mit der zeitweiligen Leitung der Geschäfte beauftragt worden ist.

Reinsdorf.

Inhalt: Wechsel in der Person des interimistischen russischen Geschäftsträgers.

Errichtung chinesischer diplomatischer und konsularischer Vertretungen in Korea und koreanischer in China.

PAAA_RZ201-018952_131 ff.			
Empfänger	Fürst zu Hohenlohe - Schillingsfürst	Absender	Reinsdorf
A. 2481 pr. 26. Februar 1900. a. m.		Söul, den 30. Dezember 1899.	
Memo	J. № 875.		

A. 2481 pr. 26. Februar 1900. a. m.

№ 91. Söul, den 30. Dezember 1899.

An Seine Durchlaucht
den Herrn Reichskanzler
Fürsten zu Hohenlohe - Schillingsfürst.

Im Anschluß an den Bericht № 90[5] vom 21. dieses Monats melde ich Euerer Durchlaucht gehorsamst, daß nach einer amtlichen Anzeige des hiesigen chinesischen Außerordentlichen Gesandten und Bevollmächtigten Ministers Hsü Shou péng und des bisher mit Wahrnehmung der chinesischen Interessen in Korea betrauten großbritannischen Geschäftsträgers Herr Hsü die Leitung der chinesischen Angelegenheiten heute übernommen hat. Ein neues Beglaubigungsschreiben hat Herr Hsü noch nicht überreicht, fungirt aber, wegen kurzer Beurlaubung des japanischen Vertreters, vorläufig als Doyen.

Zum Generalkonsul in Söul ist Wu Kwang péi ernannt worden; zu seinem Amts- und Jurisdictionsbezirk gehört auch Wönsan, wo eine eigene konsularische Vertretung zunächst nicht errichtet wird. Konsul in Chemulpo (mit Kunsan und Mokpo) ist Tang Yung hao, Konsul in Fusan (mit Masampo) Fu Liang pi, Vizekonsul in Chinnampo (mit der Provinzialhauptstadt Piöngyang) Fan Chao hien.

Die koreanische Regierung sieht zur Zeit davon ab Konsulate in China zu gründen; zum Gesandten in Peking ist der ehemalige Vicepräsident des Staatsraths Sim Sang Hun ernannt worden, der dem chinesischen Gesandten gegenüber geäußert hat, er würde wenn möglich noch vor chinesisch Neujahr auf seinen neuen Posten abreisen.

Reinsdorf.

Inhalt: Errichtung chinesischer diplomatischer und konsularischer Vertretungen in Korea und koreanischer in China.

---

5 II. 2976 orig. im R. J. A. i. R. sch. Amt gesandt, Concept ehrerb. beigef.

[ ]

PAAA_RZ201-018952_135			
Empfänger	[o. A.]	Absender	[o. A.]
Ap. 411 pr. 2. März 1900 p. m.		[o. A.]	

A. № 411 pr. 2. März 1900 p. m.

A. 14146/02.

[*sic.*] Prinz Heinrich verwandte sich dafür, daß der [*sic.*] Bn. Goltz ein Consulat erhalten & nach Söul (Corea) neu Minister-Resident gesandt werden mögen.

Hier liegt die SACHE ?

M 3. 3. G. A. Enih fl

Goltz macht augenblicklich das Konsulatsexamen. Er hatte wenig Lust auf ein kleines Konsulat und dürfte auch als Dolmetscher (mit dem Titel Konsul, den auch die anderen 1. Dolmetscher haben) weit nützlichere Dienste in Patriae leisten, wo er nur schwer zu ersetzen ist. Später kann man ihn ja für ein größeres Konsulat (Ministerresidentur, südam. Gesandtschaft?) in Aussicht nehmen.

Auf mich hat G. den besten Eindruck gemacht.

Söul wird einstweilen vom I. Dolmetscher in Tokyo, Weipert, interim. verwaltet. Der Einstellung eines Min. Res. für Söul in den nächsten Etat dürften kaum Bedenken entgegenstehen, da auch andere Staaten welche haben

dort.

[ ]

PAAA_RZ201-018952_137			
Empfänger	[o. A.]	Absender	Richthofen
A. 5155 pr. 25. April 1900. p. m.		Berlin, den 13. April 1900.	

A. 5155 pr. 25. April 1900. p. m.

Berlin, den 13. April 1900.

[6]Der französische Botschaftsrath Bontirou fragte an, welche Stellung die K. Regierung zu der – jetzt in Korea aktuell gewordenen – Frage einnehme, ob der Vertreter Chinas Doyen des diplomatischen bzw. Konsularkorps sein könne.

Richthofen.

6 [Randbemerkung] Zunächst bei I B w. II mit der Bitte um gefl. Aeusserung über die grundsätzliche Frage erg. vorgeletgt. (Nach dem Bericht A. 2481/900 – hatte China in Söul einen Gesandten und einen Generalkonsul. Ersterer fungirte damals in Folge Abwesenheit des japan. diplomat. Vertreters vorübergehend als Doyen, anscheinend unbeanstandet.)

Berlin, den 16. Mai 1900.

Zu A. 5155.

Für den konsularischen Beamten sind in der hier vorgelegten Frage die gleichen Grundsätze maßgebend wie sie hinsichtlich der diplomatischen Beamten nebenstehender Vorlegung Geltung stehn.

B. 21. 5. K. W.

Bei A mit dem Bemerken ergebenst wieder vorgelegt, daß Fürst Bismarck anläßlich den Ausdruck „Doyen“ und „diplomatisches Corps“ angesprochen und hierüber unter dem 6. Januar 1877 (in act. Etiquette 43 rol. III) seiner Majestät einen Immediatbericht erstattet hat. Darin ist gesagt, daß, während einerseits an allen Höfen das Streben des diplom. Corps dahin gehe, sich als ein geschlossenes Corps unter einem Vorstande, dem Doyen, zu konstituiren, andererseits alle Höfe wegen der daraus abzuleitenden Prätensionen sich stets grundsätzlich geweigert haben, das diplomatische Corps als eine geschlossene Corporation und irgend ein Mitglied desselben als den Vorstand anzuerkennen. Auch im Ausw. Amte werde amtlich nicht zugegeben, daß das diplomatische Corps einen Doyen habe, der im Namen desselben zu sprechen oder Funktionen zu üben berufen sei. Die Höfe verhandelten in Angelegenheiten dienstlicher, ceremonieller Natur niemals mit der Gesammtheit, sondern stets nur mit jedem Einzelnen der bei ihnen beglaubigten Fremden-Vertreter. Fürst Bismarck hat es stets sorgfältig vermieden, das Vorhandensein eines Doyen, amtlich anzuerkennen. Das Institut eines Doyen sei eine lediglich innere Angelegenheit des diplomatischen Corps, dessen Vorhandensein die betreffenden Regierungen grundsätzlich zu ignorieren pflegen, um einer korporativen Vertretung vorzubeugen.

Sonst ist über die Frage in den I B Akten nichts zu finden.

M.

Hr. v. N.
zum Zwecke der
Beantwortung
der Anfrage des Herrn
Bouteron
vorzulegen

Ki 24. 5.

Sr. E. 29. 5.
zu gen. Vollz.

Vorher
Sr. E. Hrz. H. G. R. v.
Holstein
Sr. F. G. Pr. Prinzen B[*sic.*]g
sowie
bei I B
und
II
z. g. K.

(Entsprechende Weisung nach
Söul bleit vorbehalten)
der französ. Geschäftsträger
ist auf die Sache nicht wieder
zurückgekommen
z. d. A.

Die von I B erwünschte, im Jahre 1877 von dem Fürsten Bismarck vertretene Auffassung, wonach das Doyenamt eine lediglich innere Angelegenheit des diplomatischen Corps wäre, dessen Vorhandensein von den Regierungen grundsätzlich ignorirt würde, ist von uns früher nicht genug festgehalten worden. Als nämlich im Jahr 1880 der persische Botschafter in Contantinopel die Rechte des Diplomats für sich in Anspruch nahm, hat sich Fürst Bismarck nach Benehmen mit den übrigen Großmächten dahin ausgesprochen, daß das regelmäßige Doyenthum eine Utilitätseinrichtung für bestimmte unpolitische Angelegenheiten sei. Dieselbe wäre aber in Constatinopel im Interesse des diplomatischen Coprs erweitert worden für die Behandlung politischer, allen europäischen Mächten gemeinsamer Fragen, die auf Verträgen beruhten, an denen Persien nicht betheiligt gewesen und denen es ganz fremd sei. Der Umstand, daß der persische Botschafter als Perser und Muselman für die Vertretung gemeinsamer christlicher Verträge der Pforte gegenüber nicht möglich sei, würde schon allein genügen, um seine Forderung abzulehnen. Im Übrigen haben wir auch damals der Frage gegenüber, da sie uns nicht direkt berührte, Zurückhaltung beobachtet. Es hat sich demnächst allgemeines Einverständniß dahin hergestellt, daß der persische Botschafter lediglich in Ceremonial- und Etiquettenfragen als Doyen zu fungiren habe, im Übrigen aber das Recht der Zusammenberufung der christlichen Vertreter von dem christlichen Doyen ausgeübt werden solle.

Hiernach möchte auf die französische Anfrage etwa folgende mündliche Antwort zu geben sein:

„Die Frage ist aus Korea bisher an uns noch nicht herangetreten. Wir haben um so weniger Anlass, dazu bestimmte Stellung zu nehmen, als unseres Wissens bisher das Doyenat als solches eine formelle, amtliche Anerkennung nirgends, jedenfalls bei uns nicht, erlangt hat, dasselbe vielmehr eher als eine innere Angelegenheit des betreffenden diplomatischen Corps betrachtet wird. Als im Jahr 1860 der persische Botschafter in Constantinopel die Befugnisse des Doyens in Anspruch nahm, haben sich, soweit wir wissen, die dortigen Vertreter der Großmächte dahin geeinigt, dass der persische Botschafter lediglich in Ceremonial- und Etiquettensachen als Doyen zu fungiren habe, im Übrigen aber [7]das Recht der Zusammenrufung der christlichen Vertreter von dem christlichen Doyen ausgeübt werden solle. In analoger Weise dürfte sich die Sache vorkommenden Falls vielleicht auch in Korea regeln lassen.“

Ki 24. 5.

7 - wobei an spezifische Angelegenheiten christlicher Staaten gedacht wurde -

Audienz des Oesterreichischen Legationssecretärs von Grubissich.

PAAA_RZ201-018952_146 ff.			
Empfänger	Fürst zu Hohenlohe - Schillingsfürst	Absender	Weipert
A. 7626 pr. 19. Juni 1900. a. m.		Söul, den 1. Mai 1900.	
Memo	mtg. 20. 6. Wien 342. J. № 377.		

A. 7626 pr. 19. Juni 1900. a. m.

Söul, den 1. Mai 1900.

№ 39.

An Seine Durchlaucht
den Herrn Reichskanzler
Fürsten zu Hohenlohe - Schillingsfürst.

Nachdem ich von dem König von Korea kurz nach der Uebernachme der Geschäfte des Kaiserlichen Konsulates zusammen mit dem von hier scheidenden Kaiserlichen Konsul Reinsdorf in Audienz empfangen worden war, hatte ich am 25. v. M. die Ehre Seiner Majestät den zu kurzem Besuch hier weilenden Legationssecretär der Oesterreichisch-Ungarischen Gesandtschaft in Tokio Herrn von Grubissich-Keresztur nebst seiner Gemahlin vorzustellen. Der König gab in dem Gespräche dem Wunsch lebhaften Ausdruck, daß der freundschaftliche Verkehr Korea's mit der Oesterreichisch-Ungarischen Monarchie durch die Ernennung eines eigenen Vertreters der Letzteren erleichtert und gefördert werden möge.

Es befindet sich, soviel ich in Erfahrung bringen konnte, zur Zeit nur ein österreichisch-ungarischer Staatsangehöriger in Korea, ein Kaufmann Namens Houben, der in Fusan ansässig ist und sich in dem Hafen von Masampo beschäftigt.

Weipert.

Inhalt: Audienz des Oesterreichischen Legationssecretärs von Grubissich.

Berlin, den 20. Juli 1900. A. 7626.

An
die Botschaft in
Wien № 342

J. № 5274.

An p. übersende ich anbei ergebenst Abschrift eines Berichts des Konsulat-Verwalters in Söul vom 1. v. Mts. betreffend den aber oesterreichisch-ungarisch. Legationssecretär von Grubissich zu ihrer gefl. Information
Information.

N. S. E.
i. m.

Urlaub des englischen Geschäftsträgers für Korea.

PAAA_RZ201-018952_151 ff.			
Empfänger	Fürst zu Hohenlohe - Schillingsfürst	Absender	Weipert
A. 8644 pr. 6. Juli 1900. p. m.		Söul, den 18. Mai 1900.	
Memo	J. № 472.		

A. 8644 pr. 6. Juli 1900. p. m.

Söul, den 18. Mai 1900.

№ 44.

An Seine Durchlaucht
den Herrn Reichskanzler
Fürsten zu Hohenlohe - Schillingsfürst.

Euerer Durchlaucht beehre ich mich gehorsamst zu melden, daß der hiesige englische Geschäftsträger und Generalkonsul Herr J. N. Jordan heute Söul verlassen hat um einen 15 monatlichen Erholungsurlaub anzutreten. In seiner Vertretung hat der bisherige langjährige Japanese Secretary und 2. Legationssecretär der englischen Gesandtschaft in Tokio, J. H. Gubbins, die Geschäfte übernommen.

Weipert.

Inhalt: Urlaub des englischen Geschäftsträgers für Korea.

Ernennung des französischen Geschäftsträgers zum Gesandten. Frage des hiesigen Doyenats.

PAAA_RZ201-018952_154 f.			
Empfänger	[o. A.]	Absender	[o. A.]
A. 10339 pr. 3. August 1900. a. m.		[o. A.]	
Memo	Ki 17. 8.		

A. 10339 pr. 3. August 1900. a. m.

Der französische Botschaftsrath erneuert im Auftrag seines Chefs seine bereits mehrfach gestellte Anfrage darüber, wie wir uns zu der Frage stellen, ob der Chinesische Gesandte in Soul, der der Anciennität nach der älteste sei, die Funktionen als Doyen des Diplomatischen u. Consularcorps übernehmen könne.

Die Frage ist heute im Sinne der Aufzeichnung vom 24. 5., 2. 8. zu A. 5155 mündlich von mir beantwortet worden.

Inhalt: Ernennung des französischen Geschäftsträgers zum Gesandten. Frage des hiesigen Doyenats.

[ ]

PAAA_RZ201-018952_156 ff.			
Empfänger	Bülow	Absender	Weipert
A. 2819 pr. 22. Februar 1901. a. m.		Söul, den 7. Januar 1901.	
Memo	mtg. 27. 2. London 229. J. № 36.		

A. 2819 pr. 22. Februar 1901. a. m.

Söul, den 7. Januar 1901.

№ 7.

An Seine Excellenz
den Reichskanzler
Herrn Grafen von Bülow.

Der französische interimistische Geschäftsträger theilte mir vor einigen Tagen gesprächsweise mit, daß der Titular des hiesigen Postens, Herr Collin de Plancy, der sich zur Zeit auf Urlaub in Frankreich befindet, zum Gesandten ernannt worden sei und vermutlich in dieser Eigenschaft in Kürze hierher zurückehren werde. Eine offizielle Ankündigung dieserhalb ist indeß noch nicht erfolgt. Herr de Plancy hat, wie ich höre, während seines Hierseins eine sehr eifrige Thätigkeit entfaltet und die meisten Fortschritte, welche Frankreich bis letzthin in Korea gemacht hat, beruhen auf Abmachungen, die er vor seiner Heimreise im November 1899 getroffen hat. Dies gilt sowohl von dem Engagement eines Artillerie-Hauptmanns und Werkmeisters für das hiesige Arsenal (cf. s. pl. Bericht № 45 vom 19. Mai v. J.), welche beide nach definitiver Regelung der Bedingungen Anfang Dezember v. J von Frankreich abgereist sind und in Bälde hier erwartet werden, als auch von einem neuerdings bekannt gewordenen Plan, 4 französische Vorarbeiter, unter Anderem für die Schmiede-, Tischler- und Ziegelei-Technik bei einer hier ins Leben zu rufenden Industrieschule als Lehrer anzustellen. Ueber letzteres Engagement wird noch verhandelt, da man französischerseits die dafür ausgeworfene Summe von 6000 Yen jährlich für zu gering hält.

Herrn Collin de Plancy würde in seiner neuen Eigenschaft auch das hiesige Doyenat zugänglich werden, welches gegenwärtig von dem japanischen und chinesischen Gesandten monopolisiert wird. Es ist nicht unmöglich, daß die Rücksicht hierauf bei seiner

Ernennung mitbestimmend gewirkt hat. Wenigstens höre ich, daß derselbe bereits im Herbst 1899 bei seinen hiesigen Kollegen und in Paris die Unzuträglichkeiten zur Sprache gebracht hat, welche das Doyenat speziell des chinesischen Gesandten bei dessen geringer Bekanntschaft mit europäischen Sprachen und Anschauungen mit sich führe. Vermuthlich auf eine Anregung aus Paris hin hat im Frühjahr v. J. der hiesige englische Vertreter eine Weisung seiner Regierung erhalten, sich über diese Frage zu äußern. Indeß sah weder Herr Gubbins noch einer der übrigen hiesigen Vertreter, mit denen er die Sache besprach, eine Möglichkeit den chinesischen Gesandten von dem Doyenat auszuschließen, so berechtigt auch an sich der darauf gerichtete Wunsch sein möchte. Neue Nahrung erhielt letztere durch die jüngste Neujahrsaudienz, bei der Herr Hsü, der sich übrigens seit den Verwicklungen in China größter Zurückhaltung befleißigt, in Abwesenheit des japanischen Gesandten in wenig effektvoller Weise als Sprecher fungirte.

Abschriften dieses gehorsamsten Berichtes sende ich an die Kaiserlichen Gesandtschaften in Tokio und Peking

Weipert.

Berlin, den 27. Februar 1901.

zu A. 2819.

An
die Botschaften in
London № 229

J. № 1832.

Euerer pp. übersende ich anbei ergebenst Abschrift eines Berichts des Kais. Konsuls in Söul vom 7. v. Mts. betreffend die Ernennung des dortigen französischen Geschäftsträgers zum Gesandten und die Frage des Doyenats zu Ihrer gef. Information.

N. S. St. S.
i. m.

[ ]

PAAA_RZ201-018952_162			
Empfänger	Bülow	Absender	Weipert
A. 4642 pr. 28. März 1901. a. m.		Söul, den 7. Februar 1901.	

Abschrift.

A. 4642 pr. 28. März 1901. a. m.

Söul, den 7. Februar 1901.

№ 23.

Seiner Excellenz
dem Reichskanzler
Herrn Grafen von Bülow.

Der hiesige chines. Gesandte Herr Hsü Shou Peng hat durch ein Schreiben des Vicekönigs Li Hung Chang den Auftrag seiner Regierung erhalten, sich nach Peking zu begeben, um dort als Assistent desselben sowie des Prinzen Ching bei den Friedensverhandlungen zu fungiren. Er hat sich heute mit dem zu diesem Zweck gekommenen Dampfer Hae An der China Merchant Steam Navigation Co. von Chemulpo nach Chefoo begeben.

Für die bisher noch unbestimmte Dauer seiner Abwesenheit übernimmt der erste Legationssekretär Herr Hsü-Tai Seng die Geschäfte. pp.

gez. Weipert.

orig. i. a. China 24

Rückkehr des französischen Geschäftsträgers Collin de Plancy.

PAAA_RZ201-018952_163 f.			
Empfänger	Bülow	Absender	Weipert
A. 6608 pr. 4. Mai 1901. a. m.		Söul, den 15. März 1901.	
Memo	J. № 259.		

A. 6608 pr. 4. Mai 1901. a. m.

Söul, den 15. März 1901.

№ 43.

An Seine Excellenz
den Reichskanzler
Herrn Grafen von Bülow.

Der hiesige französische Vertreter, Herr Collin de Plancy, ist am 11. d. M. von seinem Urlaub zurückgekehrt. Zur Reise von Nagasaki nach Chemulpo hat er das französische Kanonenboot „Bengali" benutzt, welches in diesen Tagen seine Fahrt nach Taku fortsetzt.

Wie sich jetzt herausstellt, hat die Ernennung des Herrn de Plancy zum Gesandten lediglich die Bedeutung einer persönlichen Rangerhöhung. Er hat den hiesigen Vertretern unter dem 12. d. M. mitgetheilt, daß er die Leitung der Gesandtschaft wieder übernommen habe, „avec le grade de Ministre Plénipotentiaire". Mündlich erklärte er mir, daß er kein neues Beglaubigungsschreiben mitgebracht habe und daß daher seine diplomatische Stellung nach wie vor die eines Charge d' Affaires sei.

Das Personal der französischen Gesandtschaft hat durch die vor einigen Wochen bereits erfolgte Ankunft eines Dolmetscher-Eleven eine Vermehrung erfahren.

Abschrift dieses gehorsamsten Berichtes sende ich an die Kaiserlichen Gesandtschaften in Peking und Tokio.

Weipert.

Inhalt: Rückkehr des französischen Geschäftsträgers Collin de Plancy.

Reise des russischen Geschäftsträgers nach Japan.

PAAA_RZ201-018952_165 ff.			
Empfänger	Bülow	Absender	Weipert
A. 8488 pr. 7. Juni 1901. a. m.		Söul, den 20. April 1901.	
Memo	J. № 426.		

A. 8488 pr. 7. Juni 1901. a. m.

Söul, den 20. April 1901.

№ 67.

An Seine Excellenz
den Reichskanzler
Herrn Grafen von Bülow.

Der hiesige russische Geschäftsträger hat sich heute mit dem ihm auf seinen Wunsch zur Verfügung gestellten Kanonenboot „Zabiaka" nach Japan begeben, um sich in Tokio bei dem Bakteriologen Kitasato einer mehrwöchigen Serum-Behandlung gegen Hundwuth zu unterziehen, da die Besorgnis besteht, daß er von seinem vor 5 Tagen unter wuthverdächtigen Symptomen verendeten Hund infiziert worden ist.

Während seiner Abwesenheit führ der Dolmetscher der Gesandtschaft, Herr Kehrberg, die laufenden Geschäfte.

Abschrift dieses gehorsamsten Berichts sende ich an die Kaiserlichen Gesandtschaften in Peking und Tokio.

Weipert.

Inhalt: Reise des russischen Geschäftsträgers nach Japan.

[ ]

PAAA_RZ201-018952_168 f.			
Empfänger	Bülow	Absender	Weipert
A. 9671 pr. 30. Juni 1901. a. m.		Söul, den 7. Mai 1901.	
Memo	mtg. 7. 7. Wien 398, Adm. Stab.		

Abschrift.

A. 9671 pr. 30. Juni 1901. a. m.

Söul, den 7. Mai 1901.

№ 77.

Seiner Excellenz
dem Herrn Reichskanzler
Grafen von Bülow.

Am 30. v. Mts. traf der Kommandant des österreichischen Geschwaders in Ostasien, Contraadmiral Graf Montecuccoli mit den Schiffen „Maria Theresia", „Kaiserin Elisabeth" und „Zenta" in Chemulpo ein. Zu dem Geschwader, welches von Taku über Chefu und Weihaiwei gekommen war, stieß am folgenden Tage noch der „Leopard", der zuletzt Masampo besucht hatte. Der Admiral machte von meinem Anerbieten Gebrauch, während seines Aufenthalts in Söul bei mir Wohnung zu nehmen, und wurde in einer auf sein Ersuchen von mir beantragten Audienz, in welcher ich die Ehre hatte, denselben vorzustellen, nebst den vier Kommandanten der genannten Schiffe, 3 Offizieren seines Stabes und einem Generalstabshauptmann am 5. d. M. von dem hiesigen Souverän empfangen. Im Laufe der Unterhaltung mit dem Admiral gab der König mehrmals dem Wunsch Ausdruck, daß die österreichisch-ungarische Regierung einen Vertreter nach Söul entsenden möge. Nach der Audienz fand ein Diner statt, zu welchem der Hausminister eingeladen hatte. Während des Diners spielte die aus 16 Mann bestehende Kapelle des Flaggschiffs. Dem Admiral sowohl wie den Herren seines Gefolges und den Musikern wurde im Auftrage des Königs eine Anzahl von Geschenken übersandt.

Am 6. d. M. bewirthete der Admiral den interimistischen Hausmeister, den interimistischen Minister des Aeußern, zwei Hofbeamte und drei Offiziere zum Frühstück, an dem auch ich die Ehre hatte Theil zu nehmen, an Bord der „Maria Theresia" und verließ am selben Tage den Hafen, um sich mit dem Geschwader über Port Hamilton, wo er sich indeß nur einige Stunden aufzuhalten gedenkt, nach Nagasaki zu begeben. Der „Leopard“ war schon am Vormittag nach Talien Wan abgefahren.

gez. Weipert.

orig. i. a. Oesterr. 73a

Erhöhung des französischen Vertreters in Korea zum Ministerresidenten.

PAAA_RZ201-018952_170 ff.			
Empfänger	Bülow	Absender	Weipert
A. 10706 pr. 22. Juli 1901. a. m.		Söul, den 27. Mai 1901.	
Memo	mtg 26. 7. London 639, Paris 617. J. № 553.		

A. 10706 pr. 22. Juli 1901. a. m.

Söul, den 27. Mai 1901.

№ 88.

An Seine Excellenz
den Reichskanzler, Herrn Grafen von Bülow.

Der bisherige hiesige französische Geschäftsträger, Herr Collin de Plancy, welcher am 12. März d. J. die Erhöhung seines persönlichen Ranges zu dem eines Bevollmächtigten Ministers notificiert hatte, hat mir nunmehr durch Note vom 25. d. M. angezeigt, daß er am 24. d. M. dem hiesigen Soeverän ein ihn als Ministerresidenten beglaubigendes Schreiben des Präsidenten der Republik überreicht habe.

Diese der koreanischen Eigenliebe schmeichelnde Erhöhung des hiesigen Postens im Zusammenhang mit einer jetzt auf Staatskosten fertig gestellten prunkvollen Ausstattung der Gesandtschaftsräume scheint darauf hinzudeuten, daß man in Paris auf weitere Förderung des in den letzten Jahren stetig gewachsenen französischen Einflusses, dem nicht nur die russische Haltung, sondern auch die ausgedehnte Wirksamkeit der kaiserlichen Mission zu Gute kommt, erheblichen Werth legt.

Abschrift dieses gehorsamsten Berichts sende ich an die Kaiserlichen Gesandtschaften in Peking und Tokio.

Weipert.

Inhalt: Erhöhung des französischen Vertreters in Korea zum Ministerresidenten.

Berlin, den 26. Juli 1901.

zu A. 10706.

An
die Botschaften in
1. London № 639
2. Paris № 517

J. № 6449.

Euerer pp. übersende ich anbei ergebenst Abschrift eines Berichts des Kais. Konsuls in Söul vom 21. Mai betreffend die Beförderung des dortigen französischen Vertreters zum Ministerresidenten zu Ihrer gef. Information.

St. S.
i. m.

Ernennung des amerikanischen Ministerresidenten in Söul zum Gesandten.

PAAA_RZ201-018952_175 ff.			
Empfänger	Bülow	Absender	Weipert
A. 11578 pr. 9. August 1901. a. m.		Söul, den 27. Juni 1901.	
Memo	J. № 671.		

A. 11578 pr. 9. August 1901. a. m.

Söul, den 27. Juni 1901.

№ 104.

An Seine Excellenz
den Reichskanzler
Herrn Grafen von Bülow.

Der hiesige amerikanische Vertreter Dr. Allen, hat am 24. d. M. durch ein privates Telegramm aus Washington sowohl, wie durch eine von der dortigen koreanischen Gesandtschaft eingegangene Meldung erfahren, daß er zum Außerordentlichen Gesandten und Bevollmächtigten Minister hierselbst ernannt worden sei. Man darf wohl annehmen, daß auf diese Entschließung der Regierung der Vereinigten Staaten die kürzlich erfolgte Rangerhöhung des hiesigen französischen Vertreters nicht ohne Einfluß gewesen ist.

Abschriften dieses gehorsamsten Berichts sende ich an die Kaiserlichen Gesandtschaften in Peking und Tokio.

Weipert.

Inhalt: Ernennung des amerikanischen Ministerresidenten in Söul zum Gesandten.

Bevorstehende Versetzung des Herrn Pavlow nach Peking.

PAAA_RZ201-018952_178 ff.			
Empfänger	Bülow	Absender	Weipert
A. 11580 pr. 9. August 1901. a. m.		Söul, den 28. Juni 1901.	
Memo	mtg. 12. 8. Washgt. A.156, London 703, Petersburg 594. J. № 679.		

A. 11580 pr. 9. August 1901. a. m.

Söul, den 28. Juni 1901.

№ 106.

An Seine Excellenz
den Reichskanzler, Herrn Grafen von Bülow.

Von sonst zuverlässiger Seite erfahre ich vertraulich, daß nach privater telegraphischer Nachricht aus St. Petersburg dort in der That, wie ein hier kursirendes Gerücht behauptet, beabsichtigt sein soll, Herrn Pavlow in Bälde von hier nach Peking zu versetzen. Wenn sich die Nachricht bewahrheitet, so dürfte sie dem hiesigen Souverän, bei dem Herr Pavlow wenig beliebt ist, nicht unwillkommen sein.

Der König sagt, wie ich aus derselben Quelle vertraulich erfahre, schon seit einigen Monaten den Wünsch, den früheren hiesigen russischen Vertreter, Herrn Waeber, zu dem er großes Vertrauen hat, als Rathgeber für das Hausministerium zu engagieren, und Herr Waeber, der den Abschied genommen haben soll, scheint nicht abgeneigt zu sein, darauf einzugehen. Der König ist aber an der Ausführung eines Planes bisher durch seine Umgebung verhindert worden, die von einem solchen Schritt Komplikationen mit Japan fürchtet.

Abschrift dieses gehorsamsten Berichts sende ich an die Kaiserlichen Gesandtschaften in Peking und Tokio.

Weipert.

Inhalt: Bevorstehende Versetzung des Herrn Pavlow nach Peking.

Berlin, den 12. August 1901.

A. 11580.

An
die Botschaften in
1. Washington № A. 156
2. London № 703
3. St. Petersburg № 594

J. № 7091.

An p. übersende ich anbei ergebenst Abschrift eines Berichts des Kais. Konsuls in Söul vom 28. Juni d. J. betreffend den bevorstehenden Wechsel in der Person des dortigen Russischen Gesandten zu Ihrer gef. Information.

N. S. E.

pp. S.

i. m.

[ ]

PAAA_RZ201-018952_183			
Empfänger	Bülow	Absender	Mumm
A. 13482 pr. 20. September 1901. a. m.		Peking, den 29. Juli 1901.	
Memo	d. Dep. K.		

Abschrift.

A. 13482 pr. 20. September 1901. a. m.

Peking, den 29. Juli 1901.

A. 279.

Seiner Excellenz
dem Herrn Reichskanzler
Grafen von Bülow.

Nachdem der bisherige chinesische Gesandte in Söul, Hsü-shou-peng, welcher schon vor längerer Zeit als Beirath der Friedensbevollmächtigten nach Peking berufen worden war, zum Bureauchef in dem neuen Ministerium der auswärtigen Angelegenheiten ernannt worden ist, ist an seiner Stelle durch ein am 24. Juli d. Js. hierher gelangtes kaiserliches Edikt Hsü-tai-schen zum Gesandten für Korea ernannt worden. Demselben ist gleichzeitig der Charakter eines Vice-Direktors einer hauptstädtischen Behörde verliehen worden. Hsü-tai-schen hat der Gesandtschaft in Soul schon seit einigen Jahren als Sekretär angehört und war seit der Abreise Hsü-shou-peng´s Geschäftsträger.

gez. Mumm.

Orig. i. a. Korea 10

Einrichtung eines russischen Vizekonsulats in Söul.

PAAA_RZ201-018952_184 ff.			
Empfänger	Bülow	Absender	Weipert
A. 13865 pr. 28. September 1901. a. m.		Söul, den 3. August 1901.	
Memo	J. № 848.		

A. 13865 pr. 28. September 1901. a. m.

Söul, den 3. August 1901.

№ 130.

An Seine Excellenz
den Reichskanzler
Herrn Grafen von Bülow.

Während der russische Vize-Konsul, welcher in früheren Jahren der hiesigen Gesandtschaft attachirt war, für ganz Korea funktionirte, ist seit Anfang d. J. ein besonderes Vize-Konsulat für Söul geschaffen worden, dessen Geschäfte am 29. v. M. der Vizekonsul Z. Polianovski übernommen hat. Derselbe ist zugleich mit Wahrnehmung der russischen Interessen in Chemulpo, Chinnampo und Pyöng-yang beauftragt. Die Geschäfte in den südlichen Häfen von Fusan, Mokpo und Kunsan fallen, wie ich von Herrn Pavlow höre, dem russischen Vize-Konsul in Masampo zu und diejenigen in Wönsan dem hiesigen russischen Vertreter in seiner Eigenschaft als Generalkonsul. Außerdem funktionirt als Konsul für Songchin sowie für den offenen Grenzmarkt Kyöng Heung in der nordöstlichen Spitze des Landes der in dem gegenüberliegenden Nowokijewskoje stationirte russische Grenzkommissar.

Abschrift dieses gehorsamsten Berichts sende ich an die Kaiserlichen Gesandtschaften in Tokio und Peking.

Weipert.

Inhalt: Einrichtung eines russischen Vizekonsulats in Söul.

Erhebung der amerikanischen Ministerresidentur in Söul zur Gesandtschaft.

PAAA_RZ201-018952_186 ff.			
Empfänger	Bülow	Absender	Weipert
A. 13906 pr. 29. September 1901. a. m.		Söul, den 7. August 1901.	
Memo	Erl. 5. 10. Peking A. 100, Tokio A. 23. J. № 886.		

A. 13906 pr. 29. September 1901. a. m.

Söul, den 7. August 1901.

№ 132.

An Seine Excellenz
den Reichskanzler
Herrn Grafen von Bülow.

Euerer Excellenz beehre ich mich im Anschluß an den Bericht № 104[8] vom 27. Juni d. J. gehorsamst zu melden, daß Dr. Allen mir durch amtliches Schreiben vom 5. d. M. angezeigt hat, daß der Rang der hiesigen Vertretung der Vereinigten Staaten erhöht und er selbst zum Außerordentlichen Gesandten und Bevollmächtigten Minister der Vereinigten Staaten von Amerika für Korea ernannt worden sei.

Abschrift dieses gehorsamsten Berichts sende ich an die Kaiserlichen Gesandtschaften in Peking und Tokio.

Weipert.

Inhalt: Erhebung der amerikanischen Ministerresidentur in Söul zur Gesandtschaft.

8 A. 11578 ehrerbietigst beigefügt.

Berlin, den 5. Oktober 1901.

A. 13906.

An
1. Gesandten Peking A. 100
2. Gesandten Tokio № A. 23

J. № 8607.

Nachdem, wie Ew. pp. aus den Berichten des Kais. Konsuls in Söul vom 27. Juni und 7. August d. J. (№ 104 und № 134) bekannt ist, nunmehr auch die Vereinigten Staaten von Amerika in Söul eine diplomatische Vertretung eingerichtet haben, während daselbst eine solche für Russland, England, Frankreich, Italien, sowie Japan und China bereits besteht, erhebt sich für uns die, auch schon früher ventilirte Frage, ob wir nicht, um die deutschen wirtschaftlichen Interessen in Korea vor einer Schädigung zu bewahren, auch unsererseits zur Umwandlung des Deutschen Konsulats in eine Gesandtschaft oder doch Ministerresidentur zu schreiten haben werden.

Ew. pp. ersuche ich erg., sich gefl. vom dortigen Standpunkte aus zu dieser Frage und ins Bes. über die Rückwirkung zu äußern, welche eine solche Maßnahme auf unsere allgemeine politische Stellung in Ostasien etwa haben würde.

Daß wir in Korea keine eigenen politischen, sondern ausschließlich wirtschaftliche Interessen wahrzunehmen haben und auch nicht den Eindruck zu wecken wünschen, als ob sich in diesem, unserm bisherigen Standpunkte etwas geändert habe, setze ich als Ew. pp. bekannt voraus.

St. S.
Ki 3. 10.

[ ]

PAAA_RZ201-018952_193 f.			
Empfänger	Bülow	Absender	Gnadt
A. 14983 pr. 24. Oktober 1901. a. m.		Söul, den 3. September 1901.	
Memo	mtg 4. 11. Wien 623.		

Abschrift.

A. 14983 pr. 24. Oktober 1901. a. m.

Söul, den 3. September 1901.

№ 147.

Seiner Excellenz

dem Reichskanzler, Herrn Grafen von Bülow.

pp. Die Audienz für die oesterreichischen Herren (anläßlich der Anwesenheit eines oesterr. Kriegsschiffs) welche ich ebensowenig wie seinerzeit Herr Hayashi die für den Fürsten Konoya bestimmte, offiziell beantragt hatte, wurde dann auf den 2. d. M. anberaumt. Ich hatte in derselben die Ehre, den Kommandanten, Herrn Linienschiffskapitän Haus, Herrn Konsul Pisko, sowie den Flaggleutnant Herrn Wickerhausen vorzustellen. Der König gab wiederum seinem Wunsche lebhaften Ausdruck, eine Vertretung der oesterr.-ungarischen Monarchie hier eingerichtet zu sehen. Herr Pisko versicherte darauf, daß er darüber an seine Regierung eingehend berichten werde. Der König zeigte sich von dieser Antwort sehr angenehm berührt und ließ dem Herrn Konsul nachher durch den Minister des Aeussern sagen, daß es ihn sehr freuen würde, Herrn Pisko, der einen sehr günstigen Eindruck auf ihn gemacht zu haben schien, als hiesigen Vertreter wiederzusehen.

Nach dem Empfang fand ein Diner im Palast statt, zu dem der Hausminister Einladungen hatte ergehen lassen.

gez. Gnadt.

Orig. i. a. Korea 1

Frage einer österreich-ungarischen Vertretung in Korea.

PAAA_RZ201-018952_195 ff.			
Empfänger	Bülow	Absender	Weipert
A. 14984 pr. 24. October 1901. a. m.		Söul, den 3. September 1901.	
Memo	J. № 1004.		

A. 14984 pr. 24. October 1901. a. m.

Söul, den 3. September 1901.

№ 148.

An Seine Excellenz
den Reichskanzler
Herrn Grafen von Bülow.

Wie der Kaiserliche und Königliche österreichisch-ungarische Konsul Herr Pisko mir vertraulich mittheilte, galt sein hiesiger Besuch unter Anderem der Erledigung eines ihm im v. J. bereits ertheilten Auftrags über die Räthlichkeit der Einrichtung einer osterreichisch-ungarischen Vertretung in Korea Bericht zu erstatten. Er sagte mir, daß er diese Maßregel aufs Wärmste befürworten und die Entsendung eines Geschäftsträgers und Generalkonsuls, sowie eines Vizekonsuls oder Dolmetschers vorschlagen werde. Seiner Ansicht nach würde für den Missionschef, außer freier Wohnung, ein Gehalt von 30,000 Mk nebst 5.000 bis 6.000 Mk für Bureaukosten auszuweisen sein.

Herr Pisko hält, worin ich ihm nur beipflichten konnte, die Schaffung einer Vertretung für eine wesentliche Vorbedingung der Erlangung einer Bergwerkskonzession, für die er bei seiner jetzt bevorstehenden urlaubsweisen Rückkehr nach Wien dortige Kapitalisten zu interessieren hofft. In Vorbereitung des eventuellen Unternehmens hat Herr Pisko sich bereits mit der Firma E. Meyer & Co. in Chemulpo darüber besprochen, daß dieselbe ihre durch die Kenntniß der Verhältnisse wertvolle Unterstützung geben und dafür die hiesige Agentur erhalten solle.

Weipert.

Inhalt: Frage einer österreich-ungarischen Vertretung in Korea.

[ ]

PAAA_RZ201-018952_199			
Empfänger	Auswärtiges Amt in Berlin	Absender	Schröder
A. 17481 pr. 9. December 1901. p. m.		Berlin, den 6. Dezember 1901.	
Memo	Der Chef der Admiralität bei der Marine.		

Abschrift.

A. 17481 pr. 9. December 1901. p. m.

Berlin, den 6. Dezember 1901.

K. 3855 III.

An den Staatssekretär des Auswärtigen Amts.

Euerer Excellenz beehre ich mich anliegend Abschrift eines Berichts des Chefs des Kreuzergeschwaders vom 7. Oktober d. Js. über seinen Besuch in Korea ergebenst zu übersenden.

Gelegentlich des Vortrages über diesen Bericht haben Seine Majestät zu befehlen geruht, daß die Ansicht des Geschwaderchefs über eine Titelerhöhung des Kaiserlichen Konsuls in Soeul Euerer Excellenz zur Erwägung mitgetheilt werde.

Zur Anfrage[9]

gez. Schröder.

Orig. i. a. Korea 1

9 cop. decr. die Frage wird bereits bei A. 13906 erörtert. In Erwartung der Antworten auf die betr. Erlasse nach Peking u. Tokio.

Auszug.
ad A. 17481.

Nagasaki, den 7. Oktober 1901.

Kommando des Kreuzergeschwaders.

An Seine Majestät
den Kaiser und König, Berlin.

Militärpolitischer Bericht über Korea.

pp. Während die meisten diplomatischen Vertreter der fremden Staaten in der Hauptstadt sehr ansehnliche Gebäude bewohnen, ist der deutsche Konsul bisher noch recht mangelhaft in einem alten koreanischen Hause untergebracht. Es ist sehr erfreulich, daß er seine jetzige unscheinbare und beschränkte Wohnung demnächst gegen ein neues besseres Haus vertauschen wird. Dem Ansehen des Deutschen Kaisers wird es zweifellos förderlich sein, wenn auch der Titel seines Vertreters in Korea eine Erhöhung erfahren - und dem der fremden Diplomaten - gleichwertig würde, welche entweder Außerordentliche Gesandte, Ministerresidenten oder Geschäftsträger sind. Unserem Konsul hat sein bescheidener Titel kürzlich eine - zwar dem Buchstaben englischer Vorschriften nach gerechtfertigte, aber unter den obwaltenden Umständen recht wenig freundliche Behandlung seitens des englischen Geschwaderchefs, Sir Cyprian Bridge, eingetragen. Als dieser Anfang September in Soeul war, hat er allen diplomatischen Vertretern seinen Besuch abgestattet, nur unserem Konsul nicht. Als Erklärung hierfür hat er diesem mittheilen lassen, einem einfachen Konsul dürfe er seinen Vorschriften gemäß keinen Besuch machen. Trotzdem aber hat sich der Admiral bewogen gefühlt, Herrn Dr. Weipert auch ohne vorgegangenen Besuchsaustausch zu sich einzuladen, was dieser natürlich abgelehnt hat.

gez. Bendemann.

[ ]

PAAA_RZ201-018952_202 f.			
Empfänger	Bülow	Absender	Weipert
A. 17648 pr. 12. Dezember 1901. a. m.		Söul, den 19. Oktober 1901.	

Abschrift.

A. 17648 pr. 12. Dezember 1901. a. m.

Söul, den 19. Oktober 1901.

№ 173.

Seiner Exzellenz
dem Reichskanzler
Herrn Grafen von Bülow.

pp.

In einer Audienz, die ebenfalls am 17. d. M. stattfand, hat Herr Vincart, wie ich von ihm höre, dem hiesigen Souverän das Großkreuz des Leopold-Ordens mit einem die Verleihung desselben zu dem Vertragsschluß in Beziehung setzenden königlichen Handschreiben überreicht. Der Minister des Äußern, Herr Pak Cha Sun, ist gleichzeitig mit dem Kommandeur-Kreuz des genannten Ordens dekorirt worden.

Vertrag und Orden wurden von dem als Vice Konsul für das hiesige General-Konsulat herausgesandten Herrn Maurice Cuvelier überbracht, der Herrn Vincart vertreten soll, wenn derselbe, wie er beabsichtigt, Anfang k. J. auf Urlaub geht um über die Frage des Erwerbs eines Grundstücks für ein Amtsgebäude zu berichten. Herr Vincart nimmt an, daß dann auch der hiesige Posten zu dem eines Geschäftsträgers werde erhoben werden.

pp.

gez. Weipert.

Orig. i. a. Korea 1

Die Deutsche Vertretung in Korea.

PAAA_RZ201-018952_204 ff.			
Empfänger	Bülow	Absender	Arco
A. 18505 pr. 30. Dezember 1901. p. m.		Tokio, den 28. November 1901.	

A. 18505 pr. 30. Dezember 1901. p. m. 1 Anl.

Tokio, den 28. November 1901.

A. 134.

Seiner Exzellenz
dem Reichskanzler
Herrn Grafen von Bülow.

Seitdem ich die hiesige Amtsführung angetreten habe, sind drei fremde Missionen in Söul in ihrem Range erhöht worden. Der englische und französische Vertreter wurden als Ministerresidenten beglaubigt und der amerikanische sogar als außerordentlicher Gesandter und bevollmächtigter Minister. Ich habe nicht bemerkt, daß diese Aktion hier irgend welches Aufsehen erregt hätte. Ich bin deshalb auch der Meinung, daß er hier als ganz natürlich empfunden würde, wenn unsererseits dem deutschen Vertreter diplomatischer Charakter etwa der eines Ministerresidenten beigelegt würde. Die Japaner betrachten sich als die Schöpfer der gegenwärtigen Unabhängigkeit von Korea und können deshalb nichts dahinter finden, wenn andere Staaten diplomatische Vertreter beim Souverän von Korea beglaubigen. So denkt auch Vicomte Aoki, mit dem ich gelegentlich die Sache akademisch erörtern konnte. Sollte etwa durch uns feindliche Preßtelegramme aus Europa versucht werden, der Bestellung eines diplomatischen deutschen Vertreters, wenn sie erfolgt, politische Hintergedanken zu unterschieben, so würde eine derartige Unterstellung doch hier nicht Wurzel fassen.

Daß der deutsche Vertreter jetzt gegenüber den zahlreichen Diplomaten der anderen Staaten eine delikate und schwierige Stellung hat, liegt auf der Hand. Er muß vielfach auf den guten Willen seiner Kollegen und der koreanischen Regierung angewiesen sein und eine reizbare Natur könnte vielfach Gelegenheit zu Konflikten finden. Von koreanischer Seite wird die Errichtung einer diplomatischen Vertretung lebhaft gewünscht. Ich erachte sie deshalb ebenso wie Generalkonsul Coates, der Korea kürzlich bereist und auf mein Ersuchen seine Anschauung in der beifolgenden Notiz niedergelegt hat, für sehr wünschenswerth und ich habe die Ueberzeugung, daß sich daraus in keiner Weise unerwünschte Konsequenzen für uns ergeben werden.

Graf Arco.

Inhalt: Die Deutsche Vertretung in Korea.

---

zu A. 134. 1 Anl.

Yokohama, den 20. November 1901.

J. № 2680.

Unter Bezugnahme auf das gefällige Schreiben vom 20. d. M. - A. 400 - und unter Rücksendung der Anlage.

An den Kaiserlichen Gesandten
Herrn Grafen von Arco-Valley, Hochgeboren, Tokio.

Nach den während meiner kurzen Anwesenheit in Korea im Oktober d. J. gesammelten Erfahrungen dürfte es meinem Ermessen nach für Deutschland nur mit Vortheilen verknüpft sein, wenn es, wie die übrigen Grossstaaten, England, Frankreich, Russland und die Vereinigten Staaten von Amerika in Seoul eine diplomatische Vertretung einrichten würde. Deutschland darf meines Erachtens in dieser Beziehung hinter den übrigen Grossmächten nicht mehr zurückstehen, da es bei dem stark entwickelten Selbstgefühl der massgebenden Klassen der Koreaner zu befürchten ist, dass sie in diesem Verhalten unseres Landes eine gewisse Missachtung ihres Staatswesens sehen. Als Folge hiervon könnte leicht eine unfreundliche Haltung gegen das Deutschthum entstehen, welche geeignet ist, unsere wirthschaftlichen Interessen in Korea zu schädigen. Wenn allerdings die letzteren z. Zt. noch von sehr geringer Bedeutung sind, so ist doch Aussicht vorhanden, dass sich dieselben vermehren werden, wenn Korea der Kultur mehr und mehr erschlossen wird.

Ein diplomatischer Vertreter dürfte ferner geeigneter sein, deutsche Interessen in Korea in wirthschaftlicher Beziehung zu fördern, da er leichter Zutritt zum Kaiser und zur Regierung haben und somit grösseren Einfluss ausüben wird, als ein konsularischer Beamter. So würde er mit grösserem Erfolg darauf wirken können, dass unsere Industrieprodukte auch bei Regierungsunternehmungen, aus denen gegenwärtig für die

Ausländer viele Verdienste abfallen, verwendet werden.

Soweit ich übrigens weiss, hat der Kaiser schon öfters seinem Erstaunen darüber Ausdruck gegeben, warum der Grossstaat Deutschland noch keinen Diplomaten nach seinem Lande entsandt hätte.

Meines Erachtens wird keine der übrigen massgebenden Nationen, auch nicht Japan, die Errichtung eines diplomatischen Postens unsererseits mit Misstrauen betrachten, da ein solcher Schritt nur als etwas selbstverständliches und folgerichtiges angesehen werden kann, seitdem im Jahre 1895 die Unabhängigkeit Koreas auch von China anerkannt ist und bereits von den meisten Grossstaaten diplomatische Vertretungen in Seoul eingerichtet sind.

Was die Form der Vertretung anbetrifft, so halte ich vorläufig, da unsere Interessen nur von geringer Bedeutung sind, die Errichtung einer Ministerresidentur für zweckmässig.

Mit Rücksicht auf den im Erlasse des Auswärtigen Amts enthaltenen Passus, dass „nunmehr auch die Vereinigten Staaten von Amerika in Seoul eine diplomatische Vertretung eingerichtet haben," darf ich bemerken, dass derselbe nicht ganz den Thatsachen entspricht. Amerika besitzt in Seoul seit den 80iger Jahren eine diplomatische Vertretung, die zu gleicher Zeit mit konsularischen Befugnissen ausgerüstet ist. Der jetzige Vertreter Dr. Allen ist vor einigen Monaten vom Minister-Residenten zum Gesandten und bevollmächtigten Minister befördert worden.

Der Kaiserliche Generalkonsul.

Coates.

Berlin, den - Januar 1902.

zu A. 18505.

Vfg.

Repr. nach Eingang der Antwort aus Peking auf Erlaß № A. 100/01.

ki 5. 1.

Mit der Antwort aus Peking.
A. 965[02]. gef. wiedervorgelegt.
e. ber. 19. 1. 02.

Notiz.

Die Vertreter Großbritanniens (A. 4055/98), Frankreichs (A. 18706/01) und der Vereinigten Staaten von Amerika (A. 11578/01) in Söul erfuhren bei Umwandlung der betreffenden Posten eine Rangerhöhung; ein Personenwechsel fand nicht statt.

[ ]

PAAA_RZ201-018952_212 ff.			
Empfänger	Bülow	Absender	Weipert
A. 23 pr. 1. Januar 1903. a. m.		Söul, den 17. November 1902.	
Memo	J. № 1155.		

Abschrift.

A. 23 pr. 1. Januar 1903. a. m.

Söul, den 17. November 1902.

№ 185.

Sr. Excellenz dem Reichskanzler

Herrn Grafen von Bülow.

Der hiesige russische Geschäftsträger hat vor Kurzem der koreanischen Regierung angezeigt, daß Herr Waeber in seiner Eigenschaft als Spezialgesandter bis zur Jubiläumsfeier am 30. April k. Js. hier bleiben werde. Gutem Vernehmen nach ist die dahingehende Weisung aus St. Petersburg auf telegraphisch übermittelte Bitte des hiesigen Souveräns hin erfolgt. Herr Waeber hat es aber abgelehnt, in der Zwischenzeit noch als Gast des Hofes zu leben. Den Orden wird er, wie er mir sagte, bei der genannten Feier überreichen. Seine Beziehungen zu dem Geschäftsträger Stein scheinen sich noch verschlechtert zu haben. Von einer Herrn Waeber nahestehenden Persönlichkeit wurde mir mitgeteilt, daß Herr Stein sich in St. Petersburg über das Verlangen des Herrn Waeber die Akten der Gesandtschaft anzusehen beschwert habe. Auch Herr Collin de Plancy scheint von der Aussicht auf eine Ernennung des Herrn Waeber zum hiesigen Gesandten nicht angenehm berührt zu sein. Er klagte mir, daß nach seiner früheren Erfahrung von demselben im Gegensatz zu Herrn Pavlow fast nie eine Information zu erhalten sei.

Von einer russischen Kreisen nahestehenden Persönlichkeit, die ich für glaubwürdig halte, wurde mir mitgeteilt, Herr Waeber habe vertraulich die ihm vom Grafen Lamsdorff gegebene Instruktion dahin bezeichnet, daß er von Korea nichts verlangen und seinen Rat, insbesondere in der Richtung, wie dem Wachsen des japanischen Einflusses zu steuern sein möchte, nur dann geben solle, wenn er gefragt werde.

Mir hat Herr Waeber mitgeteilt, er habe in einer Audienz am 14. d. M. dem hiesigen Souverän, dessen Fähigkeit und guten Willen er sehr optimistisch beurteilt, Abschaffung des Stellverkaufs und andere Reformen, namentlich im Finanz- und Münzwesen, vorgeschlagen. Zugleich arbeitet er daran sich einen seinem Einfluß zugänglichen Kreise in der Nähe des Kaisers zu schaffen und scheint dabei auch auf Yi Yong Ik zu rechnen, der immer noch fortfährt, zum Vorteil seines Herrn seine im wesentlichen auf die Nichtzahlung auch der berechtigten Forderungen und auf Erpressung hinauslaufende Finanzkunst zu üben. Es dürfte aber fraglich sein, ob derselbe von seiner in letzter Zeit befolgten Politik abgehen wird, die hauptsächlich darin bestand, daß er bei Rußland Rat und Anschluß suchte, gleichzeitig aber auch mit Japan auf gutem Fuß zu bleiben wußte, indem er ihm ein Lieferungsgeschäft nach den anderen zuwandte. So wurden unter seiner Mitwirkung gegen Ende September 106 japanische Pferde für die jetzt, wenn auch mit sehr mäßigem Resultat, gebildeten Kavallerieschwadronen, sowie 6 Geschütze für Salutzwecke für insgesamt angeblich über 100 000 Yen gekauft und neuerdings sollen wieder 1 000 Mauserkarabiner nebst Säbeln und anderen Ausrüstungsgegenständen für angeblich 90 000 Yen bei der japanischen Mitsui-Bussan-Gesellschaft bestellt sein, die alle derartigen Forderungen von ihrer Schuld für die vorjährige Zinsenrente abzieht.

gez. Weipert.

Orig. i. a. Korea 1

Accreditirung des englischen Geschäftsträgers Jordan als Ministerresident.

PAAA_RZ201-018952_216 f.			
Empfänger	Bülow	Absender	Weipert
A. 114 pr. 4. Januar 1902. a. m.		Söul, den 11. November 1901.	
Memo	J. № 1266.		

A. 114 pr. 4. Januar 1902. a. m.

Söul, den 11. November 1901.

№ 183.

Seiner Excellenz
dem Reichskanzler
Herrn Grafen von Bülow.

Excellenz beehre ich mich gehorsamst zu melden, daß der hiesige ständige englische Geschäftsträger und Generalkonsul, Herr Jordan, welcher nach Rückkehr von seinem Urlaub am 4. d. M. die Geschäfte von dem bisherigen interimistischen Geschäftsträger Herrn Gubbins wieder übernommen hat, seiner amtlichen Mittheilung zufolge gestern dem hiesigen König ein Schreiben seines Souveräns überreicht hat durch welches er als Minister-Resident beim hiesigen Hofe accreditirt wird.

Preßkopie dieses gehorsamsten Berichts sende ich an die Kaiserliche Gesandtschaft in Peking und Tokio.

Weipert.

Inhalt: Accreditirung des englischen Geschäftsträgers Jordan als Ministerresident.

Ernennung des chinesischen Geschäftsträgers zum Gesandten.

PAAA_RZ201-018952_218 ff.			
Empfänger	Bülow	Absender	Weipert
A. 934 pr. 19. Januar 1902. a. m.		Söul, den 16. November 1901.	
Memo	J. № 1294.		

A. 934 pr. 19. Januar 1902. a. m.

Söul, den 16. November 1901.

№ 185.

Seiner Excellenz
dem Reichskanzler
Herrn Grafen von Bülow.

Euerer Excellenz ist aus der Berichterstattung des Kaiserlichen Herrn Gesandten in Peking bekannt, daß der hiesige interimistische chinesische Geschäftsträger bereits vor Monaten zum Nachfolger des inzwischen am 31. v. M. in Peking verstorbenen Herrn Hsü Shou Peng auf den hiesigen Posten ernannt wurde. Durch Note vom 12. d. M. hat Herr Hsü Tai Shen nunmehr mitgetheilt, daß er an diesem Tage dem koreanischen Souverän sein Beglaubigungsschreiben als Außerordentlicher Gesandter und Bevollmächtigter Minister überreicht habe.

Nach Angabe des hiesigen chinesischen Legationssekretärs ist der Genannte aus Hangchoew in der Provinz Cheh kiang gebürtig und steht gegenwärtig im 56. Lebensjahr. Vor seiner vor 3 Jahren erfolgten Ernennung zum Legationssekretär 2. Klasse an der hiesigen Gesandtschaft bekleidete er 2 Jahre lang das Amt eines Präfekten (Che-fu) von Yünnan Fu und vor diesem das eines Unter-Präfekten (Tung Che) und Zoll-Superintendenten in Tzemao in Yünnan.

Preßkopie dieses gehorsamsten Berichts sende ich an die Kaiserliche Gesandtschaft in Peking und Tokio.

Weipert.

Inhalt: Ernennung des chinesischen Geschäftsträgers zum Gesandten.

A. 965.

Die Frage der Errichtung eines diplomatischen Postens in Söul soll für den nächsten Etat erwogen und soll dann auch über die Personenfrage entschieden werden.

Daher nach 3 Monaten w. v. v.

19. 6. ··· Ki 19. 3.

Deutsche Diplomatische Vertretung in Korea.

PAAA_RZ201-018952_224 ff.			
Empfänger	Bülow	Absender	Goltz
A. 965 pr. 19. Januar 1902. p. m.		Peking, den 28. November 1901.	

A. 965 pr. 19. Januar 1902. p. m.

Peking, den 28. November 1901.

A. 123.

Seiner Excellenz
dem Reichskanzler
Herrn Grafen von Bülow.

Seitdem Korea durch den Frieden von Shimonoseki die volle Souveränität erlangt hat, haben die meisten mit ihm in Vertragsverhältniß stehenden fremden Mächte in Söul diplomatische Vertretungen eingerichtet. Zu Rußland, England, Frankreich, den Vereinigten Staaten, Italien, Japan und China wird demnächst wohl auch Belgien kommen, welches nach einem Berichte des Kaiserlichen Konsuls Weipert daselbst einen General-Konsul eingesetzt hat, der nach einiger Zeit zum Geschäftsträger ernannt werden soll.

Der König von Korea hat schon seit einer Reihe von Jahren dem jeweiligen Kaiserlichen Konsul, und wenn ich mich irre, auch seiner königlichen Hoheit dem Prinzen Heinrich von Preußen bei höchst dessen Anwesenheit in Söul im Jahre 1899, seinen dringenden Wunsch ausgesprochen, Deutschland möge dem Beispiel der anderen Mächte folgen und in Korea eine diplomatische Vertretung einrichten. Wenn dieses sehnliche Verlangen nicht bald erfüllt wird, so liegt die Gefahr vor, daß dadurch die bei ostasiatischen Potentaten stark entwickelte Eitelkeit verletzt wird, und der König und seine Rathgeber darin eine absichtlich zum Ausdruck gebrachte Geringschätzung erblicken. Seitens unserer Conkurrenten würde jedenfalls Alles gethan werden, um diese für uns ungünstige Empfindung zu befestigen. Dies müßte auf unsere wirtschaftlichen Interessen einen schädlichen Einfluß ausüben. Aus diesem Grunde scheint die Umwandlung des Kaiserlichen Konsulats in Söul in eine Gesandtschaft oder doch Minister-Residentur in hohem Grade empfehlenswerth zu sein.

Dadurch würde aber auch deutlich zum Ausdruck gebracht werden, daß Deutschland überall in Ostasien seinen Platz an der Sonne und die Gleichberechtigung mit allen anderen Mächten in Anspruch nimmt. Die dadurch bei Freund und Feind verstärkte Erkenntniß, daß wir beabsichtigen, nirgends hinter Anderen zurückzustehen, würde auf unsere allgemeine politische Stellung in China und ganz Ostasien eine sehr günstige Rückwirkung ausüben.

Für den abwesenden kaiserlichen Gesandten,

Goltz.

Inhalt: Deutsche Diplomatische Vertretung in Korea.

Ernennung eines italienischen Konsuls fuer Korea.

PAAA_RZ201-018952_228 ff.			
Empfänger	Bülow	Absender	Weipert
A. 1776 pr. 2. Febrüar 1902. a. m.		Söul, den 17. Dezember 1901.	
Memo	J. № 1400.		

A. 1776 pr. 2. Februar 1902. a. m.

Söul, den 17. Dezember 1901.

№ 198.

Seiner Excellenz
dem Reichskanzler
Herrn Grafen von Bülow.

Durch amtliches Schreiben vom gestrigen Tage hat der italienische Graf U. Francesetti di Malgrà angezeigt, dass er von der italienischen Regierung zum Konsul fuer Korea ernannt worden sei und seinen Posten angetreten habe.

Der Genannte, bisher italienischer Marineoffizier, ist Anfangs d. M. hier eingetroffen und am 14. d. M. zusammen mit dem englischen Ministerresidenten, der bis dahin die italienischen Interessen hier vertreten hat, von dem koreanischen Souveraen in Audienz empfangen worden.

Der Graf di Malgrà aeusserte sich mir gegenueber dahin, dass sein Aufenthalt nur auf etwa 3 oder 4 Monate berechnet sei. Nachher werde er wahrscheinlich durch einen Beamten aus der Konsulatskarriere ersetzt werden. Seine Aufgabe sei es, zunaechst ueber die hiesigen Verhaeltnisse eingehend Bericht zu erstatten. Daraufhin scheint man sich, wie ich von Herrn Jordan hoere, in Rom demnaechst schluessig machen zu wollen, ob es bei der Vertretung durch einen Konsul zu belassen, oder ob der Posten mit einem hoeheren Rang auszustatten sei.

Was die hiesigen italienischen Interessen anbetrifft, so hat ein italienischer Kleinkaufmann, der bis vor Kurzem in Chemulpo ein Viktualiengeschaeft und ein Gasthaus betrieb, zur Zeit noch einigen Grundbesitz in Söul und Chinnampo. Ferner befinden sich 3 italienische Angestellte im koreanischen Zolldienst in Chemulpo, von denen einer daselbst Grundbesitz hat.

Kopieen dieses gehorsamsten Berichts sende ich an die Kaiserlichen Gesandtschaften in Peking und Tokio.

Weipert.

Inhalt: Ernennung eines italienischen Konsuls fuer Korea.

Ernennung des russischen Geschaeftstraegers zum Gesandten.

PAAA_RZ201-018952_230 f.			
Empfänger	Bülow	Absender	Alvensleben
A. 2074 pr. 7. Februar 1902. a. m.		St. Petersburg, den 5. Februar 1900.	

A. 2074 pr. 7. Februar 1902. a. m.

St. Petersburg, den 5. Februar 1900.

№ 95.

Seiner Excellenz
dem Reichskanzler
Herrn Grafen von Bülow.

Nach Mittheilung des amtlichen „Regierungsboten" ist der Kaiserlich Russische Geschäftsträger und Generalkonsul in Korea, Kammerherr Pawlow, zum außerordentlichen Gesandten und bevollmächtigten Minister Rußlands am koreanischen Hofe ernannt worden.

Alvensleben.

Inhalt: Ernennung des russischen Geschaeftstraegers zum Gesandten.

Ernennung des amerikanischen Gesandten in Korea.

PAAA_RZ201-018952_231 ff.			
Empfänger	Bülow	Absender	Holleben
A. 2343 pr. 12. Februar 1902. a. m.		Washington, den 25. Januar 1902.	

A. 2343 pr. 12. Februar 1902. a. m.

Washington, den 25. Januar 1902.

A. 33.

An Seine Excellenz
den Reichskanzler
Herrn Grafen von Bülow.

Der bisherige Minister-Resident und General-Konsul der Vereinigten Staaten in Korea, Herr Horace N. Allen, ist vom Präsidenten zum außerordentlichen Gesandten und Bevollmächtigten Minister in Korea ernannt worden.

Der Senat hat dieser Ernennung des Präsidenten am 12. v. M. die verfassungsmäßig vorgeschriebene Bestätigung ertheilt.

Herr Horace N. Allen, der aus dem Staate Ohio stammt, war 1890 zum Legationssekretär in Korea ernannt worden und war seit dieser Zeit am dortigen Posten thätig; seit Juli 1897 bekleidete er den Rang eines Ministerresidenten und Generalkonsuls.

Holleben.

Inhalt: Ernennung des amerikanischen Gesandten in Korea.

Ernennung eines amerikanischen Militaerattachés fuer Söul.

PAAA_RZ201-018952_233 f.			
Empfänger	Bülow	Absender	Weipert
A. 4237 pr. 16. März 1902. a. m.		Söul, den 20. Januar 1902.	
Memo	J. № 112.		

A. 4237 pr. 16. März 1902. a. m.

Söul, den 20. Januar 1902.

№ 20.

Seiner Excellenz
dem Reichskanzler
Herrn Grafen von Bülow.

Nach Mittheilung des hiesigen Vertreters der Vereinigten Staaten ist der zur Zeit in Peking weilende dortige amerikanische Militaerattache Captain James H. Reeves Anfangs v. M. zugleich auch zum Militaerattache bei der hiesigen amerikanischen Gesandtschaft ernannt worden.

Kopien dieses gehorsamsten Berichts sende ich an die Kaiserlichen Gesandtschaften in Peking und Tokio.

Weipert.

Inhalt: Ernennung eines amerikanischen Militaerattachés fuer Söul.

Ernennung des Kammerherrn Pawlow zum Gesandten in Korea.

PAAA_RZ201-018952_234 ff.			
Empfänger	Buelow	Absender	Weipert
A. 4776 pr. 25. März 1902. a. m.		Soul, den 31. Januar 1902.	
Memo	mtg. 30. 3. Peterburg 231. J. № 116.		

A. 4776 pr. 25. März 1902. a. m.

Söul, den 31. Januar 1902.

№ 23.

Seiner Excellenz, dem Reichskanzler, Herrn Grafen von Buelow.

Herr Pavlow theilte mir dieser Tage mit, dass nach einem ihm aus St. Petersburg zugegangenen Telegramm seine Ernennung zum hiesigen Ausserordentlichen Gesandten und Bevollmaechtigten Minister vom Zar vollzogen, wenn auch noch nicht offiziell publicirt sei. Er hat Audienz beantragt um den koreanischen Souveraen in Kenntniss zu setzen, den die Rangerhoehung der hiesigen russischen Vertretung jedenfalls angenehm beruehren wird.

Es scheint jedoch zweifelhaft zu sein, ob Herr Pavlow, der Anfangs dieses Fruehjahrs einen von ihm beantragten Urlaub anzutreten hofft, nachher wieder auf seinen hiesigen Posten zurueckkehren wird. Von sonst gut unterrichteter Seite hoere ich aus dem Palast, die russische Regierung habe durch den dortigen koreanischen Gesandten dem hiesigen Souveraen, bei dem Herr Pavlow wenig beliebt ist, vertraulich mittheilen lassen, es werde ein anderer Vertreter ernannt werden.

Der japanische Gesandte behauptet, Herr Pavlow habe den Koenig von Korea vor einiger Zeit schon gebeten, sich in St. Petersburg dafuer zu verwenden, dass er auf seinem hiesigen Posten als Gesandter belassen werde, der Koenig sei darauf aber nicht eingegangen. Anderweite Bestaetigung dieser Information liegt indess nicht vor.

Kopieen dieses gehorsamsten Berichts sende ich an die Kaiserlichen Gesandtschaften in Tokio und Peking.

Weipert.

Inhalt: Ernennung des Kammerherrn Pawlow zum Gesandten in Korea.

Die Rangerhoehung der russischen Mission in Korea.

PAAA_RZ201-018952_241 ff.			
Empfänger	Buelow	Absender	Weipert
A. 4780 pr. 25. März 1902. a. m.		Söul, den 10. Februar 1902.	
Memo	J. № 152.		

[10]A. 4780 pr. 25. März 1902. a. m.

Söul, den 10. Februar 1902.

№ 32.

Seiner Excellenz
dem Reichskanzler
Herrn Grafen von Buelow.

Euerer Excellenz beehre ich mich im Anschluss an den Bericht № 23 vom 31. v. M. gehorsamst zu melden, dass Herr Pavlow die Rangerhoehung der hiesigen russischen Mission und seine Ernennung zum Gesandten bei dem koreanischen Souveraen durch Note vom 8. d. M. unter Bezugnahme auf die am 4. d. M. in St. Petersburg erfolgte Publikation des betreffenden Ukas hier offiziell angezeigt hat.

Es sind demnach jetzt -nach der Rangfolge der gegenwaertigen Titulare- hier vertreten: Japan, die Vereinigten Staaten von Amerika, sowie China und Russland durch Gesandte, Frankreich und Grossbritannien durch Ministerresidenten, Belgien durch einen Generalkonsul, Deutschland und Italien durch Konsuln.

Kopieen dieses gehorsamsten Berichts sende ich an die Kaiserlichen Gesandtschaften in Tokio und Peking.

Weipert.

Inhalt: Die Rangerhoehung der russischen Mission in Korea.

10 Es ist nicht zu übersehen, daß einer deutschen Rangerhöhung jetzt eine [*sic.*]stomatische Bedeutung beigemeßen werden würde, deshalb bin ich jetzt dagegen. Übers Jahr fällt dies [*sic.*] vielleicht fort, wenn dann richtige Zeit ist. H. 28. 3.

Berlin, den 30. März 1902.

zu A. 4776.

An
die Botschaft in
St. Petersburg № 231

J. № 2726.

Euerer pp. übersende ich anbei ergebenst Abschrift eines Berichts des Kais. Konsuls in Söul vom 31. Januar d. J. betreffend die Ernennung des russischen Geschäftsträgers zum Gesandten

zu Ihrer gefl. Information.

St. S.

i. m.

Sr. Excellenz dem Herrn Staatssekretär auf Bestimmung des Hrn. R. G. L. R. von Eichhorn gehorsamst vorgelegt.

H. A.

Sr. Majestät ist über die bestehende Absicht wegen Errichtung diplomatischer Vertretungen (Minister-Residenturen) in Havana und Söul diesseits bisher keine Meldung erstattet worden.

z. ig. 9. 02.

Kräger.

---

zu A. 17481, 18505 a, A. 965, 4780 a, 6329, bei 6319 zu stellen

Z. A.

Der Termin zu A 965 betr. Frage der Errichtung eines diplomatischen Postens in Söul ist heute abgelaufen.

Centralbureau 29. 6.

[ ]

PAAA_RZ201-018952_247			
Empfänger	[o. A.]	Absender	Kz.
A. 6319 pr. 22. April 1902. p. m.		Berlin, den 25. April 1902.	

A. 6319 pr. 22. April 1902. p. m.

Berlin, den 25. April 1902.

Der koreanische Gesandte hat gelegentlich Sr. Exc. gegenüber wiederum die Hoffnung des Kaisers von Korea betont, daß Deutschland an die Einrichtung einer Gesandtschaft in Korea herantreten werden würde.

Kz.

Urlaub des belgischen Generalkonsuls.

PAAA_RZ201-018952_248 f.			
Empfänger	Buelow	Absender	Weipert
A. 6344 pr. 23. April 1902. a. m.		Soeul, den 8. Maerz 1902.	
Memo	J. № 223.		

A. 6344 pr. 23. April 1902. a. m.

Soeul, den 8. Maerz 1902.

№ 59.

Seiner Excellenz
dem Reichskanzler
Herrn Grafen von Buelow.

Der belgische Generalkonsul Herr Vincart hat gestern einen 6 monatlichen Urlaub angetreten und die Geschäfte dem Vize-Konsul Herrn Cuvelier uebertragen.

Herr Vincart ist mit Ruecksicht auf den Abschluss des belgisch-koreanischen Handelsvertrags mit der 2. Klasse des koreanischen Ordens der Landesflagge dekoriert worden.

In den hiesigen Hofkreisen erhaelt sich immer noch das Geruecht, dass Verhandlungen wegen einer belgischen Anleihe schweben. Es ist daher nicht unmoeglich, dass Herr Vincart drueben dafür zu wirken suchen wird. Die von ihm verlangte Bergwerkskonzession ist noch nicht bewilligt worden.

Kopieen dieses gehorsamsten Berichts sende ich an die Kaiserlichen Gesandtschaften in Peking und Tokio.

Weipert.

Inhalt: Urlaub des belgischen Generalkonsuls.

Beglaubigungsschreiben des russischen Gesandten.

PAAA_RZ201-018952_249 f.			
Empfänger	Buelow	Absender	Weipert
A. 10406 pr. 6. Juli 1902. a. m.		Soeul, den 19. Mai 1902.	
Memo	J. № 480.		

A. 10406 pr. 6. Juli 1902. a. m.

Soeul, den 19. Mai 1902.

№ 88.

Seiner Excellenz
dem Reichskanzler
Herrn Grafen von Buelow.

Herr Pavlow hat angezeigt, dass er sein Beglaubigungsschreiben als hiesiger russischer Gesandter am 9. d. M. in Audienz ueberreicht habe.

Um dieselbe Zeit hat er dem koreanischen Minister des Aeussern mitgetheilt, dass er von der daenischen Regierung zum Bevollmaechtigten fuer den Abschluss eines Handelsvertrages ernannt worden sei. Sowohl der diesbezueglichen Verhandlungen halber, als wegen der noch unerledigten Telegraphenfrage und wohl auch mit Rueksicht auf die allgemeine politische Lage wird Herr Pavlow seinen Urlaub vorlaeufig nicht antreten.

Kopieen dieses gehorsamsten Berichts sende ich an die Kaiserlichen Gesandtschaften in Tokio und Peking.

Weipert.

Inhalt: Beglaubigungsschreiben des russischen Gesandten.

Urlaubsantritt des russischen Gesandten.

PAAA_RZ201-018952_254 f.			
Empfänger	Buelow	Absender	Weipert
A. 13686 pr. 15. September 1902. a. m.		Soeul, den 24. Juli 1902.	
Memo	J. № 711.		

A. 13686 pr. 15. September 1902. a. m.

Soeul, den 24. Juli 1902.

№ 122.

Seiner Excellenz
dem Reichskanzler
Herrn Grafen von Buelow.

Der hiesige russische Gesandte hat angezeigt, dass er fuer einige Monate beurlaubt worden sei und am 20. d. M. die Geschaefte dem Legationssekretaer Herrn Stein als Geschaeftstraeger uebergeben habe. Herr Pavlow hat sich gestern mit dem Kanonenboot „Sivoutch" nach Nagasaki begeben um von da ueber Wladivostock und Sibirien nach Hause zu reisen.

Kopieen dieses gehorsamsten Berichts sende ich an die Kaiserlichen Gesandtschaften in Peking und Tokio.

Weipert.

Inhalt: Urlaubsantritt des russischen Gesandten.

[ ]

PAAA_RZ201-018952_256 ff.			
Empfänger	Kaiser und König	Absender	B. K.
A. 14146 pr. 24. September 1902. p. m.		Berlin,	den 26. September 1902.

A. 14146 pr. 24. September 1902. p. m.

Berlin, den 26. September 1902.

An S. M. den Kaiser und König.

Ew. Kais. und Kgl. Majestät beehre ich mich Allerunterthänigst Nachstehendes zuzutragen:

S. Kgl. Hoheit Prinz Heinrich von Preußen hatte seinerzeit gelegentlich seiner Anwesenheit in Ostasien darauf hingewiesen, daß Er es für wünschenswerth erachte, wenn Snr. M. Regierung in Korea statt, wie bisher, konsularisch, forthin diplomatisch vertreten würde. In dem gleichen Sinne hatte sich später auch der Kommandeur Snr. M. ostasiatischen Kreuzergeschwaders, Herr Admiral Bendemann, in einem Bericht geäußert, welche Sne M. dem Ausw. Amte zur Erwägung zufertigen zu lassen die Gnade hatte. In Folge dessen ist die Frage hier eingehend geprüft und sind namentlich auch Snr. M. Vertreter in Peking und Tokio zur Aeusserung darüber aufgefordert worden. Beide haben die Umwandlung des Postens in Söul in einen diplomatischen nicht nur für politisch unbedenklich erklärt, sondern lebhaft befürwortet.

Das Bedürfnis nach einer diplomatischen Vertretung ist neuerdings noch mehr zu Tage getreten, nachdem nunmehr alle anderen dort interessierten Großmächte in Söul diplomatische Vertreter beglaubigt haben. Während Rußland, Japan und China und seit Kurzem auch die Ver. Staaten von Amerika dort Gesandte unterhalten, haben England und Frankreich Min.-Residenten beglaubigt. Für Italien ist der Min. Resident in Peking in der gleichen Eigenschaft am koreanischen Hofe akkreditirt.

Unsere wirtschaftlichen Interessen in Korea sind vor der Hand allerdings noch gering. Trotzdem dürfte es, um dieselben mit Erfolg fördern zu können, richtig für uns sein daß sie, um nicht gegenüber konkurrierenden Nationen ins Hintertreffen zu gerathen, durch einen im Rang den Vertretern der anderen Mächte gleichgestellten geeigneten Beamten wahrgenommen werden. Ein solcher wird auch besser im Stande sein, uns über das politische Wechselspiel der in dem koreanischen Wetterzirkel mit einander ringenden russischen und japanischen Interessen rechtzeitig auf dem Laufenden zu erhalten.

Auch wird es die Koreanische Regierung selber hoch aufnehmen, wenn wir ihren erst kürzlich wieder zum Ausdruck gebrachten Wunsch erfüllen, die ihrerseits erfolgte Einrichtung einer diplomatischen Vertretung in Berlin durch Schaffung einer solchen in Söul verändert zu sehen.

Ausser mit Korea wird mit Cuba Herstellung einer diplomatischen Vertretung empfohlen. Sowohl die Vereinigten Staaten von Amerika, als auch Großbritannien haben alsbald, nachdem sich die Kubanische Republik als selbständiges Staatswesen konstituirt hatte, auf der Insel diplomatische Vertretungen eingerichtet, England eine Min.-Residentur, Amerika eine Gesandtschaft. Wie Snr. M. Konsul in Havana berichtet, sind mit Ausnahme Italiens, dessen dortige Interessen kaum nennenswerth sind, die sämmtlichen übrigen Regierungen, welche bis jetzt dort Berichtsbeamte unterhielten, diesem Beispiel gefolgt und haben ihre konsularischen Vertretungen in diplomatische umgewandelt.

Die bedeutenden wirtschaftlichen Interessen Deutschlands in Cuba könnten unter diesen Umständen leicht geschädigt werden, wenn wir zögern, dem Vorgehen der übrigen Mächte zu folgen. Es würde vor Allem auch die Gefahr vorliegen, daß wir bei Geltendmachung den diplomatisch vertretenen Länder gegenüber einer Benachteiligung erführen.

Sne. K. u. K. M. darf ich daher ehrfurchtvollst bitten, Allerhöchstlich mit der Errichtung je einer Min.-Residentur in Söul und Havana einverstanden erklären und mich Allergnädigtst ermächtigten zu wollen, die nöthigen finanziellen Mittel für beide Stellen in dem nächstjährigen Etat vorzusehen.

B. K.

Tod des italienischen Konsuls.

PAAA_RZ201-018952_264 ff.			
Empfänger	Buelow	Absender	Weipert
A. 17486 pr. 2. Dezember 1902. p. m.		Soeul, den 14. Oktober 1902.	
Memo	J. № 1026.		

A. 17486 pr. 2. Dezember 1902. p. m.

Soeul, den 14. Oktober 1902.

№ 165.

Seiner Excellenz
dem Reichskanzler
Herrn Grafen von Buelow.

Am 12. d. M. ist der hiesige italienische Konsul Graf Ugo Francesetti di Malgrà, welcher seit Anfang v. M. an Unterleibstyphus erkrankt war, in Folge einer hinzugetretenen Lungenentzuendung im Alter von etwa 25 Jahren verstorben. Das fruehe Hinscheiden des reichbegabten Mannes, der mit grosser persoenlicher Liebenswuerdigkeit eine in Anbetracht seines jugendlichen Alters doppelt bemerkenswerthe Reife des Urtheils verband, hat hier allgemeines und aufrichtiges Bedauern erweckt.

Die vorlaeufige Beerdigung der Leiche, welche spaeter nach Italien uebergefuehrt werden soll, fand gestern unter Theilnahme der Offiziere und Mannschaften des italienischen Kriegsschiffs „Lombardia" statt, welches am 11. d. M., ohne von der Erkrankung des Konsuls Kenntniss zu haben, in Chemulpo eingelaufen war.

Ein Offizier des Schiffs, der Leutnant z. S. di Cossato uebernimmt vorlaeufig die laufenden Geschaefte und hat bezueglich des Weiteren die Weisungen des Gesandten in Peking erbeten. Ein konsularischer Beamter, der bereits bestimmt war den Grafen Francesetti im November hier abzuloesen, soll schon von Italien abgereist sein.

Kopieen dieses gehorsamsten Berichts sende ich an die Kaiserlichen Gesandtschaften in Tokio und Peking.

Weipert.

Inhalt: Tod des italienischen Konsul.

Berlin, den 3. Dezember 1902.

A. 17486.

An
die Missionen in
Rom (Botsch.) № 540

J. № 10419.

Euerer pp. übersende ich anbei ergebenst Abschrift eines Berichts des Kais. Konsuls in Soeul vom 14. Oktober d. J. Mts., betreffend den Tod des dortigen Italienischen Konsuls, Graf Ugo Francsesetti di Malgra zu Ihrer gefl. Information.

St. S.
i. m.

Die italienische Vertretung in Korea.

PAAA_RZ201-018952_267 f.			
Empfänger	Buelow	Absender	Weipert
A. 17960 pr. 12. Dezember 1902. a. m.		Soeul, den 21. Oktober 1902.	
Memo	mtg. 13. 12. Rom B. 550. J. № 1054.		

A. 17960 pr. 12. Dezember 1902. a. m.

Soeul, den 21. Oktober 1902.

№ 170.

Seiner Excellenz
dem Reichskanzler
Herrn Grafen von Buelow.

Euerer Excellenz beehre ich mich mit Bezugnahme auf den Bericht № 165 vom 14. d. M. gehorsamst zu melden, dass Herr di Cossato am 17. d. M. angezeigt hat, er sei zum italienischen Konsul fuer Korea ernannt worden.

Die hiesigen Vertreter haben ihm unter dem 16. d. M. einen gemeinsamen schriftlichen Ausdruck ihres Beileids anlaesslich des Ablebens des Grafen Francesetti di Malgrà zugehen lassen.

Der im November erwartete italienische konsularische Beamte soll der bisherige Konsul in St. Paulo in Brasilien, Herr Monaco sein.

Kopieen dieses gehorsamsten Berichts sende ich an die Kaiserlichen Gesandtschaften in Tokio und Peking.

Weipert.

Inhalt: Die italienische Vertretung in Korea.

[ ]

PAAA_RZ201-018952_268 ff.			
Empfänger	Bülow	Absender	Weipert
A. 17987 pr. 12. Dezember 1902. p. m.		Soeul, den 19. Oktober 1902.	
Memo	mtg 1. 1. Petersburg 4, London 1.		

Abschrift (Auszug von II 31342)
A. 17987 pr. 12. Dezember 1902. p. m.

Soeul, den 19. Oktober 1902.

№ 166.

Seiner Excellenz
dem Reichskanzler
Herrn Grafen von Bülow.

Nur Rußland hat die Verschiebung der Jubiläumsfeier ignoriert, der besondere Abgesandte Herr Waeber ist am 16. d. M. zugleich mit dem Großfürsten Cyrill Wladimirowitsch, dessen Besuch wohl eigentlich auch der Theilnahme an den Festlichkeiten halber auf den gegenwärtigen Zeitpunkt anberaumt worden war, auf dem russischen Kriegsschiffe „Admiral Nachinovf“ in Chemulpo eigentroffen und auf sein Ansuchen am 18. - noch vor den hiesigen Vertretern - von dem Kaiser in besonderer Audienz empfangen worden, in der er dem Letzteren ein Glückwunschschreiben des Zaren überreicht hat. Da Herr Waeber auf seiner Reise durch Sibirien und die Mandschurei leicht in Port Arthur noch hätte aufgehalten werden können, so liegt die Annahme nahe, daß seine Entsendung noch andere Zwecke, vermutlich in der Richtung der Wiederherstellung wärmer Beziehungen zwischen Rußland und Korea verfolgt, um deren Erreichung willen der Zeitpunkt seiner Mission nicht hinausgeschoben werden sollte.

Herr Waeber ist mit seiner Gemahlin nicht in der russischen Gesandtschaft abgestiegen, sondern wohnt als Gast des koreanischen Hofes in einer Art von kaiserlichem Hotel, welches von Fräulein Sontag, der deutschen Wirtschafterin des Hofes, einer Verwandten der Frau Waeber, mit Mitteln des Hofes unterhalten wird. Nach Aeusserungen des Fräulein Sontag wird Herr Waeber fürs Erste noch nicht wieder abreisen. Neben dem Gerücht, daß Herr Waeber die hiesige Vertretung Rußlands wieder erhalten solle, taucht jetzt das andere auf, er solle als Rathgeber der koreanischen Regierung engagiert werden.

Sein Verhältnis zu dem Geschäftsträger Stein ist schon von früher her kein sehr freundschaftliches und es wird behauptet, daß seitens des Letzteren, sowie seitens des Herrn Pawlow gegen Herrn Waeber und besonders gegen dessen jetzige Mission in St. Petersburg intrigirt worden sei. Nicht weniger unangenehm scheint der russische Geschäftsträger die Anwesenheit des Baron Guensburg, des früheren Sekretärs des General Wogack in Tientsin, zu empfinden, der sich schon seit Mitte dieses Sommers hier wieder aufhält und auf ein längeres Bleiben einzurichten scheint, da ein anderer Zweck seiner Anwesenheit zur Zeit nicht erkennbar ist, so nimmt man an, daß sie in erster Linie geheimer Informationsbeschaffung und Berichterstattung diene.

gez. Weipert.

Or. i. a. Korea 1

Berlin, den 13. Dezember 1902.

A. 17960.

An
die Missionen in
Rom (Botsch.) № 550

Im Anschluß an
den Erlaß № 540.

Sicher!

J. № 10710.

Euerer pp. übersende ich anbei ergebenst Abschrift eines Berichts des Kais. Konsuls in Soeul vom 21. Oktober d. J., betreffend die Wiederbesetzung des dortigen Italienischen Konsulats, zu ihrer gefl. Information.

St. S.
i. m.

Die italienische Vertretung in Korea.

PAAA_RZ201-018952_274 f.			
Empfänger	Bülow	Absender	Weipert
A. 21 pr. 1. Januar 1903. a. m.		Soeul, den 7. November 1902.	
Memo	J. № 1122.		

A. 21 pr. 1. Januar 1903. a. m.

Soeul, den 7. November 1902.

№ 179.

Seiner Excellenz
dem Reichskanzler
Herrn Grafen von Bülow.

Der hiesige italienische Konsul di Cossato ist seit gestern durch einen anderen Marine-Offizier, Herrn Carlo Rossetti, ersetzt worden. Nach den Aeusserungen des Letzteren wird Herr Monaco erst in 3 bis 4 Monaten und zwar in der Eigenschaft eines Ministerresidenten und Generalkonsuls hier eintreffen.

Kopieen dieses gehorsamsten Berichts sende ich an die Kaiserlichen Gesandtschaften in Peking und Tokio.

Weipert.

Inhalt: Die italienische Vertretung in Korea.

[ ]

PAAA_RZ201-018952_275			
Empfänger	[o. A.]	Absender	[o. A.]
A. № 431 pr. 18. Februar 1903. p. m.		[o. A.]	

A. № 431 pr. 18. Februar 1903. p. m.

Notiz.

Die Ministerresidentur in Söul wird- auf Anregung des Ks. Gesandten in Peking, Frhr. Mumm von Schwarzenstein - angewiesen, Berichte von allgemeinem Interesse den Ks. Gesandtschaften in Peking und Tokio abschriftlich mitzuteilen.

Der Erlaß befindet sich
orig. i. a. personalia generalia 63

Auswärtiges Amt
Abth. A.

Politisches Archiv d. Auswärt. Amts

Acta

Betreffend

Die fremde Vertretung in Korea.

Vom März 1903
Bis Mai 1910

Bd. 3
Fortsetzung
cfr. acta Japan 22.

Politisches Archiv des Auswärtigen Amts
R 18953

KOREA. No. 7.

Inhalts-Verzeichnis.	
Ber. aus Söul v. 22. 2. № 29. Entgegengesetzte Meldungen über das Wiedereintreffen des russ. Geschäftsträgers Pawlow in Söul.	5203 12. 4.
Ber. aus Tokio v. 17. 3. № 40. Tokio Presse über Errichtung unserer Minister - Residentur in Korea u. das engl.-japan. Bündnis.	5309 15. 4.
Ber. aus Söul v. 5. 10. № 114: Abberufung des russischen Militär-Attache von Raaben.	16244 2. 11.
Ber. aus Petersburg v. 15. 12. № 853. Ernennung des Obersten Netschwolschow zum russ. Mil.-Agenten in Korea.	18729 17. 12.
1904.	
Frankfurter Zeitung v. 20. 1. Erweiterung der russ. Gesandtschaft in Söul.	1050 20. 1.
Bericht a. Petersburg v. 8. 4. - 303- Schutz d. Interessen d. russischen Untertanen sowie der Gebäude d. russischen Mission u. d. russ. Konsulate in Korea ist Frankreichs Vertr. anvertraut. orig. i. a. Japan 20.	6028 10. 4.
Le Temps v. 2. 10. Reise des ehemal. frz. Geschäftsträgers Vicomte de Fontenay nach St. Petersburg um dem Zaren für St. Annen - Orden zu danken u. Bericht über die Eindrücke zu erstatten, welche er in Korea in der Zeit, in der er die russ. Interessen vertrat, gewonnen hat.	15791 2. 11.
1905.	
Ber. a. Washington v. 19. 3. A. 69: Ernennung des Hn. Edwin v. Morgan zum amerikanischen Gesandten in Korea. /: orig. i. a. Nordamerika 7:/	5649 3. 4.
Russische Anfrage. über die Beibehaltung der fremden Gesandtschaften in Korea.	19924 9. 11.
Tel. a. Söul v. 27. 7. № 11. amerik. Gesandtschaft in Söul aufgehoben.	21233 28. 11.
Tel. a. Tokio v. 29. 11. № 211. desgl. 1. Tel. nach Söul a. 2. 12. Tokio a. 2. 12. Aufhebung unserer Gesandtschaft in Söul.	21290 29. 11.

Tel. a. Tokio v. 6. 12. № 226. Jap. Reg. dankt für Aufhebung unserer Gesandtschaft in Söul.	21875 6. 12.
noch 1905.	
Tel. a. Peking v. 28. 11. № 299. Gespräch mit Komura über die Zurückziehung der fremden Gesandtschaften aus Söul.	21261 28. 11.
1906.	
Ber. a. Tokio v. 8. 12. № A. 368. Notenwechsel mit der Japanischen Regierung betr. Einziehung der Ks. Ministerresidentur in Söul.	685 9. 1.
Tel. a. Tokio v. 22. 1. № 13. Einziehung der japanischen Gesandtschaft u. der japanischen Konsulate in Korea.	1549 22. 1.
noch 1905.	
Tel. a. Söul v. 3. 12. № 12. Bitte um Entsendung eines Kriegsschiffes zur Abholung des Ks. Gesandten; Abreise des Chinesischen Gesandten Schr. 3. 12. an Adm. Stb.	21645 3. 12.
Schb. des Adm.-Stb. d. Marine v. 7. 12. Geschwaderchef wird Schiff nach Chemulpo zur Abholung des Ks. Gesandten schicken. Tel. 9. 12. n. Söul 7.	21939 7. 12.
1906.	
Ber. a. Peking v. 9. 12. № A. 378. Ankunft des bisherigen Gesandten China´s für Korea in Peking; Errichtung eines chinesischen Generalkonsulats in Söul.	1698 24. 1.
noch 1905.	
Aufzeichng. d. Staatssecr. Frhr. von Richthofen v. 8. 12. 05. Genugtuung japan. Regierung für prompte Einziehg. unserer Ministerresidentur in Korea.	22136 10. 12. 06.
desgl. v. 20. 12. Die Entsendg. S. M. S. Tiger nach Söul zur Abholung des Min.-Resid. von Saldern u. die Aufregg. darüber in der dtsch. Kolonie Shanghai / Abwesenheit des Tiger während der Chines. Unruhen / Urschr. i. d. A. China 1.	22931 20. 12.
1906.	

Bericht aus Söul v. 25. 12. № 85. Einziehung der fremden Vertretungen in Söul.	3246 15. 2.
noch 1905.	
Tel. aus Shanghai v. 19. 12. № 65. Erbitterg. der deutschen in Shanghai wegen Entsendg S. M. S. Tiger nach Söul zu Abholung des Min.-Resid. von Saldern während der Chinesen-Unruhen. Urschr. i. d. A. China 1.	22782
Notiz! Die Aufzeichg. des W. L. R. Zimmermann über unsere Anerkenng. des japan.-korean. Vertrags u. der diesseitigen Absicht, als Konsequenz der Aufhebung unserer Gesandtschaft in Söul das Exequatur f. d. dtsch. Konsuln in Korea beim Mikado in Zukunft einzuholen. /mündl. Mittlg. an Russ. Botschafter/.	5978 27. 3.
Ber. aus Tokio v. 22. 1. A. 23. Japan. Note betr. die Einziehung der japan. Gesandtsch. u. Konsulate in Korea infolge der Einsetzg. der General-Residentur u. Residenturen.	3972 25. 2.
Ber. aus Söul v. 13. 3. № 21. Die Aufhebung der engl. u. chines. Gesdtsch. Eintreffen des Hn. von Kehrberg z. Zwecke der Vorbereitg. für die Eröffg. des russ. Generalkonsulats. Urschr. i. d. A. Korea 10.	7425 21. 4.
1906.	
Ber. a. Söul v. 14. 6. № 41. Differenzen zwischen der japan. u. russ. Regierung wegen der Bestätigung des für Korea ernannten russischen Gen.-Konsuls Kehrberg.	13501 4. 8.
Ber. a. Söul v. 18. 6. № 42. Der russ. Gen.-Konsul Kehrberg wird für Korea von der japan. Regg. bestätigt.	13502 4. 8.
desgl. v. 30. 7. № 54. Dem englischen Gen.-Konsul Cockburn ist das Exequatur ertheilt worden.	15214 7. 9.
Aufzeichnung des Hh. Staatssekr. v. 24. 8. Mittheilung des japanischen Botschafters über die Zustimmung Rußlands, das Exequatur für den russ. Generalkonsul in Korea bei Japan nachzusuchen.	14527 24. 8.
Ber. a. Söul v. 24. 8. № 62. Ernennung des Dolmetschers der ital. Gesandtschaft in Tokio L. Casati zum Konsul für Korea.	16566 1. 10.
Ber a. Tokio v. 28. 6. A. 140. Frage des Exequatur für den russ. General-Konsul für Korea.	12935 25. 7.

desgl. v. 19. 7 A. 153. desgl.	14072 15. 8.
Ber. a. Söul v. 23. 10. № 80. Erkrankung des neuen amerik. Generalkonsuls Mr. Haywood u. seine Rückkehr in die Heimat.	19795 28. 11.
desgl. v. 9. 10. № 76. Ankunft des neuen französ. Generalkonsuls J. Belin. Verkauf des französischen Gesandtschaftsgrundstücks an den Kaiser von Korea.	19794 28. 11.
1907.	
Notiz: Ein Bericht aus Soeul btr. Vorschläge der japan. Militärbehörden zum Schutz der Konsulate bei Unruhen pp. befindet sich i. d. A. Korea 10.	8150 22. 5.
1908.	
Tel. an GKons. Söul v. 28/6. GKonsulat soll wieder über politische Dinge berichten.	10086 28. 6.
Ber. a. Tokio v. 19. 9. - A. 346. Rücktritt des englischen Generalkonsuls in Söul, Mr. Cockburn.	17658 20. 11. cop.
Ber. a. Söul v. 7. 11. № 93. Ernennung Hn. de Somow's zum russ. Generalkonsul für Korea.	19915 29. 11.
1910.	
Ber. a. Söul v. 2/1 - K. 3. Neujahrsempfang des Konsularskorps beim Kaiser von Korea.	1091 21. 1.
Berl. Lok. Anz. v. 25. V. Gründung eines russ. Konsulats in Nordkorea.	9013 25. 5.

Die russische Vertretung.

PAAA_RZ201-018953_011			
Empfänger	Buelow	Absender	Weipert
A. 5203. pr. 12. April 1903. a. m.		Soeul, den 22. Februar 1903.	
Memo	mtg. 13. 4. London 256, Peterg. 258. J. № 168.		

A. 5203. pr. 12. April 1903. a. m.

Soeul, den 22. Februar 1903.

№ 29.

Seiner Excellenz
dem Reichskanzler, Herrn Grafen von Buelow.

Nach einem Telegramm, welches der russische Geschaeftstraeger kuerzlich von Herrn Pavlow erhalten hat, soll dessen Wiedereintreffen in Soeul gegen Mitte Mai mit Sicherheit zu erwarten sein. Herr Waeber andererseits aeusserte sich kuerzlich in dem Sinn, dass er alsbald nach den am 30. April beginnenden Jubilaeumsfeierlichkeiten, deren Vorbereitungen neuerdings wieder, wenn auch nicht mit sehr grossem Eifer, betrieben werden, seine Rückreise anzutreten gedenke. Demnach wuerde anzunehmen sein, dass er auf eine weitere Thaetigkeit hier nicht rechnet. ER Scheint zur Zeit das Zusammenwirken mit Yi Yong Ik voellig aufgegeben zu haben und auf eine Besserung der hiesigen Verhaeltnisse, namentlich auf finanziellem Gebiet lediglich von der Wirksamkeit des erwarteten belgischen Rathgebers zu hoffen.

Vor einigen Tagen ist der an Stelle des Obersten Strelbitzky hierher ernannte russische Militaer-Attaché Oberstleutnant von Raaben mit seiner Gemahlin hier eingetroffen.

Kopieen dieses gehorsamsten Berichts sende ich an die Kaiserlichen Gesandtschaften in Tokio und Peking.

Weipert.

Inhalt: Die russische Vertretung.

Berlin, den 15. April 1903.

A. 5203.

An
die Missionen in
1. London № 256
2. St. Petersburg № 258

J. № 3408.

Euerer pp. übersende ich anbei ergebenst Abschrift eines Berichts des Kaiserl. Konsuls in Söul vom 22. Februar d. J., betreffend die dortige russische Vertretung, zu Ihrer gefl. Information

St. S.
i. m.

Preßberichte.

PAAA_RZ201-018953_013			
Empfänger	Bülow	Absender	Arco
A. 5309 pr. 15. April 1903. a. m.		Tokio, den 17. März 1903.	

A. 5309 pr. 15. April 1903. a. m. 2 Anl.

Tokio, den 17. März 1903.

A. 40.

Seiner Excellenz
dem Reichskanzler
Herrn Grafen von Bülow

Eurer Excellenz darf ich beifolgend zwei Aufzeichnungen des Legationsrats von Eckert über Äußerungen der hiesigen Presse vorlegen. Dieselben betreffen:

1) die Errichtung unserer Ministerresidentur in Korea;
2) das englisch-japanische Bündnis.

Graf Arco.

Inhalt: Preßberichte.

Anlage 1 zu A. 40.

Die Nachricht von der Umwandlung des Kaiserlichen Konsulats in Korea in eine diplomatische Vertretung vom Range einer Ministerresidentur ist von vielen hiesigen Blättern mit kurzen Kommentaren wiedergegeben worden. Letztere besagen im wesentlichen, daß die betreffende Maßregel vom Standpunkte der deutschen Interessen in Ostasien und angesichts der in Korea bereits bestehenden diplomatischen Vertretungen anderer Länder begreiflich sei, um so mehr als Korea bereits in Berlin einen Gesandten habe. Die „Mainichi" zum Beispiel schreibt, mit der Zunahme der politischen und kommerziellen Beziehung zwischen Deutschland und Korea sei die Errichtung eines diplomatischen Postens daselbst für Deutschland nötig geworden. Die „Gominri" bringt die

Nachricht mit der Überschrift „Deutschland breitet seine Flügel aus" und meint, bei der zunehmenden Ausdehnung der Deutschen Macht in Ostasien habe das Vorhandensein einer nur konsularischen Vertretung in Korea manche Unzuträglichkeiten gehabt.

Preßäußerungen, welche die Maßregel vom japanischen Standpunkt mißtrauisch oder absprechend beurteilen, sind mir nicht zu Gesicht gekommen.

Eckert.

Anlage 2 zu A. 40.

Öffentliche Äußerungen japanischer Staatsleute über Fragen der auswärtigen Politik sind nicht gerade häufig. Insofern verdienen die Worte Beachtung, die der Vizeminister der Finanzen, Herr Sakatani, kürzlich bei einem vom Gouverneur der Bank von Formosa veranstalteten Festessen an die Gäste richtete, wenngleich dieselben nicht gerade viel Neues enthalten. Ausgehend von dem Gesichtspunkt, daß die Entwicklung der Hilfskräfte der Insel zu einem ausgedehnten Handel mit dem nahegelegenen Hongkong führen müsse, sprach der Vizeminister über das englisch-japanische Bündnis, seit dessen Abschluß gerade ein Jahr verflossen ist.

Herr Sakatani führte aus, das Bündnis habe die Stellung beider Völker im fernen Osten gekräftigt und wesentlich zur Erhaltung des Friedens daselbst beigetragen. Es habe in Wirklichkeit schon vor seinem förmlichen Abschlusse bestanden, denn die politischen und Handels-Interessen beider Länder in dieser Weltgegend seien stets dieselben gewesen. Auch die seit langem in Japan verbreitete Kenntnis der englischen Sprache habe die beiden Völker schon früh einander nahe gebracht. Der wahre Wert des Bündnisses beruhe nicht auf dem geschriebenen Buchstaben, sondern liege in der Sympathie beider Völker für einander, die im Laufe des letzten Jahres in Japan bis in die untersten Volksschichten hinein gewaltig zugenommen habe.

Eckert.

Russische Personalien.

PAAA_RZ201-018953_022 f.			
Empfänger	Bülow	Absender	Saldern
A. 16241 pr. 2. November 1903. a. m.		Söul, den 5. Oktober 1903.	
Memo	J. № 779.		

A. 16241 pr. 2. November 1903. a. m.

Söul, den 5. Oktober 1903.

K. № 114.

Seiner Excellenz
dem Reichskanzler
Herrn Grafen von Bülow.

Der russische Militär-Attaché hier, Herr von Raaben ist abberufen worden. Man sagt, daß auch Herr Pawlow nicht mehr lange hier bleiben wird.

von Saldern.

Inhalt: Russische Personalien.

zu A. 18729.

Von Seiner Majestät

durch Vermittelung des Militärkabinetts nach Kenntnißnahme bezw. Vorlage bei den von Seiner Majestät bezeichneten Dienststellen zurückgelangt

mit A. 3568

Bemerkungen Seiner Majestät auf Seite 1.

Ernennung des Obersten Netschwolodow zum russischen Militäragenten in Korea.

PAAA_RZ201-018953_025			
Empfänger	Bülow	Absender	Alvensleben
A. 18729 pr. 17. Dezember 1903. a. m.		St. Petersburg, den 15. Dezember 1903.	

A. 18729 pr. 17. Dezember 1903. a. m.

St. Petersburg, den 15. Dezember 1903.

№ 853.

Seiner Excellenz
dem Reichskanzler
Herrn Grafen von Bülow.

Nach Mitteilung des amtlichen „Regierungsboten" ist der Oberst im Generalstab, Netschwolodow, zum russischen Militär-Agenten in Korea ernannt worden.

Alvensleben.

Inhalt: Ernennung des Obersten Netschwolodow zum russischen Militäragenten in Korea.

[ ]

PAAA_RZ201-018953_026 f.			
Empfänger	[o. A.]	Absender	[o. A.]
A. 1050 pr. 20. Januar 1904. a. m.		[o. A.]	

A. 1050 pr. 20. Januar 1904. a. m.

Frankfurter Zeitung
20. 1. 1904.

Rußland und Japan
(Privattelegr. der Frankft. Ztg.)

O London, 19. Jan. 2. 58 N. Der „Central News" zufolge hat der russische Gesandte in Söul von Petersburg die Ermächtigung erhalten, seine Gesandtschaft erheblich zu erweitern.

[ ]

PAAA_RZ201-018953_028			
Empfänger	Bülow	Absender	Alvensleben
A. 6028 pr. 10. April 1904. a. m.		St. Petersburg, den 8. April 1904.	
Memo	mtg. 12. 4. Soeul A. 17.		

Abschrift.

A. 6028 pr. 10. April 1904. a. m.

St. Petersburg, den 8. April 1904.

№ 303.

Sr. Exz. d. R. K. Hn.

Grafen v. Bülow.

Durch eine im amtlichen „Regierungsboten" heute veröffentlichte Erklärung des Ministeriums des Äußern wird bekannt gegeben, daß, nach einer zwischen den Regierungen Rußlands und Frankreichs erfolgten Vereinbarung der Schutz der Interessen der russ. Untertanen, sowie der Gebäude der russ. Mission und der russischen Konsulate in Korea den diplomatischen und konsularischen Vertretern Frankreichs anvertraut worden ist.

Alvensleben.

orig. i. a. Japan 20

[ ]

PAA RZ201-018953_029			
Empfänger	[o. A.]	Absender	[o. A.]
A. 15791 pr. 2. Oktober 1904. p. m.		[o. A.]	

Le Temps

2. 10. 1904.

Le vicomte de Fontenay, ancien chargé d'affaires de France à Séoul, a quitté Paris aujourd'hui se rendant à Saint-Pétersbourg.

L'objet de ce voyage est double. Officiellement, M. de Fontenay a demandé audience à l'empereur à qui il désire offrir ses remerciements. On sait an effet que le jeune et distingué diplomate a reçu de tsar la croix de commandeur de Sainte-Anne en brillants, récompense méritée du tact et de l'énergie que le chargé d'affaires de France en Corée a mis depuis le mois lui étaient confiés, tant au moment du départ de M. Pavlov que pendant in liquidation toujours délicate des affaires de la légation russe a Séoul.

A côté de cette raison de courtoisie, le vicomte de Fontenay est appelé à Saint-Pétersbourg par le désir très naturel de l'empereur de recueillir de sa bouche les renseignements relativement récents qu'il apporte d'Extrême-Orient et de connaitre directement son impression sur les événements dont il a été le témoin depuis dix mois. — Georges Villiers.

[ ]

PAA RZ201-018953_030 f.			
Empfänger	Bülow	Absender	Sternburg
A. 5649 pr. 3. April 1905. a. m.		Washington, den 19. März 1905.	
Memo	mtg. m. Erl. 6. 4. Söul A. 2.		

Abschrift.

A. 5649 pr. 3. April 1905. a. m.

Washington, den 19. März 1905.

A. 69.

An Se. Excellenz
den Reichskanzler
Herrn Grafen von Bülow.

Präsident Roosevelt hat zum amerikanischen Gesandten in Korea den Euerer Excellenz aus meiner Berichterstattung bekannten Herrn Edwin v. Morgan ernannt und dadurch zu erkennen gegeben, welchen Wert er auf die Vorgänge in Ostasien legt, da Herr Morgan für einen der tüchtigsten jüngeren amerikanischen Diplomaten gilt. Der neue amerikanische Gesandte in Soeul kennt Ostasien genau, da er von 1900 ab mehrere Jahre in Korea Legationssekretär war und sich den ganzen letzten Sommer, als er sich auf den Konsulatsposten nach Dalny, wohin er ernannt worden war, infolge der Weigerung Rußlands nicht begeben konnte, im Fernen Osten aufgehalten und dem Staatsdepartement höchst wertvolle Dienste, besonders durch seine Berichterstattung, geleistet hat.

Herr Morgan ist ein weitläufiger Verwandter des bekannten Bankiers James Pierpont Morgan. Er war vor seinem Eintritt in den konsularen bezw. diplomatischen Dienst der Vereinigten Staaten Privatdozent für moderne Geschichte in Harvard und dann Professor am Adalbert College in Cleveland. Er begleitete dann die Samoakommission als Sekretär und bei dieser Gelegenheit wurde Staatssekretär Hay auf die diplomatischen Fähigkeiten Morgans aufmerksam.

Herr Morgan hat sich in den hiesigen leitenden Gesellschaftskreisen infolge seines bescheidenen, vornehmen und weltmännischen Auftretens eine leitende Stellung erworben.

Wie ich bereits früher berichtet habe, vertrat Herr Morgan in Samoa mit großer Energie die deutschen Interessen und hat dies auch in späteren Fällen getan, sobald sich ihm eine Gelegenheit bot.

gez. Sternburg.

Orig. i. a. Nord-Amerika 7

[ ]

PAA RZ201-018953_032			
Empfänger	[o. A.]	Absender	Richthofen
A. 19927 pr. 9. November 1905. p. m.		Berlin, den 5. November 1905.	
Memo	mtg. 15. 11. Petersbg.		

Abschrift.

A. 19927 pr. 9. November 1905. p. m.

Berlin, den 5. November 1905.

Der russische Geschäftsträger von Bonlatzell fragte mich dieser Tage -unter besonderer Hervorhebung des Umstands, dass Jap. in Korea nicht die Souveränität, sondern nur eine Präponderanz durch den Friedensschluss erhalten habe-, welche Stellung wir zu den Fragen der Beibehaltung oder Auflösung der fremden Gesandtschaften in Korea, bezw. der koreanischen Gesandtschaften im Ausland einnähmen.

Ich erwiderte, dass diese Frage bisher nicht an uns herangetreten sei und dass wir jedenfalls in derselben eine Initiative zu ergreifen nicht beabsichtigten. Es sei demgemäss auch in dem Entwurfe des Reichsbudgets für 1906 der Posten für die Kaiserl. Ministerresidentur in Korea beibehalten.

gez. Richthofen.

Urschrift i. d. A. Korea 10

[ ]

PAA RZ201-018953_033			
Empfänger	Auswärtiges Amt in Berlin	Absender	Saldern
A. 21233 pr. 28. Dezember 1905. a. m.		Söul, den 27. November 1905.	
Memo	T. i. Z. 2. 12. Söul 6, Tokio 131.		

Abschrift.

A. 21233 pr. 28. Dezember 1905. a. m.

Telegramm.

Söul, den 27. November 1905. 9 Uhr 20 Min Vm.

Ankunft: 28. 11. 5 Uhr 15 Min Vm.

Der K. Minister-Resident an Auswärtiges Amt.

Entzifferung.

№ 11.

Amerikanische Legation aufgehoben, Generalkonsulat verwandelt.

gez. Saldern.

[ ]

PAA RZ201-018953_035 f.			
Empfänger	Auswärtiges Amt in Berlin	Absender	Mumm
A. 21261 pr. 28. November 1905. p. m.		Peking, den November 1905.	
Memo	1. Tel. i. Z. 29. 11 n. Washington 240. Im Anschluss an Tel. № 287, 294, 296.		

Abschrift.

A. 21261 pr. 28. November 1905. p. m.

Telegramm.

Peking, den November 1905. - Uhr - Min - m.
Ankunft: 28. 11. 2 Uhr 30 Min p. m.

Der K. Gesandte an Auswärtiges Amt.

Entzifferung.

№ 299.

Geheim!

Komura klagt mir heute über plötzlich einsetzende Verschleppungstaktik der Chinesen, die ihn evtl. zur Stellung Ultimatums mit Drohung des Abbruchs der Verhandlungen und der Hinausschiebung Mandschurei-Räumung nötigen würde.

Japanischer Botschafter betont Unmöglichkeit jetzt schon auf chinesischen Wunsch bezüglich Rückkauf des japanischen Teils der ostchinesischen Eisenbahnen einzugehen; eine gewisse Zeit hindurch müsse Japan jedenfalls Verwaltung und Schutz der Bahnen behalten. Über Anschlussbahn nach Korea hin werde verhandelt.

Über vorläufige Aufnahme der Mitteilung des Berliner japanischen Gesandten bezüglich japanisch-koreanischen Vertrags und unsere dabei angedeutete Bereitwilligkeit Gesandtschaft Soeul zurückzuziehen, war Komura erfreut, Amerika, dessen Stellung Japan offenbar Sorge gemacht hatte, habe Zurückziehung bereits formell zugesagt, Italien habe solche schon früher in Aussicht gestellt.

gez. Mumm.

Orig. i. a. Japan 9

[ ]

PAA RZ201-018953_037			
Empfänger	Auswärtiges Amt in Berlin	Absender	Arco
A. 21290 pr. 20. November 1905. a. m.		Tokio, den 29. November 1905.	
Memo	T. i. Z. 2. 12. Söul 6, Tokio 131.		

Abschrift.

A. 21290 pr. 20. November 1905. a. m.

Telegramm.

Tokio, den 29. November 1905. 11 Uhr 35 Min. Vm.
Ankunft : - Uhr - Min. - m.

Der K. Gesandte an Auswärtiges Amt.

Entzifferung.

№. 221.

Amerikanische Regierung hat hier amtlich Zurückziehung ihrer Gesandtschaft in Korea angezeigt. Hiesige Gesandtschaft habe Wahrung der Vertragsrechte und Untertanenschutz für Korea übertragen erhalten.

gez. Arco.

Berlin, den 2. December 1905.

A. 21233, 21290. Eilt!

T. i. z.

1. Ministerresident
Söul № 6

Auf Tel. № 11.

Bitte, zu Ende Dezember bewilligten Urlaub schon jetzt anzutreten, konsularische Geschäfte vertretungsweise an Ney abzugeben. Wahrnehmung diplomatischer Geschäfte in Korea ist Gesandtschaft Tokio überwiesen.

# #

T. i. z.

2. Gesandter
Tokio № 131

Auf Tel. № 221.

Hr. v. Saldern tritt, den nach Tel. № 126 bewilligten Urlaub schon jetzt an. Die konsularischen Geschäfte in Korea übernimmt Vizekonsul in Korea, die diplomatischen werden hiermit Ew. pp. überwiesen. Ministerresidentur wird demnächst eingezogen.

J. № 13034.

Bitte, dies dort mitzuteilen.

St. St. S.

[ ]

PAA RZ201-018953_043			
Empfänger	Auswärtiges Amt in Berlin	Absender	Saldern
A. 21645 pr. 3 Dezember 1905. p. m.		Söul, den 3. Dezember 1905.	
Memo	Antw. a. Tel. № 6.[1]		

*

A. 21645 pr. 3 Dezember 1905. p. m.

Telegramm.

Söul, den 3. Dezember 1905. 12 Uhr 20 Min p. m.
Ankunft: 5 Uhr 48 Min p. m.

Der K. Ministerresident an Auswärtiges Amt.

Entzifferung.

№ 12.

Wird sofort ausgeführt. Bitte Kreuzergeschwader anweisen, mir gegen 15. Kriegsschiff zu senden, um mich nach Shanghai zu bringen, sonst keine geeignete Dampferverbindung ausser auf Umweg über Japan oder Chefoo mit schlechten Schiffen, was bei meinem Gesundheitszustand nicht erwünscht. Chinesischer Gesandte abberufen, abgereist.

Saldern.

1 A. 21233, 21290.

Berlin, den 5. Dezember 1905.

A 21645. Eilt!

An
Chef des Admiralstabes der Marine.
cfr. A 21939.

G. A.
Der Referent im Admiralstabe bat um schriftlichen Antrag. Es soll dann der Chef des Kreuzergeschwaders telegraphisch angefragt werden, ob er ein Schiff entsenden könne. Falls die Antwort bejahend ausfalle, bedürfe es keines Berichts an Seine Majestät. Da dem Kreuzergeschwader auch die „Titania“ beigegeben ist, die nicht Kriegsschiff im eigentl. Sinne, so bat er den Antrag allgemein zu halten u. das Wort „Kriegsschiff“ zu vermeiden.

Berlin, den 7. Dezember 1905
Kracher.

J. № 13116.

Ew. beehre ich mich anbei Abschrift eines telegraphischen Berichts des Kais. Minister-Residenten in Söul vom 3. d. M. zur gefl. Kenntnißnahme und mit der Bitte zu übersenden, mich mit einer tunlichst baldgefl. Äußerung darüber zu versehen, ob dem Wunsche des Herrn von Saldern um Entsendung eines Schiffes entsprochen werden kann.

der St. S. d. A. A.
i. m.

[ ]

PAA RZ201-018953_046			
Empfänger	Auswärtiges Amt in Berlin	Absender	Arco
A. 21875 pr. 6. Dezember 1905. a. m.		Tokio, den 6. Dezember 1905.	

A. 21875 pr. 6. Dezember 1905. a. m.

Telegramm.

Tokio, den 6. Dezember 1905. 10 Uhr 35 Min Vm.
Ankunft: 8 Uhr 32 Min Vm.

Der K. Gesandte an Auswärtiges Amt.

Entzifferung.

№ 226.

Befehl ausgeführt. Ministerium sprach namens der Japanischen Regierung schriftlich Freude und Dankbarkeit für prompte Entscheidung und Gerechtigkeitssinn der Kaiserlichen Regierung aus.

Arco.

[ ]

PAA RZ201-018953_049			
Empfänger	Auswärtiges Amt in Berlin	Absender	Büchsel
A. 21939 pr. 7. Dezember 1905. p. m.		Berlin, den 7. Dezember 1905.	
Memo	Der Chef des Admiralstabes der Marine. Auf A. 21645 vom 5. Dezember 1905.		

A. 21939 pr. 7. Dezember 1905. p. m.

Berlin, den 7. Dezember 1905.

B. 5396 III.

An den Staatssekretär
des Auswärtigen Amts, h i e r.

Euer Exzellenz beehre ich mich ergebenst mitzuteilen, daß der Chef des Kreuzergeschwaders Befehl erhalten hat, ein Schiff gegen den 15. Dezember nach Tschimulpo zu gestellen. Ich bitte den Kaiserlichen Ministerresidenten anzuweisen, sich direkt mit dem Geschwaderchef in Verbindung zu setzen.

Büchsel.

Berlin, den 9. Dezember 1905.	A. 21939. Eilt.
Ministerresident Söul № 7. Auf Telegr. № 12. J. № 13267.	Tel. in Ziffern. Kreuzergeschwader wird Schiff gegen 15. d. M. Tschemulpo gestellen. Bitte mit Geschwaderchef direkt in Verbindung treten. st. St. S.

[ ]

PAA RZ201-018953_052			
Empfänger	[o. A.]	Absender	Richthofen
A. 22136 pr. 10. Dezember 1905. p. m.		Berlin, den 8. Dezember 1905.	

A. 22136 pr. 10. Dezember 1905. p. m.

Berlin, den 8. Dezember 1905.

Der Japanische Gesandte teilte mit, er sei beauftragt „to express high appreciation of the Japanese Government for the prompt way in which the Imperial Government has settled the Korean matter."

Herr Inouye bemerkte dabei, daß er demnächst Weisung seiner Regierung wegen Übernahme des Schutzes der koreanischen Staatsangehörigen in Deutschland durch die hiesige Japanische Gesandtschaft u. wegen Notifizierung der Abberufung der hiesigen koreanischen Gesandtschaft erwarte.

Richthofen.

[ ]

PAA RZ201-018953_054 f.			
Empfänger	Auswärtiges Amt in Berlin	Absender	SCHOLZ
A. 22782 pr. 19. Dezember 1905. a. m.		SHANGHAI, den 19. Dezember 1905.	

A. 22782 pr. 19. Dezember 1905. a. m.

Telegramm.

SHANGHAI, den 19. Dezember 1905. - Uhr - Min - m.
Ankunft: 9 Uhr 7 Min a. m.

Der K. Generalkonsulats-Verweser an Auswärtiges Amt.

Entzifferung.

№ 65.

Habe Peking telegraphiert: „Taotai schickte gestern Nachmittag Beamten, um sein Bedauern über den Angriff auf mich auszudrücken, wäre selbst erschienen, wenn er nicht zu sehr mit Beruhigungsversuchen beschäftigt. Beamter sagte mir, dass Taotai die Bewegung selbst für sehr gefährlich erachte, und dass für die Nacht ein grosser Angriff auf das Settlement von Putung aus geplant sei: sie hofften aber durch chinesische Schiffe Benutzung von Sampans und dadurch Uebersetzen hindern zu können.

Nacht ruhig verlaufen, dank Einschreiten chinesischer Behörden und unserer guten Verteidigungsvorbereitung. Für Nacht wurden mir zum Schutz der vielen im Generalkonsulat und Umgebung Untergebrachten italienische Matrosen zur Verfügung gestellt, die ich zum Schutz österreichischen Generalkonsulats abordnete.

Von Deutschen anscheinend nur einer, Dabelstein von H. Schultz und schwer verletzt, doch keine Lebensgefahr.

Noch nicht zu übersehen, ob mit dem misslungenen Vorbereitungsputsch von gestern alles vorüber.

Unter hiesigen Deutschen, wie ich nicht verschweigen will, ungeheuere Erbitterung, dass Tiger in der kritischen Zeit zur Abholung Herrn von Saldern´s weggeschickt worden.

Berlin unterrichtet Nummer 179.

SCHOLZ:

Orig. i. a. China 1

[ ]

PAA RZ201-018953_056			
Empfänger	[o. A.]	Absender	Richthofen
A. 22931 pr. 20. Dezember 1905. p. m.		[o. A.]	
Memo			

Abschrift.

A. 22931 pr. 20. Dezember 1905. p. m.

S. D.

A. 22782. II.

G. A.

Die Entsendung eines Kriegsschiffes nach Tschemulpo zur Abholung des Ksl. Ministerresidenten von Saldern ist durch A. 21645 beim Admiralstab der Marine angeregt und darauf von dem letzteren nach A. 21939 verfügt worden. Die Wahl S. M. S. „Tiger“ in Shanghai für die Ausführung des fraglichen Auftrages hat das A. A. nicht angeregt, sie beruht vielmehr lediglich auf Verfügung des Chefs des Kreuzergeschwaders. Ob Herr von Mumm etwa vorher vom Chef des Kreuzergeschwaders befragt worden ist, ergeben die diesseitigen Vorgänge nicht.

Inzwischen ist S. M. S. „Tiger“ nach dem ehrerbietigst beigefügten Telegramme zu A. 22830 wieder in Schanghai eingetroffen. Hierdurch dürfte in Schanghai die erwünschte Beruhigung der Deutschen herbeigeführt und die Angelegenheit gegenstandslos geworden sein.

gez. Richthofen.

Orig. i. a. China 1

Die diplomatische Mission in Korea.

PAA RZ201-018953_057			
Empfänger	Bülow	Absender	Arco
A. 685 pr. 9. Januar 1906. p. m.		Tokio, den 8. Dezember 1905.	

A. 685 pr. 9. Januar 1906. p. m. 2 Anl.

Tokio, den 8. Dezember 1905.

A. 368.

Seiner Durchlaucht
dem Reichskanzler
Fürsten von Bülow.

Ich überreiche beifolgend Abschrift der Note vom 4. dieses Monats, die ich auf Befehl Euerer Durchlaucht an die japanische Regierung über unsere Minister-Residentur in Korea gerichtet habe, sowie Uebersetzung der japanischen Antwortnote vom 5. dieses Monats.

Der Kaiserlichen Minister-Residentur in Soeul habe ich beide Schriftstücke mitgeteilt.

Graf Arco.

Inhalt: Die diplomatische Mission in Korea.

Anlage I. zu A. 368.
Abschrift.

Tokio, den 4. Dezember 1905.

№ 141.

Herr Minister-Präsident,

im Auftrage meiner hohen Regierung gebe ich mir die Ehre, Euerer Exzellenz Nachstehendes mitzuteilen:

Der Kaiserlich Deutsche Minister-Resident in Soeul hat aus Gesundheitsrücksichten einen Urlaub erhalten, den er in nächster Zeit antreten wird. Die konsularischen Geschäfte für Korea hat nach Abreise des Herrn von Saldern der Kaiserlich Deutsche Vize-Konsul in Soeul zu übernehmen. Die diplomatischen Geschäfte für Korea sind mir übertragen worden. Die Kaiserlich Deutsche Ministerresidentur in Soeul wird demnächst eingezogen werden.

Genehmigen etc.

An den (titl.) Herrn Grafen Katsura Taro pp.

gez: Graf von Arco-Valley.

Anlage II. zu A. 368.

Uebersetzung.

Tokio, den 5. Dezember 1905.

№ 117.

Ew. pp. sehr gefällige Note № 141 vom 4. dieses Monats habe ich zu erhalten die Ehre gehabt. Mittelst derselben haben Ew. pp. mir mitgeteilt, dass der Kaiserlich Deutsche Ministerresident in Korea in einigen Tagen wegen Krankheit einen Heimatsurlaub antritt und dass nach der Abreise des Herrn von Saldern die deutschen konsularischen Geschäfte in Korea dem Kaiserlichen Vize-Konsul zu Soeul übertragen werden sollen, dass dagegen die deutschen diplomatischen Geschäfte mit Bezug auf Korea von jetzt ab Ew. pp. übertragen worden sind und dass die Kaiserlich Deutsche Ministerresidentur in Soeul demnächst zurückgezogen werden wird.

Für diesen prompten und gerechten Schritt der Kaiserlich Deutschen Regierung, der der Kaiserlich Japanischen Regierung zu grosser Genugthuung gereicht hat, sagt diese hierdurch ihren wärmsten Dank.

Genehmigen etc.

Der Minister der Ausw. Angel.

gez: Graf Katsura Taro.

An den (titl.) Herrn Grafen von Arco-Valley pp.

Für die Uebersetzung:

gez: Thiel.

[ ]

PAA RZ201-018953_061			
Empfänger	Auswärtiges Amt in Berlin	Absender	Arco
A. 1549 pr. 22. Januar 1906. a. m.		Tokio, den 22 Januar 1906.	

Abschrift.

A. 1549 pr. 22. Januar 1906. a. m.

Telegramm.

Tokio, den 22 Januar 1906. 9 Uhr 50 Min Vm.
Ankunft: - Uhr -- Min -m.

Der K. Gesandte an Auswärtiges Amt.

Entzifferung.

№ 13.

Japanische Regierung zeigt Einziehung ihrer Gesandtschaft und Konsulats in Korea an, ab 1. Februar. Geschäftc gehen auf Generalresidenten und Lokalresidenten über.

Arco.

Orig. i. a. Korea 10

Aufhebung der chinesischen Gesandtschaft in Seoul.

PAA RZ201-018953_063 f.			
Empfänger	Bülow	Absender	Mumm
A. 1698 pr. 24. Januar 1906. a. m.		Peking, den 9. Dezember 1905.	

A. 1698 pr. 24. Januar 1906. a. m.

Peking, den 9. Dezember 1905.

A. 378.

Seiner Durchlaucht
dem Fürsten von Bülow.

Der amtlichen Pekinger Zeitung zufolge ist der bisherige chinesische Gesandte für Korea, Tseng Kuangchüan, in Peking eingetroffen und hat Antrittsaudienz bei Hofe gehabt.

Eine Neubesetzung des Postens ist nicht beabsichtigt. Die Gesandtschaft soll in ein Generalkonsulat umgewandelt werden.

Mumm.

Inhalt: Aufhebung der chinesischen Gesandtschaft in Seoul.

[ ]

PAA RZ201-018953_065 ff.			
Empfänger	Bülow	Absender	Ney
A. 3246 pr. 15. Februar 1906. p. m.		Söul, den 28. Dezember 1905.	
Memo	J. № 984.		

Abschrift.

A. 3246 pr. 15. Februar 1906. p. m.

Söul, den 28. Dezember 1905.

K. № 85.

Seiner Durchlaucht
dem Herrn Reichskanzler
Fürsten von Bülow.

Die durch Abschluss des Protektoratsvertrags gefährdete Ruhe ist wiederhergestellt und an Stelle einer lärmenden, sich mehr in Worten als in Taten äussernden Opposition ist in den grossen Massen der Bevölkerung wieder die den Koreaner so gut kleidende Gleichgültigkeit getreten. Die Japaner haben denn auch ihre über die ganze Stadt verteilten Posten und Patrouillen grösstenteils zurückgezogen. Die nach Bekanntwerden des Vertrags ausgebrochene Selbstmordepidemie, deren vornehmste Opfer General Min Yong Uan und der 76-jährige frühere Premierminister Min Pyöng Sö waren, hat die erwartete und in koreanischen höchsten Kreisen auch gewünschte Ausdehnung nicht angenommen. Der hiesige Monarch hat jeden einzelnen Akt patriotischer Selbstzerstörung durch Verleihung posthumer Ehren anerkannt, so stiess man in den Tageszeitungen auf die Nachricht von der Erhebung eines aus Trauer über den Niedergang Koreas freiwillig aus dem Leben geschiedenen Soldaten zum Kabinettssekretär und eines Schreibers im Unterrichtsministerium zum Vizeminister. Aber selbst diese Kaiserlichen Ehrungen der Selbstmörder scheinen andere nicht mehr zur Nachahmung zu reizen.

Die Ernennung des Marquis Ito zum Generalresidenten für Korea wird vor den Koreanern als ein Glück im Unglück betrachtet. Der alte japanische Staatsmann, der bei seinen verschiedenen Missionen hier stets selbst dann ein versöhnliches Wesen an den Tag zu legen wusste, wenn er die Koreanische Regierung die bittersten Pillen schlucken liess, hat im gewissen Grade das Vertrauen der Koreaner erworben. Bis zu seinem Eintreffen in Söul hat infolge einer Verordnung des Mikado Herr Hayashi die durch den Protektoratsvertrag dem Generalresidenten zugewiesenen Funktionen wahrzunehmen. Eine formelle Aufhebung der hiesigen Japanischen Gesandtschaft ist indes noch nicht erfolgt. Auch die Koreanischen Ministerien bestehen noch der Form nach. Einige Ressorts sind indes seit den letzten politischen Vorgängen so unpopulär geworden, dass überhaupt kein Koreaner von entsprechendem Range gefunden werden kann, der das Amt eines Ministers zu übernehmen bereit ist. So leitet denn Herr Stevens das verwaiste Auswärtige Amt bis zu dem Tage, da es als „Auswärtiges Bureau" unter dem Japanischen Generalresidenten seine Wiedergeburt feiert.

Wie bereits berichtet wurde, ist auch der hiesige Chinesische Gesandte von hier abgereist. Die Geschäfte der Gesandtschaft hat ein Sekretär als Geschäftsträger übernommen; doch ist man bereits mit der Uebergabe des Gesandtschaftsarchivs an den hiesigen Chinesischen Generalkonsul beschäftigt. Der Französische Gesandte hat von seiner Regierung dieser Tage Anweisung erhalten, von hier abzureisen und gedenkt, Korea vor Mitte Januar zu verlassen. Eine offizielle Anzeige hat Herr de Plancy noch nicht ergehen lassen. Dem Britischen Geschäftsträger sind von London noch keine Instruktionen zugegangen; er hat nur von Tokio gehört, dass seine Regierung der Japanischen Regierung die Zusicherung erteilt habe, dass die Britische Ministerresidentur bald aufgehoben würde. Herr Cockburn hat sich übrigens noch die Mühe genommen, dieser Tage eine vor Wochen von dem Koreanischen auswärtigen Minister an den Britischen Ministerresidenten gerichtete Note, worin die Aufnahme des Korea betreffenden Artikels II in den englisch-japanischen Allianzvertrag als ein unfreundlicher Akt bezeichnet und um Aufklärung gebeten wurde, amtlich zu beantworten. In seiner Note wies der Geschäftsträger auf die im Jahre 1904 zwischen Japan und Korea geschlossenen Abkommen hin und sagt dann, dass der Artikel II sich lediglich als eine Anerkennung der durch diese Abkommen geschaffenen tatsächlichen Verhältnisse darstelle.

Der Kaiser hat nun endlich die Rückberufung der Koreanischen Gesandten im Auslande angeordnet. Die Firma E. Mayer u. Co. in Hamburg, die für die Koreanische Gesandtschaft in Berlin regelmässig die Geldüberweisungen besorgte, hat an ihre Zweigfirma in Tschimulpo dieser Tage ein Telegramm gerichtet, dass der Gesandte 20 000 Yen erbitte, da er und sein Personal schon seit 6 Monaten keine Bezüge mehr erhalten habe. Auf Rat des Herrn Stevens telegraphierte die Firma in Tschimulpo an ihr Hamburger Haus zurück, der Gesandte würde von der Regierung Geld erhalten, sobald er das Archiv an die Japanische Gesandtschaft in Berlin ausgehändigt habe. Herr Stevens erhielt dann auch nach 2 Tagen die Anzeige der Koreanischen Gesandtschaft, dass das Archiv übergeben sei; es traf aber auch von dem Japanischen Gesandten in Berlin eine telegraphische Meldung ein, dass ihm zwar etwas wie ein Archiv ausgehändigt worden wäre, dass aber vor einigen Tagen bereits ein Koreanischer Sekretär mit dem Siegel und den Chiffres, darunter einem speziellen Code mit dem hiesigen Palast, verschwunden sei. Auch in den anderen Hauptstädten sollen die Chiffres und Siegel der Koreaner vor Uebergabe der Geschäfte an die Japanischen Vertretungen ebenso geheimnisvoll verschwunden sein; man vermutet deshalb, dass den Koreanischen Gesandtschaften aus dem Palast geheime Befehle zugegangen sind, nicht abzureisen. Der Koreanische Hof ist eben unverbesserlich; in seiner naiven Ignoranz begreift er auch jetzt noch nicht, wie es um Korea steht. Es sind übrigens nunmehr an die Japanische Gesandtschaft in Berlin 24000 Yen gesandt worden, um die Schulden des Koreanischen Gesandten und seines Personals zu zahlen und ihnen Fahrkarten nach ihrer Heimat zu kaufen.

Die hiesige Japanische Gesandtschaft hat eine offizielle Darstellung der näheren Umstände, unter denen der Protektoratsvertrag abgeschlossen wurde, veröffentlicht. Es sollte dadurch den auch in die europäische Presse übergegangenen aus dem hiesigen Palaste stammenden Nachrichten entgegengetreten werden, dass gegenüber einigen dem Vertrag sich widersetzenden Ministern physischer Zwang ausgeübt und dass das Siegel des Auswärtigen Minister nicht von diesem, sondern von einem Sekretär der japanischen Gesandtschaft oder gar von einem Gendarmen auf das Dokument gesetzt worden wäre. Den Japanern scheint sehr viel daran zu liegen. dass man ihrer Darstellung Glauben schenkt; die Herren der hiesigen Japanischen Gesandtschaft bringen auch jetzt noch mit Vorliebe das Gespräch auf die Vorgänge im hiesigen Palaste in der Nacht vom 17. November. Auch Herr Stevens ist in diesem Punkt ein eifriger Anwalt der Japaner. Bei einer Unterhaltung über die Affaire fügte er übrigens mit ungewöhnlicher Offenheit hinzu, dass die ganze Sache eigentlich nur theoretische Bedeutung habe; Marquis Ito habe für den Fall, dass sich die Koreanische Regierung fortgesetzt geweigert hätte, den Vertrag abzuschliessen, noch ein anderes Dokument in seiner Tasche gehabt, von dem er dann Gebrauch gemacht hätte. Dieses Dokument hätte für die Zustimmung der Koreanischen Regierung keinen Raum gelassen und für Korea doch die gleichen Folgen gehabt, wie der Vertrag vom 17. November.

gez. Ney.

Urschr. in d. A. Korea 10

[ ]

PAA RZ201-018953_070			
Empfänger	Bülow	Absender	Arco
A. 3972 pr. 25. Februar 1906 a. m.		Tokio, den 22. Januar 1906.	
Memo	Gesandtschaft.		

Abschrift.

A. 3927 pr. 25. Februar 1906 a. m.

Tokio, den 22. Januar 1906.

A. 23.

Seiner Durchlaucht, dem Herrn Reichskanzler, Fürsten von Bülow.

Durch die in Übersetzung beigefügte Note № 6 vom 19. d. M. hat mir der japanische Minister der auswärtigen Angelegenheiten folgendes mitgeteilt:

1. dass vom 1. Februar d. J. ab die japanische Gesandtschaft in Soeul und die japanischen Konsulate in Korea eingezogen sind;

2. dass vom selben Tage ab die General-Residentur in Soeul an Stelle der bisherigen Gesandtschaft, und die Residenturen an Stelle der bisherigen Konsulate oder Konsular-Agenturen treten werden;

3. dass deshalb gleichfalls vom 1. Februar d. J. ab „die zu Konsulatsgeschäften gehörigen lokalen Angelegenheiten, welche bisher der Koreanischen Regierung in Soeul mitgeteilt und mit ihr verhandelt worden sind, der General-Residentur, und diejenigen Angelegenheiten, welche bisher den koreanischen Lokalbehörden in den geöffneten Hafenplätzen mitgeteilt und mit ihnen verhandelt wurden, den Residenturen mitzuteilen und mit ihnen zu verhandeln sind.“

Ich habe den Empfang dieser Note bestätigt und von ihrem Inhalt die Gesandtschaften in Peking und Soeul sowie die Generalkonsulate in Schanghai und Yokohama und endlich die Konsulate in Kobe, Nagasaki und Tamsui benachrichtigt.

gez. Graf Arco.

Urschr. in d. A. Korea 10.

[ ]

PAA RZ201-018953_071			
Empfänger	[o. A.]	Absender	[o. A.]
A. 5978 pr. 27. März 1906.		[o. A.]	

A. 5978 pr. 27. März 1906.

Notiz!

Die Aufzeichg. des W. L. R. Zimmermann über unsere Anerkennung des japan.-korean. Vertrags u. die diesseitigen Absicht, in Konsequenz der Einziehg. unserer Gesandtschaft in Söul das Exequatur für die deutschen Konsuln in Korea beim Mikado in Zukunft einzuholen / Mündliche Mittlg. an Russ. Botschafer /

befindet sich i. d. A.
Korea 10

Rücktritt des englischen Generalkonsuls in Söul.

PAA RZ201-018953_072			
Empfänger	Bülow	Absender	Ney
A. 7425 pr. 21. April 1906. a. m.		Söul, den 13. März 1906.	
Memo	Konsulat. J. № 161.		

Abschrift.

A. 7425 pr. 21. April 1906. a. m.

Söul, den 13. März 1906.

K. № 21.

Seiner Durchlaucht
dem Herrn Reichskanzler, Fürsten von Bülow.

pp.

England hat von allen Mächten seine hiesige diplomatische Vertretung zuletzt aufgehoben. Herr Cockburn hat am 11. v. M. von seiner Regierung ein Telegramm erhalten, dass seine Tätigkeit als Geschäftsträger aufgehört habe und er fortan als stellvertretender Generalkonsul die britischen Interessen wahrzunehmen habe. Der chinesische Geschäftsträger ist Anfang Februar lautlos, ohne sich zu verabschieden, verschwunden. Die Konsularischen Geschäfte führt der bisherige Generalkonsul Wuh weiter. Am 2. d. M. ist Herr von Kehrberg, der bis zum Ausbruch des Kriegs Dolmetscher bei der hiesigen russischen Gesandtschaft gewesen war, hier eingetroffen, um die Vorbereitungen für die in Bälde zu erwartende Eröffnung eines russischen Generalkonsulats zu treffen. Herr von Kehrberg hält sich sehr zurück und hat sich bisher nirgends sehen lassen.

pp.

gez. Ney.

Urschr. in d. A. Korea 10

Inhalt: Rücktritt des englischen Generalkonsuls in Söul.

[ ]

PAA RZ201-018953_073 f.			
Empfänger	Bülow	Absender	Erckert
A. 12935 pr. 25. Juli 1906. a. m.		Tokio, den 28. Juni 1906.	
Memo	Botschaft.		

Abschrift.

A. 12935 pr. 25. Juli 1906. a. m.

Tokio, den 28. Juni 1906.

A. 140.

Seiner Durchlaucht
dem Herrn Reichskanzler
Fürsten von Bülow.

Wenn nicht alle Anzeichen trügen, werden wir in Tokio zum ersten Male seit vier Jahren wieder einen politisch stillen Sommer haben. Daß es so etwas wie eine „Saure Gurkenzeit" gibt, hatte man hier allmählich vollständig vergessen. Jetzt sind aber die japanischen Politiker, besonders die Herren dees Auswärtigen Amts, in hohem Maße erholungs - und urlaubsbedürftig und in 14 Tagen dürfte in den Amtsstuben, abgesehen von der Bearbeitung von ein paar laufenden Sachen, tiefe Ruhe herrschen, während sich die Diplomaten in die verschiedenen Sommerfrischen begeben.

Nur Herr Bachmetieff macht eine Ausnahme und will in Tokio bleiben; er motiviert das teils mit Haushaltungsfragen, teils mit Arbeitslast. Daß augenblicklich im Gegensatz zu der sonst herrschenden Ruhe zwischen Auswärtigem Amt und Russischer Gesandtschaft noch eifrig verhandelt wird, ist hier bekannt und wird mir auch von japansicher Seite bestätigt. Es handelt sich um die zahlreichen Detailfragen, die das Friedensprotokoll von Portsmouth offen gelassen hat. Es gibt dabei noch mancherlei Schwierigkeiten zu überwinden, die aber in der Presse etwas zu sehr aufgebauscht werden.

Vicomte Hayashi sagte mir heute, letzteres gelte namentlich von den Zeitungsnachrichten über die angebliche Weigerung Rußlands, die Unterhaltungskosten für die Kriegsgefangenen in der von Japan geforderten Höhe zu zahlen. Gewisse Differenzen sind hier wohl entstanden, sie dürften aber nicht bedeutend sein. Etwas ernster scheint eine Schwierigkeit zu sein, die sich auf den Amtsantritt des neuen russischen Generalkonsuls in Korea De Plançon bezieht. Wie mir Vicomte Hayashi sagt, tat die russische Bestallung dieses, in der Ostasiatischen Geschichte der letzten Jahre ziemlich hervorgetretenen Beamten, dem russischen Brauche entsprechend, des Souveräns des Landes Erwähnung, in dem der Konsulatsbeamte seinen Beruf ausüben soll, in diesem Falle also des Kaisers von Korea. Die Japaner verlangen indessen, daß, wenn überhaupt jemand, der Kaiser von Japan genannt werde, der nach japansicher Auffassung im Sinne des letzten japanisch-koreanischen Vertrages auch das Exequatur für die fremden Konsuln in Korea zu erteilen hat. Ich nehme an, daß die Japaner mit ihrer Auffassung durchdringen werden. Inzwischen hält sich Herr De Plançon schon seit fast zwei Monaten in Japan auf; von Marquis Ito ist er kurz vor dessen Rückkehr nach Korea empfangen worden, was hier im Sinne einer versöhnlichen Lösung der schwebenden Fragen aufgefaßt wird.

gez. v. Erckert.

Urschr. i. a. Korea 10

Die Lage in Korea.

PAA RZ201-018953_075 ff.			
Empfänger	Bülow	Absender	Ney
A. 13501 pr. 4. August 1906.		Söul, den 14. Juni 1906.	
Memo	mitget: Pera, London, Madrid, Paris, Petersbg., Rom B., Tokio, Washington, Wien, Athen, Belgrad, Bern, Brüssel, Bukarest, Christian. Haag, Kopenh., Lissab., Rom, Stockh., Cairo, Sofia, Tanger, Darmst., Dresden, Karlsr., München, Stuttg., Weimar, Oldenbg., Hambg. Peking.		

A. 13501 pr. 4. August 1906.

Söul, den 14. Juni 1906.

№ 4i.

Seiner Durchlaucht
dem Herrn Reichskanzler
Fürsten von Bülow.

Die neu eingerichtete japanische Verwaltung in Korea geht bereits ihren geregelten Gang. Die Farce mit der „Koreanischen Regierung" ist bisher gewissenhaft durchgeführt worden; die Generalresidentur sucht für alle wichtigeren Massregeln die Genehmigung des koreanischen Staatsrates nach. Gelingt es dann den den verschiedenen Ressorts beigegebenen Ratgebern nicht, den Staatsrat zur Erstellung seiner Zustimmung zu bewegen, so spricht der japanische Staathalter sein Machtwort und die Sache wird doch gemacht. Marquis Ito, der übrigens, wie ich aus wohlunterrichteter Quelle höre, den Generalgouverneurposten nicht mehr länger als ein Jahr bekleiden wird, hat sich seit seiner Ernennung im Ganzen nur 6 Wochen in Korea aufgehalten. Seit Ende April, da er zu der Heerschau nach Tokio reiste, wird er in der Hauptstadt durch die grossen Fragen, die Japan nach dem Kriege zu lösen hat, zurückgehalten. Er wird in ungefähr 10 Tagen zurückerwartet, einige Tage vorher soll eine japanische Kommission unter Führung des Marschalls Nozu hier eintreffen, die sich in der Halbinsel umsehen will. Ob es Marquis Ito gelingen wird, die Ueberzeugung, dass Japan seine Aufgaben in Korea nur wird lösen können, wenn es sich durch eine einsichtsvolle und gerechte Verwaltung das Vertrauen der koreanisch Bevölkerung erwirbt, auch gegenüber der japanischen Militärpartei zur Geltung zu bringen, die Korea mit der Kanone zivilisieren will, steht dahin. Die

Wegnahme von Land seitens der Militärbehörde ohne angemessene Entschädigung der Eigentümer steht auch jetzt noch an der Tagesordnung und es ist kein Geheimnis, dass Marquis Ito diesen Konfiskationen für militärische Zwecke, die bei der breiten Masse der Bevölkerung mehr Erbitterung erregen, als der Verlust der nationalen Selbständigkeit, unsympathisch und zugleich machtlos gegenüber steht. Von der Zurückziehung einer der beiden in Korea liegenden Divisionen, wovon in letzter Zeit die Rede war, hat man, wenn die letzten Meldungen japanischer Blätter richtig sind, Abstand genommen.

In der östlich von Söul gelegenen Provinz Kang-wön sowie in den Südprovinzen Tschung-Tschöng und Kjöng-sang sind seit Anfang des vorigen Monats grössere Unruhen ausgebrochen. Die Aufständischen rekrutieren sich hauptsächlich aus Anhängern der Uipyung-Sekts, eine Gesellschaft, die nach dem chinesisch-japanischen Kriege, als der japanische Einfluss in Korea plötzlich erstarkte, gegründet wurde und seit dieser Zeit die „Los-von-Japan-Bewegung“ durch zeitweilige Aufstände zu unterstützen suchte. Die Sekte steht unter de Führung des Min Chung Sik, eines nahen Verwandten der von den Japanern ermordeten Gemahlin des koreanischen Herrschers. Die japanische Zeitungen melden, dass die Aufständischen ein gewisses Mass von militärischer Organisation und Disciplin an den Tag legten und dass sich unter ihnen mehrere hundert frühere koreanische Soldaten befänden, die bei der Verminderung des koreanischen Militärs in den letzten beiden Jahren entlassen worden waren. Die Aufrührer sollen über eine grössere Anzahl Murata-Gewehre verfügen. Da die japanischen und koreanischen Polizisten und Gendarmen gegen die Aufständischen, deren Hauptmacht sich in Hongtju in der Provinz Tschung-tschöng verschanzt hatten, nichts ausrichten konnten, ersuchte die japanische Generalresidentur die koreanische Regierung, das koreanische Militär gegen die Rebellen zu senden. Der Erfolg war natürlich ein negativer. Kriegerische Operationen gehören überhaupt nicht zum Programm der koreanischen Soldateska und zudem haben die Uipyungs, hinter denen der hiesige Palast stecken dürfte, die Sympathie der Koreaner. Da, wie sich einige japanische Zeitungen sehr schön ausdrücken, Korea den „ihm als souveränen Staate obliegenden Pflichten“ nicht nachkam, wurden die japanischen Truppen zur Unterdrückung des Aufstandes herangezogen und am 31. v. Mts. wurde von 2 Kompagnien nebst einigen Geschützen Hong-tju genommen. 60 Uipyungs wurden bei der Einnahme der Stadt getötet und 127 gefangen genommen, während mehr als I. 000 Rebellen entkamen. Die Unruhen in den genannten 3 Provinzen dauern noch fort, und es sind bereits eine Reihe von Japanern den Aufständischen in die Hände gefallen und getötet worden. Grosse Bedeutung wird indes dem Aufstande nicht beigelegt. Das verzweifelte Beginnen ist lediglich Wasser auf der Mühle der Militärpartei und gibt ihr den Vorwand zu noch drastischerem Vorgehen.

Herr Plançon, dessen Ernennung zum russischen Generalkonsul in Korea von den Japanern mit grösstem Misstrauen aufgenommen worden ist, hält sich bereits seit Wochen in Japan auf. Die Zeitungen melden, dass sich die Weiterreise nach Korea verzögere, weil Herr Plançon seine Exequatur vom Kaiser von Korea erteilt haben wolle, was natürlich auf den Widerstand der Japaner stösst. Diese stützen sich darauf, dass mit dem japanisch-koreanischen Bündnis-Abkommen vom 23. Februar 1904 die Verträge zwischen Korea und Russland aufgehört hätten, durch den Protektoratsvertrag vom 17. November v. Js. die Beziehungen zwischen Korea und den fremden Mächten in Japans Hände gelegt worden seien, dass Russland wegen Koreas daher nur mit Japan verhandeln könne und bei diesen Verhandlungen die Koreanische Regierung völlig auszuschalten sei. Hier ist über den Stand dieser russisch-japanischen Auseinandersetzungen nichts zu erfahren. Herr von Kehrberg, der bis zum Ausbruch des Krieges Sekretär bei der hiesigen Gesandtschaft gewesen war und sich seit einigen Monaten in grösster Zurückgezogenheit hier aufhält, hat sich einem mir befreundeten Herrn gegenüber, der ihm schon seit Jahren nahesteht, sehr pessimistisch über die Frage ausgesprochen und sogar erklärt, er sehe nicht, wie der Streit eine Lösung finden könne. Russland halte am Vertrage mit Korea fest und könne das Abkommen vom 17. November v. Js., das ohne Zustimmung des Koreanischen Monarchen abgeschlossen sei, nicht anerkennen, und andererseits werde Japan wohl auch nicht nachgeben. Herr von Kehrberg lebt anscheinend noch in den alten Zeiten vor dem Kriege. Wer das japanische Vorgehen in Korea beobachtet, der weiss, dass Russland sich entweder der neuen Ordnung der Dinge in Korea fügen, oder überhaupt auf eine Vertretung in der Halbinsel verzichten muss.

In dem hiesigen Palaste sind natürlich die Nachrichten von Differenzen zwischen Russland und Japan wegen Korea sehr willkommen, bei der Unfähigkeit des hiesigen Herrschers, seine wirkliche Lage zu erkennen, werden in ihm die optimistischsten Hoffnungen wach, wozu auch die lange Abwesenheit des Marquis Ito beiträgt, der in Herrn Tsuruhara einen sehr ruhigen, nahezu schüchternen Vertreter gefunden hat. Der Kaiser hat vor einigen Tagen, ohne die Generalresidentur vorher zu hören, einem Angehörigen der Min-Familie das Präsidium des Staatsrates übertragen, einen Posten, der seit Jahren nicht mehr besetzt war. Der Vizepräsident des Staatsrates pflegte als Premierminister zu fungieren, und durch die Ernennung eines Staatsrats-Präsidenten ist der Vorsitz im Kabinett an diesen übergegangen. Auf eine durch Marquis Ito veranlasste Anfrage über den Grund dieser Ernennung erwiderte der Kaiser, dass wegen der im Herbste bevorstehenden Wiedervermählung des Kronprinzen die Besetzung der Stelle erfolgt sei. Der Generalresidentur genügte diese Erklärung nicht, sie hat weitere Aufklärungen von dem Herrscher verlangt und lange wird sich Herr Min seiner Würde nicht zu erfreuen haben, alle von der Generalresidentur für Fremde /Nichtjapaner/ nachgesuchten Audienzen werden von dem Kaiser verweigert, und der zum Generalkonsul in Söul ernannte frühere I. Sekretär der chinesischen Gesandtschaft in Tokio, Ma Ting Liang, ist bisher von dem Monarchen nicht empfangen worden. Der Kaiser schützt regelmässig Krankheit vor; doch liegt der wahre Grund in der Abneigung des Kaisers gegen die Anwesenheit eines Vertreters der Generalresidentur bei den Audienzen. Um Marquis Ito bei den Fremden in Misskredit zu bringen, hat der Koreanische Herrscher kürzlich durch seine Vertrauten verbreiten lassen, der Statthalter habe am Tage vor seiner Abreise nach Tokio ihm über die Interessengegensätze der weissen und gelben Rasse gesprochen. Die Asiaten müssten zusammenhalten, für sie gebe es nur einen Feind, die Fremden; China sei jetzt erwacht und nehme den Fremden alle Rechte wieder ab, die sie an sich gerissen hätten. einen Bekannten gegenüber, der Zweifel äussert, dass der Marquis diese Äusserungen tatsächlich getan habe, erbot sich ein Würdenträger, eine schriftliche Bestätigung des Monarchen darüber beizubringen. Marquis Ito kennt den hiesigen Herrscher zu gut und er wird sich wohl gehütet haben, ihm derartiges oder ähnliches zu sagen. Der Monarch kann aber nun einmal das Intriguieren nicht lassen und seine Nativität bringt ihn dabei auf wunderliche Wege. Wie weit diese Einfalt geht, möchte ich dadurch illustrieren, dass er eine deutsche Dame, die während der mehrmonatlichen Abwesenheit des bekannten Fräulein Sontag die Geschäfte der Palastintendantin führte, vor einigen Wochen selbst gefragt hat, ob es wahr wäre, dass Seine Majestät der Deutsche Kaiser im Herbste nach Korea kommen wird.

Die früher von Herrn Hayashi und später von Marquis Ito unternommenen Bemühungen, den Kaiser zur Rückberufung des Prinzen Ui hwa, eines Sohnes des Monarchen und einer Konkubine, zu bewegen, haben schliesslich Erfolg gehabt. Der Prinz war seiner Zeit auf Betreiben der Königin, die in ihm einen Konkurrenten ihres Sohnes, des schwachsinnigen Kronprinzen, erblickte, kurz vor deren Ermordung ins Ausland geschickt worden und hat sich seitdem in Japan und Amerika aufgehalten. Nach langem Widerstreben hat der Monarch schliesslich die Erlaubnis erteilt, dass der Prinz, der völlig unter japanischem Einflusse steht, hierher kommt und Anfang April ist der Prinz hier eingetroffen. Er ist nicht im Palaste, sondern in dem Privathause eines hiesigen Japaners abgestiegen. Bei den wenigen Zusammenkünften, die der Prinz mit seinem Vater hatte, war stets ein Vertreter der Generalresidentur zugegen, um zu verhindern, dass der Monarch den Prinzen in ein anti-japanisches Intriguenspiel zu verwickeln suchte. Offenbar fühlte sich Ui hwa auch nicht ganz sicher vor seinen Verwandten, denn als Marquis Ito nach Tokio abreiste, folgte ihm der Prinz alsbald und er ist seitdem auch nicht wieder zurückgekommen. Die Japaner haben sich den Prinzen wohl herangezogen, um Jemand zur Hand zu haben, den sie gegebenfalles an die Stelle des widerspänstigen Monarchen setzen könnten.

Zum französischen Generalkonsul in Söul ist Herr Belin, der zuletzt Vertreter Frankreich in Bolivien gewesen war, ernannt worden. An Stelle des zurückberufenen Herrn Gordon Paddock kommt Herr Haywood, der in früheren Jahren Generalkonsul der Vereinigten Staaten in Hawai war, als Generalkonsul hierher.

gez. Ney.

Orig. i. a. Korea 10

Inhalt: Die Lage in Korea.

Die Lage in Korea.

PAA RZ201-018953_086 f.			
Empfänger	Bülow	Absender	Ney
A. 13502 pr. 4. August 1906.		Söul, den 18. Juni 1906.	
Memo	mitget: Pera, London, Madrid, Paris, Petersbg., Rom B., Washington, Wien, Athen, Belgrad, Bern, Brüssel, Bukarest, Christian. Haag, Kopenh., Lissab., Stockh., Cairo, Sofia, Darmst., Dresden, Karlsr., München, Stuttg., Weimar, Oldenbg., Hambg.		

A. 13502 pr. 4. August 1906.

Söul, den 18. Juni 1906.

№ 42.

Seiner Durchlaucht
dem Reichskanzler
Fürsten von Bülow.

Herr Stevens, der vor kurzem von Marquis Ito nach Tokio berufen worden war, ist dieser Tage hier wieder eingetroffen. Er hat mir erzählt, er habe selbst mit Herrn Plançon wegen der Exequaturfrage verhandelt. Herr Plançon habe in der Tat zuerst von der japanischen Regierung verlangt, dass ihm eine Exequatur vom Kaiser von Korea erteilt werde. Das sei aber nur „bluff" gewesen, denn bereits die Tatsache, dass sich Herr Plançon nach Tokio und nicht nach Söul gewandt habe, zeigte, dass es ihm nicht Ernst sein konnte. Der neue russische Generalkonsul habe sich denn auch damit einverstanden erklärt, dass er seine Exequatur von der japanischen Regierung erhalte. Wegen der Frage des Fortbestehens des koreanisch-russischen Handelsvertrags schwebten noch Verhandlungen, doch seien dies nur Fragen formeller Natur, denn der Portsmouth-Vertrag, der für Russland die Meistbegünstigungsklausel wegen Korea enthalte, sichere Russland die Rechte des alten Vertrags zu. Herr Stevens fügte hinzu, dass er trotz der Versicherungen des Herrn Plançon, er wolle in Korea die besten Beziehungen mit der japanischen Generalresidentur aufrecht erhalten, sich nicht des Eindrucks erwehren könne, dass der neue russische Generalkonsul mit dem Gedanken nach Söul gehe, dort die rechte Hand des Monarchen spielen zu können. Die Japaner seien aber fest entschlossen, sich nicht an die Räder kommen zu lassen. Wenn der Monarch sich nicht füge, dann bleibe nur ein Weg, nämlich ihn nach Japan zu schaffen und auf diese Weise unschädlich zu machen.

Herr Stevens erzählt ferner, dass es Marquis Ito während seiner Anwesenheit in Tokio gelungen sei, die Frage der Okkupation von Land für militärische Zwecke in befriedigender Weise zu lösen. Alles Land, dessen die Heeresverwaltung nicht wirklich benötige, solle wieder frei gegeben werden und für das im Besitze der Militärbehörden verbleibende Gelände solle den Eigentümern eine angemessene Entschädigung gezahlt werden. Der Marquis, dem diese Landfrage grosse Sorgen gemacht haben, werde auf das Entschiedenste darauf dringen, dass die Militärverwaltung auch in diesem Sinne handele.

gez. Ney.

Urschr. i. a. Korea 10

Inhalt: Die Lage in Korea.

[ ]

PAA RZ201-018953_088			
Empfänger	Bülow	Absender	Erckert
A. 14072 pr. 15. August 1906. a. m.		Tokio, den 19. Juli 1906.	
Memo	Botschaft. mtg 17. 8. n. Petersburg.		

Abschrift.

A. 14072 pr. 15. August 1906. a. m.

Tokio, den 19. Juli 1906.

A. 153.

Sr. Durchlaucht

dem Herrn Reichskanzler, Fürsten v. Bülow.

Vizekriegsminister General Ishimoto, der gestern auf einem vom Kriegsminister für mich veranstalteten größeren Diner mein Tischnachbar war, erzählte mir, daß die Russen tatsächlich Schwierigkeiten wegen Erstattung der den Japanern für Internierung der russischen Gefangenen erwachsenen Kosten machten und den von Japan geforderten Betrag zu kürzen versuchten, trotzdem derselbe nur den wirklich verursachten Kosten entspräche. Es werde über diesen Punkt zwischen beiden Regierungen weiter verhandelt und er wisse nicht, wann er sein Geld wiederbekommen werde - General Ishimoto war während des Krieges bekanntlich im Nebenamt das gesamte Kriegsgefangenen - Wesen unterstellt.

Der General erzählte mir ferner, daß demnächst eine amtliche Broschüre über letzteres in japanischer und französischer Sprache veröffentlicht werden solle.

Auch die Verhandlungen zwischen Rußland und Japan wegen des russischen Generalkonsulats in Korea sind noch nicht zum Abschluß gelangt. Herr de Plançon weilt noch immer in Japan.

gez. v. Erckert.

Urschr. i. a. Korea 10.

Japanische Vertretung in Korea.

PAA RZ201-018953_089			
Empfänger	[o. A.]	Absender	Tschirschky
A. 14527 pr. 24. August 1906. p. m.		Berlin, den 24. August 1906.	
Memo	mtg. m. gef. 27. 8. n. Petersbg.		

Abschrift.

A. 14527 pr. 24. August 1906. p. m.

Berlin, den 24. August 1906.

Der japanische Botschafter bemerkte dann weiter, die Frage der Erteilung des Exequatur für den russischen Generalkonsul in Korea sei dahin geregelt worden, dass Russland zugestimmt habe, das Exequatur beim Kaiser von Japan nachzusuchen.

Japan habe bei der Gelegenheit Russland gegenüber betont, daß seiner Auffassung nach durch die Tatsache, daß Korea als Verbündeter Japans den Krieg mit Rußland geführt habe, auch alle Verträge zwischen Korea und Rußland aufgehoben seien. Neue Verträge zwischen den genannten beiden Staaten würden dann für Korea von Japan abzuschließen sein.

Herr Iswolski habe sich die Stellungsnahme zu dieser Frage noch vorbehalten. Jedenfalls deduziert Japan aus der Tatsache, daß Rußland das Exequatur in Japan nachsuche, die stillschweigende Anerkennung Rußlands dafür, daß Korea unter einer Art Protektorat Japans stehe.

gez. Tschirschky.

Urschr. i. a. China 25

Betrifft: Japanische Vertretung in Korea.

Britische Vertretung in Korea.

PAA RZ201-018953_090			
Empfänger	Bülow	Absender	Ney
A. 15214 pr. 7. September 1906. a. m.		Söul, den 30. Juli 1906.	
Memo	J. № 473.		

A. 15214 pr. 7. September 1906. a. m.

Söul, den 30. Juli 1906.

K. № 54.

An Seine Durchlaucht
den Herren Reichskanzler
Fürsten von Bülow.

Herr H. Cockburn hat heute eine amtliche Anzeige ergehen lassen, dass er am 1. April d. J. zum Britischen Generalkonsul in Korea ernannt worden und ihm am 18. Juli d. J. von Seiner Majestät dem Kaiser von Japan die Exequatur erteilt worden sei.

Herr Cockburn hatte am 23. November v. J. an Stelle des auf Urlaub gehenden damaligen Ministerresidenten Sir John N. Jordan die Vertretung der Britischen Interessen als Geschäftsträger übernommen. Am 12. Februar d. J. hatte er alsdann angezeigt, dass seine Funktion als Geschäftsträger aufgehört habe und er vertretungsweise die Geschäfte eines Generalkonsuls weiterführe.

Abschrift dieses Berichts sende ich an die Kaiserliche Botschaft in Tokio.

Ney.

Betrifft: Britische Vertretung in Korea.

Italienische Vertretung in Söul.

PAA RZ201-018953_091 f.			
Empfänger	Bülow	Absender	Ney
A. 16566 pr. 1. Oktober 1906. p. m.		Söul, den 24. August 1906.	
Memo	J. № 531.		

A. 16566 pr. 1. Oktober 1906. p. m.

Söul, den 24. August 1906.

K. № 62.

An Seine Durchlaucht
den Herrn Reichskanzler, Fürsten von Bülow

Seit der im Oktober v. Js. erfolgten Abreise des Ministerresidenten Herrn Monaco sind die Italienischen Interessen in Korea von der hiesigen britischen Vertretung wahrgenommen worden.

Herr L. Casati, erster Dolmetscher der Italienischen Gesandtschaft in Tokio, ist nunmehr zum Italienischen Konsul für Korea ernannt worden und hat gestern sein Amt hier angetreten. Wie mir Herr Casati sagte, sei ihm einstweilen nur eine provisorische Excquatur von der Japanischen Regierung ausgestellt worden, da seine Bestallung noch nicht eingetroffen sei. Vor wenigen Tagen sei er von seiner Ernennung telegraphisch in Kenntniß gesetzt und angewiesen worden, sofort seinen Posten anzutreten.

Es dürfte keinem Zweifel unterliegen, daß die beschleunigte Ernennung und Abreise des Herrn Casati mit den in meinem Bericht vom 3. d. M. - № 56[2] - geschilderten Schwierigkeiten zusammenhängt, die in letzter Zeit zwischen der Firma E. Meyer & Co. und der „Societa Coloniale Italiano" wegen des Minendistrikts Söntschön entstanden sind.

Abschrift dieses Berichts sende ich an die kaiserliche Botschaft in Tokio.

Ney.

Betrifft: Italienische Vertretung in Söul.

---

2 II 25554 ehrerbietigst beigefügt.

Der neue Französische Generalkonsul; Verkauf des alten französischen Gesandtschafts-Grundstücks.

PAA RZ201-018953_093 ff.			
Empfänger	Bülow	Absender	Ney
A. 19794 pr. 28. November 1906. a. m.		Söul, den 9. Oktober 1906.	
Memo	J. № 689.		

A. 19794 pr. 28. November 1906. a. m.

Söul, den 9. Oktober 1906.

K. № 76.

An Seine Durchlaucht
den Herrn Reichskanzler
Fürsten von Bülow.

Der neuernannte französische Generalkonsul Herr Joseph Belin, der bis vor 2 Jahren Geschäftsträger in La Paz gewesen war und seitdem im Ministerium der Auswärtigen Angelegenheiten in Paris arbeitete, ist Ende letzten Monats hier eingetroffen und hat die Geschäfte übernommen.

Die Französische Regierung hat dieser Tage ihr altes Gesandtschaftsgrundstück um den Preis von 600 000 Franks an den hiesigen Palast verkauft. Das Grundstück, das in nächster Nähe des Palastes auf einer Anhöhe liegt und neben dem im Jahre 1896 errichteten imposanten Wohngebäude für den Vertreter sowie einem getrennten Kanzleigebäude mit Beamtenwohnung schöne Parkanlagen aufweist, wird wohl das wertvollste Besitztum in Söul genannt werden dürfen. Herr Berteaux, der bisherige Verweser des Generalkonsulats, hatte mir bereits vor mehreren Wochen gesagt, daß er von seiner Regierung die Anweisung erhalten habe, in Verkaufsverhandlungen zu treten, falls ihm von irgend einer Seite ein annehmbares Angebot gemacht würde. Als Grund für die Absicht der Regierung sich des Besitzes zu entäußern sei ihm angegeben worden, daß der hiesige Posten nicht mehr wichtig genug sei, um die großen Unterhaltungskosten, die das Anwesen erforderte, zu rechtfertigen. Man nahm zunächst an, daß die Japanische Regierung das Anwesen kaufen würde. Das lag um so näher, als die Japaner bisher kein größeres Grundstück in der Nähe des Palastes besitzen, während sowohl die Russische als auch die Amerikanische und Britische Vertretung unmittelbare Nachbarn des Koreanischen

Herrschers sind.

Über die Motive, die den Kaiser bei der Erwerbung des Grundstückes leiteten, ist kein Wort zu verlieren. Der Herrscher hat absolut keine Verwendung für das Anwesen; es sollte lediglich verhindert werden, daß sich die Japaner auf dem Grundstücke niederlassen. Ob durch den Ankauf des Besitztums für den Palast dieses Ziel erreicht wird, erscheint allerdings recht fraglich und gerade aus dem Umstand, daß die Generalresidentur den Kauf für den Palast ruhig geschehen ließ, wird man schließen können, daß sie darauf rechnet, daß auf ihren „Rat“ der koreanische Herrscher das Grundstück schließlich doch seinen „Japanischen Freunden“ überlassen wird. Wenn der Kaiser aus seiner Privatschatulle den Kaufpreis bezahlte, brauchten die Staatsgelder nicht in Anspruch genommen werden.

Zunächst bleibt Herr Belin in dem Anwesen, bis das französische Generalkonsulat eine neue Unterkunft gefunden hat.

Abschrift dieses Berichts sende ich an die kaiserliche Botschaft in Tokio.

Ney.

Betrifft: Der neue Französische Generalkonsul; Verkauf des alten französischen Gesandtschafts-Grundstücks.

Amerikanische Generalkonsul in Korea

PAA RZ201-018953_099 f.			
Empfänger	Bülow	Absender	Ney
A. 19795 pr. 28. November 1906. a. m.		Söul, den 23. Oktober 1906.	
Memo	J. № 725.		

A. 19795 pr. 28. November 1906. a. m.

Söul, den 23. Oktober 1906.

K. № 80.

An Seine Durchlaucht
den Herrn Reichskanzler
Fürsten von Bülow.

Der Amerikanische Generalkonsul in Korea Herr W. Haywood, der am 12. v. M. seinen hiesigen Posten angetreten hatte, hat bereits am 17. d. Mts. wieder Korea verlassen, um nach Amerika zurückzukehren. Unmittelbar nach seiner Ankunft in Söul haben sich bei Herrn Haywood, der lungenleidend ist, so schwere Krankheitserscheinungen gezeigt, daß er schleunigst in Washington um Heimatsurlaub nachsuchen mußte. Eine Rückkehr nach Korea ist für ihn ausgeschlossen.

Herr Paddock, der früher als Legationssekretär bei der hiesigen Gesandtschaft gleichzeitig die Stellung eines Generalkonsuls bekleidete und nach der Anreise des Herrn Morgan die konsularischen Geschäfte weiter führte, hat die Vertretung der Amerikanischen Interessen wieder vertretungsweise übernommen. Er war nach dem Eintreffen des Herrn Haywood zum Vice-Consul General bestellt worden.

Abschrift dieses Berichts sende ich an die Kaiserliche Botschaft in Tokio.

Ney.

Inhalt: Amerikanische Generalkonsul in Korea

[ ]

PAA RZ201-018953_101			
Empfänger	[o. A.]	Absender	[o. A.]
A. 8150 pr. 22. Mai 1907.		[o. A.]	

A. 8150 pr. 22. Mai 1907.

Notiz.

Ein Bericht aus Söul btr. Vorschläge der japanischen Militärbehörden zum Schutz der Konsulate bei Unruhen pp. befindet sich in den Akten,

Korea 10

[ ]

PAA RZ201-018953_102			
Empfänger	[o. A.]	Absender	[o. A.]
A. 10086 pr. 28. Juni 1908. a. m.		[o. A.]	

A. 10086 pr. 28. Juni 1908. a. m.

Notiz.

Das telegraphische Ersuchen an das Generalkonsulat in Söul v. 28. Ⅵ., wieder ausführlich über politische Dinge zu berichten

befindet sich i. a. Deutschl. 135 № 29.

Rücktritt des englischen Generalkonsuls in Söul.

PAA RZ201-018953_103 f.			
Empfänger	Bülow	Absender	Mumm
A. 17658 pr. 20. Oktober 1908.		Tokio, den 19. September 1908.	

Abschrift.

A. 17658 pr. 20. Oktober 1908.

Tokio, den 19. September 1908.

№ A. 3410.

Seiner Durchlaucht
dem Fürsten von Bülow.

Der englische Generalkonsul in Söul, Mr. Cockburn, hat vor einigen Tagen einen Heimaturlaub angetreten, an dessen Schluss er in den Ruhestand zu treten beabsichtigt.

Obwohl die Abreise Herrn Cockburn´s schon seit Monaten feststand, haben die japanischen Zeitungen und die unter japanischem Einfluss stehenden hiesigen fremdsprachlichen Blätter es sich doch nicht versagen können, die Abreise des Generalkonsuls mit dessen Eintreten für Bethell und für Yang Kitak in Verbindung zu bringen und aus ihr zu folgern, dass die englische Regierung das Verhalten Herrn Cockburn´s durch seine „Abberufung" habe desavouieren wollen.

Der englische Botschafter, der schon über frühere Angriffe der japanischen Presse gegen Herrn Cockburn stark verstimmt war, hat diese neueste Anzapfung des ihm unterstellten verdienten Beamten sehr übel genommen. Ich traf Sir Claude Macdonald gerade, als er mit grossen Schritten zu Graf Komura hineinstiefelte, um diesem Vorwürfe und damit seinem Herzen Luft zu machen. Dabei schwang Sir Claude, wie Fahnen, mit seinen langen Armen zwei meterlange Stücke Baumwollengewebe, auf denen als Handelsmarke ein sehr possierliches Krokodil abgebildet war, das eine Osaka-Firma einer Birmingham-Firma widerrechtlich nachgemacht hatte. Ob der englische Botschafter bezüglich der Nachahmung seines Sauriers Recht bekommen hat, weiss ich nicht. Mit seiner Beschwerde wegen der Verdächtigung Herrn Cockburn´s hat er aber Erfolg gehabt, denn heute bringen eine ganze Reihe von hiesigen Zeitungen, wie die Kokumin, die Jiji und die Japan Daily Mail Notizen, in denen die Angriffe gegen Herrn Cockburn zurückgenommen bezw. richtiggestellt werden.

gez. Mumm.

Orig. i a. Korea 10

Inhalt: Rücktritt des englischen Generalkonsuls in Söul.

Russishe Konsularvertretung in Korea.

PAA RZ201-018953_106			
Empfänger	Bülow	Absender	Wendschuh
A. 19915 pr. 29. November 1908. a. m.		Söul, den 7. November 1908.	
Memo	J. № 1206. In Anschluss an Bericht № 88. von 26. November 1906.		

A. 19915 pr. 29. November 1908. a. m.

Söul, den 7. November 1908.

K. № 93.

An Seine Durchlaucht
den Herrn Reichskanzler
Fürsten von Bülow.

Euerer Durchlaucht beehre ich mich gehorsamst zu melden, dass an Stelle des seit dem 1. Dezember v. Js. auf Urlaub weilenden Herrn de Plançon der Wirkliche Staatsrat Alexander de Somow zum Russischen Generalkonsul für Korea ernannt worden ist und seinen Posten am 3. d. Mts. angetreten hat.

Herr de Somow, der mit einer Oesterreicherin verheiratet ist, war zuletzt 1. Sekretär der Russischen Gesandtschaft in Teheran, vordem u. A. auch 1897 Mitglied der Russischen Gesandtschaft in Tokio.

Dem Kaiserlichen Herrn Botschafter in Tokio habe ich eine entsprechende Mitteilung gemacht.

Wendschuh.

Inhalt: Russishe Konsularvertretung in Korea.

Neujahrsempfang beim Kaiser von Korea.

PAA RZ201-018953_107 ff.			
Empfänger	Bethmann Hollweg	Absender	Krüger
A. 1091 pr. u. Januar 1910.		Söul, den 2. Januar 1910.	
Memo	Mtg. 25. 1. Petersbg., Paris.		

Abschrift.

A. 1091 pr. u. Januar 1910.

Söul, den 2. Januar 1910.

K. 3.

Seiner Exzellenz
dem Reichskanzler
Herrn von Bethmann Hollweg.

Der gestrige Neujahresempfang beim Kaiser von Korea war für das Konsularkorps um 11 Uhr angesetzt gewesen. Während s. Z. Fürst Ito jeden direkten Verkehr der koreanischen Behörden mit uns fremden Vertretern inhibiert u. darauf gehalten hatte, dass zur Bekanntgabe der bezüglichen Hofanzeige die Vermittlung der Generalresidentur in Anspruch genommen wurde, lag diesmal eine direkte Einladung des koreanischen Hausministers Min Piung Suk vor.

Die Audienz fand in der mit einem Kostenaufwande von 200 000 Yen und noch nach Fürst Itos eigenen Angaben jetzt vollständig renovierten Empfangshalle des Ostpalastes (Tschang-Tok-Kung) statt.

Die vordem halboffenen Umfassungsgebäude des grossen viereckigen Vorhofes hat man mit Mauerwerk geschlossen, hierdurch gedeckte Zugänge geschaffen und an den Aussenseiten gut heizbare, modern möblierte Wartegemächer eingerichtet. Man gelangt jetzt in die Audienzhalle nicht mehr durch die zum Vorhof führende und dem Thron gegenüber liegende grosse Mitteltür, sondern durch Seitentüren rechts und links vom Thron. Die Mitteltür ist beim Umbau geschlossen worden. Nach Betreten des Gebäudekomplexes kann man nunmehr unbekümmert um Wind und Wetter trockenen Fusses die Audienzhalle erreichen, eine grosse Annehmlichkeit gegen früher.

Da sich in den letzten Monaten ein starker Wechsel im hiesigen Konsularkorps vollzogen hatte, so war für die Mehrzahl von uns 8 Kollegen dieser Gratulationsempfang mit der ersten Vorstellung beim Kaiser verbunden.

Der französische Generalkonsul Josef Belin ist im Oktober für gut von Söul abgereist, und geriert vor der Hand Vizekonsul M. Paillard.

Unser langjähriger Doyen, der belgische Generalkonsul Leon Vincart, hat den Chargé d'Affaires-Posten in Caracas erhalten und wurde durch Herrn José Bribosia (weiland Konsul in Hongkong) abgelöst, der indessen gleich nach seiner Amtsübernahme einen Heimatsurlaub antrat und z. Z. durch Vizekonsul A. van Biervliet aus Peking vertreten wird.

Den für Yokohama ernannten amerikanischen Generalkonsul Thomas Sammons hat Mr. G. H. Scidmore (zuletzt in Kobe) ersetzt.

Als britischer Generalkonsul ist an Stelle des aus dem Dienst geschiedenen H. Cockburn kürzlich Mr. Henry Bonar (zuletzt gleichfalls in Kobe) eingetroffen.

Unser italienischer Kollege L. Casati ist Anfang Dezember seinen langen Leiden erlegen, und ordnet zur Zeit der aus Tokio herübergekommene Botschaftssekretär Rogadeo die Amtsgeschäfte.

Zur festgesetzten Stunde wurden wir von einem Kammerherrn aus dem Versammlungszimmer unter Vorantritt unseres neuen Doyen, des chinesischen Generalkonsuls Ma Ting-liang, in die Audienzhalle abgeholt.

Die Halle hat anstelle des früheren Estrichs einen Parkettfussboden erhalten. Teppichläufer bezeichnen den zu wählenden Weg. Die alten, als Seitenwände dienenden papierbeklebten Holzrahmen haben gut schliessenden Fenstern Platz gemacht. Die reiche Wand- und Deckenmalerei zeigt die hier zu Lande beliebten krassen Farben. Für eventuelle Abendempfänge sind Bogenlampen vorgesehen. Sechs grosse, mit Messinggittern umkleidete Eisenöfen vermögen die hohe Halle mässig zu erwärmen. Sie sollen aber, da sie die Raumverhältnisse stören, durch eine unten an den Wänden entlang geleitete Heizanlage ersetzt werden. Hoffentlich schwinden dann auch die jetzt angebrachten modernen Fenstervorhänge, welche zum Stil nicht passen und befremdend wirken.

Trotz einzelner Mängel präsentiert sich die renovierte Audienzhalle im grossen und ganzen als ein weit prächtigerer Empfangsraum, als ihn wohl je zuvor ein koreanischer Herrscher besessen hat. Insoweit hätten also die Japaner ihr Wort: „die Würde des koreanischen Kaiserhauses zu wahren“ jedenfalls voll eingelöst.

Der Kaiser stand auf einem um zwei Stufen erhöhten Podium vor einem Thronsessel unter einem reichgestickten Baldachin von gelber Seide. Er trug dunkelblaue Militäruniform. Auf einem Tische zu seiner Rechten lag anstatt des bisher benutzten Helmes eine Mütze japanischer Form mit Federbusch. Der hohe Herr schien weniger beleibt als früher. Sein Gesicht zeigte aber die alte aschgraue Färbung und war ohne jegliches Mienenspiel. Die gekniffenen glanzlosen Augen, das herunterfallende Kinn und der dadurch halbgeöffnete Mund mit breiten Lippen machen auf mich immer einen blöden Eindruck.

Rechs vor dem Thron hatte der unmittelbar vor uns empfangene Generalresident Vikomte Sone mit den Herren seines Gefolges (etwa 20 Japaner) Aufstellung genommen. Links vom Thron standen koreanischen Minister und Hofbeamte.

Wir traten einzeln vor, der Zeremonienmeister Ko nannte unsere Namen, und der Kaiser reichte jedem die Hand.

Hierauf brachte unser Doyen Ma Ting-ling in chinesischer Sprache unsere Glückwünsche an, welche dem Kaiser verdolmetscht und von ihm mit Dankesworten erwidert wurden, die uns Ma Ting-liang ins Englische übersetzte.

In drei Minuten war für uns die ganze Zeremonie erledigt.

Wir verliessen die Audienzhalle an der unserm Eintritt entgegengesetzten Seite und gelangten nach Passieren eines Korridors in einen Traktierraum, woselbst Tee, ein Glas Champagner und Zigaretten gereicht wurden. Gleich nach uns traten auch die japanischen und koreanischen Würdenträger ein, mit denen wir Glückwünsche austauschten.

Vikomte Sone musste alsbald nach einem Sessel greifen, auf dem er erschöpft zurücksank. Zur Stärkung verlangte er nach einer Tasse Tee. Die Zeremonie, so kurz sie auch gewesen war, hatte ihn sichtlich angegriffen. Zum Schutze gegen möglichen Zug wurde ein Wandschirm in seinem Rücken aufgestellt, und die Herren der Generalresidentur wehrten Gratulanten ab und sorgten dafür, dass ihr Chef in Ruhe gelassen wurde. Sone´s Gesicht ist zwar nicht merklich abgemagert, hat auch noch etwas Farbe bewahrt, aber sein Blick ist müde, und seine Leistungsfähigkeit erscheint erheblich gemindert. Offiziellen Veranstaltungen ist er seit der Trauerfeier für Fürst Ito fern geblieben, hat auch den üblichen Neujahrsempfang bei sich ausfallen lassen. Ihn quält ein Druck in der Magengegend, dessen Grund die Aerzte angeblich bis jetzt nicht haben feststellen können, wenigstens beobachtet seine Umgebung darüber strengstes Schweigen. Die hiesigen Zeitungen dürfen natürlich nur Günstiges über Sone´s Gesundheitszustand bringen. Ein Blick auf den Mann lehrt aber das Gegenteil.

Morgen gedenkt Vikomte Sone - nachdem das koreanische Budget für 1910 noch gerade vor Jahresschluss hat fertiggestellt und publiziert werden können - einen zunächst etwa sechswöchigen Urlaub nach Japan anzutreten, um sich zu erholen und auszukurieren. Von dem Erfolge eines Aufenthalts im milderen Klima und dem Eindrucke, den er alsdann in Tokio auf die massgeblichen Persönlichkeiten machen wird, dürfte es wohl abhängen, ob man ihn nach Korea zurücklässt, oder ihm einen Nachfolger gibt.

gez. Krüger.

Orig. i. a. Korea 1

Inhalt: Neujahrsempfang beim Kaiser von Korea.

[ ]

PAA RZ201-018953_113			
Empfänger	[o. A.]	Absender	[o. A.]
A. 9013 pr. 25. Mai 1910. p. m.		[o. A.]	

A. 9013 pr. 25. Mai 1910. p. m.

Berliner Lokal-Anzeiger.
25. 5. 1910.

Petersburg. 24. Mai, 11 Uhr 15 Min, nachts. (Telegr. unseres v. A. Korrespondenten.)

Minister Iswolski brachte in der Duma einen Entwurf wegen Gründung eines Konsulats in Nordkorea, und zwar in dem Hafenort Tschontschin, ein. Nach der Ansicht Iswolskis bildet Nordkorea den Schwerpunkt der politischen und ökonomischen Interessen Rußlands in Korea, weil es dem russischen Territorium am nächsten gelegen sei. Die Rivalität mit Japan auf kommerziellem Gebiet habe auch teilweise bereits begonnen. Japan verfolge dort ununterbrochen seine Pläne weiter. Der russische Generalkonsul in Söul sei außerstande, allein erfolgreich zu wirken.

Auswärtiges Amt
Abth. A.

Politisches Archiv d. Auswärt. Amts

Acta

Betreffend
Die Entsendung koreanischer Missionen nach Europa und Amerika

Vom 21. Oktober 1887
Bis 31. Dezember 1888

Bd. 1
f. Bd. 2

Politisches Archiv des Auswärtigen Amts
R 18954

KOREA. No. 8.

Inhaltsverzeichnis	
Ber. aus Peking № 344 v. 3. 12. 87, Tientsin "Shipar" v. 29. 11., mth. Schr. des Königs von Korea an den Kaiser von China, betr. die Bitte um die Erlaubniß zur Entsendg. koreanischer Gesandter nach Europa u. Amerika. cop. mtg. 26. 1 London 79, Petersbg. 69.	908 pr. 23. 1 88
desgl. № 348 v. 5. 12., Abreise der beiden koreanischen Gesandten über Honkong, um dort mit dem Prinzen Min yon Ik Rücksprache zu nehmen; Abschiedsfest des Chines. Residenten Yuen in Söul zu Ehren der beiden Gesandten. cop. mtg. 25. 1. London 76. Petersbg. 65	913 pr. 23. 1 88
Ber. aus Tokio № 139 v. 8. 12., Abkommen zwischen der Chines. u. Korean. Reg. bezügl. der Stellung der korean. diplomat. Vertreter im Auslande. cop. mtg. 19. 1 London 58	667 pr. 16. 1 88
Ber. aus Söul № 68 v. 30. 8. 87. Ernennung der Gesandten für die Ver. Staaten von Amerika resp. für die 5 Europ. Vertragsmächte, Pak Chung Yang u. Shim Sang Hak; Entrüstung des dort. Chines. Vertreters über diesen Schritt der korean. Reg.	12731 pr. 21. 10 87
Ber. aus Peking № 254 v. 21. 9., Ernennung der diplom. Vertreter für Washington u. Europa seitens des Königs von Korea; Abreise des Chines. Vertreters in Folge dessen nach Chemulpo; Li-hung-chang's Weisung an ihn, nach Söul zurückzukehren; der „Rathgeber" des Königs v. Korea, Amerikaner Denny wird in Tientsin erwartet; an seine Stelle soll der Engl. Dunn treten. cop. mtg. 14. 11. Petersb. 809, London 955, Washington 90.	13907 pr. 14. 11 87
Ber. aus Peking № 265 v. 28. 9. 87, Korean. Gesandtsch. in Peking zum Zweck der Beglückwünschg. des Kaisers zum Geburtstage pp.; veränderte Stellg. der Chines. Reg. in der Korean. Frage: Li hung-chang soll dem Könige v. Korea auf das Dringenste von einer Entsendg. von Korean. Gesandtschaften nach Amerika u. Europa abgerathen haben. - cop. mtg. 15. 11. London 959.	13908 pr. 14. 11. 87.
Dsgl. № 271 v. 6. 10, Verhandlg. zwischen China u. Korea in Folge der beabsichtigt. Entsendg. Korean. Gesandter nach Washington u. Europa; Chines. Verlangen, daß Letztere durch die resp. Chines. Ges. eingeführt werden; Widerspruch dagegen Seitens des Amerik. Min.-Res. Dinsmore in Söul; Anregung der ganzen Sache durch den Amerik. Arzt Dr. Allen; Chines. Aufforderung an den König v. Korea, durch eine Eingabe an den Thron um die Erlaubniß zur Entsendg. von Gesandten einzukommen. - cop. mtg. 27. 11. Petersbg. 838, London 992, Washingt. 96.	14260 pr. 22. 11. 87.

Desgl. № 287 v. 15. 10. Gründe für die Reise Denny's nach China: beabsicht. Entsendg. Korean. Gesandt. u. Eröffnung des Hafens v. Ping-an für den fremden Handel; Agitation Li-hung-chang's dagegen; Streit zwischen dem Chines. Resid. Yüen u. dem Amerik. Vertr. Dinsmore, an dessen Stelle Mr. Long ernannt ist; die Weigerung der Japan. Reg., dem für Tokio ernannten Korean. Min.-Resid. die erbetene Audienz beim Tenno zu bewilligen, lag an der fehlerhaften Form der Kredition. I cop. mtg. London 1016, Wash. 98, 4 desgl. Hof. u. Staatsm.; II orig. Hambg. 242 } 6. 12	14884 pr. 4. 12. 87.
Ber. aus Söul № 81 v. 10. 10., Rückberufung des für Amerika ernannten Korean. Ges. Pak Chung-Yang in Folge Chines. Einspruchs; Protest Dinsmore's dagegen; Antwort Yüen's u. Replik Dinsmore's; Abreise Denny's nach Tientsin zur Erledigg. der Frage mit Li-hung-chang; Rückkehr des Korean. Min.-Resid. aus Japan; Engl. Text eines Schr. des Königs von Korea an den König v. Italien. cop. mtg. 9. 12. London 1021, Petersbg. 866, Washingt. 99.	14962 pr. 5. 12. 87.
Ber. aus Peking № 296 v. 25. 10., Eintreffen des Korean. Abgesandten Yon chin Ruei in Peking mit Schr. des Königs v. Korea, durch welches Letzterer die Chines. Genehmigung zur Ernennung Korean. Gesandter für Europa u. Amerika erbittet. - cop. mtg. 12. 12. Petersbg. 877, London 1033.	15263 pr. 12. 12. 87.
Dsgl. aus Washington № 546 v. 28. 12., bevorstehend Ankunft der Korean. Gesandten; ein Wechsel in der Person des Amerik. Vertreters in Söul, Mr. Dinsmore, ist nicht beabsichtigt. - cop. mtg. 14. 1. London 43, Peking 1, Tokio 1.	495 pr. 13. 1. 88.
Ber. aus Hamburg № 12 v. 24. 1. 88, Unterredung mit dem Korean. Konsul H.C.Ed. Meyer über die bevorstehende Ankunft der Koreanischen Gesandtsch.; seine Absicht, sich der Gesandtsch. bei ihrer Reise nach Berlin anzuschließen. - I 1. Erl. v. 31. 1. London 103, Petersbg. 85; II Erl. v. 4. 2. Hambg. 31: betr. die Aufnahme der Korean. Gesandtsch. in Berlin u. ihre evt. Einführung durch die Chines. Gesandsch.; die Empfindlichkeit der Chinesen ist zu schonen; Aufnahme des Konsul Meyer hierselbst.	990 pr. 25. 1. 88.
Aufzeichnung des Hon. Gf. Berchem v. 21. 1. 88, Unterredg. mit dem Chines. Gesandten über das bevorstehende Eintreffen der Korean. Gesandtschaft, deren Entsendg. der Kaiser von China genehmigt habe; der Korean. Gesandte werde durch ihn, Hung-chun, hier eingeführt werden; da Korea ein armes Land sei, seien die Mittel für die Reise der Gesandtsch. wahrscheinl. von „irgendeiner fremden Macht" gegeben; seine Frage, ob Gesandte von Vasallenstaaten nach Europ. Völkerrecht zugelassen würden. cop. mtg. 31. 1. n. London 111.	1275 pr. 31. 1. 88.

Ber. aus Peking № 329 v. 27. 11. 87; die ins Ausland entsandten Korean. Gesandten werden von Chines. Seite nicht für, den Gesandten der Vertragsmächte in China, gleichstehend angesehen. - erl. mit 636.	616 pr. 15. 1. 88.
Ber. aus Söul № 84 v. 16. 11., Abreise der beiden Korean. Gesandten von Söul nach Zustimg. der Chines. Reg. zu deren Entsendung; nach den Vereinigten Staaten geht Pak nebst dem Amerik. Arzt Dr. Allen, nach Europa Tcho Shin Hui nebst den Leg.-Sekr. Li Yong Ik, Namkung Ok, Kim Song Rin u. dem Dolmetscher Tchae Hion Shik für die Russ. Sprache; nebst abschriftl. Übersetzg. der ministeriellen Anzeige von der Entsendg. des Ges. Tcho u. Übersetzg. des Beglaubigungsschr. des Letzteren. - f. Erl. n. Petersbg. 45, Rom B 42, London 50 v. 17. 1.	636 pr. 16. 1. 88.
Ber. aus Washington № 13 v. 10. 1. 88, Eintreffen der Koreanischen Gesandtschaft daselbst. - I Erl. v. 31. 1. n. London 103, Petersbg. 85; I Erl. v. 4. 3 n. Hambg. 31.	1183 pr. 29. 1. 88.
Ber. aus Peking v. 6. 1. 88 № 1: betr. die Beziehungen der koreanischen Vertreter zu den chinesischen Vertretern im Ausland. cop. mitg. 7. 3. nach London 243.	2736 pr. 5. 3.
Desgl. v. 21. 1. № 13: Schreiben des Königs v. Korea über die chinesischen Bedingungen für Entsendung koreanischer Gesandter. cop. mitg. 27. 3. n. London, Paris u. Petersburg.	3440 pr. 26. 3.
The Mail v. 16. IV Der koreanische Minister in Washington hat mit dem Präsidenten ohne den chinesischen Vertreter verhandelt; China sieht darin eine Uebertretung der Abmachungen.	4290 pr. 16. 4.
Ber. aus London v. 31. 1. № 27: Ansicht Ld. Salisbury's über den event. Empfang des koreanischen Gesandten in London. 1. Ang. v. 3. 2. n. London № 120.	1320 pr. 2. 2. 88.
Ber. aus Washington v. 23. 1. № 29: Empfang der Koreanischen Gesandtschaft durch den Präsidenten der Vereinigt. St. 1. Ang. v. 8. 2 nach London № 134	1550 pr. 6. 2. 88.
Ber. aus London v. 11. 2. № 41: Empfang der Korean. Gesandtsch. in London.	1851 pr. 13. 2.
Ber. aus Soul v. 24. 8. № 58: Aufenthalt der Koreanisch. Gesandtschaft in Hongkong.	13808 27. 10.
Ber. aus Washington v. 12. 9. № 398: Nachrichten der New York Herald über Hn. Denny in Korea u. die koreanische Mission in Washington.	15560 25. 11.
Ber. aus Peking v. 30. 9. № 272: Empfang des koreanischen Gesandten Pack-yung-yang durch den Präsidenten der Ver. St. Cleveland.	15156 18. 11.

Ernennung zweier Gesandten für die Vereinigten Staaten und die Europäischen Vertretungsmächte.

PAAA_RZ201-018954_008 ff.			
Empfänger	Bismarck	Absender	Krien
A. 12731 pr. 21. Oktober 1887. p. m.		Soul, den 30. August 1887.	
Memo	J. № 372.		

A. 12731 pr. 21. Oktober 1887. p. m.

Söul, den 30. August 1887.

Kontrole № 68.

Seiner Durchlaucht
dem Fürsten von Bismarck.

Euerer Durchlaucht

habe ich die Ehre ganz gehorsamst zu melden, daß nach der in anliegender Uebersetzung unterbreiteten Veröffentlichung der amtlichen Zeitung vom 18. d. Mts. zwei Vize-Präsidenten im Ministerium des Innern Pak Chung Yang und Shim Sang Hak zu Gesandten ernannt worden sind, und zwar der erstere für die Vereinigten Staaten von Nordamerika mit dem Sitze in Washington und der letztere für die fünf Europäischen Vertragsmächte: Deutschland, England, Rußland, Italien und Frankreich mit unbestimmtem Sitze. Beide Beamte haben sich vor 8 Jahren in nicht offizieller Eigenschaft einige Monate in Japan aufgehalten.

Daß diese Ernennungen als gegen die Suzeränitäts-Ansprüche China's gerichtet anzusehen sind, dürfte wohl keinem Zweifel unterliegen. Die Nothwendigkeit diplomatischer Vertretungen in Europa und Amerika ist durchaus nicht vorhanden. Auch würden die mit der Entsendung zweier Gesandten verbundenen Ausgaben bei den geringen Staatseinkünften Koreas unverhältnißmäßig groß sein.

Der hiesige Chinesische Vertreter, welcher bereits wegen der Ernennung eines Minister-Residenten für Japan und der Abreise Min Yong Ik's auf einem Russischen Kriegsschiffe verstimmt war, gerieth über diesen ohne sein Vorwissen erfolgten Schritt der Koreanischen Regierung in große Aufregung und verließ am 19. d. Mts. Söul, angeblich um in Chemulpo Besserung seiner angegriffenen Gesundheit zu suchen. Einige Tage später ließ er jedoch seine Familie dorthin nachkommen und man erwartete allgemein, daß er nach China abreisen würde. Derselbe kehrte indessen am 24. d. Mts. wieder hierher zurück, nachdem der König ihm - durch einen höheren Beamten einen dahingehenden Wunsch ausgedrückt hatte.

Meines ganz gehorsamsten Erachtens ist es mit Rücksicht auf den Widerstand China's nicht wahrscheinlich, daß die neu ernannten Gesandten ihre Posten antreten werden. Der für Europa bestimmte Vertreter Shim, hat bereits, laut einer Nachricht der heutigen amtlichen Zeitung, den König Krankheits halber um Enthebung von seinem neuen Amte gebeten, und einen ähnlichen Schritt erwartet, nach einer Mittheilung des Chinesischen Gesandtschafts-Sekretärs, Herr Yuen von dem anderen Gesandten.

Eine Abschrift dieses Berichts sende ich an die Kaiserliche Gesandtschaft zu Peking.

Krien.

Inhalt: Ernennung zweier Gesandten für die Vereinigten Staaten und die Europäischen Vertretungsmächte. 1 Anlage.

Anlage zum Bericht des Kaiserlichen Konsulats für Korea Kontrole № 68.

U e b e r s e t z u n g
Aus der amtlichen Zeitung
vom 18. August 1887.

Allerhöchste Verordnung.

Obwohl Korea mit den Vereinigten Staaten von Amerika zuerst einen Vertrag abgeschloßen hat und mit denselben seit Jahren in freundschaftlichen Beziehungen steht, so ist doch bisher von Unserem Reiche kein ständiger, in der Hauptstadt der Vereinigten Staaten residirender Vertreter abgesandt worden. Dies ist in der That ein Mangel. Es ist daher nunmehr der Vize-Präsident im Ministerium des Innern Pak Chung Yang zum Außerordentlichen Gesandten und Bevollmächtigten Minister ernannt worden. Derselbe wird seinen Sitz in Washington nehmen und daselbst die Funktionen eines diplomatischen Vertreters ausüben.

Allerhöchste Verordnung.

Mit Großbritannien, dem Deutschen Reiche, Rußland, Italien und Frankreich sind der Reihe nach Verträge abgeschloßen worden und die Beziehungen dieser Länder zu Korea haben sich immer freundschaftlicher und inniger gestaltet. Da unter diesen Umständen die Absendung eines Beamten, welcher in einer der Hauptstädte der genannten Vertragsmächte residirt, durchaus erforderlich erscheint, so ist der Vize-Präsident im Ministerium des Innern, Shim Sang Hak, zum Außerordentlichen Gesandten und Bevollmächtigten Minister ernannt worden. Derselbe wird sich nach den Hauptstädten der Europäischen Vertragsmächte begeben, an einem ganz geeigneten Orte seinen Sitz nehmen und daselbst die Funktionen eines diplomatischen Vertreters ausüben.

Für die Uebersetzung

gez. Krien.

Betreffend die Zustände in Korea.

PAAA_RZ201-018954_018 ff.			
Empfänger	Bismarck	Absender	Brandt
A. 13907 pr. 14. November 1887. p. m.		Peking, den 21. September 1887.	
Memo	cf. A. 14260. mtg. 14. 11. n. Petersbg. 809, London 955, Washington 90.		

A. 13907 pr. 14. November 1887. p. m.

Peking, den 21. September 1887.

A. № 254.

Seiner Durchlaucht
dem Fürsten von Bismarck.

Nach mir zugegangenen Mittheilungen hat der König von Korea Mitte August zwei diplomatische Vertreter für das Ausland ernannt, den einen, Park-Cheung-Yang für Washington, den anderen Sim-Sung-Hark für Europa. Diese Manifestation der politischen Unabhängigkeit Koreas hat den chinesischen Residenten in Söul bewogen, diesen Platz zu verlassen und sich mit seiner Familie und dem Gesandtschaftspersonal nach Chemulpo zu begeben, von wo er durch den König wieder zurückgerufen worden ist.

Auch Besorgnisse für seine persönliche Sicherheit scheinen dem Schritt des chinesischen Residenten nicht fern gelegen zu haben, wenigstens wird in Tientsin erzählt, daß Li-hung-chang ihm die Weisung nach Söul zurückzukehren mit dem Bemerken telegraphisch übermittelt habe, daß es ganz gleichgültig sei, ob er persönlich Gefahr liefe oder nicht.

Der von Li-hung-chang angestellte und besoldete "Rathgeber" des Königs von Korea, der frühere amerikanische General-Konsul Denny, wird täglich in Tientsin erwartet; man glaubt, daß er seinen Posten aufgeben resp. nicht länger in demselben gehalten werden werde, da er gleich unbeliebt bei Koreanern wie Chinesen ist, und nennt als seinen Nachfolger den Euerer Durchlaucht aus der Mission bei dem Vatikan in der Protektorats-Frage bekannten Engländer Dunn. Die Ernennung desselben wird unzweifelhaft in russischen Kreisen unangenehm berühren und nicht dazu beitragen die in diesem Augenblick in Söul etwas hochgehenden Wellen innerer und äußerer Intriguen zu beruhigen.

Brandt.

Inhalt: Betreffend die Zustände in Korea.

Berlin, den 14. November 1887.

A. 13907.

An
die Botschaften in
1. St. Petersburg № 809
2. London № 955
3. Geschäftsträger Washington

Sicher !

J. № 7133.

Euerer p. übersende ich anbei ergebenst Abschrift eines Berichts des K. Gesandten in Peking vom 21. September d. J. betreffend die Zustände in Korea zu Ihrer vertraulichen Information.

N. d. H. St.
i. m.

Betreffend den Aufenthalt einer koreanischen Gesandtschaft in Peking und die Beziehungen Chinas zu Korea.

PAAA_RZ201-018954_023 ff.			
Empfänger	Bismarck	Absender	Brandt
A. 13908 pr. 14. November 1887. p. m.		Peking den 28. September 1887.	
Memo	cop. mtg. London 959 v. 15. 11.		

A. 13908 pr. 14. November 1887. p. m. 1 Anl.

Peking, den 28. September 1887.

A. № 265.

Seiner Durchlaucht
dem Fürsten von Bismarck

Euerer Durchlaucht beehre ich mich ganz gehorsamst zu berichten, daß eine am 1. Juli d. J. hier eingetroffene koreanische Gesandtschaft vor einigen Tagen Peking verlassen hat, um nach ihrer Heimath zurückzukehren. Der Zweck der Gesandtschaft war, Glückwünsche zum Geburtstage des Kaisers und Danksagungen für die Unterstützung der chinesischen Regierung in der Port Hamilton-Frage zu überbringen; indessen ist die Gesandtschaft, wie aus der anliegend ganz gehorsamst beigefügten Übersetzung einer an dem Eingang des „Stalles" wie das von der koreanischen Mission bewohnte Gebäude im Volksmunde heißt, ein Namen, den es nach seiner Erbärmlichkeit und dem in demselben herrschenden Schmutze auch vollständig verdient, angeschlagenen Bekanntmachung hervorgeht, wie die gewöhnlichen Tributgesandtschaften von Kaufleuten begleitet gewesen.

Die veränderte Stellung, welche die chinesische Regierung in der koreanischen Frage einnimmt wird am Besten dadurch gekennzeichnet, daß, während noch in den Jahren 1884 und 85 die koreanischen Gesandten stets Besuche auf den fremden Gesandtschaften machten, dies seitdem, wie wohl anzunehmen ist auf Anordnung der chinesischen Regierung, unterblieben ist. Während die letztere also bis vor wenigen Jahren in der Herstellung völkerrechtlicher Beziehungen zwischen Korea und dem Auslande einen Schutz für ihre eigenen Interessen sah, erblickt sie jetzt in derselben nur noch eine Schädigung ihres Prestiges und ihres Einflusses dem Vasallenstaate gegenüber.

Nach einer Mittheilung des japanischen Geschäftsträgers, Oberstlieutenant Kajiyama, würde Li hung chang dem Könige von Corea auf das dringendste von der beabsichtigten

Entsendung von Gesandten nach Amerika und Europa abgerathen haben, was mit mir von anderer Seite zugegangenen Nachrichten übereinstimmt.

Brandt.

Inhalt: Betreffend den Aufenthalt einer koreanischen Gesandtschaft in Peking und die Beziehungen Chinas zu Korea.

Anlage zum Bericht A. № 265 vom 28. September 1887.

Bekanntmachung,
angeschlagen am Quartier der koreanischen Gesandtschaft.

Der Ober-Aufseher über die Quartiere für die tributbringenden Gesandtschaften und zweiter Direktor im Amte für das Staats-Ceremoniell Kuei, erläßt hiermit folgende Bekanntmachung:

Die zu der zur Darbringung von Gratulationen sowie auch zur Übermittelung einer Danksagung an den Thron hier eingetroffenen koreanischen Abgesandtschaft gehörigen Beamten, Unterbeamten und sonstigen Personen, welche bestehendem Gesetze gemäß Waaren nach den von ihnen bewohnten Quartieren mitgebracht haben, dürfen, wie seit langer Zeit her gestattet, nach Beendigung der amtlichen Angelegenheiten, mit den hiesigen Kaufleuten Handelsgeschäfte machen, wobei sich aber beide Theile nach den ihnen wohlbekannten Vorschriften zu richten haben und keine Schmuggelei treiben dürfen, bei Strafe gesetzmäßiger Ahndung und Confiscirung der Waaren im Falle von Durchstechereien etc. Chinesische Kaufleute bedürfen zum Betreten der koreanischen Quartiere einer Legitimation.

1. Juli 1887.
Für die Übersetzung:
gez. Dr. Lenz.

Berlin, den 15. November 1887.

A. 13908.

An
die Missionen in
London № 959

Sicher !

J. № 7155.

Euer pp. beehre ich mich anbei Abschrift eines Berichts des K. Gesandten in Peking vom 28. d. Mts., betreffend den Aufenthalt einer koreanischen Gesandtschaft in Peking, ad 1 zu Ihrer Kenntnißnahme zu übersenden.

N. d. H. S. S.
i. m.

Betreffend die beabsichtigte Entsendung coreanischer Gesandten ins Ausland.

PAAA_RZ201-018954_031 ff.			
Empfänger	Bismarck	Absender	Brandt
A. 14260 pr. 22. November 1887. a. m.		Peking, den 6. Oktober 1887.	
Memo	Vertraulich. cop. mtg. 27. 11 n. Petersburg 838, London 992, Washington 96.		

A. 14260 pr. 22. November 1887. a. m.

Peking, den 6. Oktober 1887.

A. № 271.

Seiner Durchlaucht
dem Fürsten von Bismarck.

Die Euerer Durchlaucht von mir bereits ganz gehorsamst berichtete Absicht des Königs von Corea, Gesandte nach Washington und Europa zu entsenden, hat zu weitläufigen, noch nicht zum Abschluß gekommenen Verhandlungen zwischen China und Corea geführt. Während von Seiten des mit der Leitung der Beziehungen zu Corea beauftragten General-Gouverneurs von Chihli Li hung chang hauptsächlich das Verhältniß der im Auslande beglaubigten chinesischen und coreanischen Gesandten zu einander ins Auge gefaßt und für die letzteren eine den ersteren untergeordnete abhängige Stellung in Aussicht genommen worden war, hat man hier in Peking mehr auf die völkerrechtliche Seite der Frage und namentlich ganz besonders darauf Werth gelegt, daß die coreanischen Gesandten als die eines Vasallen-Staates durch die chinesischen Gesandten eingeführt und vorgestellt werden sollten. Die Frage ist indessen, wie es scheint hauptsächlich in Folge des Widerstandes des Amerikanischen Minister-Residenten in Söul Herrn Dinsmore, noch nicht zum Austrage gekommen, wie denn überhaupt von chinesischer Seite die Anregung der ganzen Sache den Intriguen eines Amerikanischen Arztes Dr. Allen zugeschrieben wird. Herr Dinsmore soll nach einer vertraulichen Mittheilung des Marquis Tseng dem chinesischen Residenten Yuen gegenüber diese Forderung als eine Verletzung des amerikanisch-coreanischen Vertrages bezeichnet haben; in der That enthält das seiner Zeit bei Abschluß des Vertrages mit Corea an den Präsidenten gerichtete, in Gegenwart des chinesischen Kommissars dem amerikanischen Bevollmächtigten übergebene Schreiben die Erklärung, daß Korea in administrativer und politischer Beziehung unabhängig sei.

Marquis Tseng äußerte sich dahin, daß von englischer Seite von dieser, dem englischen wie allen anderen Unterhändlern gegenüber ebenfalls abgegebenen Erklärung, kein Gebrauch gemacht werden würde; ob diese Annahme auf einer ausdrücklichen Versicherung beruht oder aus der allgemeinen Haltung der englischen Regierung und Vertretung entnommen wird, muß ich dahingestellt sein lassen; jedenfalls ist zu bemerken, daß der gleichfalls in Söul beglaubigte hiesige englische Gesandte Sir John Walsham seine Beglaubigungsschreiben noch nicht abgegeben, sondern zweimal die bereits angekündigte Reise nach Corea, angeblich wegen Ueberhäufung mit Geschäften aufgegeben hat.

Ueber den gegenwärtigen Stand der Frage sagte mir Mrquis Tsêng, daß der König von Corea aufgefordert worden sei, durch eine an den Thron zu richtende Eingabe um Erlaubniß zur Entsendung der Gesandten einzukommen.

Der Kaiserlichen Gesandtschaft in Tokio und dem Konsulat in Söul habe ich Abschrift dieses Berichts ohne Nennung des Namens meines Informanten zur persönlichen vertraulichen Kenntnißnahme zugehen lassen.

Brandt.

Inhalt: betreffend die beabsichtigte Entsendung coreanischer Gesandten ins Ausland.

Berlin, den 27. November 1887.

A. 14260.

An
die Botschaften in
1. St. Petersburg №
2. London № 992
3. Washington № A. 96

Euerer p. übersende ich anbei ergebenst Abschrift eines Berichts des K. Gesandten in Peking vom 6. v. Mts., betreffend die beabsichtigte Entsendung coreanischer Gesandter ins Ausland zu Ihrer vertraul. Information.

mdt. Sicher !

N. d. H. S. S.
i. m.

J. № 7486.

Betreffend die Zustände in Korea.

PAAA_RZ201-018954_037 ff.			
Empfänger	Bismarck	Absender	Brandt
A. 14884 pr. 4. Dezember 1887. p. m.		Peking, den 15. Oktober 1887.	
Memo	cfr. A. 15642. I. cop. mtg. 6. 12. London 1016, Washington 98, München 767, Dresden 766, Stuttg. 711, Weimar 568, Staatsminist. II. orig. o. f. r. 6. 12. Hamburg 242.		

A. 14884 pr. 4. Dezember 1887. p. m.

Peking, den 15. Oktober 1887.

A. № 287.

Seiner Durchlaucht
dem Fürsten von Bismarck.

Nach mir aus Tientsin zugegangenen zuverlässigen Mittheilungen hat der dort augenblicklich anwesende Berather des Königs von Korea, Herr Denny, als Gründe für seine Reise nach China die beabsichtigte Entsendung koreanischer Gesandter an die Vertrags-Regierungen und die in Aussicht genommene Eröffnung des Hafens von Ping-an (auch Pingyang oder Pieng-an geschrieben) für den fremden Handel angegeben. Gegen beide Projekte, deren Ausführung er der koreanischen Regierung dringend empfohlen habe, werde von chinesischer Seite und besonders von Li-hung-chang stark agitirt. Gegen die Entsendung der Gesandten wende Li ein, daß die koreanischen Finanzen gänzlich zerrüttet seien und das Land keine diplomatisch durchgebildeten Persönlichkeiten besitze; die designirten Gesandten würden daher im Auslande nur Komplikationen hervorrufen, die China dann wieder gut zu machen haben würde. Gegen die Eröffnung des ungefähr dreißig Meilen von der Mündung des sich an der Westküste ins Meer ergießenden Ta-tung-Flusses gelegenen Ping-an werde vorgebracht, daß dadurch der chinesisch-coreanische Landhandel gänzlich lahm gelegt werden werde. Beides sei falsch. Die koreanischen Finanzen gingen China nichts an und es fehle Korea nicht an tüchtigen Leuten, die Eröffnung von Ping-an aber werde, weit entfernt dem Landhandel zu schaden, denselben vielmehr nur heben. Die Hauptsache sei aber, daß die Frage der Oberhoheit China' s über Korea endlich einmal zum Austrage gebracht werden müsse. Wenn dem König von Korea, bei dem selbst fremde

Gesandte beglaubigt seien, nicht das Recht zugestanden werde, auch seinerseits Gesandte in' s Ausland zu schicken und wenn seine handelspolitische Aktion so beschränkt werden solle, daß er nicht einmal einen Hafen dem fremden Verkehr eröffnen dürfe, um seine Zolleinkünfte zu heben, dann sei es überflüssig, noch weiter für die Selbständigkeit Korea' s zu wirken und China werde besser thun, sofort seine Rechte zur Geltung zu bringen und damit der unerträglichen Zwitterstellung Korea' s ein Ende zu machen. Er, Denny, habe dies offen Li-hung chang erklärt und er wisse nicht, ob er unter diesen Umständen wieder nach Söul zurückkehren solle oder nicht.

Es scheint nach diesen Mittheilungen Herrn Denny' s wohl unzweifelhaft, daß es hauptsächlich amerikanische Einflüsse gewesen sind, welche den König von Korea auf den Gedanken der Entsendung von Gesandten an die Vertragsmächte gebracht haben. Die heftigen Auseinandersetzungen zwischen dem chinesischen Residenten Yuen und dem amerikanischen Gesandten Dinsmore über die völkerrechtliche Stellung Korea' s haben sich ebenfalls vollständig bestätigt. Herr Dinsmore wird übrigens bald Korea verlassen, da er den Posten in Söul nur für kurze Zeit übernommen hatte und nach amerikanischen Zeitungen bereits ein neuer Gesandter, Mr. Long, für Korea ernannt worden ist.

Ueber die bisherige Weigerung der japanischen Regierung, dem für Tokio ernannten koreanischen Minister-Residenten die erbetene Audienz bei dem Kaiser zu bewilligen, sagte Herr Denny, daß dies an der fehlerhaften Form der Kreditive gelegen habe, welche, während er sich auf einer Reise im Inneren befunden habe, aufgesetzt worden seien, er habe aber sofort nach seiner Rückkehr neue anfertigen lassen, allerdings nicht in der sonst gebräuchlichen Form und zweifle nicht, daß die koreanische Mission jetzt in Japan angenommen werden würde.

Der Kaiserlichen Gesandtschaft zu Tokio habe ich Abschrift dieses Berichts zugehen lassen.

Brandt.

Inhalt: betreffend die Zustände in Korea.

Einsprache des Chinesischen Vertreters gegen die Abreise des Koreanischen Gesandten nach Amerika.

PAAA_RZ201-018954_044 ff.			
Empfänger	Bismarck	Absender	Krien
A. 14962 pr. 5. Dezember 1887. p. m. 1 Anl.		Söul, den 10. Oktober 1887.	
Memo	cfr. A. 636 de 88. cop. mtg. 9. 12 n. London 1021, Petersburg 866, Washington 99. J. № 432.		

A. 14962 pr. 5. Dezember 1887. p. m. 1 Anl.

Söul, den 10. Oktober 1887.

Kontrole № 81.

Seiner Durchlaucht
dem Fürsten von Bismarck.

Im Anschluß an den ganz gehorsamsten Bericht № 68 vom 30. August d. J. habe Euerer Durchlaucht ich die Ehre zu melden, daß[1] der für die Vereinigten Staaten ernannte Koreanische Gesandte Pak Chung Yang, welcher Söul am 24. v. Mts. verlassen hatte, um sich auf seinen neuen Posten zu begeben, am folgenden Tage von dem Könige wieder zurückgerufen worden ist, weil der hiesige Chinesische Vertreter auf telegraphische Weisung aus Peking gegen die Abreise der Gesandtschaft Einspruch erhoben hat.

Die in der amtlichen Zeitung vom 24. v. Mts. erschienene Anzeige, daß der Gesandte auf seinen Posten bereits abgegangen wäre, wurde in der nächsten Nummer als irrthümlich zurückgezogen.[2]

Der Amerikanische Minister-Resident, Mr. Dinsmore, richtete darauf an Herrn Yuen ein offizielles Schreiben, in welchem er um Aufklärung des Verfahrens der Chinesischen Regierung in dieser Angelegenheit ersuchte. Er führte darin aus, daß nach dem Amerikanisch-Koreanischen Vertrage jeder der beiden Staaten das unbestrittene Recht habe, ohne Dazwischenkunft eines dritten Staates diplomatische Vertreter zu ernennen, daß China sich somit unbefugterweise in die völkerrechtlichen Beziehungen der beiden Länder

1 [Im Anschluß an … die Ehre zu melden, daß: Durchgestrichten von Dritten.]

2 [Die in der amtlichen Zeitung … als irrthümlich zurückgezogen.: Durchgestrichten von Dritten.]

eingemischt habe. Zudem sei die Abreise des Koreanischen Gesandten für Japan unbeanstandet erfolgt, es sei also von Seiten Chinas zwischen Japan und den Vereinigten Staaten zu Ungunsten der letzteren ein Unterschied gemacht worden.[3]

Herr Yuen bezog sich in seiner Erwiderung auf das Schreiben des Königs von Korea an den Präsidenten der Vereinigten Staaten, welches diesem vor Austausch der Vertrags-Ratifikationen zugegangen wäre und gegen welches Seitens der Vereinigten Staaten bisher kleinerlei Einwendungen erhoben worden seien. Dieses Schreiben bilde nicht allein einen untrennbaren Theil, sondern auch die Basis des Amerikanisch-Koreanischen Vertrages. Darin sei gleich Eingangs dem Präsidenten von dem Könige eröffnet worden, daß Korea ein von China abhängiger Staat sei. Unzweifelhaft habe Korea nach dem Vertrage das Recht, für Amerika einen Gesandten zu ernennen. Vor Absendung desselben habe aber Korea gewisse Verpflichtungen zu erfüllen, welche, wie in dem angezogenen Schreiben ausdrücklich erklärt worden sei, die Vereinigten Staaten in kleiner Weise angingen. Herr Dinsmore sei somit durchaus nicht berechtigt, sich in eine Angelegenheit zu mischen, welche lediglich die Staaten China und Korea berührte. Was die scheinbar unterschiedliche Behandlung Japans und der Vereinigten Staaten beträfe, so sei Seitens der Koreanischen Regierung im Widerspruch zu ihren Pflichten gegen China die Anzeige von der Absendung des Gesandten nach Japan erst nach erfolgter Abreise der Mission erfolgt. Diese Angelegenheit sei indeß noch nicht als erledigt zu betrachten.[4]

In seiner Replik bestritt Herr Dinsmore entschieden, daß das angezogene Schreiben einen integrirenden Theil des Vertrages bilde oder überhaupt etwas mit dem Vertrage zu thun habe, zumal da dasselbe erst nach Abschluß desselben an den Präsidenten gerichtet worden sei. Der Vertrag sei vielmehr, wie dies völkerrechtlich auch durchaus geboten, zwischen zwei vollständig unabhängigen Staaten geschlossen worden.

Inzwischen ist der Rathgeber des Königs, Judge Denny, am 30. v. Mts. mit einigen untergeordneten Koreanischen Beamten von Chemulpo nach Tientsin gereist, angeblich um die schwebende Frage mit dem General-Gouverneur Li Hung Chang zu erledigen.

Wie mir der Koreanische Dolmetscher mittheilt, ist heute in dem hiesigen Auswärtigen Amte ein Schreiben des Vize-Königs Li eingetroffen, in welchem dieser Aufklärung darüber verlangt, daß die Anzeige von der Absendung der Gesandtschaft nach Japan nicht rechtzeitig erfolgt sei.

Euerer Durchlaucht verfehle ich ferner nicht, im Verfolg meines ganz gehorsamsten

3 [Zudem sei die Abreise des Koreanischen Gesandten … ein Unterschied gemacht worden.: Durchgestrichten von Dritten.]

4 [Was die scheinbar unterschiedliche Behandlung Japans … zu betrachten.: Durchgestrichten von Dritten.]

Berichtes № 57 vom 9. Juli 1887 ehrerbietigst zu melden, daß der am 3. August d. J. nach Japan abgegangene Koreanische Minister-Resident am 6. d. Mts. nach Söul zurückgekehrt ist. Ein Sekretär und ein Dolmetscher sind in Tokio verblieben.[5]

In der Anlage habe Euerer Durchlaucht ich die Ehre Abschrift des Englischen Textes eines von dem Könige von Korea an den König von Italien gerichteten Schreibens zu überreichen, welches mit dem von dem Chinesischen Vertreter angezogenen Schreiben an den Präsidenten der Vereinigten Staaten *m. m.* gleichlautend ist.

Abschriften dieses Berichtes sende ich an die Kaiserlichen Gesandtschaften zu Peking und Tokio.[6]

Krien.

Inhalt: Einsprache des Chinesischen Vertreters gegen die Abreise des Koreanischen Gesandten nach Amerika. 1 Anlage.

Anlage zum Bericht und Kaiserlichen Konsulats für Korea, Kontrl. № 81.
Abschrift.

The King of Corea to the King of Italy.

Corea continues to be a dependent State of China, but her internal administration and foreign intercourse are all directed as before by the King of Corea. He is on a footing of equality with the King of Italy in the making of the present treaty. When the former has ascertained & agreed to the Provisions of the Treaty he will be bound to carry them out honestly as an independent ruler according to the laws which regulate the intercourse of independent states.

As to the duties which Corea has to perform in her capacity as a dependent state of China these are not in the very smallest degree of concern to Italy. Italy has nothing whatever to do with any one of them. An official will be deputed to arrange the treaty & in the meantime, as in duty bound, the King communicates the above information to the King of Italy. An official despatch for the King of Italy.

5 [Wie mir der Koreanische Dolmetscher mittheilt, ist … in Tokio verblieben.: Durchgestrichten von Dritten.]
6 [Abschriften dieses Berichtes … zu Peking und Tokio.: Durchgestrichten von Dritten.]

Berlin, den 6. Dezember 1887.

A. 14884(I. Anf.)

An
die Missionen in
1. London № 1016 10. 12 Feldj
 1 Anl. (14884 met)
2. Washington № A. 98
3. München № 767
4. Dresden № 766
5. Stuttgart № 711
6. Weimar № 568
7. an das kgl. Preuß.
 Staatsministerium, zu Händen
 des Herrn Vize-Präsidenten
 Staatsministers von Puttkamer
 Excellenz abges.

J. № 7746.

Euer pp. beehre ich mich anbei Abschrift eines Berichts des Ksl. Gesandten in Peking vom 15. Oct. Mts., betreffend die Zustände in Korea zur gefälligen vertraulichen Information zu übersenden.

N. d. H. U. S. S.
i. m.

Berlin, den 6. Dezember 1887.

A. 14884(Ⅱ. Anf.).

An
den Königlichen Gesandten
Herrn von Kusserow
Hochwohlgeboren
Hamburg. № 242

cfr A. 15302.
cfr A. 990 de 88.

J. № 7747.

In Verfolg meines Erlasses vom 23. Januar 1870 (№ 3) beehre ich mich Euer Hochwohlgeboren beifolgenden Bericht des K. Gesandten in Peking vom 15. Oct., die Zustände in Korea betreffend, zur Information

originaliter sub fide comissionis ergebenst zu übersenden.

N. d. H. U. S. S.
i. m.

Berlin, den 9. Dezember 1887.

A. 14962.

An
die Missionen in
1. London № 1021
2. St. Petersburg № 866
3. Washington A. № 99

J. № 7821.

Ew. p. übersende ich anbei erg. Abschrift eines Berichts des K. Konsulats in Söul vom 10. Oct., betreffend Einsprache des chinesischen Vertreters gegen die Abreise des koreanischen Gesandten nach Amerika, zu Ihrer persönlichen Information

N. d. H. S. S.
i. m.

Betreffend die beabsichtigte Entsendung koreanischer Gesandten ins Ausland.

PAAA_RZ201-018954_059 ff.			
Empfänger	Bismarck	Absender	Brandt
A. 15263 pr. 12. Dezember 1887. a. m.		Peking, den 25. October 1887.	
Memo	cop. mtg. 13. 12 n Petersburg 877, London 1033. Vertraulich.		

A. 15263 pr. 12. Dezember 1887. a. m.

Peking, den 25. October 1887.

A. № 296.

Seiner Durchlaucht
dem Fürsten von Bismarck.

Marquis Tseng hat mir vertraulich mitgetheilt, daß ein Gesandter des Königs von Corea, Yen Chin Huei, nach chinesischer Aussprache., am 8. October hier eingetroffen sei, der ein in jeder Beziehung den Wünschen der chinesischen Regierung entsprechendes Schreiben des Königs überbracht habe, durch welches derselbe die Genehmigung des Kaisers zur Ernennung koreanischer Gesandten für Amerika und Europa nachsuche; er, der Marquis, habe gerathen das Schriftstück in der Peking Zeitung zu veröffentlichen, da durch dasselbe jeder Zweifel in Betreff der Oberhoheit Chinas über Korea weggeräumt werde, seine Kollegen im Tsungli Yamen hätten sich mit einem solchen Schritt aber nicht einverstanden erklärt und derselbe sei daher unterblieben.

Abschrift des Schreibens des Königs habe ich mir bis jetzt nicht verschaffen können.

Brandt.

Inhalt: betreffend die beabsichtigte Entsendung koreanischer Gesandten ins Ausland.

Berlin, den 13. Dezember 1887.

A. 15263.

An
die Botschaften in
1. St. Petersburg № 877
5. London № 1033

Sicher !
Vertraulich !

J. № 7916.

Euerer pp. übersende ich anbei ergebenst Abschrift eines Berichts des K. Gesandten in Peking vom 25. Oktober d. J. betreffend die beabsichtigte Entsendung koreanischer Gesandter ins Ausland, zu Ihrer vertraulichen Information.

N. d. H. St.
i. m.

Bevorstehende Ankunft der Koreanischen Gesandtschaft.

PAAA_RZ201-018954_067 ff.			
Empfänger	Bismarck	Absender	Zedtwitz
A. 495 pr. 13. Januar 1888. a. m.		Washington, den 28. Dezember 1887.	
Memo	cfr. A. 7183 cop. mtg. 14. 1 n London 43, Peking 1, Tokio 1.		

A. 495 pr. 13. Januar 1888. a. m.

Washington, den 28. Dezember 1887.

№ 546.

Seiner Durchlaucht, dem Fürsten von Bismarck.

Wie mir heute Unterstaatssekretär Rives mittheilte, hat der Amerikanische Vertreter in Japan dem Staatsdepartement angezeigt, daß der für Washington ernannte Koreanische Gesandte beabsichtigt habe, sich am 23. dss. Mts. in Yokohama einzuschiffen und mithin etwa am 10. nächsten Monats in San Fransisco eintreffen werde.

Herr Rives fügt hinzu, irgendwelche Bedenken, den Gesandten Korea's in dieser Eigenschaft anzuerkennen und zu empfangen, walteten auf Seiten der Regierung der Vereinigten Staaten nicht ob.

Mit Rücksicht auf die von hiesigen Zeitungen mit Bezug auf den angeblich bevorstehenden Rücktritt des Amerikanischen Ministerresidenten in Korea, Herrn Dinsmore, gebrachte Nachricht, deren der Kaiserliche Gesandte in Peking gegen Ende seines mir mittels hohen Erlasses vom 6. dss. Mts. (A. 98)[7] geneigtest mitgetheilten Berichtes vom 15. Oktober dss. Js. Erwähnung thut, beehre ich mich gehorsamst zu bemerken, daß jene Mittheilung auf einen durch die Ernennung des Herrn Long zum Legationssekretär in Söul hervorgerufenen Irrthum der Presse zurückführen ist. Ein Wechsel in der Person des diplomatischen Vertreters der Vereinigten Staaten in Korea steht, wie mir Herr Rives mittheilt, gegenwärtig nicht bevor.

Zedtwitz.

Inhalt: Bevorstehende Ankunft der Koreanischen Gesandtschaft.

---

7 A. 14884 i. a. Korea 1 Vol. 9 ehrerbietigst beigefügt.

Berlin, den 14. Januar 1888.

A. 495.

An
die Botschaften in
1. London № 43
Sicher !

die Gesandtschaften in
2. Peking № A. 1
3. Tokio № A. 1

J. № 332.

Euerer p. übersende ich anbei ergebenst Abschrift eines Berichts des Kaiserlichen Geschäftsträgers in Washington vom 29. vor. Mts., betreffend die bevorstehende Ankunft der koreanischen Gesandtschaft in Washington zu Ihrer gefälligen Information.

N. d. S. E.
i. m.

[ ]

PAAA_RZ201-018954_072 f.			
Empfänger	Bismarck	Absender	Brandt
A. 616 pr. 15. Januar 1888. p. m.		Peking, den 27. November 1887.	
Memo	Erl. 17. 1. n. Petersburg 45, Rom B. 42, London 50.		

A. 616 pr. 15. Januar 1888. p. m.

Peking, den 27. November 1887.

A. № 329.

Seiner Durchlaucht
dem Fürsten von Bismarck.

Euere Durchlaucht sind durch den Bericht № 84 vom 16. November d. J. des Kaiserlichen Konsulats zu Söul von dem bevorstehenden Abgange koreanischer Gesandten nach Europa und Amerika in Kenntniß gesetzt worden. Das Tsungli Yamen hat sich den fremden Vertretungen gegenüber über die Angelegenheit nicht geäußert und habe ich es nicht für meine Aufgabe halten können eine Erklärung desselben zu provoziren. Gesprächsweise haben sich die Sekretaire des Yamen dem Dolmetscher der Gesandtschaft gegenüber dahin ausgesprochen, daß die von Korea ins Ausland entsendeten Gesandten von chinesischer Seite nicht für voll, d. h. nicht für den Gesandten der Vertragsmächte in China gleichstehend angesehn würden.

Brandt.

Entsendung Koreanischer Gesandter nach Europa und Amerika.

PAAA_RZ201-018954_074 ff.			
Empfänger	Bismarck	Absender	Krien
A. 636 pr. 16. Januar 1888. a. m.		Söul, den 16. November 1887.	
Memo	cfr A. 5490, cfr A. 4488/ 90, cfr A. 13194/ 89 Erl. 17. 1. n Petersburg 45, Rom B. 42, London 50. J. № 466.		

A. 636 pr. 16. Januar 1888. a. m. 2 Anl.

Söul, den 16. November 1887.

Kontrole № 84.

Seiner Durchlaucht
dem Fürsten von Bismarck.

Euerer Durchlaucht habe ich die Ehre (im Verfolg des ganz gehorsamsten Berichtes № 81 vom 10. v. Mts.[8]) zu melden, daß nach dem nunmehr die Chinesische Regierung zu der Entsendung Koreanischer Gesandter nach Europa und Amerika ihre Zustimmung ertheilt hat, beide Gesandte vor einigen Tagen Söul verlassen haben, um sich auf ihre Posten zu begeben. Der für die Vereinigten Staaten bestimmte Vertreter Pak, über welchen ich unter dem 30. August d. J.[9] zu berichten die Ehre hatte, wird nebst Gefolge, bestehend aus drei Legationssekretären und einem Dolmetscher, demnächst mit der Amerikanischen Korvette „Omaha" von Chemulpo nach Nagasaki reisen. Ein der Mission attachirter Amerikanischer Arzt, Dr. Allen, ist mit derselben bereits vor einem Monate nach Nagasaki vorausgereist.

Als Bevollmächtigter Minister für die 5 Europäischen Vertragsmächte: Deutschland, Großbritannien, Frankreich, Italien und Rußland war bereits am 16. September d. J. als Nachfolger des erkrankten Shim der Beamte 2. Klasse im Ministerium des Innern, Tcho Shin Hui, ernannt worden. Derselbe hatte jedoch, angeblich krankheitshalber, den König wiederholentlich gebeten, ihn von seinem neuen Amte zu entheben, sodaß es zweifelhaft erschien, ob er überhaupt seinen Posten antreten würde. Er ist ein Neffe des

8 A. 14962 i. a. ehrerbietigst beigefügt.

9 A. 12731 i. a.

gegenwärtigen Ministers. In Fremdenkreisen ist er bisher gänzlich unbekannt gewesen.

Von den Legationssekretären

Li Yong Ik

Namkung Ok

Kim Song Kiu

war der zweite bisher dem Rathgeber des Königs, Judge Denny, als Dolmetscher beigegeben. Er spricht Englisch recht geläufig und ist ein sehr strebsamer und verständiger junger Mann.

Als Dolmetscher für die Russische Sprache ist der Mission ein gewisser Tchai Hion Shik attachirt worden, welcher sich früher längere Zeit in Wladiwostock aufgehalten und zuletzt in Diensten des hiesigen Russischen Geschäftsträgers gestanden hat.

Die Gesandtschaft soll sich mit dem am 20. d. Mts. von Chemulpo abgehenden Japanischen Postdampfer nach Nagasaki begeben, um von dort über Hongkong und Indien nach Europa reisen.

Wie mir der Präsident des Auswärtigen Amtes gestern mündlich mittheilte, wird der Gesandte der Reihe nach in Rom, Paris, London und Berlin längeren Aufenthalt nehmen und sodann nach St. Petersburg gehen, um dort dauernd zu residiren.

In der Anlage beehre ich mich abschriftliche Uebersetzung der mir seitens des Präsidenten des Auswärtigen Amtes zugegangen Anzeige von der Entsendung des Gesandten Tcho ganz gehorsamst zu überreichen. Ich habe dem Präsidenten darauf erwidert, daß ich meiner hohen Regierung seinem Ersuchen entsprechend Bericht erstatten würde.

Euerer Durchlaucht verfehle ich ferner nicht Uebersetzung des Beglaubigungsschreiben des Gesandten, welches mir der Präsident des Auswärtigen Amtes soeben in Abschrift zugesandt hat, ehrerbietigst zu unterbreiten.

Den Kaiserlichen Gesandtschaften zu Peking und Tokio sende ich Abschriften dieses Berichtes.

Krien.

Inhalt: Entsendung Koreanischer Gesandter nach Europa und Amerika. 2 Anlagen.

Anlage 1.
Abschrift.

Depesche vom Auswärtigen Amt an den Konsulats-Verweser Herrn
Krien p. p. d. d. 15. November.

Am 16. September 1887 erging an unser Regierungs-Präsidium der Allerhöchste Befehl, den Vize-Präsidenten im Ministerium des Innern Tcho Shin Hui als Bevollmächtigten Minister nach Deutschland zu entsenden mit dem Sitze in Berlin, zur Regelung der Beziehungen zwischen dem Deutschen Reiche und Korea.

Euerer pp. habe ich nun die Ehre ganz ergebenst mitzutheilen, daß die Abreise (des Gesandten) in Kurzem stattfinden wird, und an Euere pp. das Ersuchen zu richten, die Deutsche Regierung sehr gefälligst davon in Kenntniß setzen zu wollen.

gez. Chao.

Präsident im Auswärtigen Amte des Königreichs Korea.

Anlage 2.
Abschrift.

Seine Majestät der König von Korea an Seine Majestät den Kaiser von
Deutschland.

Seit einer Reihe von Jahren sind unsere beiderseitigen Staaten durch Verträge fest verbunden und werden unsere freundschaftlichen Beziehungen enger.

Eingedenk dessen habe ich bei dem sich immer inniger gestaltenden Verhältnisse unserer Staaten und der steten Zunahme des Handels jetzt einen meiner vertrautesten Diener, den Vize-Präsidenten im Ministerium des Innern Tcho Shin Hui, Mitglied der 2. Klasse des 2. Ranges ausersehen als Bevollmächtigten Minister für das Deutsche Reich; derselbe wird, wenn er sich in Deutschland aufhält, seinen Sitz in Berlin nehmen und die zwischen dem Deutschen Reiche und Korea bestehenden Beziehungen regeln.

Ich bin von der Ergebenheit, dem Eifer und der tiefen Einsicht dieses Gesandten die ihn zu dem übertragenen Posten befähigt machen überzeugt; das Beglaubigungsschreiben habe ich ihn beauftragt selber persönlich zu überbringen und bitte Euere Majestät ihm das Allerhöchste Vertrauen zu Theil werden zu lassen, ihn gnädig aufnehmen um ihm jeder

Zeit gestatten zu wollen, vor Euerer Majestät zu erscheinen und meine innersten Gedanken zum Ausdruck zu bringen. Es werden dadurch unsere freundschaftlichen Beziehungen noch mehr gefestigt werden und alle Theile sich eines friedlichen Wachsthums erfreuen. Gegeben zu Seoul im 496ten Jahre der Gründung des Koreanischen Reiches, am 28. Tage des 9. Monats meines 24. Regierungsjahres, im Palast Kiung-Bok und mit meiner eigenhändigen Unterschrift und meinem Siegel versehen.

Unterschrift und Siegel des Königs.

Unterschrift und Siegel des Präsidenten des Auswärtigen Amtes, Tcho Piung Shik.

Für die Uebersetzung: gez. Reinsdorf.

Abmachung zwischen der chinesischen u. der koreanischen Regierung über die Stellung der koreanischen Gesandten im Ausland

PAAA_RZ201-018954_087 ff.			
Empfänger	Bismarck	Absender	Holleben
A. 667 pr. 16. Januar 1888. p. m.		Tokio, den 8. Dezember 1887.	
Memo	mitg. 19. 1. n. London 58. J. № 374. A.		

A. 667 pr. 16. Januar 1888. p. m.

Tokio, den 8. Dezember 1887.

C. N. 139 A.

Seiner Durchlaucht
dem Fürsten von Bismarck.

Wie hiesige japanische Blätter aus angeblich zuverlässiger Quelle melden, ist zwischen der chinesischen und der koreanischen Regierung bezüglich der Stellung der koreanischen diplomatischen Vertreter im Ausland kürzlich in Peking ein Abkommen getroffen, nach welchem

1.) der koreanische Gesandte an dem Ort, wo er akkreditirt ist, jedes Mal vor allen anderen diplomaten dem chinesischen Gesandten seinen Besuch zu machen hat.

2.) der koreanische Gesandte im Fall von Verrichtungen mit anderen Gesandtschaften stets der guten Dienste des chinesischen Gesandten sich bedienen solle.

3.) der koreanische Vertreter stets ohne Rücksicht auf seinen Rang hinter dem chinesischen Vertreter zu rangiren hat.

Ob eine solche Abmachung wirklich besteht oder ob die genannten einzelnen Punkte nur chinesischerseits gesagte Wünsche ausdrücken, ist hier nicht festzustellen. Der koreanische Geschäftsträger erklärt nichts davon zu wissen, doch folgt hieraus nichts, da derselbe selten gut unterrichtet und überdies durch allerlei Fragen, welche ihm hier von verschiedenen Seiten gestellt werden, so eingeschüchtert ist, daß er keinerlei positive Äußerungen wagt.

Was den Inhalt der Abmachungen anbelangt, so würde für dritte nur Nummer 3 einiges Interesse bieten. Es würde, ohne besondere weitere Abmachungen, immerhin schwierig sein, etwa von der Gesandtschaft einer dritten Macht zu verlangen, daß sie den chinesischen Geschäftsträger vor dem koreanischen Gesandten rangiren lasse.

Abschrift dieses Berichtes habe ich der Kaiserlichen Gesandtschaft in Peking. sowie dem Kaiserlichen Konsulat in Söul zugehen lassen.

Holleben.

Inhalt: Abmachung zwischen der chinesischen u. der koreanischen Regierung über die Stellung der koreanischen Gesandten im Ausland.

Berlin, 17. Januar 1888. A. V. A. 616. 636.

An
die Botschaften
1.) St. Petersburg № 45
2.) Rom № 42
3.) London № 50

cf A. 1320

J. № 429.

Zusatz ad 3. a.

Aus früheren Berichten unserer Vertreter in Ostasien geht hervor, daß die Chinesische Regierung diesen Schritt des Königs von Korea nicht gern gesehen und demselben Anfangs Widerstand entgegengesetzt hat. Derselbe ist erst dann in Peking fallen gelassen werden, nachdem die ausdrückliche Erlaubniß des Suzerainen Hofes Koreanischerseits nachgesucht und bei diesem Anlaß das Vasallenverhältniß des Königreiches zu China zweifellos zum Ausdruck gebracht worden war.

Nach der Lage der Verhältnisse in Söul muß angenommen werden, daß Russisch-Amerikanische Einflüsse bei der Entsendung der Koreanischen Mission maßgebend gewesen sind, wie ja auch daraus hervorgeht daß dieselbe ihren dauernden Sitz in St. Petersburg nehmen wird.

Ew. Exc. wissen, daß unsere Interessen in Korea nur einen geringen Umfang besitzen. Danach werden wir nur über die Frage Schliessung zu machen haben, in welcher Weise die Koreanische Gesandtschaft hier zu empfangen und zu behandeln sein wird. Wir wünschen in dieser Beziehung unser Verhalten nach demjenigen des Londoner Cabinets zu richten, welches über die Angelegenheit durch die Berichterstattung seiner ostasiatischen Vertreter gleichfalls bereits unterrichtet sein wird.

Indem ich vertraulich hinzufüge, daß die kgl. Italienische Regierung sich schon vor einigen Wochen über unsere Stellung zur Sache zu informiren versucht hat, bitte ich Ew. Excellenz das bevorstehende Eintreffen des Koreanischen Gesandten zum Gegenstand einer Besprechung mit Lord Salisbury zu machen und über dessen Auffassungen und den Empfang, welcher Tscho Shin Hui in London zu Theil werden wird, gef. zu berichten.

N. S. E.

Berlin, den 19. Januar 1888.

A. 667.

An
die Botschaften in
London № 58

Sicher !

J. № 480.

Euerer p. übersende ich anbei ergebenst Abschrift eines Berichts des Kaiserl. Gesandten in Tokio vom 8. v. Mts. betreffend Abmachung zwischen der chinesischen und der koreanischen Regierung über die Stellung der koreanischen Gesandten im Auslande zu Ihrer Information und mit der Ermächtigung, den Inhalt nach Ihrem Ermessen zu verwerthen.

N. S. E.

i. m.

Betreffend die von dem König von Korea nachgesuchte Erlaubniß zur Entsendung von Gesandten ins Ausland. Schreiben des Königs an den Kaiser von China.

PAAA_RZ201-018954_099 ff.			
Empfänger	Bismarck	Absender	Brandt
A. 908 pr. 23. Januar 1888. a. m.		Peking, den 3. December 1887.	
Memo	mitg. 26. 1. n. London 79, Petersbg 69.		

A. 908 pr. 23. Januar 1888. a. m. 2 Anl.

Peking, den 3. December 1887.

A. № 344.

Seiner Durchlaucht
Dem Fürsten von Bismarck.

Euerer Durchlaucht habe ich die Ehre in der Anlage ganz gehorsamst über den Inhalt eines in der Tientsin Shipao vom 29. November veröffentlichen Schreibens des Königs von Korea zu berichten, durch welches derselbe die Erlaubniß des Kaisers von China zur Entsendung von Gesandten nach Europa und Amerika nachsucht.

Bemerkenswerth dürfte in demselben sein, daß der König von Korea sich mit demselben Ausdruck bezeichnet, den chinesische Beamte in ihren Eingaben an den Thron gebrauchen, sowie daß in dem Schriftstück der Entsendung eines Gesandten nach Japan keine Erwähnung geschieht. Ob dies letztere eine zufällige Auslassung ist, die eventuell daraus erklärt werden könnte, daß bei Abfassung des Schreibens der koreanische Gesandte sich bereits in Japan befand, oder darauf beruht, daß der König von Korea damit die früheren tributären Beziehungen als noch zu Recht bestehend zu bezeichnen beabsichtigt, um sich vorkommendenfalls die Möglichkeit einer Anlehnung an Japan zu sichern, muß ich dahin gestellt sein lassen.

An der Authenticität des Schriftstückes kann kein Zweifel bestehen und beehre ich mich zur etwaigen Benutzung ein Exemplar der dasselbe enthaltenden Zeitung ebenmäßig beizufügen. Der kaiserlichen Gesandtschaft in Tokio wie dem Konsulat in Söul habe ich Text und Übersetzung zugehen lassen.[10]

Brandt.

---

10 [und beehre ich mich zur etwaigen Benutzung … Text und Übersetzung zugehen lassen.: Durchgestrichten von Dritten.]

Inhalt: Betreffend die von dem König von Korea nachgesuchte Erlaubniß zur Entsendung von Gesandten ins Ausland. Schreiben des Königs an den Kaiser von China.

Anlage 1 zum Bericht A. № 344 vom 3. Dezember 1887.
Übersetzung.

Aus der Shih-pao vom 29. November 1887.

Memorial

des Königs von Korea an den Kaiser von China enthaltend ein Gesuch, die Entsendung von koreanischen Gesandten ins Ausland genehmigen zu wollen.

Li-Hsi, König von Korea und Unterthan[11] Euerer Majestät berichtet, ehe er Gesandte ins Ausland entsendet, ehrfurchtsvoll hierüber, um nach Empfang Ew. Majestät's Willensäußerung und in der Hoffnung auf Gewährung seiner Bitte, die betreffenden Beamten absenden zu können.

Am 23. September 1887 trug mir Shen Wu tze, ein Mitglied meines Staatsrathes, folgendes vor:

Der kaiserlich chinesische Resident in Söul Tautai Yuen-shih-kai habe an genanntem Tage ein amtliches Schreiben an ihn gerichtet, inhaltlich dessen Yuen von dem Großsekretär Li-hung chang nachstehendes Telegramm erhalten habe.

Tsungli-Yamen telegraphirt, es habe ein kaiserliches Edikt folgenden Inhalts erhalten: Wenn Korea Gesandte ins Ausland senden will, muß es unbedingt vorher bei China anfragen. Erst wenn China seine Einwilligung gegeben, kann Korea nach den für abhängige Staaten geltenden Gebräuchen und Regeln Gesandte entsenden. Dem koreanischen Staatsrath ist sofort hiervon Mittheilung zu machen, damit er sich danach richte.

Der Resident Yuen übersendet seiner Pflicht gemäß diese Depesche an den Staatsrath zur weiteren Veranlassung und letzteres brachte sie zu meiner Kenntniß.

Ich bin mir wohl bewußt, daß mein geringes Land Generationen hindurch von Ew. Majestät erhabener Dynastie in solchem Maße Beweise von Gnade und Protektion gefunden hat, daß diese alles überschüttend und bedeckend, der Höhe des Gebirges und

---

11 Der König von Korea gebraucht hier direkt hinter seinem Titel und vor seinem Namen das Wort Ch'en 臣 in genau derselben Weise, wie jeder chinesische Beamte in seinen Eingaben an den Thron cfr. Meyers Chinese Gourt pag. XI.

der Tiefe des Meeres gleichkommen, alle Angelegenheiten beeinflussen und die Erfüllung jeder Bitte gewährleisten.

Was nun den Verkehr Korea's mit dem Auslande angeht, so gestattete s. Z. Seine Majestät der Kaiser (Hwangsü), in Anerkennung der Dienste, welche Korea China als dessen Verbündeter (? wann ? im sechszehnten Jahrhundert gegen Japan ?) geleistet hatte, zunächst mit den Vereinigten Staaten von Nord-Amerika einen Handels- und Freundschaft-Vertrag abzuschließen. In dem betreffenden Kaiserlichen Erlaß wurde zugleich ausgeführt, daß obgleich Korea ein von China abhängiges Land sei, es doch sowohl in Bezug auf die Regierung im Inneren, wie auf die Regelung der auswärtigen Beziehungen, bisher stets als selbständiger Staat habe verfahren können. In gewissenhafter Nachachtung dieses Befehls hat mein geringes Land denn auch fernerhin mit den fremden Staaten auf dem Fuße völliger Gleichheit verkehrt und haben alle Europäischen Staaten Beauftragte hergesandt, um mit Korea Verträge abzuschließen, wobei der Text des mit den Vereinigten Staaten abgeschlossenen Vertrages als Muster diente. Nach Abschluß dieser Verträge erhielten dieselben sämmtlich die Genehmigung der Kaiserlich Chinesischen Regierung und sandten die Vereinigten Staaten von Nord-Amerika nach Ratifikation des mit ihnen abgeschlossenen Vertrages einen bevollmächtigten Minister, um in meiner Hauptstadt zu residiren. Schon zu jener Zeit entsandte auch mein geringes Land einen Beauftragten nach Amerika, um der internationalen Höflichkeit zu entsprechen, welcher Gesandte aber nach Erfüllung seines Auftrages gleich wieder zurückkehrte. Nach der bei den Europäischen Mächten herrschenden Sitte hätte Korea je nach Ratifikation eines jeden Vertrages überallhin zum Austausch internationaler Höflichkeiten Gesandte schicken müssen, wozu sich bisher jedoch keine Gelegenheit (wörtlich: keine Muße) bot. Um nun jetzt jenem Gebrauche, daß jeder Staat in alle andern dort residirende Beamte entsendet, zu entsprechen und dem hierauf bezüglichen Artikel der Verträge nachkommen zu können, sowie in Berücksichtigung der Zeitumstände, bitte ich meinem geringen Lande gestatten zu wollen, daß es

1. Pei-pu Ting Yang zum bevollmächtigten Minister für die Vereinigten Staaten von Nord-Amerika,
2. P' ei-chao ch' en hsi zum bevollmächtigten Minister für England, Frankreich, Deutschland, Italien und Russland ernenne und dieselben dorthin entsende.

Dem Herkommen gemäß bitte ich Ew. Majestät, diesen meinen Antrag gnädigst gewähren zu wollen, so daß ich im obigen Sinne verfahren kann. Nach den bis jetzt innegehaltenen Bestimmungen müssen alle die jenigen Eingaben, welche sich auf den Tribut Koreas beziehen, an das Ministerium der Ceremonien gerichtet und von diesem weiter vorgelegt werden, während alle Eingaben, welche sich auf den Handels- und politischen Verkehr beziehen, durch den Prinzen und die Minister des Tsungli Yamen und den Handelssuperintendenten der Nördlichen Häfen weiterzubefördern sind. Wenn jetzt nicht ein Fall von so außerordentlichtlicher Bedeutung wie dieser vorläge, würde ich daher auch nicht wagen, direkt von hier aus an den Kaiserlichen Thron zu berichten, wie es hiermit geschieht. Ich bitte Ew. Majestät, mir die Allerhöchste Entscheidung telegraphisch zukommen zu lassen und erwarte ich dieselbe knieend und in unbeschreiblicher Erregung.

So schrecke ich nicht davor zurück, Ew. Majestät lästig zu fallen, aber dieses Gesuch entspringt meiner innersten und aufrichtigsten Überzeugung. Ich erwarte, vor unsagbarer Furcht zitternd, Ew. Majestät Entscheidung. In der Hoffnung, daß meine Bitte genehmigt werde, damit ich (die) Gesandten entsenden kann, schließe ich dieses gehorsame Memorial.

Für die Übersetzung:

gez. von der Goltz.

Anlage 2 zum Bericht A. № 344 vom 3. Dezember 1887.

Chinesische Ztg. „Shipao“ v. 29. 11. 87.

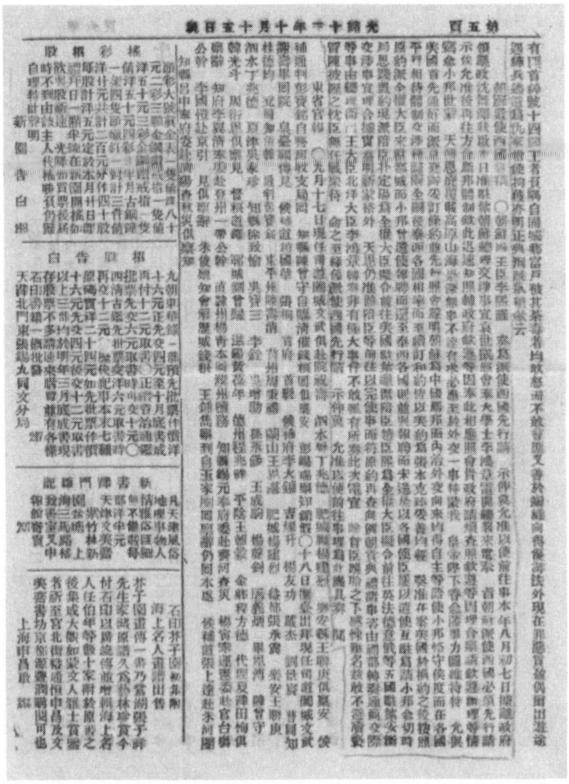

Betreffend die Entsendung koreanischer Gesandten ins Ausland.

PAAA_RZ201-018954_119 ff.			
Empfänger	Bismarck	Absender	Brandt
A. 913 pr. 23. Januar 1888. a. m.		Peking, den 5. December 1887.	
Memo	cop. mtg. 25. 1 n. London 76, Petersburg 65.		

A. 913 pr. 23. Januar 1888. a. m.

Peking, den 5. December 1887.

A. № 348.

Seiner Durchlaucht
dem Fürsten von Bismarck.

Im Anschluß an den Bericht des Kaiserlichen Konsulats zu Söul № 84[12] vom 16. November betreffend die Entsendung koreanischer Gesandten ins Ausland beehre Euerer Durchlaucht ich mich ganz gehorsamst zu melden, daß die beiden Gesandten sowohl der für die Vereinigten Staaten wie der für Europa bestimmte ihren Weg über Hongkong genommen haben, was für den ersteren, der von dort wieder nach Japan zurückkehren muß, ein nicht unbedeutender Umweg ist. Als Grund hierfür wird angenommen, daß die Gesandten mit dem vielgenannten Prinzen Min von Ik, der sich seit einiger Zeit in Hongkong aufhält, Rücksprache zu nehmen beauftragt gewesen seien.

In Söul scheint man von koreanischer wie von chinesischer Seite die Gesandten-Frage als in befriedigender Weise gelöst zu betrachten, wenigstens hat der chinesische Resident Yuen den beiden Gesandten vor ihrer Abreise ein großes Fest gegeben, bei dem nur Koreaner und Chinesen zugegen waren.

Brandt.

Inhalt: Betreffend die Entsendung koreanischer Gesandten ins Ausland.

12 A 636 ehrerbietigst beigefügt.

Berlin, den 25. Januar 1888.

A. 913.

An
die Botschaften in
1. London № 76
2. St. Petersburg № 65

Sicher !

J. № 636.

Euerer p. übersende ich anbei ergebenst Abschrift eines Berichts des Kaiserl. Gesandten in Peking vom 5. Dez. 1887 betreffend die Entsendung koreanischer Gesandten ins Ausland, zu Ihrer Information.

N. S. E.
i. m.

Koreanische Gesandtschaft für Europa.

PAAA_RZ201-018954_122 ff.			
Empfänger	Bismarck	Absender	Kusserow
A. 990 pr. 25. Januar 1888. a. m.		Hamburg, den 24. Januar 1888.	
Memo	I s. Erl. v. 31. 1 n. London 103, Petersbg 85. II Erl. v. 4. 2 n. Hambg 31.		

A. 990 pr. 25. Januar 1888. a. m.

Hamburg, den 24. Januar 1888.

№ 12.

Seiner Durchlaucht
dem Fürsten von Bismarck.

Gelegentlich seines heutigen Besuchs lenkte der koreanische Konsul, Herr H. C. Ed. Meyer, das Gespräch auf die bevorstehende Ankunft der koreanischen Gesandtschaft, deren Absendung auch in dem hohen Erlaß vom 6. v. M. und Js. № 242 erwähnt war.

Herr Meyer schien informirt, daß die Chinesische Regierung den Versuch gemacht habe oder auch noch machen werde, die koreanische Gesandtschaft als unter ihrer Aegide stehend erscheinen zu lassen. Sollte dies in der That versucht und seitens der Höfe hierauf eingegangen werden, so würde sich die koreanische Gesandtschaft durch die Chinesische vorstellen lassen. In diesem Falle würde voraussichtlich der Chinesische Gesandte in Berlin den Dr. Kreyer als Dolmetscher verwenden, was Herr Meyer nicht sehr zu wünschen scheint. Er meinte, daß Herr Arendt, unser früherer Dolmetscher in Peking, jetzt Professor am orientalischen Seminar, sich in unserem Interesse viel mehr hierzu eignen würde.

Dem Konsul Meyer scheint außerdem viel daran zu liegen, seinerseits in Berlin mitberücksichtigt zu werden, sobald dort die koreanische Gesandtschaft eintrifft. Seiner desfallsigen Sondirung wich ich dadurch aus, daß ich ihm sagte, er möchte s. Zt. den koreanischen Gesandten bei dessen Ankunft begrüßen, wozu er das Recht und die Pflicht habe; das Uebrige würde sich dann von selbst ergeben. Mir schwebte bei diesem Rath die Erinnerung an den Vorgang mit dem hiesigen siamesischen Generalkonsul Pickenpack gelegentlich der letzten siamesischen Gesandtschaft in Berlin vor.

Sobald Herr Meyer etwas Näheres über die Reise des für Europa bestimmten koreanischen Gesandten, welcher kürzlich in Honkong angekommen sein soll, in

Erfahrung bringt, will er mir dies mittheilen, und werde ich alsdann nicht verfehlen, Euerer Durchlaucht hierüber weiter gehorsamst zu berichten.

Kusserow.

Inhalt: Koreanische Gesandtschaft für Europa.

Berlin, den 26. Januar 1888.

A. 908.

An
die Botschaften in
1. London № 79
2. St. Petersburg № 69

J. № 655.

Euerer p. übersende ich anbei ergebenst Abschrift eines Berichts des Kaiserl. Gesandten in Peking vom 3. vor. Mts. u. Js. betreffend die von dem König von Korea nachgesuchte Erlaubnis zur Entsendung von Gesandten in' s Ausland zu Ihrer Information.

N.S.E.

i. m.

Ankunft der Koreanischen Gesandschaft.

PAAA_RZ201-018954_130 f.			
Empfänger	Bismarck	Absender	Zedtwitz
A. 1183 pr. 29. Januar 1888. a. m.		Washington, den 10. Januar 1888.	
Memo	I. s. Erlaß v. 31. 1 n. London 103, Petersburg 85. II. s. Erl. v. 4. 2 n. Hamburg 31.		

A. 1183 pr. 29. Januar 1888. a. m.

Washington, den 10. Januar 1888.

№ 13.

Seiner Durchlaucht
dem Fürsten von Bismarck.

Euerer Durchlaucht beehre ich mich mit Bezug auf meinen Bericht № 546 vom 28. vor. Mts. gehorsamst zu melden, daß der koreanische Gesandte nebst Gefolge gestern hier angelangt ist und dem Vernehmen nach in einigen Tagen von dem Präsidenten empfangen werden wird.

Zedtwitz.

Inhalt: Ankunft der Koreanischen Gesandschaft.

Berlin, den 31. Januar 1888. A. 1183. 990. (I Angabe)

An
1. tit. Grafen Hatzfeldt
London № 103.

Im Verfolg des Erlasses vom 19. übersende ich Ew. tit. beifolgend erg. Abschrift eines Berichtes des K. Gesandten in Washington vom 10., welcher die Ankunft des Koreanischen Gesandten in Washington meldet. Es ist noch nicht bekannt, welchen Weg derselbe auf seiner Reise durch Europa wählen wird; man darf aber wohl annehmen, daß er, von Amerika kommend, zunächst England besuchen wird. Sollte dies zutreffen, so bitte ich Ew. tit. erg., s. Zt. darüber zu berichten, welcher Empfang ihm in London zu Theil geworden ist. - Die Stellung des Koreanischen Gesandten ist in Folge der Beziehungen Korea' s zu China eine eigenthümliche und wennschon wir selbstverständlich beabsichtigen, den Vertreter des mit uns befreundeten Korea' s freundlich aufzunehmen, so muß doch, in dem vorliegenden Falle, unser Augenmerk zunächst darauf gerichtet sein, nichts zu thun, was die Empfindlichkeit der Chinesen verletzen könnte.

Bei dem Interesse, welches England daran hat, seine Beziehungen zu China möglichst freundlich zu gestalten, nehme ich an, daß die englische Regierung sich bei der Behandlung der vorliegenden Frage von denselben Motiven leiten lassen wird, die für uns maßgebend sein werden.[13]

N. S. E.

2. General von Schweinitz
St. Petersburg № 85.

J. № 820.

Unter Bezugnahme auf den Erlaß vom 26. v. M. theile ich Ew. tit. erg. mit, daß die koreanische Gesandtschaft am 9. d. M. in Washington eingetroffen ist und, nach einem Berichte unseres dortigen Vertreters, in einigen Tagen von dem Präsidenten der

13 [Bei dem Interesse, welches … maßgebend sein werden.: Durchgestrichten von Dritten.]

Ver. Staaten empfangen werden und sodann vermuthlich Ihre Weiterreise nach Europa fortsetzen wird. Es ist noch nicht bekannt, in welcher Reihenfolge der koreanische Gesandte die europäischen Hauptstädte zu besuchen beabsichtigt; es ist wahrscheinlich, daß er sich zunächst nach London begeben wird; sollte er aber, wie der englische Botschafter am hiesigen Hofe vermuthet, zunächst nach St. Petersburg gehen, so bitte ich Ew. tit. erg., s. Zt. darüber zu berichten, welcher Empfang ihm seitens der russischen Regierung zu Theil geworden ist.

N. S. E.

[ ]

PAAA_RZ201-018954_136 ff.			
Empfänger	[o. A.]	Absender	Berchem
A. 1275 pr. 31. Januar 1888. p. m.		Berlin, 31. Januar 1888.	
Memo	cop. mtg. 31. 1 n. London 111.		

A. 1275 pr. 31. Januar 1888. p. m.

Berlin, 31. Januar 1888.

Der Chinesische Gesandte, welcher von St. Petersburg wieder hierher zurückgekehrt ist, sagte mir heute, daß er in einiger Zeit das Eintreffen eines Koreanischen Gesandten erwarte. Der Kaiser von China habe die Entsendung dieser Mission genehmigt, obschon Korea ein Vasallenstaat des Chinesischen Reiches sei; der Koreanische Vertreter werde jedoch durch ihn, Hung-chun hier eingeführt und vorgestellt werden.

Korea sei ein armes Land, welches die Mittel zur Unterhaltung einer diplomatischen Vertretung nicht besitze. Rußland und Japan suchten sich ein Protektorat über dieses Königsreich anzueignen und es sei demnach wahrscheinlich, daß die Mittel für die Reise des koreanischen Gesandten von "irgend einer fremden Macht" gegeben worden seien.

Herr Hung fragte dann, ob Gesandte von Vasallenstaaten nach Europäischem Völkerrechte zugelassen würden. Ich habe ihm anheimgegeben, diese Frage dem Herrn Staatssecretär vorzulegen, wenn er seinerzeit das Eintreffen der koreanischen Gesandtschaft hier amtlich anmelden werde.

Berchem [Graf Maximilian von Berchem: 1841-1910]

Berlin, den 31. Januar 1888.

A. 1275.

An
tit. Graf Hatzfeldt
London № 111.

J. № 842.

Ew. tit. übersende ich beifolgend erg. Abschrift einer Aufzeichnung über eine Mittheilung, welche der chinesische Gesandte heute, in Betreff der Koreanischen Gesandtschaft, auf dem Auswärtigen Amte gemacht hat.

N. S. E.
i. m.

Die Entsendung einer koreanischen Gesandtschaft nach Europa.

PAAA_RZ201-018954_140 f.			
Empfänger	Bismarck	Absender	Hatzfeldt
A. 1320 pr. 2. Februar 1888. a. m.		London, den 31. Januar 1888.	
Memo	s. Erl. 3. 2. n. London 120.		

A. 1320 pr. 2. Februar 1888. a. m.

London, den 31. Januar 1888.

№ 27.

Seiner Durchlaucht
dem Fürsten von Bismarck.

Den hohen Erlaß № 50, die Entsendung einer Koreanischen Gesandtschaft nach Europa betreffend, habe ich zu erhalten die Ehre gehabt.

Aus den Äußerungen Lord Salisbury' s, welcher ebenfalls meint, daß russische Einflüsse bei dieser Angelegenheit maßgebend gewesen sind, ergiebt sich, daß er noch keinen bestimmten Entschluß darüber gefaßt hat, in welcher Weise der koreanische Gesandte hier zu empfangen sein wird. Dagegen war er im Allgemeinen darüber mit sich einig, daß ein Unterschied mit dem Empfang von Gesandten selbstständiger Staaten stattfinden müsse und neigt in dieser Hinsicht zu dem Gedanken, daß eine persönliche Audienz des koreanischen Gesandten bei Ihrer Majestät der Königin nicht stattfinden sollte.

Der Minister behielt sich vor mir in den nächsten Tagen seinen definitiven Entschluß in dieser Frage mitzutheilen.

Hatzfeldt.

Inhalt: Die Entsendung einer koreanischen Gesandtschaft nach Europa.

Berlin, den 3. Februar 1888.

ad A. 1320.

An
(tit.) Graf Hatzfeldt
London № 120.

cfr. 1851

J. № 931.

Ew. pp. gef. Bericht № 27 vom 31. v. Mts., die Entsendung einer koreanischen Gesandtschaft nach Europa betr., habe ich zu erhalten die Ehre gehabt.

Hiermit hat sich mein Erlaß vom 31. ejusdem gekreuzt, wonach der Kais. Chinesische Gesandte hier darauf hingewiesen hat, daß der koreanische Vertreter voraussichtlich durch ihn eingeführt und vorgestellt werden wird. Ich möchte annehmen, daß hiernach die Frage des Empfangs des Gesandten des Königs von Korea durch Ihre Majestät die Königin Victoria Lord Salisbury in einem anderen Licht erscheinen wird. Ohne der Verständigung mit England, die wir in dieser Frage anstreben, vorzugreifen, scheint uns der Empfang des Vertreters des Vasallen des Kaisers von China bei Hofe in Begleitung des chinesischen Gesandten unverfänglich. Ich werde voraussichtlich in die Lage kommen, s. Zeit die Befehle Seiner Majestät hierüber einzuholen, würde aber dankbar sein, schon jetzt über Lord Salisbury's Auffassung unterrichtet zu sein.

Ew. pp. ersuche ich erg., in vorstehendem Sinne sich Lord Salisbury gegenüber auszusprechen.

N. S. E.

Berlin, den 4. Februar 1888.

A. 990. (II Angabe)

An
tit. Herrn von Kusserow
Hamburg № 31.

J. № 957.

Unter Bezugnahme auf den Bericht № 12 vom 24. v. Mts., die koreanische Gesandtschaft für Europa betreffend, bemerke ich vertraulich und ausschließlich zu Ew. tit. persönlichen Information, daß wir selbstverständlich beabsichtigen, den Vertreter des mit uns befreundeten Koreas freundlich aufzunehmen, unser Augenmerk jedoch zunächst darauf gerichtet sein muß, in dem vorliegenden Falle nichts zu thun, was die Empfindlichkeit der Chinesen verletzen könnte. Es würde deshalb auch kein Grund für uns vorliegen, uns einer Vorstellung der koreanischen Gesandtschaft durch die chinesische zu widersetzen, geschweige denn der koreanischen Gesandtschaft einen deutschen Beamten als Dolmetscher zu octroyiren.

In Betreff des Konsuls Meyer würde, wie Ew. tit. richtig vermuthen, s. Zt. dasselbe Verfahren wie das bei einer früheren Gelegenheit, gegenüber dem siamesischen General Consul Pickenpack beobachtete, innezuhalten sein. Wir haben kein besonderes Interesse daran, Herrn Meyer in Berlin zu sehen, sind jedoch bereit, die deutschen Handelsinteressen in Korea, die Herr Meyer vertritt, insofern zu begünstigen, als wir ihm, falls er mit dem koreanischen Vertreter nach Berlin kommen sollte, wie einem Mitgliede der Gesandtschaft in geziemender Weise freundlich entgegenkommen würden.

N. S. E.

Empfang der Koreanischen Gesandtschaft.

PAAA_RZ201-018954_151 ff.			
Empfänger	Bismarck	Absender	Alvensleben
A. 1550 pr. 6. Februar 1888. p. m.		Washington, den 23. Januar 1888.	
Memo	s. Erl. 8. 2. n. London 134.		

A. 1550 pr. 6. Februar 1888. p. m.

Washington, den 23. Januar 1888.

№ 29.

Seiner Durchlaucht
dem Fürsten von Bismarck.

Im Anschluß an den diesseitigen Bericht vom 10. dss Mts. beehre ich mich Euerer Durchlaucht gehorsamst anzuzeigen, daß der Empfang der Koreanischen Gesandtschaft durch den Präsidenten der Vereinigten Staaten nunmehr stattgefunden und sich soweit bekannt geworden durch nichts von anderen ähnlichen Audienzen unterschieden hat.

Das Personal der Gesandtschaft besteht aus dem Gesandten Pak Chung Yang, vier Legationssecretairen und einem Dolmetscher. Was die Haltung der hiesigen Chinesischen Vertretung zu dieser Mission betrifft, so ist beachtet worden, daß der Chinesische Gesandte, noch bevor er einen Besuch des Gesandten von Korea erhalten hatte, den letzteren fast unmittelbar nach dessen Ankunft hier durch einen seiner Legationssecretaire begrüßen und ihm seine Visitenkarte überreichen ließ.

Alvensleben.

Inhalt: Empfang der Koreanischen Gesandtschaft.

Berlin, den 8. Februar 1888.

An
tit. Graf Hatzfeldt
London № 134.

cfr. 1851

J. № 1061.

Im Anschluß an den diesseitigen Erlaß vom 3. d. M. übersende ich Ew. tit. anl. erg. Abschrift eines Berichtes des K. Gesandten in Washington vom 23. Januar, wonach der koreanische Gesandte von dem Präsidenten der Vereinigten Staaten wie der Vertreter eines souveränen Staates empfangen worden ist, und der chinesische Gesandte in Washington keinerlei Widerspruch dagegen erhoben hat. Für uns liegt darin noch kein Grund uns der v. Einführung des koreanischen durch den hiesigen chinesischen Gesandten entgegenzustellen[14]. Ew. nach Empfang des obenangeführten Erlasses voraussichtlich bereits werden gesprochen haben, englischen Kabinets durch die Haltung des Präsidenten der Vereinigten Staaten in der vorliegenden Frage nicht weiter beeinflußt werden könnte.[15]

N. S. E.

14 Es liegt mir aber um so mehr daran, Ld. Salisbury' s Auffassg. kennen zu lernen, mit welchem.

15 [englischen Kabinets durch die Haltung … weiter beeinflußt werden könnte.: Durchgestrichten von Dritten.]

Empfang der koreanischen Gesandtschaft.

PAAA_RZ201-018954_158 ff.			
Empfänger	Bismarck	Absender	Hatzfeldt
A. 1851 pr. 13. Februar 1888 a. m.		London, den 11. Februar 1888.	

A. 1851 pr. 13. Februar 1888 a. m.

London, den 11. Februar 1888.

№ 41.

Seiner Durchlaucht
dem Fürsten von Bismarck.

Die hohen Erlasse № 120 vom 3. und № 134 vom 8. d. Mts., betreffend den Empfang der koreanischen Gesandtschaft, habe ich zu erhalten die Ehre gehabt.

Seit meinem letzten Berichte habe ich die Angelegenheit wiederholt mit Lord Salisbury besprochen und auch wiederholt bei dem betreffenden Dezernenten des Foreign Office darauf dringen lassen, mir mitzutheilen, in welcher Weise man hier die koreanische Mission zu empfangen beabsichtigt.

In Folge eines Vortrags, den Lord Salisbury sich von dem betreffenden Dezernenten über die Lage der Sache hatte halten lassen, war er zuletzt zu der Auffassung gekommen, daß die englische Regierung dem koreanischen Gesandten die übliche Aufnahme nicht verweigern könne, weil sie mit der koreanischen Regierung seiner Zeit einen Vertrag geschlossen habe, daß es sich aber empfehlen würde, erst die Ansicht des hiesigen chinesischen Vertreters zu hören und eventuell nach Möglichkeit zu berücksichtigen. Ueber die von dem letzteren geäußerte Meinung war mir eine vertrauliche Mittheilung in Aussicht gestellt worden.

In einer mir gestern zugegangenen Note theilt mir Lord Salisbury nun mit, daß die hiesige Regierung für den Augenblick keinen Grund sehe, die koreanische Gesandtschaft nicht in üblicher Weise zu empfangen. Ueber die Auffassung des chinesischen Gesandten sei aber noch nichts bekannt; die jetzige Stellungnahme der Englischen Regierung könne daher möglicherweise, je nach den von dem chinesischen Vertreter ausgesprochenen Wünschen noch modifiziert werden.

Es ist hiernach anzunehmen, daß der chinesische Gesandte sich noch nicht ausgesprochen und möglicherweise erst bei seiner Regierung angefragt hat. Ich werde nicht unterlassen, in der Sache weiter zu berichten, sobald ich in Erfahrung gebracht habe, welche Wünsche der chinesische Vertreter geltend gemacht und welche Aufnahme dieselben hier gefunden haben.

Hatzfeldt.

Inhalt: Empfang der koreanischen Gesandtschaft.

Betreffend die Beziehungen der koreanischen Vertreter zu den chinesischen Vertretern im Auslande.

PAAA_RZ201-018954_162 ff.			
Empfänger	Bismarck	Absender	Brandt
A. 2736 pr. 5. März 1888. a. m.		Peking, den 6. Januar 1888.	
Memo	cop. mtg. 7. 3 n. London 243.		

A. 2736 pr. 5. März 1888. a. m.

Peking, den 6. Januar 1888.

A. № 1.

Seiner Durchlaucht, dem Fürsten von Bismarck.

Nach japanischen Zeitungen, besonders der Mainichi Shimbun entnommenen Mittheilungen würden die Bedingungen, unter welchen die chinesische Regierung ihre Zustimmung zur Entsendung koreanischer Gesandten ins Ausland gegeben habe, die folgenden gewesen sein:

1) daß die designirten Gesandten, bevor sie Korea verließen, dem chinesischen Residenten in Söul ihren Besuch machten;

2) daß, falls die koreanischen Gesandten im Auslande Gelegenheit haben sollten, sich an den Minister der Auswärtigen Angelegenheiten der Regierung, bei welcher sie beglaubigt sind, zu wenden, sie sich zuerst mit dem chinesischen Gesandten bei derselben Regierung ins Einvernehmen zu setzen hätten.

3) daß, welches auch immer der Rang der koreanischen Vertreter sei, dieselben in keinem Falle den Vortritt vor dem chinesischen Vertreter beanspruchen dürften.

Mein japanischer Kollege, den ich über diese Angaben befragte, sagte mir, daß er seine Informationen auch nur aus den mir bekannten Zeitungsartikeln geschöpft habe.

Eine Erklärung des Tsungli Yamen über diesen Gegenstand habe ich, da die chinesischen Minister denselben nicht berührten, nicht geglaubt provociren zu sollen.

Brandt.

Inhalt: Betreffend die Beziehungen der koreanischen Vertreter zu den chinesischen Vertretern im Auslande.

Berlin, den 7. März 1888.

A. 2736.

An
die Botschaften in
London № 243

Sicher !

J. № 1815.

Euerer p. übersende ich anbei ergebenst Abschrift eines Berichts des Kaiserlichen Gesandten in Peking vom 6. Jan. d. J., betreffend die Beziehungen der koreanischen Vertreter im Auslande zu Ihrer Information.

N. d. H. U. St. S.
i. m.

Betreffend die Entsendung koreanischer Gesandter ins Ausland; Schreiben des Königs von Korea über die von China in dieser Beziehung gestellten Bedingungen.

PAAA_RZ201-018954_168 ff.			
Empfänger	Bismarck	Absender	Brandt
A. 3440 pr. 26. März 1888. a. m.		Peking, den 21. Januar 1888.	
Memo	cop mtg 27. 3 London 297, Paris 110, Petersburg 192.		

A. 3440 pr. 26. März 1888. a. m. 1 Anl.

Peking, den 21. Januar 1888.

A. № 13.

Seiner Durchlaucht
dem Fürsten von Bismarck.

Euerer Durchlaucht beehre ich mich in der Anlage die Uebersetzung eines der Tientsin Shihpao vom 13. Januar entnommenen unzweifelhaft authentischen Schreibens des Königs von Korea an den General-Gouverneur Li hung chang ganz gehorsamst zu überreichen.

Nach demselben würde der König von Korea sich mit den von der chinesischen Regierung gestellten Bedingungen der Einführung durch den chinesischen Gesandten bei der betreffenden Regierung, des den chinesischen Gesandten in jedem Falle zuzugestehenden Vorrangs und der vorhergängigen Berathung mit denselben in allen wichtigen Fällen sowie auch damit einverstanden erklärt haben, daß die Gesandten nach Ueberreichung ihrer Kreditive abberufen und durch Geschäftsträger ersetzt werden sollten.

Der Kaiserlichen Gesandtschaft zu Tokio und dem Kaiserlichen Konsulat zu Söul habe ich die Uebersetzung, dem letzteren auch den chinesischen Text des Schreibens des Königs von Korea zugehen lassen.

Brandt.

Inhalt: Betreffend die Entsendung koreanischer Gesandter ins Ausland; Schreiben des Königs von Korea über die von China in dieser Beziehung gestellten Bedingungen.

Anlage zum Bericht A. № 13 vom 21. Januar 1888.

Aus der Shih-pao vom 13. Januar 1888.

Übersetzung.

Schreiben des Königs von Korea an den General Gouverneur Li hung chang.

Am 11. November 1887 erstattet mir der Direktor des auswärtigen Amtes Chao ping wu, die Meldung ab, daß er von dem kaiserlich chinesischen Ministerresidenten Yüan ein Schreiben folgenden Inhalts erhalten habe:

Yüan sei am 9. November 8 Uhr Abends in Besitz einer telegraphischen Depesche von dem General Gouverneur Li hung chang gelangt. Dieselbe sei eine Antwort auf die von Yüan an Li hung chang gerichtete Depesche, daß

„Der König von Korea ihm von seiner Absicht, Gesandte ins Ausland zu senden, Mittheilung gemacht, sowie hinzugefügt habe, daß diese Gesandten bereits abgesandt und die betreffenden Regierungen schon benachrichtigt seien. Es erscheine daher nicht angängig, den einmal angewiesenen Titel als „bevollmächtigte Minister" hinterher umzuändern, da hierdurch leicht Zweifel entstehen könnten. Der König schlage aber vor, die Gesandten, nachdem sie den Pflichten der internationalen Höflichkeit genügt hätten, zurückzuberufen und an ihrer Stelle Geschäftsträger die Geschäfte erledigen zu lassen, wodurch eine Ersparniß entstehen würde. Auch seien die Gesandten angewiesen worden, nachdem sie an ihren Bestimmungsörtern angekommen, ihr Verhalten gegen die chinesischen Gesandten genau nach den bisher beobachteten Formen zu regeln und mit Ehrfurcht und Bescheidenheit mit denselben zu verfahren."

Indem der General Gouverneur die in dieser Depesche von dem König gebrauchte Sprache als den gebührenden Gehorsam ausdrückend kennzeichnet, fährt er fort: Er könne nicht umhin, sich in die schwierige Lage des Königs von Korea hineinzudenken, jedoch habe er ein kaiserliches Edikt des folgenden Inhalts erhalten.

„Nach Absendung der koreanischen Gesandten muß die Erledigung der politischen Geschäfte stets so geschehen, daß sowohl die Interessen Chinas wie die Koreas gleichmäßig gewahrt werden, die koreanischen Gesandten müssen im Verkehr mit den kaiserlich chinesischen immer die durch das Verhältniß eines Vasallenstaates zu seinem Suzerain sich ergebenden Regeln beobachten; bei Erledigung von noch nicht abgemachten Geschäften müssen sie von Fall zu Fall Rath erbitten, um eine unbedingt nothwendige befriedigende Regelung herbeizuführen."

Demzufolge – fährt die Depesche Li hung changs fort – ist es meine dringende Pflicht, die koreanische Regierung über folgende drei Festsetzungen im Voraus aufzuklären:

1) Sobald die koreanischen Gesandten an ihrem betreffenden Bestimmungsort eingetroffen sind, müssen sie sich zuerst in die dortige chinesische Gesandtschaft begeben, um den chinesischen Gesandten zu bitten, daß er mit ihm zusammen auf das Auswärtige Amt resp. Ministerrium des betreffenden Landes geht, um ihn dort einzuführen. Für späterhin besteht dieser Zwang des gemeinschaftlichen Gehens nicht.

2) Bei Hoffesten, öffentlichen Diners und allen sonstigen festlichen Veranstaltungen muß der koreanische Gesandte hinter dem kaiserlich chinesischen rangiren.

3) Im Falle von sehr wichtigen internationalen Geschäften muß der koreanische Gesandte stets zuerst mit dem kaiserlich chinesischen geheime Rücksprache nehmen und nach der von diesem geäußerten Ansicht verfahren.

Diese drei Regeln ergeben sich sämmtlich aus dem Verhältniß eines abhängigen Staates zu seinem Suzerain, mit den Beziehungen zu andern Ländern stehen sie in keiner Verbindung. Sollte die Regierung irgend eines der betheiligten Staaten sich nicht enthalten können nach dem Grunde dieser Anordnungen zu fragen, so möge geantwortet werden, daß sie in Folge eines kaiserlichen Befehls, die noch nicht festgesetzten Bestimmungen auf befriedigende Weise zu erledigen, angeordnet worden sind, und daß China und Korea in ihren Interessen eng mit einander verknüpft sind.

Auch sind die kaiserlich chinesischen Gesandten alle Beamte hohen Ranges, sie werden es daher jedenfalls verstehen, gegen die koreanischen Gesandten die größte Freundlichkeit herauszukehren.[16]

Der Tautai Yüan wird ersucht von Obigem dem auswärtigen Amt Koreas zur weiteren Mittheilung an den König Kenntniß zu geben, damit dieser die betreffenden Gesandten veranlaßt, danach zu verfahren. Sobald das diesbezügliche Schreiben an seinem Bestimmungsort angelangt ist, ist mir (Li) wieder zu berichten."[17]

Soweit die citirte Depesche Li hung changs, es folgt nun der eigentliche Text des Briefes.

Aus dieser Depesche Euerer Excellenz ersehe ich, daß Sie im Hinblick auf die gnädige Gesinnung Sr. Majestät des Kaisers gegen Geringere und in Berücksichtigung der schwierigen Lage meines kleinen Landes gehandelt haben, indem Sie gütigst gewährten, daß der einmal verliehene Titel eines bevollmächtigten Ministers nicht geändert werden brauche, sichern Sie das Vertrauen in die Rechtlichkeit meiner Absicht in der ganzen Welt

---

16 [Auch sind die kaiserlich chinesischen Gesandten … Freundlichkeit herauszukehren.: Durchgestrichten von Dritten.]

17 [Der Tautai Yüan … wieder zu berichte.": Durchgestrichten von Dritten.]

und verhindern, daß in den benachbarten Ländern sich Zweifel erheben. Fernerhin soll bei Abwickelung internationaler Geschäfte stets nach dem Gesichtspunkte der gleichmäßigen Wahrung der Interessen beider Theile verfahren werden. Hierdurch werden für immer der Friede und Ruhe für mein Land hergestellt sein, und weitere ermüdende Erörterungen ausgeschlossen bleiben. Dies entspringt alles in der Anfang und Ende berücksichtigenden festen Absicht Euerer Excellenz und wird mir Ihre Billigkeit in dankbarer Erinnerung bleiben.

Ich werde im Laufe der nächsten Tage sowohl dem für die Vereinigten Staaten von Nord-Amerika bestimmten bevollmächtigten Minister Pu-ting yang wie dem für England, Deutschland, Rußland, Italien und Frankreich bestimmten Chao ch'en hsi Euerer Excellenz Depesche abschriftlich zugehen lassen, damit dieselben in den Ländern des Westens angekommen, ihrer ihnen zukommenden Stellung gemäß handeln. Die von Euerer Excellenz auf kaiserliches Geheiß aufgestellten drei Regeln werden dieselben daher auf das Genaueste beobachten.

Außer der eben erwähnten Verfügung an die betreffenden Gesandten habe ich mein auswärtiges Amt angewiesen, dem kaiserlich chinesischen Minister-Residenten Yüan mitzuteilen, daß nach den erhaltenen Vorschriften verfahren wird. Zum Schluß beehre ich mich, Euere Excellenz für Ihre Bemühung durch dieses Schreiben zu danken und hoffe, daß Sie für mich an den Thron berichten werden.[18]

Für die Uebersetzung.
von der Goltz.

18 [Zum Schluß beehre ich mich … an den Thron berichten werden.: Durchgestrichten von Dritten.]

Berlin, den 27. März 1888.

A. 3440.

An
die Botschaften in
1. London № 297
2. Paris № 110
3. St. Petersburg № 192

Sicher !

J. № 2262.

Euerer p. übersende ich anbei ergebenst Abschrift eines Berichts des Kaiserlichen Gesandten in Peking vom 21. Jan. d. J., betreffend Schreiben des Königs von Korea über die Chinesischen Bedingungen für Entsendung koreanischer Gesandten zu Ihrer Information und mit der Ermächtigung, den Inhalt nach Ihrem Ermessen zu verwerthen.

N. S. E.
i. m.

[ ]

PAAA_RZ201-018954_180			
Empfänger	[o. A.]	Absender	[o. A.]
A. 4290 pr. 16. April 1888. p. m.		Tientsin, April 14.	

A. 4290 pr. 16. April 1888. p. m.

The Mail vom 16. April 1888.
№ 4293.

CHINA AND COREA.

Tientsin, April 14.

Li Hung Chang, on behalf of the Chinese Government, has addressed to the King of Corea a peremptory demand for explanations respecting the presentation of his letters of credence by the Corean Minister at Washington to the President of the United States without the intervention of the Chinese Minister. The Viceroy points out that this is a breach of the explicit conditions on which the Chinese Government granted the King permission to send Envoys abroad.

[ ]

PAAA_RZ201-018954_182			
Empfänger	Bismarck	Absender	Krien
A. 13808 pr. 27. Oktober 1888. a. m.		Söul, den 24. August 1888.	
Memo	I. mitg. 2. 11. n. London 851, Petersburg 405. II. mitg. 2. 11. London 852, Petersbg. 406, Söul A. № 1. III. Chiffre v 3. 11 n. Peking № 29 u. Söul A. № 2.		

Abschrift.

A. 13808 pr. 27. Oktober 1888. a. m.

Söul, den 24. August 1888.

Kontrole № 58.

Seiner Durchlaucht
dem Fürsten von Bismarck.

pp.

Was die in dem Werke erwähnte Koreanische Gesandtschaft nach Europa betrifft, so verfehle ich nicht, Euerer Durchlaucht ehrerbietigst zu melden, daß dieselbe den letzten Nachrichten zufolge noch immer in Honkong weilt.

pp.

gez. Krien.

[ ]

PAAA_RZ201-018954_183 ff.			
Empfänger	Bismarck	Absender	Brandt
A. 15156 pr. 18. November 1888. a. m.		Peking, den 30. September 1888.	
Memo	mitg. 22. 11. London 899, Petersbg 426, Washington A. 95.		

Abschrift.

A. 15156 pr. 18. November 1888. a. m.

Peking, den 30. September 1888.

A. № 272.

Seiner Durchlaucht, dem Fürsten von Bismarck.

Der „London & China Express" vom 17. August enthält ein von dem Koreanischen General-Konsul in New York, Herrn Everett Frazer, an dieses Blatt gerichtetes Schreiben über den Empfang des Koreanischen Gesandten durch den Präsidenten Cleveland. Nach dieser Mittheilung ist der koreanische Gesandte Pak chung yang am 20. December 1997 von dem Präsidenten im Beisein des Staatssekretärs Bayard und auf koreanischer Seite des Legationssekretärs Dr. H. N. Allen und des Schreibers des Briefes empfangen worden, nachdem der Staatssekretär den Gesandten vorher am 17. December gesehen hatte.

Bei der Audienz nahm der Präsident Cleveland aus den Händen des Gesandten das Beglaubigungsschreiben entgegen und übergab demselben dann seine Antwort, nachdem er dieselbe verlesen hatte. In diesem Schriftstück gab der Präsident den Gefühlen wärmster Achtung Ausdruck und beglückwünschte den Gesandten über seine Ankunft in Washington.

Herr Everett Frazer hat das diese Einzelheiten enthaltende Schreiben an den Herausgeber des „London & China Express" gerichtet, um, wie er sagt, die irrthümliche namentlich in England verbreitete Meinung richtig zu stellen, daß die koreanische Gesandtschaft, welche sich nunmehr dauernd in Washington niedergelassen habe, nicht officiell von dem Präsidenten empfangen worden sei.

Dieselbe Nummer des „London & China Express" veröffentlicht eine von dem Sekretär der Koreanischen Gesandtschaft, wie man wohl hinzufügen darf, hauptsächlichsten Urheber der Entsendung koreanischer Gesandtschaften ins Ausland, Dr. Allen, einem Reporter des New York Herald gegenüber gemachte Mittheilung. Nach derselben will Herr

Allen sich mit verschiedenen New Yorker Handlungshäusern in Verbindung gesetzt haben, welche an dem Handel mit Korea stark betheiligt seien und glaubt, daß das Ergebeniß seiner Bemühungen und der Besprechungen mit denselben für Korea von der größten Wichtigkeit sein, sowie dem Handel desselben mit den Vereinigten Staaten bedeutenden Aufschwung geben werde.

Kalifornische Capitalisten würden, ebenfalls nach Herrn Allen, bereit sein, ihr Geld in den koreanischen Goldminen anzulegen; dieselben seien bereits bei der koreanischen Regierung um Koncessionen und Privilegien eingekommen und da ihre Vorschläge vortheilhaft und der Billigkeit entsprechend wären, sei alle Aussicht vorhanden, daß die Regierung denselben zustimmen werde und die Arbeiten bald beginnen dürften.

In politischer Beziehung äußert sich Herr Allen dahin, daß Rußland nicht umhin könne, die Unabhängigkeit Korea's zu schützen, da falls China in Korea maßgebend werden sollte, dies der Unterwerfung des Landes unter englischen Einfluß gleichkommen würde, was den russischen Interessen nicht entsprechen könnte.

Das Pamphlet des amerikanischen Rathgebers des Königs von Korea, Denny, über welches ich wiederholt zu berichten die Ehre gehabt habe, ist wie sich aus den jetzt hier eingetroffenen amerikanischen und englischen Zeitungen ergiebt, gleichzeitig mit diesen Kundgebungen der Herren Everett Frazer und Allen in Amerika veröffentlicht worden. Es scheint sich also um eine förmliche Preßcampagne in koreanischen Angelegenheiten zu handeln, die von Leuten ins Werk gesetzt worden ist und voraussichtlich fortgeführt werden dürfte, welche ein persönliches Interesse daran haben für sich selbst und das Land, welchem sie ihre augenblickliche Stellung verdanken, Propaganda zu machen. Die Sache würde an und für sich wenig Bedeutung haben und voraussichtlich mit einem finanziellen Fiasko der koreanischen Regierung, herbeigeführt durch gewissenlose amerikanische Abenteurer und Spekulanten, endigen, wenn nicht einerseits an maßgebender Stelle in Washington die Bemühungen der Herren Denny, Allen und Konsorten Beachtung und Unterstützung fänden und auf der anderen Seite zu befürchten stände, daß die Chinesische Regierung sich diesem Gebahren gegenüber zu Unvorsichtigkeiten hinreißen lassen könnte, welche ernste politische Verwicklungen zur Folge haben dürften.

Zu welchen Entschlüssen die Chinesische Regierung unter diesen Umständen greifen wird, läßt sich vor der Hand nicht bestimmen, für den Augenblick ist sie noch nicht über das Stadium einer gewissen Verblüffung über das amerikanische Vorgehen hinausgekommen.

gez. Brandt.

orig. i. a. Korea 1

[ ]

PAAA_RZ201-018954_189 f.			
Empfänger	Bismarck	Absender	Arco
A. 15560 pr. 25. November 1888. a. m.		Washington, den 12. November 1888.	
Memo	mitg. 26. 11. n. London 915, Peking 34.		

Abschrift.

A. 15560 pr. 25. November 1888. a. m.

Washington, den 12. November 1888.

№ 398.

Seiner Durchlaucht
dem Fürsten von Bismarck.

Der New York Herald bringt heute die Nachricht, daß der Judge Denny, welcher seit 1885 als eine Art Minister für die auswärtigen Angelegenheiten in Korea angestellt war, auf Andrängen der chinesischen Regierung entlassen werden soll, weil er in einem Briefe an den Senator Mitchell von Oregon dem chinesischen Vicekönig Li hung chang die Absicht den König von Korea zu ermorden, zugeschrieben habe.

Der Herald will auch in diplomatischen Kreisen erfahren haben, daß Denny den russischen Einfluß zum Schaden China's in Korea begünstigt habe. Auf dem State Department hat man die Bestätigung der Entlassung Denny's noch nicht erhalten. Hiesige Blätter behaupten außerdem, daß China darauf bestehe, daß Korea die in Washington beglaubigte Mission zurückrufe. Diese unbegründete Notiz scheint dem Wunsche nach Urlaub des hier schwer erkrankten Gesandten ihre Entstehung zu verdanken.

Daß übrigens China mit der Errichtung einer koreanischen Gesandtschaft in Washington keineswegs einverstanden war, habe ich die Ehre gehabt Euerer Durchlaucht seiner Zeit zu melden.

gez. Graf Arco.

Orig. i. a. Korea 1

Auswärtiges Amt
Abth. A.

Politisches Archiv d. Auswärt. Amts

Acta

Betreffend
Diplomatisches Korps Koreas

Vom 1. Januar 1889
Bis Dezember 1905

Bd. 2
Fortsetzung
cfr. acta Japan 22.

Politisches Archiv des Auswärtigen Amts
R 18955

KOREA. № 8.

Inhalts-Verzeichnis	
Bericht a. Peking v. 21. 1. 1889. № 47; Abberufung des koreanischen Gesandten in Washington Pu - Ting - Yang; Nachfolger Te - cha -t'un.	4080 pr. 18. III
Bericht a. Söul v. 15. 2. № 17; Verweilen des koreanischen Gesandten für die Vereinigten Staaten, Hrn. Pak in Tokio; Nichtbefolgung der dem Gesandten ertheilten Weisungen der chinesischen Regierung in Bezug auf die Antrittsaudienzen in Washington.	5940 pr. 14. IV
desgl. v. 8. 8. № 55. Einführung der Konkubinen des Koreanischen Geschäftsträgers und des Dolmetchers der korean. Gesandtschaft in die Washington'er Gesellschaft. mitg. 28. 9. Washington A. 96.	13124 pr. 27. IX
desgl. 18. 9. № 63. Rückkehr des koreanischen Gesandten in Washington Pak; Reklamation China's wegen dessen instruktionswidrigen Verhaltens.	15269 pr. 12. XI
Ber. aus Washington v. 30. XI № 561: betr. zweideutige weibliche Mitglieder der koreanischen und der chinesischen Gesandtschaft in Washington.	17032 pr. 18. XII
Ber. a. Söul v. 4. 2. 90. № 14; Rückkehr des für die Europäischen Vertragsstaaten bestimmten Gesandten Tscho Shim Hui, nach zweijährigem Aufenthalt in Hongkong, nach Söul; Bestrafung des Gesandten wegen Nichtausführung der Mission mit der Verbannung; Ersetzung durch Pak Chae Sun.	4488 2. 4. 90.
Ber. a. Söul v. 21. 1. 90. № 19; Notifizirung der Ernennung Pak Chae Sun's zum koreanischen Gesandten für die Europäischen Vertragsmächte.	4822 11. 4.
Ber. aus Söul v. 30. 7. № 57: Ernennung des früheren Sekretärs der koreanischen Gesandtschaft in Washington Dr. Allen zum Sekretär der N. Amerikanischen Minister-Residentur in Söul.	10643 29. 9.
1898	
Ber. a. Söul v. 25. 5. № 54. Ernennung des Herrn Song - Ki - Wun zum koreanischen Gesandten für Deutschland, England und Italien und des Kammerherrn Yun Yong Sik zum Gesandten für Oesterreich, Rußland und Frankreich. - Frage der Anerkennung des koreanischen Kaisertitels durch Deutschland.	8134 11. 7.
Aufzeichnung: Die Anerkennung des Kaisertitels des Königs von Japan.	ad 8134 II 14. 7.

Ber. a. Prag v. 12. 9. № 71: Auskunft über die Person des zum Koreanischen Gesandten für Deutschland, England und Italien ernannten Song Ki Wun.	10893 21. 9.
Ber. a. Tientsin v. 10. 9. № 71: Die Persönlichkeit des zum Gesandten Koreas für Deutschland, England und Italien ernannten Song Ki Wun.	12174 24. 10.
Vermerk auf Angabe III zu A. 8134: S. M. haben auch gegen Anerkennung des Kaisers nichts einzuwenden.	ad 8134[II] 20. 7.
1899	
Erl. i. Z. v. 2/3 n. Söul № A. 1. Ersuchen um baldigen Bericht über Song - Ki – Wun.	8134. 12174
Be. v. 20. 3. a. Soul № 23. Der Gesandte für Rußland, Frankreich und Oesterreich Min Yong ton ist seines Postens enthoben. Sein Nachfolger ist J. Pomchin in Washington, der dort durch Min Yong hoan ersetzt wird. Ernennung Kim Sok Kim's zum Gesandten für Japan. Die Reise des für Deutschland, England u. Italien ernannten Söng Ki Wun.	5720 13. 5.
Bericht aus Söul v. 26. 4. № 34. Lebenslauf des zum Gesandten für Deutschland, England u. Italien ernannten Song Ki Won.	7576 24. 6.
1900	
Ber. a. Söul v. 21. 4. № 36. Abreise des koreanischen Gesandten für Rußland, Frankreich und Oesterreich J. Pomchin nach Petersburg, während der für Deutschland, England und Italien bestimmte Gesandte Söng Ki Wun vorläufig noch nicht abreist.	7034 6. 6.
1901	
Tel. a. Söul v. 15. 4. № 7: Abreise der koreanischen Gesandten für Berlin-Wien, London-Rom und Paris.	5658. 16. 4.
Notiz: Geplante Entsendung von koreanischen Gesandtschaften an die europäischen Mächte.	ad 7018. 12. 5.
Bericht v. 20. 3. aus Söul № 46. Die koreanischen Gesandten für Deutschland, Oesterreich, England, Italien und Frankreich. Und deren beabsichtigte kurz bevorstehende Entsendung an ihre Bestimmungsorte.	7017 12. 5.
desgl. v. 1. 5. - 74 - Der nach Berlin abgeordnete koreanische Gesandte soll sich dort eine geeignete Persönlichkeit als Rathgeber engagiren.	8894 15. 6.

Bericht aus Söul v. 20. 3. - 46 - Die beabsichtigte Entsendung koreanischer Gesandtschaften nach Deutschland, Oesterreich, England, Italien und Frankreich.	7017 12. 5.
desgl. v. 20. 11. 1900 - № 138 - Charakteristik des zum koreanischen Gesandten für das Deutsche Reich ernannten Min Ch'öl Hun.	548 11. 1.
1902	
Ber. a. Söul v. 21. 2. № 41. Min Yong Chen, der neue Gesandte für Paris u. Brüssel.	5534 9. 4.
desgl. v. 19. 5. - № 88 - Pavlow hat Beglaubigungsschreiben als russ. Gesandter i. a. Korea 7	10406 6. 7.
desgl. v. 24. 9. № 154. Abreise des Gesandten Pak Chae Sun auf seinen Posten nach Peking.	16417 10. 11.
1903	
Bericht aus Söul v. 17. 2. № 24. Ko Yong Hui, der neue Gesandte für Tokio.	4695 3. 4.
1904	
Schrb. d. Koreanischen Gesandtschaft v. 18. 3. Bitte, die deutschen Zeitungen zu veranlassen, über die Angelegenheit des Legationssekretär Hong keine Nachrichten zu bringen.	4698 19. 3.
Ber. a. Söul v. 9. 2. № 15. - Frage der Ernennung des korean. Gesandten in St. Petbg. Yi Pöm Chin für Berlin.	4935 23. 3.
Berliner Lokal-Anzeiger v. 24. 5. Angebl. Eintreffen d. Koreanischen Ges. in Petersbg. in Berlin u. Absteigen auf der Japansichen Gesandtschaft ist falsch.	8894 26. 5.
Ber. z. Petersburg v. 26. 4. - 368 - Wunsch des korean. Gesandten auf Übermittelung seiner Briefe an seine Frau durch durch das deutsche Auswärtige Amt.	7169 28. 4.
Ber. a. Soeul v. 22. 7. № 82. Briefwechsel des Korean. Ges. in St. Petersburg nach seiner Heimat. Versuche desselben die Deutsche Ministerresidentur als Vermittlerstelle zu benutzen.	14716 12. 9.
Ber. a. Tokio v. 8. 9. B. 269. Die Frage der Aufhebung des korean. Gesandtschaftsrechts infolge des Anschlusses an Japan. Orig. i. a. Japan 20 № 3	15566 28. 9.

Ber. a. Petersburg v. 9. 9. № 792. Die Anwesenheit des korean. Gesandten beim Diplomaten-Empfange. Seine Abberufung ist noch nicht erfolgt. Inter···. Schulden. Orig. i. a. Russld 88	14636 11. 9.
1905	
Ber. a. Söul v. 19. 7. № 47: Antrag des japanischen Gesandten, daß die bei den koreanischen Gesandtschaften angestellen nichtkoreanischen Berater und Beamten entlassen werden sollen.	15141 27. 8.
Tel. a. Peking v. 15. 12. № 314. Zurückziehung koreanischer Gesandtschaft und der koreanischen Konsulate aus China ; Vertretung koreanischer Interessen durch Japan.	22421 15. 12.
Aufzeichng. d. Staatssecr. Frhr. von Richthofen v. 8. 12. 05. Bevorstende Notifizirg. d. Abberufg. d. korean. Gesandtschaft u. Uebernahme d. Schutzes der Koreaner in Deutschland durch japan. Gesandten. Abschr. i. d. A. Korea 7	22136 10. 12.
Ber. a. Tokio v. 27. 12. A. 378. Abreise des Korean. Gesandten Minhui Cho u. Schließung der japan. Gesandtschaft. Abschr. i. d. A. Japan 7	2240 1. 2. 06.
Schrb. d. Japan. Gesdtsch. v. 12. 12. Uebernahme der korean. Vertretung u. Aufhebung der korean. Gesdtschaft.	22264 12. 12. 06.
Schrb. d. korean. Konsuls Meyer d. d. Hamburg 16. 12. Aufhebung des korean. Konsulats in Hamburg.	22637 17. 12. 06.
Schrb. d. Japan. Gesdtsch. v. 18. 12. Aufhebung der korean. Gesdtsch. in Berlin u. des korean. Konsulats in Hamburg.	22828 19. 12.
Schrb. an die Japan. Gesdtsch. v. 21. 12.	ad 22264, 22637, 22828 21. 12.
Bericht aus Söul v. 28. 12. № 85. Die Aufhebung der korean. Gesdtsch. in Berlin u. des Konsulats in Hamburg. Schulden. Unregelmäßigkeiten bei der Uebergabe der Archive.	3248 15. 12. 06.
1906	
Ber. aus Peking v. 18. 12. A. 388. Japan. Notifikatorium über die Aufhebg.d der korean. Gesandtschaft in China, sowie der korean. Konsulate.	2076 30. 1.

Betreffend einen Wechsel in der Person des koreanischen Vertreters in Washington.

PAAA_RZ201-018955_012 ff.			
Empfänger	Bismarck	Absender	Brandt
A. 4080 pr. 18. März 1889. a. m.		Peking, den 21. Januar 1889.	

A. 4080 pr. 18. März 1889. a. m.

Peking, den 21. Januar 1889.

A. № 47.

Seiner Durchlaucht
dem Fürsten von Bismarck.

Nach den in Japan erscheinenden fremden Zeitungen ist der bisher in Washington beglaubigt gewesene koreanische Gesandte, Pu Ting Yang, am 19. December v. J. in Yokohama eingetroffen um sich von dort nach kurzem Aufenthalt in Tokyo im Januar nach Söul zu begeben.

Der an seiner Stelle neu ernannte koreanische Vertreter in Washington Te cha tu hat sich mit seiner Gemahlin und einem ebenfalls verheiratheten Beamten am 19. December in Yokohama nach San Francisco eingeschifft.

Brandt.

Inhalt: betreffend einen Wechsel in der Person des koreanischen Vertreters in Washington.

Den Koreanischen Gesandten für die Vereinigten Staaten betreffend.

PAAA_RZ201-018955_015 ff.			
Empfänger	Bismarck	Absender	Krien
A. 5490 pr. 14. April 1889. a. m.		Söul, den 15. Februar 1889.	
Memo	J. № 132.		

A. 5490 pr. 14. April 1889. a. m.

Söul, den 15. Februar 1889.

Kontrole № 17.

Seiner Durchlaucht
dem Fürsten von Bismarck.

Euerer Durchlaucht habe ich die Ehre unter Bezugnahme auf den ganz gehorsamsten Bericht № 84[1] vom 16. November 1887 ebenmäßig zu melden, daß der Koreanische Gesandte für die Vereinigten Staaten von Amerika vor einigen Monaten Washington wieder verlassen hat und seit November v. J. in Tokio verweilt.

Wie die koreanischen Beamten behaupten, wird er durch Krankheit dort zurückgehalten. In der That scheint Herr Pak in Yokohama krank angekommen zu sein. Seit etwa zwei Monaten ist er jedoch vollständig wieder genesen. Dagegen erfahre ich aus zuverlässiger Quelle, daß der hiesige Chinesische Vertreter auf Befehl Li Hung Changs die Bestrafung des Gesandten verlangt, weil derselbe die ihm von seiner Regierung auf China´s Veranlassung ertheilte Weisung, sich durch den Chinesischen Gesandten in Washington bei dem Präsidenten und dem Staatssekretär einführen zu lassen, nicht befolgt habe.

Da es indessen kaum einem Zweifel unterliegt, daß der König Herrn Pak im Geheimen den Befehl gegeben hat, gerade diese Instruktion als nicht ertheilt zu betrachten, ist die Koreanische Regierung jetzt in großer Verlegenheit und hilft sich nach ihrer Weise, indem sie den Gesandten von Korea fern hält, in der Hoffnung, daß die Chinesische Regierung ihre Forderung wieder fallen lassen wird.

Der für die fünf Europäischen Vertragsmächte ernannte Gesandte befindet sich noch immer in Hongkong.

---

1 A. 636 ehrerbietigst beigefügt.

Eine Abschrift dieses Berichtes sende ich an die Kaiserliche Gesandtschaft zu Peking.

Krien.

Inhalt: Den Koreanischen Gesandten für die Vereinigten Staaten betreffend.

Empfang der Konkubinen des Koreanischen Geschäftsträger und des Gesandtschafts-Dolmetschers in Washington seitens der Gemahlin des Präsidenten der Vereinigten Staaten.

PAAA_RZ201-018955_019 ff.			
Empfänger	Bismarck	Absender	Krien
A. 13124 pr. 27. September 1889. a. m.		Söul, den 8. August 1889.	
Memo	mtg. 28. 9. Washington A. 96. J. № 409.		

A. 13124 pr. 27. September 1889. a. m.

Söul, den 8. August 1889.

Kontrole № 55.

Seiner Durchlaucht
dem Fürsten von Bismarck.

Euerer Durchlaucht habe ich die Ehre über ein großes Aergerniß, welches der Koreanische Geschäftsträger in Washington gegeben hat, ganz gehorsamst zu berichten:

Der zum Dolmetscher bei der dortigen Gesandtschaft ernannte Beamte I Chai Yon hatte seine Konkubine von hier aus in Männerkleidung heimlich mit sich genommen, während der damalige Legations-Sekretär I Wan Yong in Fusan ein Sing- und Freudenmädchen gekauft hatte und mit demselben nach Amerika gereist war. In Washington haben dann die genannten Koreaner diese beiden Personen als ihre rechtmäßigen Ehefrauen ausgegeben. In Folge dessen sind die Letzteren von dem Präsidenten der Vereinigten Staaten und seiner Gemahlin empfangen und, wie es scheint, auch in die dortigen Gesandtschaft- Kreise eingeführt worden.

Der Rathgeber des Königs, Herr Denny, verurtheilt den groben Verstoß der beiden Koreaner auf das Schärfste und schiebt die ganze Schuld an dem Aergernisse auf den Koreanischen Gesandtschaft- Sekretär Dr. Allen, welcher wissen mußte, daß es Koreanischen Beamten nicht gestattet ist, ihre Frauen in das Ausland mitzunehmen. Seine Entrüstung wird noch durch den Umstand erhöht, daß der Letztere auf den König von Korea stets einen größeren Einfluß ausgeübt hat, und noch ausübt, als Denny selbst.

Dr. Allen war bis Oktober 1887 Amerikanischer Missionar in Söul und Leibarzt des Königs und wurde, wie Euerer Durchlaucht ich unter dem 16. November 1887 - № 84[2]

- zu melden die Ehre hatte, der Koreanischen Mission für Amerika als Gesandtschafts-Sekretär attachirt.

Nach der Behauptung des Herrn Denny ist der König über das anstößige Verhalten der gedachten beiden Beamten außerordentlich empört und wird dieselben abberufen, um sie zu bestrafen.

Da die in Rede stehenden weiblichen Personen möglicherweise auch dem Kaiserlichen Gesandten in Washington vorgestellt worden sind, so habe, ich geglaubt, Euerer Durchlaucht über den Vorfall ehrerbietigst berichten zu sollen.

Eine Abschrift dieses ganz gehorsamsten Berichtes sende ich an die Kaiserliche Gesandtschaft zu Peking.

Krien.

Inhalt: Empfang der Konkubinen des Koreanischen Geschäftsträger und des Gesandtschafts-Dolmetschers in Washington seitens der Gemahlin des Präsidenten der Vereinigten Staaten.

2 A. 636 in vol. 1.

Berlin, den 28. September 1889.

A. 13124.

An
die Gesandtschaft in
Washington № A. 96

cfr A. 17032

J. № 7512.

Euerer p. übersende ich anbei ergebenst Abschrift eines Berichts des K. Konsuls in Söul, vom 8. v. Mts., betreffend Mitglieder der koreanischen Mission in Washington zu Ihrer Information.

N. S. E.
i. m.

Rückkehr des koreanischen Gesandten für die Vereinigten Staaten nach Söul.

PAAA_RZ201-018955_026 ff.			
Empfänger	Bismarck	Absender	Krien
A. 15269 pr. 12. November 1889. a. m.		Söul, den 18. September 1889.	
Memo	J. № 470.		

A. 15269 pr. 12. November 1889. a. m.

Söul, den 18. September 1889.

Kontrole № 63.

Seiner Durchlaucht
dem Fürsten von Bismarck.

Euerer Durchlaucht habe ich die Ehre im Verfolg meines ganz gehorsamsten Berichtes № 17 vom 15. Februar d. J. zu melden, daß der Koreanische Gesandte für die Vereinigten Staaten Ende vor. Mts. in Söul eingetroffen ist.

Nach einer Mittheilung des Koreanischen Linguisten bei dem Kaiserlichen Konsulate hat der hiesige Chinesische Vertreter sofort nach Ankunft des Herrn Pak bei dem Auswärtigen Amte zu Söul schriftlich Aufklärungen darüber verlangt, warum der Gesandte in Washington die ihm ertheilten Instruktionen verletzt habe. Der Präsident der Auwärtigen Amtes hat darauf erwidert, daß die bezüglichen Weisungen dem Gesandten erst einige Zeit nach seinem Eintreffen in Washington zugegangen seien. Dieses Antwortschreiben hat Herr Yuan dem Präsidenten als unbefriedigend wieder zurückgesandt.

Die Nachrichten des Linguisten sind mir von dem Sekretär der Chinesischen Vertretung, Herrn Tong, bestätigt worden. Der Letztere setzte hinzu, daß die Erwiderung des Präsidenten demselben zurückgegeben worden wäre, weil der König von Korea in einem Schreiben an den General-Governeur Li Hung chang ausdrücklich betont hätte, daß Herr Pak vor seiner Abreise von hier die sein Verhältniß zu dem Chinesischen Gesandten in Washington regelnden Weisungen erhalten hätte.

Der Streitfall wird nach Angabe des Chinesischen Sekretärs in Peking entschieden werden.

Eine Abschrift dieses ehrerbietigen Berichtes sende ich an die Kaiserliche Gesandtschaft zu Peking.

Krien.

Inhalt: Rückkehr des koreanischen Gesandten für die Vereinigten Staaten nach Söul.

Die weiblichen Mitglieder der koreanischen und der chinesischen Gesandtschaft.

PAAA_RZ201-018955_030 ff.			
Empfänger	Bismarck	Absender	A. v. Mumm
A. 17032 pr. 18. Dezember 1889. a. m.		Washington, den 30. November 1889.	

A. 17032 pr. 18. Dezember 1889. a. m. 1 Anl.

Washington, den 30. November 1889.

№ 561.

Seiner Durchlaucht
dem Fürsten von Bismarck.

Euerer Durchlaucht beehre ich mich unter Bezugnahme auf den hohen Erlaß № A. 96 vom 28. September d. Js., betreffend Mitglieder der koreanischen Mission hierselbst, gehorsamst zu melden, daß die in dem Berichte des kaiserlichen Konsuls in Söul vom 8. August d. Js. erwähnten weiblichen Personen noch hier in Washington anwesend sind und in der koreanischen Gesandtschaft wohnen. Dieselben gelten hier als Frauen des gegenwärtigen Geschäftsträgers Ye Wan Yong und des zweiten Legationssekretärs Ye Cha Yun.

Dem hiesigen Staatsdepartment war Seitens der koreanischen Gesandtschaft von der Anwesenheit der beiden „Damen" bis vor kurzem amtlich keine Mittheilung gemacht worden und sie waren daher auch in der Diplomatkulisse nicht aufgeführt. Neuerdings sind deren Namen indessen in die vom Department of State herausgegebene Liste aufgenommen worden, wie sich aus dem hier gehorsamst beigefügten, vom 23. d. Mts. datirten Verzeichnisse ergiebt.

Im Weißen Hause habe ich die beiden „Damen" nur einmal, Ende Februar dieses Jahres, bei einem von Mrs. Cleveland abgehaltenen Abend-Empfange gesehen. Die Einladungen zu diesem Empfange waren an die sämmtlichen Missionschefs adressirt und forderten dieselben auf, sich mit den Mitgliedern ihrer Gesandtschaft im Weißen Hause einzufinden.

Der Kaiserliche Herr Gesandte und ich selbst haben die Bekanntschaft der beiden Damen nicht gemacht und auf der Kaiserlichen Gesandtschaft haben dieselben nicht verkehrt.

In diesem Zusammenhange beehre ich mich ferner gehorsamst zu berichten, daß einer meiner Bekannten im Staatsdepartement mir neulich vertraulich mitgetheilt hat, daß man sich im Departement in Verlegenheit darüber befinde, wie man sich den weiblichen Mitgliedern der chinesischen Gesandtschaft gegenüber verhalten solle. Der neue Gesandte, Tsui Kwo Yin, habe zwei Chinesinnen mitgebracht. Mrs. Tsui Kwo Yin und Mrs. Yeong She und hiervon dem Departement mit dem Bemerken Mittheilung gemacht, daß erstere seine Frau, letztere deren Lady in waiting, Gesellschaftsdame sei. Nach den dem Departement zugegangenen Informationen sei indessen Mrs. Yeong She die Konkubine des Gesandten und man trage Bedenken, dieselbe zu den Empfängen im Weißen Hause zuzulassen.

Uebrigens verlautet, daß beide Damen nicht in Gesellschaft erscheinen sollen, wodurch das Staatsdepartement der Schwierigkeit überhoben werden würde, zu der Frage der Zulassung von Mrs. Yeong She Stellung zu nehmen.

A. v. Mumm.

Inhalt: Die weiblichen Mitglieder der koreanischen und der chinesischen Gesandtschaft.

Anlage zum Bericht vom 30. November 1889. N. 561.

LEGATIONS

OF

FOREIGN COUNTRIES

IN THE

UNITED STATES.

CORRECTED TO NOVEMBER 23, 1889.

FOREIGN LEGATIONS IN THE UNITED STATES.

HAYTI. - February 18, 1873.

Mr. Stephen Preston, Envoy Extraordinary and Minister Plenipotentiary, 1016 Vermont Avenue.

Madame Preston, 1016 Vermont Avenue.

M'lle Preston, 1016 Vermont Avenue.

M'lle R. A. Preston, 1016 Vermont Avenue.

M'lle L. E. Preston, 1016 Vermont Avenue.

Mr. Charles A. Preston, Secretary of Legation, 35 West 61st Street, New York.

Madame Charles A. Preston, 35 West 61st Street, New York.

ITALY. - October 28, 1881.

Baron de Fava, Envoy Extraordinary and Minister Plenipotentiary, 903 16th Street.

Baroness de Fava, 903 16th Street.

Count Albert de Foresta, First Secretary of Legation, 903 16th Street.

Mr. Georges Levi, Attaché, 903 16th Street.

MEXICO. - March 7, 1882.

Señor Don Matias Romero, Envoy Extraordinary and Minister Plenipotentiary, Mexican Legation, 1413 I Street, N. W.

Señora Doña Lucrecia Allen de Romero, Mexican Legation, 1413 I Street, N. W.

Señor Don Cayetano Romero, First Secretary of Legation, 12 East Townsend Street, Baltimore, Md.

Señora Doña Eva Hains de Romero, 12 East Townsend Street, Baltimore Md.

Señor Don Vincente Morales, Second Secretary 1126 Connecticut Avenue.

Señora Doña G. Durán de Morales, 1126 Connecticut Avenue.

Señor Don Adolfo Mujica y Sayago, Second Secretary, 1229 17th Street.

Señor Don Edmundo J. Plaza, Third Secretary, 1340 I Street, N. W.

Señor Don Emilio Garcia, Third Secretary, The Hamilton.

Señor Don Enrique Santibañez, Attaché, The Hamilton.

Señor Don José Romero, Attaché, 1413 I Street, N. W.

Office of the Legation, 1413 I Street (entrance by alley).

RUSSIA. - April 11, 1882.

Mr. Charles de Struve, Envoy Extraordinary and Minister Plenipotentiary, 1705 K Street.

Mr. F. Hansen, Acting Secretary of Legation, 1015 Connecticut Avenue.

Mr. Alexandre Greger, Second Secretary of Legation. Absent.

Mr. M. de Routkowsky, Technical Attaché. Absent.

FRANCE. - June 22, 1882.

Mr. Théodore Roustan, Envoy Extraordinary and Minister Plenipotentiary, 1901 F Street.

Count Sala, First Secretary of Legation, 728 17th Street.

Mr. des Portes de la Fosse, Third Secretary, 1504 H Street.

Madame des Portes de la Fosse, 1504 H Street.

Major Lottin, Military Attaché, 1214 K Street.

Mr. Jules Boeufvé, Chancellor, 813 15th Street.

Office of the Legation, 1901 F Street.

HAWAII. - March 6, 1883.

Mr. H. A. P. Carter, Envoy Extraordinary and Minister Plenipotentiary, 1313 New Hampshire Avenue.

Mr. H. A. P. Carter, 1313 New Hampshire Avenue.

Miss Carter, 1313 New Hampshire Avenue.

Miss Agnes Carter, 1313 New Hampshire Avenue.

NETHERLANDS. - June 10, 1884.

Mr. G. de Weckherlin, Envoy Extraordinary and Minister Plenipotentiary, Wormley's.

ARGENTINE REPUBLIC. - October 27, 1885.

Señor Don Vincente G. Quesada, Envoy Extraordinary and Minister Plenipotentiary. Absent.

Señor Don Manuel Quintana, Envoy Extraordinary and Minister Plenipotentiary. On special mission (November 2, 1889).

Señor Don Ernesto Bosch, Secretary of Legation and Chargé d' Affaires *ad interim*, 1822 Jefferson Place.

Señor Don Juan S. Attwell, Naval Attaché, 1408 H Street.

SPAIN. - April 6, 1886.

Señor Don Emilio de Muruaga, Envoy Extraordinary and Minister Plenipotentiary, 1730 Massachusetts Avenue.

Señor Don José Lapazaran, First Secretary of Legation, 1705 H Street.

Señor Don José Felipe Sagrario, Second Secretary, 1410 Corcoran Street.

Señora de Sagrario.

Señorita de Sagrario.

Señor Don José de Pedroso, Attaché, 1719 H Street.

Señora de Pedroso.

Señor Don J. de Romero y Dusmet, Attaché, 1326 New York Avenue.

Señora de Romero, 1326 New York Avenue.

TURKEY. - March 14, 1887.

Mavroyeni Bey, Envoy Extraordinary and Minister Plenipotentiary, 917 16th Street.

Mighirditch Effendi Norighian, First Secretary of Legation, 1631 Q Street.

Madame Marie Norighian, 1631 Q Street.

Office of the Legation, 917 16th Street.

AUSTRIA-HUNGARY. - April 5, 1887.

Chevalier de Tavera, Envoy Extraordinary and Minister Plenipotentiary, 1537 I Street.

Count Victor Folliot de Crenneville, Secretary of Legation, 1015 Connecticut Avenue.

Office of the Legation, 1015 Connecticut Avenue.

COSTA RICA. - July 26, 1887.

Señor Don Pedro Pérez Zeledón, Envoy Extraordinary and Minister Plenipotentiary. Absent

Señora Doña Vicenta Calvo de Pérez Zeledón.

Señorita Doña Salvadora Calvo.

Señor Don Federico Volio, Secretary of Legation and Chargé d' Affaires *ad interim*, 1009 13th Street, N. W.

Señor Don Joaquin Bernardo Calvo, Second Secretary, 1701 Massachusetts Avenue.

Office of Legation, Room 19 Corcoran Building, Pennsylvania Avenue and 15th Street.

NICARAGUA. - July 28, 1887.

Señor Don Horacio Guzmán, Envoy Extraordinary and Minister Plenipotentiary, 1224 17th Street.

Señora Doña Maria Ester de Guzmán, 1224 17th Street.

Señor Don Román Mayorga, Secretary of Legation, 917 16th Street.

SIAM. - August 5, 1887.

Phya Montri Surig a Wongse, Envoy Extraordinary and Minister Plenipotentiary. Absent.

COLOMBIA. - December 13, 1887.

Señor Don José Marcelino Hurtado, Envoy Extraordinary and Minister Plenipotentiary, 1903 N Street.

Señora Doña Ida Perry de Hurtado.

Señor Don Julio Renzifo, Secretary of Legation, 1705 H Street.

Office of the Legation, 1903 N Street.

COREA. - January 17, 1888.

Mr. Pak Chung Yang, Envoy Extraordinary and Minister Plenipotentiary. Absent.

Mr. Ye Wan Yong, Chargé d' Affaires *ad interim*, 1500 13th Street.

Mrs. Ye Cha Yun, Secretary of Legation, 1500 13th Street.

Mrs. Ye Cha Yun.

Dr. H. N. Allen, Foreign Secretary. Absent.

Mrs. Allen.

Office of the Legation, 1500 13th Street.

GERMANY. - June 12, 1888.

Count Ludwig von Arco-Valley, Envoy Extraordinary and Minister

Plenipotentiary. Absent.

Countess Leopoldine von Arco-Valley, 734 15th Street.

Mr. A. von Mumm. Secretary of Legation and Chargé d' Affaires *ad interium*, 734 15th Street.

Baron von Eckardstein, Attaché, 1710 Pennsylvania Avenue.

Mr. Oscar Petri, Technical Attaché, 1336 I Street.

Mrs. Petri, 1336 I Street.

Mr. P. W. Büddecke, Chancellor, 110 I Street, N. W.

Mr. C. von der Weth, Assistant Chancellor, 530 20th Street.

PERU. - June 14, 1888.

Señor Don Felix Cipriano C. Zegarra, Envoy Extraordinary and Minister Plenipotentiary, 1519 K Street.

Señora de Zegarra, 1519 K Street.

Señor Don Leopoldo Oyague y Soyer, Secretary of Legation, 1519 K Street.

Señor Don Manuel Elguera. Attaché.

JAPAN. - June 19, 1888.

Mr. Munemitsu Mutsu, Envoy Extraordinary and Minister Plenipotentiary, 1310 N Street.

Mrs. Mutsu, 1310 N Street.

Mr. Durham White Stevens, Counsellor of Legation, 1621 13th Street.

Mr. Aimaro Sato, Secretary of Legation, 1315 Massachusetts Avenue.

Lieutenant R. Baba, I. J. N., Naval Attaché, 1300 Vermont Avenue.

Mr. Yasuya Uchida, Attaché, 1619 K Street.

Mr. Masaichi Noma, Chancellor, 1310 N Street.

CHILI. - September 1, 1888.

Señor Don Emilio C. Varas, Envoy Extraordinary and Minister Plenipotentiary, 1230 Connecticut Avenue.

Señora de Varas, 1230 Connecticut Avenue.

Señor Don Beltran Mathieu, Secretary of Legation, 1917 K Street.

Señora de Mathieu, 1917 K Street.

Señor Don Carlos Zanartu Fierro, Second Secretary, 1416 K Street.

PERSIA. - October 3, 1888.

Hadji Hossein Ghooley Khan, Envoy Extraordinary and Minister Plenipotentiary. Absent.

Mirza Mahmoud Khan, Secretary of Legation. Absent.

SWITZERLAND. - November 15, 1888.

Mr. Alfred de Claparéde, Envoy Extraordinary and Minister Plenipotentiary, 2014 Hillyer Place.

Major Karl Kloss, Secretary of Legation, 2031 I Street.

SALVADOR. - December 20, 1888.

Señor Don Francisco Lainfiesta, Envoy Extraordinary and Minister Plenipotentiary. Absent.*[3]

GREAT BRITAIN. - May 3, 1889.

Sir Julian Pauncefote, G. C. M. G., K. C. B., Envoy Extraordinary and Minister Plenipotentiary, British Legation, Connecticut Avenue, corner of N Street.

Lady Pauncefote.

Miss Pauncefote.

Miss Sybil Pauncefote.

Hon. Henry G. Edwardes, Secretary of Legation, 1228 Connecticut Avenue.

Hon. Michael H. Herbert, Second Secretary of Legation, 1228 Connecticut Avenue.

Hon. Mrs. Herbert, 1228 Connecticut Avenue.

Mr. Arthur Herbert, Second Secretary, 1118 18th Street.

Mr. George Barclay, Attaché, 1748 N Street. Absent.

Mr. Cecil Spring Rice, Attaché, British Legation, Connecticut Avenue, corner of N Street.

BELGIUM. - May 24, 1889.

Mr. Alfred Le Ghait, Envoy Extraordinary and Minister Plenipotentiary, 1336 I Street.

Count Gaston d'Arschot, Counsellor of Legation, 1211 K Street.

Countess d'Arschot, 1211 K Street.

Office of Legation, 1211 K Street.

SWEDEN AND NORWAY. - June 1, 1889.

Mr. J. A. W. Grip, Envoy Extraordinary and Minister Plenipotentiary, 2017 G Street.

Mr. Woxen, Secretary of Legation, 1028 17th Street.

GUATEMALA. - July 11, 1889.

Señor Don Fernando Cruz, Envoy Extraordinary and Minister Plenipotentiary, 1732 K Street.

HONDURAS. - September 30, 1889.

---

3 Jacob Baiz, Consul-General, in charge of business of Legation, New York City.

Señor Don Jerónimo Zelaya, Envoy Extraordinary and Minister Plenipotentiary, The Richmond.

Señor Don E. Constantino Fiallos, Secretary of Legations, The Richmond.

Señor Don Ricardo Villafranca, Second Secretary, The Richmond.

CHINA. - October 3, 1889.

Mr. Tsui Kwo Yin, Envoy Extraordinary and Minister Plenipotentiary, Dupont Circle.

Mrs. Tsui Kwo Yin, Dupont Circle.

Mrs. Yeong She, Dupont Circle.

Mr. Pung Kwang Yu, First Secretary, Dupont Circle.

Mr. Ho Shen Chee, Translator und Attaché, Dupont Circle.

Mr. Lew Yuk Lin, Translator und Attaché, Dupont Circle.

Mr. Li Chün Kwan, Attaché, Dupont Circle.

Mr. Yaw Fung Chi, Attaché, Dupont Circle.

Mr. Tu Yen Hu, Attaché, Dupont Circle.

Mr. Cheng Yin, Attaché, Dupont Circle.

ECUADOR. - October 9, 1889.

Señor Don José Maria Placido Caamaño, Envoy Extraordinary and Minister Plenipotentiary, care of Consul of Ecuador, New York City.

Señor Don Juan L. Yeibaez, Secretary of Legation, care of Consul of Ecuador, New York City.

Señor Don Antonio Echeverria, Attaché, care of Consul of Ecuador, New York City.

BRAZIL. - November 9, 1889.

Senhor J. G. do Amaral Valente, Envoy Extraordinary and Minister Plenipotentiary, 1300 New Hampshire Avenue.

Senhor Lafayette Rodriguez Pereira, Envoy Extraordinary and Minister Plenipotentiary. On special mission, November 9, 1889.

Senhor Salvador de Mendonca, Envoy Extraordinary and Minister Plenipotentiary. On special mission, November 9, 1889.

Senhor José Augusto Ferreira da Costa, Secretary of Legation.

Senhor Francisco de Paulo de Aranjo e Silva, Attaché.

Office of the Legation, 1300 New Hampshire Avenue.

BOLIVIA. - November 22, 1889.

Señor Don Juan F. Velarde, Envoy Extraordinary and Minister Plenipotentiary, 1406 G Street.

GREECE. - March 1, 1888.

Mr. Jean Gennadius, Minister Resident. Absent.

DENMARK. - March 8, 1888.

Count de Sponneck, Minister Resident and Consul-General, 714 18th Street.

Countess de Sponneck.

VENEZUELA. - November 21, 1889.

Señor Don Nicanor Bolet Peraza, Chargé d'Affaires, Ebbitt House.

Señor Don Manuel J. Olavarria, 826 14th Street.

PORTUGAL. - March 26, 1888.

Baron d'Almeirim, Consul-General in charge of business of Legation, New York City.

Rückkehr des Koreanischen Gesandten für Europa.

PAAA_RZ201-018955_038 ff.			
Empfänger	Bismarck	Absender	Krien
A. 4488 pr. 2. April 1890. a. m.		Söul, den 4. Februar 1890.	
Memo	cfr A. 4822 mtg 2. 4. London 274, Petersb 154, Rom 112. J. № 75.		

A. 4488 pr. 2. April 1890. a. m.

Söul, den 4. Februar 1890.

Kontrole № 14.

Seiner Durchlaucht, dem Fürsten von Bismarck.

Euerer Durchlaucht habe ich im Verfolg meines ganz gehorsamsten Berichtes № 84 vom 16. November 1887 zu melden die Ehre, daß der Koreanische Gesandte für die Europäischen Vertragsstaaten Tcho Shim Hui, welcher ungefähr zwei Jahre in Hongkong verblieben war, vor einigen Tagen, angeblich Krankheitshalber, mit dem größeren Theile seines Gefolges hierher zurückgekehrt ist.

Zufolge der amtlichen Zeitung vom 1. d. Mts. ist der Genannte dafür seines Postens enthoben und durch den Vize-Präsidenten im Ministerium des Innern, bisherigen Präfekten von Inchön (Iinsen, Ienchuan) und vormaligen Konsul in Tientsin, Pak Chae Sun ersetzt worden.

Die amtliche Zeitung vom heutigen Tage bringt nunmehr die Nachricht, daß Herr Tcho mit Verbannung bestraft worden sei, weil bei der großen Bedeutung, welche der Mission zukäme, es unrichtig gewesen wäre, nach Korea zurückzukehren, wenn auch seine schwere Erkrankung der Grund dafür wäre, daß die Gesandtschaft nach Europa ihr Ziel nicht erreicht hätte.

Abschriften dieses ganz gehorsamsten Berichtes sende ich an die Kaiserlichen Gesandtschaften zu Peking und Tokio.

Krien.

Inhalt: Rückkehr des Koreanischen Gesandten für Europa.

Berlin, den 2. April 1890.

zu A. 4488.

An
die Botschaften in
1. London № 174
2. St. Petersburg № 154
3. Rom № 112

J. № 2872.

Euerer pp. übersende ich anbei ergebenst Abschrift eines Berichts des K. Konsuls in Söul vom 4. Februar, betreffend den koreanischen Gesandten Tcho Shim Hui, zu Ihrer Information.

N. S. E.
i. m.

Die Ernennung eines neuen Koreanischen Gesandten für die Europäischen Vertragsmächte.

PAAA_RZ201-018955_043 ff.			
Empfänger	Bismarck	Absender	Krien
A. 4822 pr. 11. April 1890. p. m.		Söul, den 21. Februar 1890.	
Memo	mtg. 12. 4. London 305, Petersburg 169. J. № 108.		

A. 4822 pr. 11. April 1890. p. m. 1 Anl.

Söul, den 21. Februar 1890.

Kontrole № 19.

Seiner Durchlaucht
dem Fürsten von Bismarck.

Euerer Durchlaucht habe ich die Ehre, gehorsamst zu berichten, daß mir Präsident des koreanischen Auswärtigen Amtes die Ernennung des Vize-Präsidenten im Ministerium den Innern Herrn Pak Chae Sun zum bevollmächtigten Minister für das Deutsche Reich schriftlich notifizirt hat.

Der Präsident betont dabei, daß der frühere Gesandte Tscho Shim Hui bald nach seiner Abreise unterwegs in eine Krankheit verfiel, welche bei dem Alter desselben - Herr Tscho ist gegenwärtig neununddreißig Jahre alt - eine so ernste Wendung nahm, daß er nicht im Stande war, seine Mission zu erfüllen.

Aehnliche Notifikationen hat der Präsident an die hiesigen Vertreter Rußlands, Frankreichs und Großbritanniens gerichtet.

Ich habe demselben erwidert, daß ich seinem, in dem betr. Schreiben gestellten Ersuchen entsprechend, Euerer Durchlaucht Bericht erstatten würde.

Krien.

Inhalt: Die Ernennung eines neuen Koreanischen Gesandten für die Europäischen Vertragsmächte. 1 Anlage.

Anlage zum Bericht № 19.
Abschrift.

Uebersetzung.

Söul, den 20. Februar 1890.

An den
Kaiserlich Deutschen Konsul
Herrn Krien, Hochwohlgeboren.

Durch Edikt Seiner Majestät vom 16. September 1887 war der Vize-Präsident im Ministerium des Innern Herr Tscho Shim Hui, wie das Auswärtige Amt seiner Zeit die Ehre hatte Ihnen mitzutheilen, zum Bevollmächtigten Minister für Deutschland, mit dem Sitze in Berlin ernannt worden; Seine Excellenz verfiel bald nach seiner Abreise unterwegs in eine Krankheit, welche bei seinem Alter eine so ernste Wendung nahm, daß keine Aussicht vorhanden war, daß er seine Mission zu erfüllen im Stande sein würde; er kehrte deßhalb zurück, um seine Gesundheit wiederherstellen zu lassen.

Auf den somit vakant gewordenen Posten eines Bevollmächtigten Ministers ist jetzt durch Dekret Seiner Majestät vom 2. Februar d. J. der Vize-Präsident im Ministerium des Innern Herr Pak Chae Sun berufen worden und wird derselbe nach Deutschland reisen und seinen Aufenthalt in Berlin nehmen.

Indem ich Ew. pp. ganz ergebenst bitte, Ihrer hohen Regierung von dem Vorstehenden Kenntniß zu geben, ergreife ich auch diese Gelegenheit ets.

gez. Kin.
Für die Uebersetzung
gez. Reinsdorf.

Berlin, den 12. April 1890.

zu A. 4822.

An
die Botschaften in
1. London № 305
2. St. Petersburg № 169

J. № 2872.

Euerer pp. übersende ich im Anschluß an den diesseitigen Erlaß vom 2. d. M. anbei ergebenst Abschrift eines Berichts des K. Konsuls in Söul vom 21. Februar d. J., betreffend die Ernennung eines neuen koreanischen Gesandten für die europäischen Vertragsmächte, zu Ihrer Information.

N. S. E.

i. m.

Ernennung des Dr. Allen zum Sekretär der Amerikanischen Minister-Residentur in Söul.

PAAA_RZ201-018955_049 ff.			
Empfänger	Caprivi	Absender	Krien
A. 10643 pr. 29. September 1890. a. m.		Söul, den 30. Juli 1890.	
Memo	J. № 406.		

A. 10643 pr. 29. September 1890. a. m.

Söul, den 30. Juli 1890.

Kontrole № 57.

An Seine Excellenz
den Reichskanzler, General der Infanterie
Herrn von Caprivi.

Euerer Excellenz habe ich die Ehre ganz gehorsamst zu melden, daß der Missionar-Arzt Dr. Allen, welcher ungefähr zwei Jahre lang - bis zum Herbste v. Js. - den Posten eines Sekretärs der Koreanischen Gesandtschaft in Washington bekleidete, an Stelle des Ende v. Js. ausgeschiedenen Legations- Sekretärs Colonel Long vor kurzem zum Sekretär der hiesigen Minister - Residentur der Vereinigten Staaten von Amerika ernannt worden ist.

Eine Abschrift dieses ehrerbietigen Berichtes sende ich an die Kaiserliche Gesandtschaft zu Peking.

Krien.

Inhalt: Ernennung des Dr. Allen zum Sekretär der Amerikanischen Minister-Residentur in Söul.

Ernennung zweier Koreanischer Gesandter.

PAAA_RZ201-018955_052 ff.			
Empfänger	Fürst zu Hohenlohe - Schillingsfürst	Absender	Krien
A. 8134 pr. 11. Juli 1898. p. m.		Söul, den 25. Mai 1898.	
Memo	Erl. 21. 7. Wien 497, Prag. 2, Peking A. 68, desgl. i. Z. Söul A. 6, Tientsin A. 5. / J. № 271.		

A. 8134 pr. 11. Juli 1898. p. m.

Söul, den 25. Mai 1898.

№ 54.

An Seine Durchlaucht
den Herrn Reichskanzler
Fürsten zu Hohenlohe - Schillingsfürst.

Durch Dekret des Königs vom 22. d. Mts. ist der Koreanische Gesandte für die sechs Europäischen Vertragsmächte, Min Yong Ik, seines Postens enthoben und zum Mitgliede des Staatsrathes ernannt worden.

An seiner Stelle sind an demselben Tage als Außerordentliche Gesandte und bevollmächtigte Minister bestellt worden,

1) für das Deutsche Reich, Großbritannien und Italien: der Vorsteher des Rechnungswesens im Hausministerium: Song Ki-Wun.

2) für Oesterreich-Ungarn, Rußland und Frankreich: der Kammerherr Yun Yong-Sik.

Herr Song war vor dem Japanisch-Chinesischen Kriege einige Zeit Koreanischer Konsul in Tientsin und wurde dann zum Handels-Inspektor von Inchön (Chemulpo) und im vorigen Jahre zum ersten Legationssekretär bei der Gesandtschaft für die Europäischen Vertragsmächte ernannt.

Herr Yun ist in Fremden- Kreisen gänzlich unbekannt.

Auf Ersuchen des hiesigen Ministers der Auswärtigen Angelegenheiten bitte ich Euer Durchlaucht gehorsamst die Kaiserliche und Königliche Oesterreichisch-Ungarische Regierung von der Ernennung des Herrn Yun geneigtest in Kenntniß setzen zu wollen.

Abschriften dieses Berichtes sende ich an die Kaiserlichen Gesandtschaften zu Peking und Tokio.

Krien.

Inhalt: Ernennung zweier Koreanischer Gesandter.

ad A. 8134. I.

Zusammenstellung.

I.

Am 2. Oktober 1897 hat der König von Korea laut Bericht des Kais. Konsuls in Söul vom 4. d. gl. Mts. № 63 den Kaisertitel angenommen. Nachdem der Staatsanzeiger vom 4. d. gl. Mts. den dahingehenden Entschluß des Königs veröffentlicht hatte, empfing Letzterer am 13. d. gl. Mts. die Vertreter der Vertragsmächte und verkündete ihnen mündlich, daß Er auf Bitten seiner Beamten und Unterthanen den Titel „Hwangchei" angenommen habe. Wie der Kais. Konsul bereits in seinem Berichte vom 4. X. 1897 (A. 13775) ausführte, soll der König von Anfang an sich wenig Hoffnung darauf gemacht haben, daß sein neuer Titel von den Regierungen der Vertragsmächte bald anerkannt werden würde. Auch führte der Premier-Minister in dem Bittgesuch an seinen Herrn um Übernahme des Kaiser-Titels aus, daß nach internationalem Recht ein jeder unabhängige Staat das Recht habe, für sein Oberhaupt irgend einen Titel anzunehmen; er könne die eigenen Unterthanen, aber nicht die fremden Mächte zwingen, diesen Titel anzuerkennen. Der König möge diesen Titel aber annehmen, ohne die Anerkennung der ausländischen Regierungen abzuwarten. (Anlagen zu A. 14208/97). In der Folge haben sodann weder der König von Korea selbst noch seine Regierung die Anerkennung der neuen Würde seitens der Vertragsstaaten jemals nachgesucht. Vielmehr hat der koreanische Minister der auswärtigen Angelegenheiten mittels amtlichen Schreibens vom 14. Okt. 1897 nur die Thatsache der Annahme des Kaiser-Titels den Vertretern der Vertragsmächte mitgetheilt und sie, ebenso wie dies der König selbst anläßlich des Empfanges selbst gethan hatte, gebeten, diese Thatsache zur Kenntniß ihrer Regierungen zu bringen (A. 14208/97). Mit Schreiben vom 16. Okt. 1897 benachrichtigte sodann der erwähnte Minister die fremden Vertreter, daß durch Erlaß der „Kaisers" der Name des Landes von „Tai Choson" in „Tai-Han" abgeändert worden sei. (A. 14340/97). Beim Bericht über Vorstehendes meldete Konsul Krien, daß er bis zum Empfang weiterer Weisungen auch im Verkehr mit den koreanischen Behörden die alten Titulationen anwenden werde.

Als erste nun hat die russische Regierung, nach Meldung des Konsuls Krien (A. 135/98), entgegen ihren früheren Aeußerungen, die koreanische Kaiserwürde anerkannt. Graf Murawieff erläuterte dies indessen dahin, daß die Anerkennung als belanglose Courtoise gelegentlich telegraphischer Beantwortung eines Glückwunsches erfolgt sei (A. 712/98). Auf Rußland folgte Japan (A. 1795/98) mit seiner Anerkennung des Titels „Tai-wang jei".

Um auch bei dieser Gelegenheit der russischen Regierung zu beweisen, daß die Kais. Regierung Korea, woselbst Deutschland keine politischen, sondern nur wirthschaftliche Interessen habe, als politisch zur russischen Interessensphäre gehörig betrachte, folgte

Deutschland dem russischen Beispiele, indem der Kais. Konsul angewiesen wurde, in seinem Verkehr mit den koreanischen Behörden, soweit dieser in koreanischer Sprache stattfinde, dann in Gemäßheit mit dem Verfahren seines russischen Collegen, die neuen Bezeichnungen anzuwenden. (ad A. 2583. III) Dabei wurde deutscherseits unter diesen neuen Titulaturen nichts weiter als die Bezeichnung für einen unabhängigen Herrscher und ein unabhängiges Land verstanden. Es sollten dabei im europäischen Verkehr die koreanischen Titel nach wie vor durch die bisher angewandten europäischen Ausdrücke wiedergegeben werden. (ad A. 2583. I).

Die Regierungen der Vereinigten Staaten von Nordamerika, von England und von Frankreich folgten sodann mit der Anerkennung des Kaisertitels. (A. 4514 bezw. A. 5248). Die Regierung von Italien und Oesterreich-Ungarn haben ausweislich der diesseitigen Akten eine Erklärung in dieser Angelegenheit noch nicht abgegeben.[4] Letzterer ist überdies erst unter dem 19. Mai d. Js. durch Vermittlung des Deutschen Reiches die Proklamation des Königs von Korea zum Kaiser amtlich mitgetheilt worden.

Die Kais. Regierung hat aber, seitdem Rußland sich durch den mit Japan unter dem 13. 25. April d. Js. abgeschlossenen Vertrag seiner Interessensphäre auf Korea begeben hat, wieder freie Hand, den Kais. Konsul in Söul mit definitiver Weisung zu versehen.

II.

Nach dem Bericht des Kais. Konsuls in Söul von 23. Sept. 1897 (A. 12981) hatte der koreanische Minister der auswärtigen Angelegenheiten denselben in Kenntniß gesetzt, daß zum koreanischen Gesandten für das Deutsche Reich, Oesterreich-Ungarn, Italien, Rußland, Großbritannien und Frankreich Min Yong Ik ernannt worden sei. (A. 12981). Zu der Frage der Anerkennung desselben hat die Kais. Regierung indeß noch keine Stellung genommen. Sie rechnete erachtete eine solche Stellungnahme in Anbetracht der Unsicherheit der koreanischen Verhältnisse vielmehr erst mit dem Zeitpunkt für erforderlich, wo der Gesandte hieselbst eintreffen und seine Zulassung als solcher beanspruchen sollte (ad A. 14763/97). Von diesem Standpunkt ist die oesterr.-ung. sowie die italienische Regierung auf ihre diesbezüglichen Anfragen hin verständigt worden (A. 842/98 bezw. ad A. 14763/97). Gegen die Person des Gesandten Min hat die französische Regierung Einspruch erhoben (A. 14007/97); Rußland hat sich mit seiner Ernennung einverstanden erklärt (A. 712/98), England scheint offiziell sich nicht hierüber geäußert zu haben (A. 3000/98).

vM. 14.

Bohlen Halbach.

---

4 Anmerkung Ganse: hier steht eine mittels Durchstreichung unkenntlich gemachte Eintragung.

Berlin, den 21. Juli 1898.

zu A. 8134 II.

I. An
Geschäftsträger in
Wien № 497

cfr A. 12174

Nach einem Bericht des Kais. Konsuls in Söul vom 25ten Mai d. Js. ist durch Dekret des Königs von Korea vom 22ten d. gl. Mts. (inscr. aus Vorlage.)

Einer diesbezüglichen mir durch den Kais. Konsul übermittelten Bitte der koreanischen Regierung entsprechend ersuche ich Ew. pp. erg. der oesterr.-ungar. Regierung von der Ernennung des Herrn Yun mit dem Anfügen Kenntniß zu geben, daß der Kais. Konsul über denselben in den Fremden-Kreisen zu Söul Nichts hat in Erfahrung bringen können.

\# \# \#

II. An
Konsul
Söul A. № 6

Postziffer!

Mit Bericht № 54 vom 25ten Mai d. Js. Ew. pp. wollen wenn thunlich, über die Persönlichkeit des neu ernannten Gesandten Song Ki-Wun nähere Erkundigungen einziehen und mir über das Ergebniß derselben berichten.

\# \# \#

III. An
Konsul
Tientsin A. № 5

Postziffer!

Nach Bericht des Kais. Konsuls in Söul ist der bisherige Vorsteher des Rechnungswesens im koreanischen Hausministerium Song Ki-Wun zum Gesandten für Deutschland, Großbritannien und Italien ernannt worden. Derselbe soll vor dem japanisch-chinesischen Krieg koreanischer Konsul dortselbst gewesen und dann zum Handels - Inspektor von Inchön (Chemulpo) ernannt worden sein. Ew. pp. wollen, wenn thunlich, über die

Persönlichkeit des Genannten dortselbst Erkundigungen einziehen und mir über das Ergebniß derselben berichten.

# # #

IV. An
Konsul Prag № 2

[ins. aus ad III] in Tientsin gewesen und dann zum Handels-Inspektor von Inchön (Chemulpo) ernannt worden sein. Sollten Ew.
pp. sich etwa aus der Zeit Ihrer Amtsthätigkeit in Tientsin noch an Herrn Song erinnern können[5], so ersuche ich Sie, mir über die Persönlichkeit desselben gefl. zu berichten.

# # #

V. An
Gesandten
Peking № 68

J. № 6151.

Zu Ihrer gefl. Information: Ich habe die Kais. Konsuln in Söul und Tien-tsin angewiesen, mir über die Persönlichkeit des, wie Ihnen aus dem Bericht in Söul von 25. Mai d. Js. bekannt, zum Gesandten für Deutschland pp. ernannten Song Ki-Wun nähere Erkundigungen einzuziehen und mir über das Ergebniß derselben zu berichten.

N. d. st. H. St. S.
Bohlen Halbach.

---

5 [können: Durchgestrichten von Dritten.]

Berlin, den 20. Juli 1898. zu. A. 8134 III.

An den (tit.)
Grafen zu Eulenburg
Exc.
Kais. Hoflager № 20

J. № 6128.

Ew. pp. beehre ich mich anbei Abschrift eines Berichts des Kais. Konsuls in Söul vom 25. Mai. d. Js. betr. die Ernennung zweier koreanischer Gesandter mit dem Ersuchen erg. zu übersenden, den Inhalt dieses Berichtes Seiner Majestät unserem Allergnädigsten Herrn vorzutragen.

Über die Persönlichkeit des bisherigen Vorstehers des Rechnungswesens im koreanischen Hausministerium Song Ki Wun lasse ich zur Zeit nähere Erkundigungen einziehen um an Allerhöchster Stelle über denselben nähere Angaben machen zu können, für den Fall, daß die koreanische Regierung hier das Agreement für dens. Herrn erbittet.

Der vordem zum Gesandten bei den sechs europäischen Vertragsmächten ausersehene Min Yong Ik - soweit bekannt - ist niemals in dieser Eigenschaft nach Europa gekommen. Sofern der jetzt zu seinem Nachfolger bei den Höfen von Deutschland, Großbritannien und Italien designirte Song Ki-Wun s. Z. hier eintrifft, so würde, neben der bisher noch offenen Fragen des Agreements für denselben für uns voraussichtlich dadurch auch die Frage der Anerkennung der Kaiserwürde des Herrschers von Korea wieder aktuell werden.

Bisher haben, soviel wir wissen, die Regierungen von Rußland, Japan, der V. St. von Amerika und Großbritannien diesen Kaisertitel zum Theil ausdrücklich, zum Theil dadurch anerkannt, daß sie diesen Titel im Verkehr mit den koreanischen Behörden anwendeten.

Der Kais. Konsul in Söul ist mit Genehmigung Seiner Majestät des Kaisers und Königs s. Zt. - hauptsächlich um der russischen Regierung auch hierdurch zu beweisen, daß das Deutsche Reich in Korea politische Interessen nicht verfolge, vielmehr der russischen Politik daselbst freies Feld zu lassen gesonnen sei - angewiesen worden, in seinem Verkehr mit den koreanischen Behörden, soweit dieser in koreanischer Sprache stattfinde, dem Beispiele seines russischen Collegen zu folgen und die neuen Bezeichnungen für den Herrscher, dessen Familie und Reich anzuwenden. Wir gingen dabei von dem Standpunkt aus, daß die Titulaturen „Hwang chei“ bezw. „Tai-Han“ nichts weiter ausdrücken als eine Bezeichnung für einen souverain bezw. ein unabhängiges Land.

In Übereinstimmung mit diesem Verfahren, würde sich auch im Falle des Hierherkommens eines koreanischen Gesandten vermuthlich ein Weg finden lassen, dem

Herrscher von Korea, wie s. Zt. dem Tenno von Japan, den ihm zustehenden Souverainitäts-Titel zu belassen, ohne durch eine nicht entsprechende Uebersetzung dieses Titels bei den Europäern falsche Vorstellungen zu erwecken.

N. d. st. H. St. S.
Bohlen Halbach.

zu Erlaß № 20 an Gf. Eulenburg

ad A. 8134.

des Grafen Eulenburg

Bemerkungen Seiner Majestät.

auf Seite 1

1.) Bei I B z. g. K. f ges Br.

[*sic.*] empfiehlt sich die m. E. [*sic.*] nicht notwendige Anerkennung des Kaisertitels nicht u. ich würde der Ansicht sein von der [*sic.*] Ermächtigung wie für den [*sic.*] zu [*sic.*], daß späterhin pol. Gründe, die z. Z., glaube ich, nicht [*sic.*], die Anerkennung wünschenswerth erscheinen lassen.

2.) zum V. L. R. Klehnert [*sic.*] u. d. z. g. K.

K 1. 8.

not 31. 7. bis auf weiters zdA.

Ki 2. 8.

[ ]

PAAA_RZ201-018955_084 ff.			
Empfänger	Eulenburg	Absender	Richthofen
[o. A.]		Berlin, den 20. Juli 1898.	

Auswärtiges Amt. 1 Anlage.

Berlin, den 20. Juli 1898.

№ 20.[6]

Seiner Excellenz, dem Kaiserlichen Botschafter
Herrn Grafen zu Eulenburg, Kaiserliches Hoflager.

Euerer Excellenz beehre ich mich anbei Abschrift eines Berichtes des Kaiserlichen Konsuls in Söul vom 25. Mai d. J. betreffend die Ernennung zweier koreanischer Gesandter mit dem Ersuchen ergebenst zu übersenden, den Inhalt dieses Berichtes seiner Majestät unserem Allergnädigsten Herren vorzutragen.

Ueber die Persönlichkeit des bisherigen Vorstehers des Rechnungswesens im koreanischen Hausministerium Song Ki-Wun lasse ich zur Zeit nähere Erkundigungen einziehen, um an Allerhöchster Stelle über denselben in dem Fall nähere Angeben machen zu können, daß die koreanische Regierung hier das Agreement für denselben erbittet.

Der vordem zum Gesandten bei den sechs europäischen Vertragsmächten ausersehene Min Yong Ik ist, soweit bekannt, niemals in dieser Eigenschaft nach Europa gekommen. Sofern der jetzt zu seinem Nachfolger bei den Höfen von Deutschland, Großbritannien und Italien designirte Song Ki-Wun s. Z. hier eintrifft, so würde neben der bisher noch offenen Frage des Agriments für denselben, für uns voraussichtlich dadurch auch die Frage der Anerkennung der Kaiserwürde des Herrschers von Korea wieder aktuell werden. Bisher haben, soviel wir wissen, die Regierungen von Rußland, Japan, der Vereinigten Staaten von Amerika und Großbritannien diesen Kaiser-Titel zum Theil ausdrücklich, zum Theil dadurch anerkannt, daß sie diesen Titel im Verkehr mit den koreanischen Behörden anwandten.

Der kaiserliche Konsul in Söul ist mit Genehmigung Seiner Majestät des Kaisers und Königs s. Z. hauptsächlich um der russischen Regierung auch hierdurch zu beweisen, daß

6 [Randbemerkung] S. M. haben auch gegen Anerkennung des Kaisers nichts einzuwenden. 25. 7. Sch.

das Deutsche Reich in Korea politische Interessen nicht verfolge, vielmehr der russischen Politik daselbst zu lassen gesonnen sei, angewiesen worden, in seinem Verkehr mit den koreanischen Behörden, soweit dieser in koreanischer Sprache stattfinde, dem Beispiele seines russischen Kollegen zu folgen und die neuen Bezeichnungen für den Herrscher, dessen Familie und Reich anzuwenden.

Wir gingen dabei von dem Standpunkt aus, daß die Titulaturen „Hwang-chei" bezw. „Tai-Han" nichts weiter ausdrücken als eine Bezeichnung für einen souveränen Herrscher bezw. ein unabhängiges Land. In Uebereinstimmung mit diesem Verfahren würdee sich auch im Falle des Hierherkommens eines koreanischen Gesandten vermuthlich leicht ein Weg finden lassen, dem Herrscher von Korea, wie s. Z. dem Tenno von Japan, den ihm zustehenden Souveränitäts-Titel zu belassen, ohne durch eine nicht entsprechende Uebersetzung dieses Titels bei Europäern falsche Vorstellungen zu erwecken.

Richthofen.

A. 16893.

(u. V.)

Der Bericht ergibt keine Gründe zur Versagung des Agreements.
In Erwartung der Äußerungen aus Söul und Tientsin

w. nach 2 Monat w. v.

Ki 21. 9.

Den zum koreanischen Gesandten für Deutschland etc. ernannten Herrn Song Ki Wun betreffend.

PAAA_RZ201-018955_089 ff.			
Empfänger	Fürst zu Hohenlohe - Schillingsfürst	Absender	v. Sechendorff
A. 10893 pr. 21. September 1898. p. m.		Prag, den 12. September 1898.	
Memo	J. № 875.		

A. 10893 pr. 21. September 1898. p. m.

Prag, den 12. September 1898.

№ 71.

Seiner Durchlaucht
dem Herrn Reichskanzler
Fürsten zu Hohenlohe - Schillingsfürst.

Ich habe die Beantwortung des hohen Erlassen № 2 vom 21. Juli d. J.[7] die Ernennung des bisherigen Vorstehers des Rechnungswesens im Koreanischen Hausministerium Song Ki Wun zum Gesandten für Deutschland, Großbritannien und Italien betreffend, bis zu meiner Rückkehr auf meinen Posten anstehen lassen müssen, um mich an der Hand gewisser aus der Zeit meiner Amtsthätigkeit in China herrührender Notizen über die Person des in Betracht kommenden Koreanischen Beamten äußern zu können.

Ich muß hier gleich erwähnen, daß das in Tientsin bestandene koreanische Amt, wenigstens bis zum Ausbruch des Chinesisch-Japanischen Krieges, kein eigentliches Konsulat in unserem Sinne war, da der oder eigentlich richtiger gesagt, die Vorsteher desselben sich in einem ganz bestimmten Abhängigkeitsverhältnisse zu den dortigen Chinesischen Behörden befanden, an den General-Gouverneur „berichteten", von diesem „Erlasse" und „Instruktionen" empfingen und sich selbst als Koreanische Handels-Kommission bezeichneten. - Nur in ihrem Verkehre zu den Konsuln der Vertragsmächte und besonders meinem damaligen Japanischen Collegen gegenüber, gerirten sich die Koreaner, von denen es immer einen „ersten" und einen „zweiten" Beamten gab, als Konsuln. -

Außer den jährlich wiederkehrenden offiziellen Besuchen zu Neujahr und aus Anlaß

7 A. 8134 ehrerb. beigefügt.

der gegenseitigen nationalen Festtage, bot sich für die meisten der Konsuln der Vertragsmächte nur selten Gelegenheit, mit den Koreanern in Berührung zu kommen, die, wie oben schon angedeutet, von den Chinesen als selbständige Beamte nicht anerkannt, zu keiner der offiziellen jährlich 3-4 Mal stattfindenden Festlichkeiten zugezogen und in ihrem Verkehre mit Fremden besonders argwöhnisch controllirt wurden. - Erst nach den ersten für China ungünstig verlaufenden Schlachten auf Koreanischem Boden bei Jashan und Ping yang traten die Koreanischen Handels-Kommissare mehr in den Kreis unserer Beachtung, indem sie sich Nachrichten von uns erbaten und mit Bitten und Anträgen vorstellig wurden. Ich selbst wurde damals des ganz besonderen Vertrauens der Koreaner gewürdigt, besonders nachdem ein Theil der auf dem in den Grund gebohrten Dampfer „Kowshing" befindlich gewesenen Chinesischen Soldaten, welche sich auf eine der Koreanischen Inseln gerettet hatten, durch S. M. Schiff „Iltis" aufgenommen und nach Chefoo überführt worden waren. - Als die Situation dann immer ernster wurde und die Japaner in Talien wan, Port Arthur und Wei hai wei siegreich vorgegangen waren, bestürmten mich die damaligen beiden Koreanischen Beamten, sie auf einem Deutschen Kriegsschiffe nach ihrer Heimath zurückbefördern zu lassen, ein Antrag dem gegenüber ich mich auf Weisung des damaligen Kaiserlichen Gesandten ablehnend verhalten mußte. -

Während der letzten beiden Jahre meiner Amtsthätigkeit in Tientsin, d. h. vor Ausbruch und während des Chinesisch-Japanischen Krieges waren die Inhaber des dortigen Koreanischen Handels-Amtes ein gewisser Hsü, dessen Zuname mir momentan nicht erinnerlich ist, als erster und Song Ki Wun, der nunmehr zum Gesandten für Deutschland ernannt wurde, als zweiter Beamter. Hsü, ein schon bejahrter Mann mit stark ergrautem Kopf und Barthaar, war ein näherer Verwandter des Koreanischen Königs, hatte ein einnehmendes kluges Gesicht und ein verhältnißmäßig klares Verständniß auch für Europäische Angelegenheiten.

Anläßlich der in das Jahr 1893 fallenden Unruhen in Seoul war er als Spezial-Abgesandter seitens der Koreanischen Regierung nach China gekommen, um Li hung chang und eventuell die Chinesische Regierung zur Zurückziehung aller Chinesischen Kaufleute aus Seoul zu veranlassen. - Li hung chang soll Hsü damals sehr schroff behandelt und ihm die Durchführung seiner Anträge in Peking unmöglich gemacht haben. - Hierüber sowie über die meines Erachtens nach damals gemachten sehr großen politischen Fehler des sich für allmächtig haltenden chinesischen Staatsmannes glaube ich seiner Zeit eingehend berichtet zu haben. - Hsü blieb dann in Tientsin und erhielt in der Person des Son Ki Wun einen Adlatus. Dieser Letztere hat auf mich nie einen bedeutenden Eindruck gemacht. Er brüstete sich gern mit einigen Englischen Brocken, die er sich irgendwo in seiner Heimath angeeignet und die meistens zur unrechten Zeit angewandt, einen recht komischen Eindruck hervorriefen. Im Übrigen erinnerte er mich in seiner Verwirrung Europäischer Begriffe immer lebhaft an einige meiner in die Jahre 1874 bis 1878 zurückreichenden Bekanntschaften unter den damals in der Entwickelung begriffenen Japanern, die mit der ausgeprägtesten Consequenz ihre an mich gerichteten Briefe statt „mit der allergrößten Hochachtung“ stets „mit der allergrößten Verachtung“ schlossen. - Seiner allerdings stets in der vorsichtigsten Weise abgegebenen politischen Glaubensbekenntnisse nach, habe ich Song Ki Wun eher für einen Anhänger des alten koreanischen Abhängigkeits-Verhältnisses zu China als für einen besonders lebhaften Bewunderer Japansicher Neuerungen gehalten. - bei der ad oculos demonstrirten Überlegenheit der Japanischen Waffen über die Chinesischen ist es aber nicht ausgeschlossen, daß er in dieser Beziehung einer Mauserung unterworfen gewesen ist. - Von Gestalt hager und für einen Koreaner groß hatte Song Ki Wun eine ausgeprägt braune Gesichtsfarbe und einen dünnen Bartwuchs. - Meines Erachtens nach war er ein Mann von einigen 50 Jahren. -[8]

v. Sechendorff.

Inhalt: Den zum koreanischen Gesandten für Deutschland etc. ernannten Herrn Song Ki Wun betreffend.

8 Gelesen Wien 17. Sept. 94. v Eulenburg.

[ ]

PAAA_RZ201-018955_096 f.			
Empfänger	Fürst zu Hohenlohe - Schillingsfürst	Absender	Eiswaldt
A. 12174 pr. 24. October 1898. a. m.		Tientsin, den 10. September 1898.	
Memo	Erl. i. Z. 2. 3. 99. Söul A. 1. J. № 1580.		

A. 12174 pr. 24. October 1898. a. m.

Tientsin, den 10. September 1898.

№ 71.

Seiner Durchlaucht

dem Herrn Reichskanzler, Fürsten zu Hohenlohe - Schillingsfürst.

Entzifferung.

In Nachachtung des hochgeneigten Erlasses vom 21. Juli d. J. A. № 5[9] habe ich versucht über Song - Khoun (Cheng - Cheyuen) Erkundigungen einzuziehen. Das Ergebniß ist ein dürftiges.

Mit der Fremdenkolonie in Tientsin scheint der Genannte während seiner hiesigen Amtshätigkeit überhaupt wenig oder garnicht in Berührung gekommen zu sein, mit der höheren chinesischen Beamtenwelt jedenfalls nicht viel; etwas näheren Verkehr hat er mit dem bekannten Dolmetscher von Li hung chang, dem zeitigen chinesischen Gesandten in London, Lo feng lo gepflogen; dieser soll sich über Song günstig geäußert haben.

In der chinesischen Geschäftswelt hat Song scheinber mehr verkehrt und dort offenbar ein gutes Andenken hinterlassen; er gilt dort als ein Mann von ehrlicher Gesinnung, schnellem Urtheil und bestimmten Willen.

Eiswaldt.

9 A. 8134 ehrerbietigst beigefügt.

Berlin, den 2. März 1899.

Zu A. 8134 IV, 12174 / 98.

Konsul
Söul № A. 1

J. № 1676.

Postziffern.

Der mit Erlaß A. № 6 vom 21. Juli v. J. eingeforderte Bericht über die Persönlichkeit des Song-Ki-Wun ist bis jetzt hier nicht eingegangen. Ew. pp. ersuche ich, bald gefälligst in der Sache zu berichten.

N. S. E.
i. m.

Ernennung von koreanischen Gesandten für Amerika, Japan und Rußland, Frankreich, Oesterreich.

PAAA_RZ201-018955_100 ff.			
Empfänger	Fürst zu Hohenlohe - Schillingsfürst	Absender	Reinsdorf
A. 5720 pr. 13. Mai 1899. p. m.		Söul, den 20. März 1899.	
Memo	Auszug mit Erl. v 17. 5. Wien 176. J. № 206.		

A. 5720 pr. 13. Mai 1899. p. m.

Söul, den 20. März 1899.

№ 23.

An Seine Durchlaucht
den Herrn Reichskanzler
Fürsten zu Hohenlohe - Schillingsfürst.

Euerer Durchlaucht habe ich die Ehre zu berichten, daß der bisherige außerordentliche Gesandte und bevollmächtigte Minister für Rußland, Frankreich und Oesterreich Min Yong ton, der seit seiner Ernennung im Oktober vorigen Jahres Söul nicht verlassen hat, auf seinen Antrag seines Postens enthoben, und daß zu seinem Nachfolger der jetzige koreanische Gesandte in Washington, Herr I Pom chin ernannt worden ist. Der hiesige Minister der Auswärtigen Angelegenheiten hat mich ersucht, die Kaiserlich und Königlich Oesterreichisch-Ungarische Regierung von dieser Ernennung in Kenntniß zu setzen; Euerer Durchlaucht beehre ich mich daher diese Bitte zur hochgeneigten weiteren Veranlassung ehrerbietigst zu unterbreiten.

Nachfolger des Herrn I Pom chin in Washington wird der Beamte erster Klasse, Kammerherr Min Yong hoan, ein Verwandter der ermordeten Königin, der im Jahre 1896 bei Gelegenheit der Krönungsfeierlichkeiten als Gesandter in Rußland war, 1897 zum Gesandten bei den europäischen Vertragsmächten ernannt wurde und der Königin von England zu ihrem 60. Regierungsjubiläum die Glückwünsche des Königs von Korea überbrachte; von England reiste er im Sommer 1897 plötzlich nach Amerika und wurde darauf seiner Stellung enthoben; nach Söul zurückgekehrt war er Mitglied, zuletzt Vizepräsident des Staatsraths. Schon während seiner vorübergehenden Anwesenheit in Amerika bat Herr Min Yong hoan den König telegraphisch, seinen europäischen Posten mit dem des Herrn I Pom chin vertauschen zu dürfen; die jetzige Gewährung seiner damals ausgesprochenen Bitte wird hier auf das Betreiben der Concubine des Königs Lady Om zurückgeführt, gegen deren Bestrebungen Königin zu werden, Min Yong hoan bisher seinen Einfluß dem Könige gegenüber geltend gemacht haben soll, beim König hat er sich außerdem mißliebig gemacht dadurch, daß er Sympathien für die Bestrebungen des Unabhängigkeitsklubs gezeigt hat.

Herr Min beabsichtigt schon in der nächsten Zeit auf seinen neuen Posten abzureisen; ob Herr I nach Europa reisen oder in Amerika bleiben wird, ist bei der schlechten koreanischen Finanzlage zweifelhaft. Dr. Allen, der hiesige amerikanische Vertreter, erzählte, man würde in Washington froh sein, ihn los zu werden; seine Regierung hätte sich zwar nicht amtlich über ihn beschweren wollen, er wäre aber durch die filthy ways, worin er die Gesandtschaft hielte, und dadurch, daß er gar nicht zu repräsentiren verstände, längst unangenehm aufgefallen, so daß man ihn in Washington sehr durch einen anderen Beamten ersetzt zu sehen wünsche.

Ferner ist der Vorsteher der Abtheilung für Ahnenopfer im Ministerium des Königlichen Hauses, ein Verwandter des Königs, Kim Sok Kyu, zum Gesandten für Japan ernannt worden. Kim ist Beamter der 2ten Klasse und bisher wenig hervorgetreten; vor 1894 war er kurze Zeit Vizepräsident im Ministerium der Civilverwaltung. Nach japanischer Darstellung ist für seine Ernennung bestimmend gewesen, daß der König glaubt, sich auf ihn, als Verwandten, besonders verlassen zu können, und hoffe, daß Herr Kim seinen Wunsch, die in Japan lebenden politischen koreanischen Flüchtlinge wieder nach Korea und in seine Gewalt zu bringen, erfüllen werde, was dem Vorgänger I ha yong nicht gelang.

Die Ernennung des Herrn I Pom chin auf einen europäischen Posten hat der Gesandte für Deutschland, England und Italien Söng Ki wun wieder einmal benützt, um sich zu erkundigen, ob er am besten über Amerika oder durch den Indischen Ocean nach Europa reisen soll, und wie der Wind weht in den Monaten April und Mai, da er glaubt, er würde nun auch Ordres erhalten abzureisen; zunächst freilich fehlt es noch an Geld.

Abschriften dieses gehorsamen Berichtes gehen an die Kaiserlichen Gesandtschaften in Peking und Tokyo.

Reinsdorf.

Inhalt: Ernennung von koreanischen Gesandten für Amerika, Japan und Rußland, Frankreich, Oesterreich.

Berlin, den 17. Mai 1899. zu A. 5720.

An
Geschäftsträger in
Wien № 176

Sicher!

J. № 3926.

Ew. pp. übersende ich anbei ergebenst Auszug eines Berichts des K. Konsulatsverwesers in Söul vom 20 März d. Js., betreffend den neu ernannten koreanischen Gesandten für Oesterreich-Ungarn I Pom chin, mit dem Ersuchen dem Wunsche des koreanischen Ministers der auswärtigen Angelegenheiten entsprechend die dortige Regierung von der Ernennung in Kenntniß zu setzen.

Über die Persönlichkeit des neu ernannten Gesandten bemerkt der Kais. Konsulatsverweser weiter:

Ich gebe anheim, auch dies der dortigen Regierung mit der Bitte um streng vertrauliche Behandlung mitzutheilen.

N. S. E.

Persönlichkeit des Koreanischen Gesandten Song Ki wun betr.

PAAA_RZ201-018955_110 ff.			
Empfänger	Fürst zu Hohenlohe - Schillingsfürst	Absender	Reinsdorf
A. 7576 pr. 24. Juni 1899. a. m.		Söul, den 26. April 1899.	
Memo	Mtg. 26. 6. London 387, Rom 148. J. № 339.		

A. 7576 pr. 24. Juni 1899. a. m.

Söul, den 26. April 1899.

№ 34.

An Seine Durchlaucht
den Herrn Reichskanzler
Fürsten zu Hohenlohe - Schillingsfürst.

Der zum Gesandten für Deutschland, England und Italien ernannte Song Ki wun entstammt einer der koreanischen Adelsklasse angehörigen Familie, deren Mitglieder sich nach hiesiger Adelspraxis nur mit dem Studium chinesischer Classiker und Geschichtswerke befassen, um nach bestandener Prüfung die Beamtenlaufbahn einzuschlagen, von der jedoch seit Generationen kein Mitglied ein höheres Amt weder in Söul noch in den Provinzen innegehabt hat. Er ist gegenwärtig 53 Jahre alt; 1877 wurde er in den Staatsdienst aufgenommen und fand wegen seiner guten chinesischen Kenntnisse bald als Lector, der dem König oder dem Kronprinzen bei der Lectüre chinesischer Schriften als Erklärer dienten, und in der Abtheilung für Abfassung von Staatsdocumenten Verwendung. Dem Einfluß der Familie Min, der damals mächtigen Verwandten der Königin, verdankte er seine Ernennung zum Konsul in Tientsin (1887-1890); nach seiner Rückkehr nach Korea wurde er zum Vizepräsidenten im Ministerium der Civilverwaltung ernannt und war 1890-1893 Handelssuperintendent von Inchön - Chemulpo, dann Vicepräsident im Ministerium für öffentliche Arbeiten. Vicepräsident ist hier ein leerer Titel, der Inhaber hat sich mit den Arbeiten des betreffenden Departements nicht zu befassen. Als Handelssuperintendent hatte Herr Song vielfach mit Fremdenangelegenheiten zu thun, wobei seine Handlungen eine Langsamkeit auszeichnete, wie sie auch in Korea selten ist, und er konnte sich nicht daran gewöhnen, sogar die einfachsten Dinge rasch und pünktlich zu erledigen. Im Jahre 1890 war er einer der Beamten, die mit dem

Empfang der Mission beauftragt waren, durch die der Kaiser von China seine Theilnahme beim Tode der Mutter des Königs ausdrückte und seine Oberhoheit über Korea in scharfer Weise betonte. Von Chemulpo mußte er seiner Zeit fliehen, da während seiner Amtsführung mehrfach Verhaftungen und Bestrafungen von unschuldigen Personen vorgekommen waren, in Folge deren die Leute von Inchön sein Yamen in Chemulpo angriffen und ihn züchtigen wollten. Wieviel Schuld bei diesen Vorfällen ihn selbst trifft und wieviel auf die Eigenmächtigkeit seiner Unterbeamten fällt, läßt sich nicht feststellen, solange bei Gelegenheiten dieser Art eine Untersuchung anzustellen koreanische Dienstpragmatik nicht gebietet; er legte einfach den Posten nieder und es wurde ein neuer Handelssuperintendent ernannt. Als Bewunderer der Chinesen und Anhänger der Min war Herr Song ein Gegner der unter japanischem Einfluß seit 1894 inscenirten Reformbewegung; die Versuche der Reformpartei, ihn auf ihre Seite zu ziehen, mißlangen; die ihm 1894 angebotenen Stellungen, als Gesandter für Japan und später, nach Einführung der Eintheilung des Landes in 23 Regierungsbezirke, als Gouverneur von Ichow, schlug er unter dem Vorgeben von Krankheit aus; im Jahre 1897 wurde er zum 1. Sekretär der Gesandtschaft an die europäischen Vertragsmächte ernannt, die nicht zu Stande kam in Folge der Weigerung der französischen Regierung den Gesandten Min Yong Ik zu empfangen; gegenwärtig ist er Direktor der Kassenverwaltung im Ministerium des Königlichen Hauses und Beamter der 2. Rangklasse.

Bei seiner Ernennung zum Gesandten soll die Annahme maßgebend gewesen sein, daß er in Folge seiner dienstlichen Verwendung in Tientsin Erfahrung in der Behandlung von auswärtigen Geschäften und im Umgang mit Fremden habe. Nach den bescheidenen, wenn nicht geradezu ärmlichen Verhältnissen zu urtheilen, in denen Herr Song und seine Familie leben, hat er seine bisherigen amtlichen Stellungen nicht, wie die Mehrzahl der koreanischen Beamten zu thun pflegt, dazu mißbraucht, sich äußere Vortheile zu verschaffen. Er ist ein Mann von einfachem Wesen, aber in den Formen der chinesischen Etiquette erzogen, nicht ohne eine gewisse Würde des Auftretens; mit vielem äußeren Glanze wird er sich in Europa kaum umgeben, denn er beabsichtigt von seinem Gehalte (5.000 S Gold) viel zu sparen. Wenn die Mission wirklich zu Stande kommt und von längerer Dauer sein sollte, so ist es, da es ihm an eigenem Vermögen fehlt, nicht ausgeschlossen, daß er zuweilen in Verlegenheiten geräth, da die financiell erschütterte Regierung kaum im Stande sein wird, die Gehälter der Beamten im Auslande regelmäßig zu bezahlen; der König freilich soll das Zustandekommen so sehr wünschen, daß er sogar bereit wäre aus seiner eigenen Tasche Geld herzugeben; im Geheimen Rath, der sich der Absendung der Gesandten nach Europa und Amerika vorläufig noch widersetzt, hat der Minister des Auswärtigen erklären lassen, Zweck der Sendung sei die Vertragsmächte davon in Kenntniß zu setzen, daß der König von Korea Kaiser geworden sei. Hervorragender Begabung besonderer Verdienste und Erfolge oder diplomatischer Gewandtheit kann sich Herr Song nicht rühmen und die Verantwortung selbständig zu handeln sucht er immer zu vermeiden; das hat er mit der Mehrzahl der höheren koreanischen Beamten gemein; er ist aber bestrebt zu lernen und liest alle Bücher über europäische Dinge in chinesischer Sprache, die er erreichen kann, und dadurch zeichnet er sich vor den meisten aus. Da er gut chinesisch spricht, wird er leicht dazu kommen, Anschluß an seine chinesischen Kollegen im Ausland zu suchen. Seine ursprüngliche Absicht einen hier lebenden Engländer namens Hutchison, der früher im Zolldienst war und jetzt die englische Schule leitet, als Secretär mitzunehmen, hat er fallen lassen und gedenkt sich in Europa eine passende Persönlichkeit zu suchen. Sollte er auch Manches beobachten und seinem Lande dann mit seinen Erfahrungen zu nützen gewillt sein, so hat er leider nicht Einfluß und Ansehen genug, um hier Verbesserungen durchsetzen zu können.

Der britische Vertreter hier, Herr Jordan, erzählte mir vor einiger Zeit, daß er auf seine Anzeige von der Ernennung des Herrn Song hin, von seiner Regierung angewiesen worden sei, die Abreise desselben telegraphisch zu berichten; danach scheint die Ernennung auf britischer Seite zu Bedenken keinen Anlaß gegeben zu haben.

Reinsdorf.

Inhalt: Persönlichkeit des Koreanischen Gesandten Song Ki wun betr.

Berlin, den 26. Juni 1899.

zu A. 7576.

An
die Botschaften in
1. London № 387
2. Rom № 148

J. № 5170.

Euerer pp. übersende ich anbei ergebenst Abschrift eines Berichts des Kais. Konsuls in Söul vom 26. April d. J., betreffend die Persönlichkeit des für Deutschland, England und Italien bestimmten koreanischen Gesandten Song Kiwun, zu Ihrer gef. Information.

N. d. H. U. St. S.

i. m.

Die koreanischen Gesandten für Europa.

PAAA_RZ201-018955_119 ff.			
Empfänger	Fürst zu Hohenlohe - Schillingsfürst	Absender	Weipert
A. 7034 pr. 6. Juni 1900. p. m.		Söul, den 21. April 1900.	
Memo	J. № 348.		

A. 7034 pr. 6. Juni 1900. p. m.

Söul, den 21. April 1900.

№ 36.

An Seine Durchlaucht
den Herrn Reichskanzler
Fürsten zu Hohenlohe - Schillingsfürst.

Der für Rußland, Frankreich und Oesterreich ernannte koreanische Gesandte Herr I Pom chin hat Ende v. M. den Befehl zur Abreise nach Europa erhalten. Er soll sich zunächst in St. Petersburg melden und dann nach einem Besuch in Paris und Wien seinen dauernden Aufenthalt in Rußland nehmen. Die Rücksicht auf die Pariser Ausstellung hat wohl die Beschleunigung der Entsendung hauptsächlich veranlaßt. Herr Söng Ki wun, der Gesandte für Deutschland, England und Italien, ist noch hier und es scheint vorläufig keine Aussicht vorhanden zu sein, daß die seiner Abreise entgegenstehenden Schwierigkeiten, die vor Allem finanzieller Natur sind, bald gehoben werden.

Weipert.

Inhalt: Die koreanischen Gesandten für Europa.

Ernennung eines koreanischen Gesandten für Deutschland, England und Italien.

PAAA_RZ201-018955_123 ff.			
Empfänger	Fürst zu Hohenlohe - Schillingsfürst	Absender	Weipert
A. 548 pr. 11. Januar 1901. a. m.		Söul, den 20. November 1900.	
Memo	ausweg. mtg. in Erl. 19. 4. Wien 266. J. № 1505.		

A. 548 pr. 11. Januar 1901. a. m.

Söul, den 20. November 1900.

№ 138.

An Seine Durchlaucht
den Herrn Reichskanzler
Fürsten zu Hohenlohe - Schillingsfürst.

Durch Note vom 17. d. M. theilte mir der hiesige Minister des Aeußern mit, daß der bisherige Gesandte für das Deutsche Reich, Großbritannien und Italien, Herr Song Ki Wun von seinem Posten enthoben und an seine Stelle der bisherige Minister - Resident (ohne Posten) Herr Min Ch'öl Hun zum Außerordentlichen Gesandten und Bevollmächtigten Minister für die erwähnten drei Reiche ernannt worden sei.

Herr Song Ki Wun ist zum Gesandten in Tokio bestimmt worden, nachdem dieser Posten durch die am 14. d. M. erfolgte Ernennung des bisherigen Gesandten Cho Piöng Sik zum Vize-Präsidenten des Staatsraths und hiermit, da die Stelle eines Präsidenten zur Zeit nicht besetzt ist, zum höchsten Beamten des Landes, erledigt worden war. Herr Song Ki Wun soll sich in Bälde nach Tokio begeben. Er war seit einigen Monaten als Sekretär des Staatsraths thätig, hat jedoch ein zurückgezogenes Leben geführt ohne sich an dem politischen Getriebe viel zu betheiligen.

Herr Min Ch'öl Hun ist der Sohn des gegenwärtigen interimistischen Hausministers Min Chong Muk, ein Umstand, dem in erster Linie, wie es scheint, seine Ernennung zuzuschreiben ist. Er ist 42 Jahre alt und hat im Jahre 1886 die Prüfung für die höhere Beamtenlaufbahn bestanden. Vorübergehend soll er sich mit dem Erlernen der englischen Sprache beschäftigt haben, jedoch mit äußerst dürftigem Erfolg. Nachdem er verschiedene Ministerialsekretärs-Posten innegehabt, wurde er im vorigen Jahre in die 2. Rangklasse erhoben und zum Kammerherrn und Minister-Residenten ernannt ohne jedoch bisher irgend wie hervorgetreten zu sein.

Herr Min Ch'öl Hun wird vorläufig jedenfalls seinen Posten nicht antreten, da die finanziellen Schwierigkeiten, welche der Abreise seines Vorgängers im Wege gestanden haben, auch jetzt, wie mir der Minister des Aeußern erklärte, noch nicht haben beseitigt werden können.

Abschriften dieses gehorsamsten Berichts sende ich an die Kaiserlichen Gesandtschaften in Peking und Tokio.

Weipert.

Inhalt: Ernennung eines koreanischen Gesandten für Deutschland, England und Italien.

[ ]

PAAA_RZ201-018955_127 f.			
Empfänger	Auswärtiges Amt in Berlin	Absender	Weipert
A. 5658 pr. 16. April 1901. p. m.		Söul, den 15. April 1901.	
Memo	Erl. 19. 4. Wien 266.		

A. 5658 pr. 16. April 1901. p. m.

Telegramm.

Söul, den 15. April 1901. 1 Uhr - Min. a. m.
Ankunft: 1 Uhr - Min a. m.

Der K. Konsulatsverweser an Auswärtiges Amt.

Entzifferung.

№ 7.

Der koreanische Gesandte für Berlin jetzt auch für Wien ernannt, heute abgereist, desgleichen neuer Gesandter London Rom und neuer Gesandter Paris.

gez. Weipert.

Berlin, den 19. April 1901. | A. 548, A. 5658.

An
Botschaft in
Wien № 266

J. № 3563

mit Bezug auf den Erlaß vom 17. Mai 1899.

Ew. pp. beehre ich mich mitzutheilen, daß nach einem telegraphischen Bericht des Kais. Konsuls in Söul der im November v. J. zum Außerordentlichen Gesandten und Bevollmächtigten Minister Koreas für das Deutsche Reich, Großbritannien und Italien ernannte Hr. Min Ch´öl Hun nunmehr auch zum koreanischen Gesandten in Wien ernannt worden ist und am 15. d. M. von Söul aus die Reise nach seinem Posten angetreten hat.

Nach einem Bericht des Kais. Konsuls Söul vom 21. April v. J. hatte die Koreanische Regierung zu seiner Zeit Herrn Song Ki Wun zum Gesandten an die Höfe von Deutschland, Großbritannien und Italien ernannt, dessen Abreise indessen durch finanzielle Schwierigkeiten verhindert wurde. In einer Note vom 17. November v. J. theilte die koreanische Regierung darum Herrn Weipert mit, daß Herr Song seines bisherigen Postens enthoben und als Gesandter nach Tokio gehen werde; an seiner Stelle, in Besetzung des europäischen Postens, sei Herr Min Ch´öl Hun ernannt. Die gleichen Schwierigkeiten, die seinen Vorgänger aufgehalten hatten, verhinderten auch bisher die Abreise des Herrn Min.[10]

Über die Person des neuen Gesandten und seine bisherige dienstliche Thätigkeit hat Konsul Weipert s. Zt. Folgendes berichtet:

„inscr aus A 548. Bericht aus Söul vom 20. XI. v. J.“

N. S.

i. m.

10 [Nach einem Bericht des Kais. Konsuls … die Abreise des Herrn Min.: Durchgestrichten von Dritten.]

Beabsichtigte Entsendung koreanischer Gesandtschaften nach Deutschland, Oesterreich, England, Italien und Frankreich.

PAAA_RZ201-018955_133 ff.			
Empfänger	Bülow	Absender	Weipert
A. 7017 pr. 12. Mai 1901. a. m.		Söul, den 20. März 1901.	
Memo	J. № 289.		

A. 7017 pr. 12. Mai 1901. a. m.

Söul, den 20. März 1901.

№ 46.

An Seine Excellenz
den Reichskanzler
Herrn Grafen von Bülow.

Der hiesige Minister des Auswärtigen hat mir unter dem 16. d. M. die Benachrichtigung zugehen lassen, daß der koreanische Gesandte für Deutschland, England und Italien, dessen Ernennung ich unter dem 20. November v. J. (Bericht № 138[11]) früher gehorsamst zu melden die Ehre hatte, von seiner Stellung in Bezug auf England und Italien entbunden und statt dessen mit der gleichzeitigen Vertretung Koreas in Oesterreich-Ungarn betraut worden sei. Der letztere Posten sei dadurch frei geworden, daß der bisherige Gesandte für Rußland, Frankreich und Oesterreich-Ungarn von seinen Functionen in Paris und Wien enthoben sei. Der Minister des Auswärtigen sprach zugleich die Bitte aus, daß die Kaiserlich und Königlich Oesterreichisch-Ungarische Regierung von dieser Veränderung in Kenntniß gesetzt werden möge.

Aus Dekreten, die im hiesigen Staatsanzeiger vom 15. und 19. d. M. publizirt wurden, ist, außerdem zu ersehen, daß ein neuer Gesandter für England und Italien, ein weiterer für Frankreich und einer für die Vereinigten Staaten von Nordamerika ernannt worden ist. Hiernach wird künftig funktioniren:

1. für das Deutsche Reich und für Oesterreich-Ungarn: der bisherige Gesandte für Deutschland, England und Italien, Herr Min Chöl Hun,
2. für England und Italien: der neuernannte Gesandte Herr Min Yöng Tong, bisher

11 A. 548[01] liegt dem h. Referenten vor.

Kammerherr am hiesigen Hofe,

3. für Rußland: der bisherige Gesandte für Rußland, Frankreich und Oesterreich-Ungarn, Herr Yi Pom Chin,
4. für Frankreich: der neuernannte Gesandte Herr Kim Man Su, bisher Kammerherr am hiesigen Hofe
5. für die Vereinigten Staaten: der neuernannte Gesandte Herr Cho Min Heui, bisher Vize-Minister im Kriegsministerium.

Die neueinzurichtenden Gesandtschaften sollen ebenso wie die bereits bestehenden je 2 Sekretäre und 2 Bureaubeamte erhalten. Als erster Sekretär der Gesandtschaft für Berlin und Wien ist der erste Graduirte der hiesigen deutschen Schule, Herr Hong Him Sik ernannt, ein intelligenter und gewandter junger Mann, der verhältnißmäßig gut Deutsch spricht und bisher als Uebersetzer im Palast angestellt war. Der 2. Sekretär Min Chä Söl, ein Verwandter des Gesandten, spricht angeblich ein wenig Englisch.

Der Minister des Aeußern erklärte mir, daß die Gesandten für Berlin, Wien, London, Rom und Paris in einigen Wochen abreisen sollen, und in der That scheint die Absicht der Entsendung diesmal eine ernstliche zu sein, wenn sich auch noch nicht mit Bestimmtheit angeben läßt, wann die derzeitigen Bemühungen, die nöthigen Geldmittel flüßig zu machen, von Erfolg gekrönt sein werden.

Abschrift dieses gehorsamsten Berichtes sende ich an die Kaiserlichen Gesandtschaften in Peking und Tokio.

Weipert.

Inhalt: Beabsichtigte Entsendung koreanischer Gesandtschaften nach Deutschland, Oesterreich, England, Italien und Frankreich.

ad A. 7018 pr. 12. Mai 1901. a. m.

Notiz.

Durch die geplante Entsendung von koreanischen Gesandtschaften an die europäischen Mächte glaubt man in Söul, daß auch diese, wirkliche Gesandte nach Korea zu schicken, beabsichtigen werden.

cfr. Bericht aus Söul v. 20. 3.

i. a. Korea 1

Berlin, den 1. Juni Mai 1901.

zu A. 7017.

An
die Botschaften in
Wien № 332.

J. № 4800.

Euerer pp. übersende ich anbei ergebenst Abschrift eines Berichts des Kais. Konsuls in Korea vom 20. März, betreffend die beabsichtigte Entsendung koreanischer Gesandtschaften nach Deutschland, Oesterreich-Ungarn, England, Italien und Frankreich zu Ihrer gef. Information und mit dem Ersuchen, den Inhalt zur Kenntniß der dortigen Regierung bringen zu wollen.

N. d. St. S.
i. m.

Rathgeber für den Koreanischen Gesandten in Berlin.

PAAA_RZ201-018955_140 ff.			
Empfänger	Bülow	Absender	Weipert
A. 8894 pr. 15. Juni 1901. a. m.		Söul, den 1. Mai 1901.	
Memo	J. № 461.		

A. 8894 pr. 15. Juni 1901. a. m.

Söul, den 1. Mai 1901.

№ 74.

An Seine Excellenz
den Reichskanzler
Herrn Grafen von Bülow.

Wie ich gestern von dem hiesigen Berather der Regierung, Herrn Sands, höre, ist der jetzt nach Berlin abgeordnete koreanische Gesandte ähnlich wie seine für London und Paris bestimmten Kollegen, instruirt worden, drüben eine geeignete Persönlichkeit als Rathgeber zu engagiren und sich wegen der Auswahl mit der Bitte um Rath an Euere Excellenz zu wenden. Als Honorar soll eine Summe von 300 Yen (ca. 600 M) monatlich bestimmt sein.

Weipert.

Inhalt: Rathgeber für den Koreanischen Gesandten in Berlin.

Neuer koreanischer Gesandter fuer Paris und Bruessel.

PAAA_RZ201-018955_143 ff.			
Empfänger	Buelow	Absender	Weipert
A. 5534 pr. 9. April 1902. a. m.		Soeul, den 21. Februar 1902.	
Memo	mtg. 16. 4. Paris 208, Brüssel 67. J. № 179.		

A. 5534 pr. 9. April 1902. a. m.

Soeul, den 21. Februar 1902.

№ 41.

Seiner Excellenz
dem Reichskanzler
Herrn Grafen von Buelow.

Der an Stelle des bisherigen, aus Gesundheitsruecksichten, wie es heisst, kuerzlich zurueckgekehrten Herrn Kim Man Su als koreanischer Gesandter fuer Paris und Bruessel ernannte Herr Min Yong Chan ist dieser Tage hier abgereist um sich ueber Sibirien auf seinen Posten zu begeben. Er spricht Franzoesisch und Englisch und ist in Paris schon von seiner Thaetigkeit als koreanischer Kommissar fuer die letzte dortige Weltausstellung bekannt. Hier war er inzwischen Vice-Unterrichtsminister und -mit Oberstenrang- Chef der neuen Militaerkapelle.

Fuer Bruessel nimmt er ein auf die Verleihung des Leopold-Ordens bezuegliches Dankschreiben des hiesigen Souveraens, sowie den von Letzterem dem Koenig von Belgien nunmehr verliehenen Orden des Goldenen Massstabs mit. Auch ueberbringt er anlaesslich des Abschlusses des belgisch-koreanischen Handelsvertrags, fuer den der hiesige Minister des Aeussern das Kommandeurkreuz des Leopold-Ordens erhalten hat, dem belgischen Minister des Aeussern die I. Klasse des koreanischen Ordens der Landesflagge.

Herr Min Yong Chan hat ferner den Auftrag, im Haag Herrn de Beaufort zwei Schreiben des hiesigen Koenigs zu uebermitteln, deren eines fuer die Genfer Konvention, das andere fuer den Friedenskongress den Wunsch Koreas ausdrückt zum Beitritt zugelassen zu werden.

Kopien dieses gehorsamsten Berichts sende ich an die Kaiserlichen Gesandtschaften in Peking und Tokio.

Weipert.

Inhalt: Neuer koreanischer Gesandter fuer Paris und Bruessel.

Berlin, den 16. April 1902. zu A. 5534.

An
die Botschaften in
1. Paris № 208.
2. Brüssel № 67

J. № 3230.

Euerer pp. übersende ich anbei ergebenst Abschrift eines Berichts des Kais. Konsuls in Söul von 21. Febr. d. J., betreffend den neuen koreanischen Gesandten für Paris und Brüssel zu Ihrer gefl. Information.

St S.
i. m.

Abreise des koreanischen Gesandten fuer Peking.

PAAA_RZ201-018955_146 f.			
Empfänger	Buelow	Absender	Weipert
A. 16417 pr. 10. November 1908. a. m.		Soeul, den 24. September 1902.	
Memo	J. № 939.		

A. 16417 pr. 10. November 1908. a. m.

Soeul, den 24. September 1902.

№ 154.

Seiner Excellenz
dem Reichskanzler, Herrn Grafen von Buelow.

Der unter dem 3. Februar d. J. bereits zum Gesandten fuer Peking ernannte fruehere Minister des Aeussern Pak Chae Sun hat gestern mit 2 Sekretaeren und 2 Eleven Chemulpo verlassen um sich auf seinen Posten zu begeben. Der franzoesische Sprachlehrer Martel, welcher vor einigen Wochen in Peking die Uebertragung des fuer Korea gekauften bisherigen amerikanischen Gesandtschaftsgrundstuecks zum Abschluss gebracht hat, begleitet die Gesandtschaft um ihr bei der ersten Einrichtung und vielleicht auch später noch behuelflich zu sein. Der Legationssekretaer Pak Tai-Yong soll gut Chinesisch verstehen. Auch der Gesandte, der frueher eine Zeit lang Konsul in Tientsin war, spricht etwas chinesisch.

Es scheint, dass die Abreise der Gesandtschaft in letzter Zeit hauptsaechlich deshalb beschleunigt wurde, um auf die gewuenschte Entsendung eines chinesischen besonderen Botschafters zu den inzwischen verschobenen Jubilaeumsfeierlichkeiten einen guenstigen Einfluss auszuueben.

Kopieen dieses gehorsamsten Berichts sende ich an die Kaiserlichen Gesandtschaften in Peking und Tokio.

Weipert.

Inhalt: Abreise des koreanischen Gesandten fuer Peking.

Neuernannter koreanischer Gesandter fuer Tokio.

PAAA_RZ201-018955_147 ff.			
Empfänger	Buelow	Absender	Weipert
A. 4695 pr. 3. April 1903. a. m.		Soeul, den 17. Februar 1903.	
Memo	J. № 148.		

A. 4695 pr. 3. April 1903. a. m.

Soeul, den 17. Februar 1903.

№ 24.

Seiner Excellenz
dem Reichskanzler
Herrn Grafen von Buelow.

Herr Ko Yong Hui, der neuernannte Gesandte fuer Tokio, welcher heute abgereist ist und dazu beitragen soll, nach dem letzten Zwischenfall die Beziehungen der beiden Laender wieder neu zu festigen, hat bereits 1895 waehrend mehrerer Monate Korea als Gesandter in Tokio vertreten und war 1896 Vize-Minister und voruebergehend interimistischer Minister des Aeussern. In der Zwischenzeit hat er wechselnd als Vize-Minister des Handels und Ackerbaus, der Finanzen und des Unterrichts, am laengsten und zuletzt in letztgenannter Stellung fungiert. Er gilt als tuechtiger Beamter und geachteter Charakter, der sich von den hiesigen Intriguen stets fern gehalten, aus diesem Grunde aber auch nie eine besonders hervorragende Rolle gespielt hat. Eine fremde Sprache spricht er nicht. Als Attaché begleitet ihn -ausserdem japanisch sprechenden bisherigen Palastdolmetscher Pak Kui Chun- auf kurze Zeit sein Sohn Ko Hui Sung, ein intelligenter junger Mann, zuletzt Palastdolmetscher, frueher Hülfslehrer der hiesigen Regierungsschule fuer deutsche Sprache, der English und Chinesisch, sowie etwas deutsch spricht und den hiesigen deutschen Kreisen nahe steht.

Nach des Letzteren Angabe nimmt sein Vater die zur Begleichung der hauptsaechlich im Interesse der dort lebenden koreanischen Studenten gemachten Gesandtschaftsschulden in Tokio noethige Summe mit und soll den Bau eines Gesandtschaftsgebaeudes in die Wege leiten.

Kopien dieses gehorsamsten Bericht sende ich an die Kaiserlichen Gesandtschaften in Peking und Tokio.

Weipert.

Inhalt: Neuernannter koreanischer Gesandter fuer Tokio.

[ ]

PAAA_RZ201-018955_150			
Empfänger	Auswärtiges Amt in Berlin	Absender	Min Cheol Mun
A. 4698 pr. 19. März 1904. a. m.		Berlin, den 18. März 1904.	

A. 4698 pr. 19. März 1904. a. m.

Berlin, den 18. März 1904.

An das Auswärtige Amt zu Berlin.[12]

Der unterzeichnete außerordentliche Gesandte und bevollmächtigte Minister ersucht ergebenst, die deutschen Zeitungen veranlassen zu wollen, über die Angelegenheit des Legationssekretärs Hong und die damit zusammenhängenden Angelegenheiten keinerlei Nachrichten oder Artikel zu bringen, da hierdurch die Untersuchungen gestört werden.

(Stempel) Min Cheol Mun.
Kaiserlich Koreanischer Gesandter.

12 Mit der Presse [*sic.*] entsprechend dem Sinne ins Benehmen getreten. Sie beschäftigt sich nicht mehr mit dem Vorfalle pro not. z. d. A.

Die Ernennung eines neuen koreanischen Gesandten für Berlin.

PAAA_RZ201-018955_154 f.			
Empfänger	Bülow	Absender	Saldern
A. 4935 pr. 23. März 1904. p. m.		Söul, den 9. Februar 1904.	
Memo	J. № 107.		

A. 4935 pr. 23. März 1904. p. m.

Söul, den 9. Februar 1904.

№ 15.

Seiner Excellenz
dem Reichskanzler
Herrn Grafen von Bülow.

Das koreanische Auswärtige Ministerium hat mir angezeigt, daß der koreanische Gesandte in St. Petersburg Yi Pom Chin für den Berliner Posten ernannt worden sei.

von Saldern.

Betrifft: Die Ernennung eines neuen koreanischen Gesandten für Berlin.

Berlin, den 26. März 1904.

A. 4935.

G. A.

Nach erhaltener Auskunft auf der hiesigen koreanischen Gesandtschaft sollte allerdings Herr Yi Pöm Chin den hiesigen Posten erhalten und Herr Min Choel Hun nach Washington versetzt werden. Ein neuerdings am 24. v. M. hier eingetroffenes Telegramm[13] aus Söul hat jedoch angeordnet, daß bis auf weiteres alles beim alten bleiben solle.

Kracr.

---

13 also später als Bericht.

[ ]

PAAA_RZ201-018955_158 f.			
Empfänger	Bülow	Absender	Alvensleben
A. 7169 pr. 28. April 1904. p. m.		St. Petersburg, den 26. April 1904.	
Memo	Tel 29. 4., Petbg. 151.		

A. 7169 pr. 28. April 1904. p. m.

St. Petersburg, den 26. April 1904.

№ 368.

Seiner Excellenz
dem Reichskanzler
Herrn Grafen von Bülow.

Einzifferung:

Der hiesige koreanische Gesandte, dessen Frau schon seit längerer Zeit in Korea weilt, hat mich mit Rücksicht auf die Unsicherheit der russischen Postbeförderung gefragt, ob die Kaiserliche Botschaft geneigt sein würde, an seine Familie gerichtete Briefe durch Vermittlung des Auswärtigen Amts und der Deutschen Gesandtschaft in Söul an ihre Bestimmung gelangen zu lassen.

In Berücksichtigung der langen Zeit, welche von der Absendung bis zur Ankunft vergehen wird, möchte ich es für unbedenklich halten der Bitte des Gesandten zu willfahren und darf ich Euere Excellenz um eine geneigte telegraphische Bescheidung gehorsamst bitten.

Alvensleben.

Berlin, den 29. April 1904.

A. 7169.

Botschafter

St. Petersburg № 151

14

J. № 5281.

Tel. i. Ziff.

Auf Bericht № 368: dem Wunsche des koreanischen Gesandten stehen schwere Bedenken entgegen; da mit Rücksicht auf oreanische Verhältnisse mißbräuchliche usnutzung ventuellen Entgegenkommens nicht ausgeschlossen erscheint. Bitte daher bejahender Antwort in freundlicher Form ausweichen.

st. St. S.

---

14 [Randbemerkung] Falls der korean. Gesandte auf die Sache zurückkommt, würde anzudeuten sein, daß nach Ansicht des Botschafters die Briefe würden offen übergeben werden müssen. Bleibt der Koreaner auch dann noch bei seinem Verlangen, muß man weiter erwägen, welche Ausrede event. verwenden. **Bitte überprüfen.** H. 2. 5.

[ ]

PAAA_RZ201-018955_161			
Empfänger	[o. A.]	Absender	[o. A.]
A. 8894 pr. 26. Mai 1904. p. m.		[o. A.]	

A. 8894 pr. 26. Mai 1904. p. m.

Berliner Lokalanzeiger.
24. 5. 04.

Der Koreanische Gesandte in Petersburg ist, wie uns in später Nachmittagsstunde im Anschluß an den Artikel auf Seite 1 gemeldet wird, in Berlin eingetroffen und in der japanischen Gesandtschaft abgestiegen. Auf der japanischen Gesandtschaft wird erklärt, man wundere sich, daß der Gesandte so lange mit der Abreise gezögert habe, da doch die Koreaner Japans Verbündete seien. Ein Privattelegramm meldet uns hierzu:

:

Berlin, den 26. Mai 1904.

ad A. 8894.

Die Anlage ist von Herrn Hata mit dem Bemerken übergeben worden, die hiesige Jap. Gesandtschaft wisse nicht, ob der Koreanische Gesandte in St. Petersburg hier eingetroffen sei. Thatsächlich falsch sei die Meldung, der Gesandte sei auf der hies. Japanischen Gesandtschaft abgestiegen.

Herr Hata fragt an, ob nicht zur Vermeidung derartiger Unrichtigkeiten ein Druck seitens des Ausw. Amtes auf die Presse ausgeübt werden könnte. Im vorliegenden Falle habe der Reporter des Berliner Lokal-Anzeigers von sich aus Herrn Hata die Mitteilg. gemacht, daß der kor. Ges. in Petersburg nach Berlin komme. Herr Hata habe davon nichts gewußt.

[ ]

PAAA_RZ201-018955_163 f.			
Empfänger	Buelow	Absender	Alvensleben
A. 14636 pr. 11. September 1904. a. m.		St. Petersburg, den 9. September 1904.	

Abschrift.

A. 14636 pr. 11. September 1904. a. m.

St. Petersburg, den 9. September 1904.

№ 792.

Sr. E. dem R. K.

Hn. Grafen von Buelow.

Der koreanische Gesandte war auch gestern beim Diplomaten-Empfange des Grafen Lambsdorff anwesend, wiewohl er nach den Zeitungsmeldungen von seinem Posten abberufen sein sollte. Graf Lambsdorff äußerte darüber, daß, da bisher die Abberufung durch den Kaiser von Korea nicht erfolgt sei, keine Veranlassung vorliege, um die Mission des Gesandten als beendet anzusehen. Es entspricht dies der bisherigen Haltung der russ. Regierung, die bekanntlich, als Japan zu Beginn des Krieges sich gewaltsam Koreas bemächtigte, alle von Japan über Korea getroffenen Verfügungen für ungültig erklärte. Der Gesandte hat sich übrigens kürzlich interviewen lassen und sich bei dieser Gelegenheit des besonderen Wohlwollens seines Kaisers gerühmt, während er den Minister der ausw. Angel. als ihm feindlich gesinnt gezeichnete. Dementsprechend berichten auch die hiesigen Zeitungen, daß am 4. d. M., dem Geburtstage des Kaisers von Korea, auf der Gesandtschaft die koreanische Flagge wehte und Abends beim Gesandten ein Festmahl stattfand. Auf die an den Gesandten gerichtete Frage, wie es sich mit dem Telegramm über seine Abberufung verhalte, hat er die Vermutung ausgesprochen, daß es sich dabei wohl um eine neue lügnerische Intrigue von japanischer Seite handele, da dort die Antipathien bekannt seien, die er in Übereinstimmung mit der Mehrheit des koreanischen Volkes den Japanern erntegenbringe.

Herr Tschin-Pom-Yi kam weiter auf das Gerücht zu sprechen, wonach sein Verbleiben in St. Petersburg mit den Schulden im Zusammenhange stehen solle, die er angeblich in der Höhe von 48.000 Rubeln in St. Petersburg gemacht habe. Der Gesandte wies auf die Einfachheit seiner Lebensführung u. den Umstand hin, daß sich wohl nicht so leicht ein

Dummer finden werde, um ihm eine so beträchtliche Summe zu leihen. Tatsächlich dürfte es auch weiterhin die russ. Regierung sein, die seinen Bedürfnissen Rechnung trägt.

gez. Alvensleben.

u. abschriftl. i. a. Rußld. 88

Koreanischer Briefwechsel.

PAAA_RZ201-018955_165 ff.			
Empfänger	Buelow	Absender	Saldern
A. 14716 pr. 12. September 1904. p. m.		Soeul, den 27. Juli 1904.	
Memo	mtg. anl orig 18. 9. n. Petbg. 1036. J. № 642.		

A. 14716 pr. 12. September 1904. p. m. 2 Anlagen.

Soeul, den 27. Juli 1904.

K. № 82.

Seiner Exzellenz, dem Reichskanzler, Herrn Grafen von Buelow.

Der Koreanische Gesandte in St. Petersburg, Herr Tschin Poemm Yi, beehrt mich mit seinem Vertrauen, indem er mir seine Briefschaften, die er anscheinend nicht der Post anvertrauen will, damit sie nicht in japanische Haende fallen, mit der Bitte um Bestellung zusendet. Vor Kurzem hat er mir so einen Brief an seinen hier wohnenden Sohn zugehen lassen. Bei Gelegenheit der Aushaendigung dieser Sendung habe ich diesem sagen lassen, er moege seinem Vater mitteilen, als Vertreter einer neutralen Macht koenne ich derartige Besorgungen fernerhin nicht uebernehmen, er moege daher auf meine Vermittelung verzichten.

Jetzt nun, freilich bevor der Gesandte von meiner ablehnenden Stellungnahme unterrichtet sein kann, kommt die beifolgende Karte nebst Brief aus St. Petersburg hier an. Ich denke, Euere Exzellenz werden mit mir darin uebereinstimmen, dass wir uns in die Vermittelung eines derartigen, vielleicht geheime politische Nachrichten enthaltenden, Briefwechsels nicht einlassen koennen. Vielleicht ist freilich der Briefwechsel ganz harmlos, aber das koennen wir nicht wissen und koennen uns nicht dem ueblen Verdacht aussetzen. Meines gehorsamen Erachtens wuerde es das Beste sein, wenn dem koreanischen Gesandten die Anlagen unter entsprechenden muendlichen Eroeffnungen durch einen Beamten der Kaiserlichen Botschaft in St. Petersburg wieder ausgehaendigt wuerden.

von Saldern.

Betrifft: Koreanischer Briefwechsel.

Berlin, den 18. September 1904.

A. 14716.

An
Botschafter in
St. Petersburg № 1036

J. № 10934.

Ew. übersende ich anbei ergebenst Abschrift eines Berichts des Kaiserl. Minister-Residenten in Söul vom 27. Juli d. J., betreffend die Übermittelung von Briefschaften des Koreanischen Gesandten in St. Petersburg, nebst Anlagen mit dem Ersuchen um weitere Veranlassung im Sinn des Vorschlags des Hn. v. Saldern, sofern nicht von Ihrerseits Bedenken bestehen.

st. St. S.
i. m.

[ ]

PAAA_RZ201-018955_168			
Empfänger	[o. A.]	Absender	Arco
A. 15566 pr. 28. September 1904. p. m.		Tokio, den 2. September 1904.	

Abschrift.

A. 15566 pr. 28. September 1904. p. m.

Tokio, den 2. September 1904.

B. 269.

Die sonst gut unterrichtete Nichi Nichi Shimbun hat am 27. v. M. ein ausführliches Programm über die Regelung des Verhältnisses zu Korea veröffentlicht, das angeblich den Intentionen der japanischen Regierung entsprechen sollte. Dabei war auch das Aufhören des aktiven u. passiven Gesandtschaftsrechts von Korea erwähnt.

Das japanische Ministerium der auswärtigen Angelegenheiten hat diese Ausführungen sofort dementirt u. Baron Komura hat mir gegenüber, unter deutlichem Hinweis auf die Frage des Gesandtschaftsrechts, sehr energisch gegen die der Regierung untergeschobenen Absichten protestirt.

gez. Graf Arco.

Orig. i. a. Japan 20 № 3.

Koreanische Gesandtschaften.

PAAA_RZ201-018955_173 ff.			
Empfänger	Bülow	Absender	Saldern
A. 15141 pr. 27. August 1905. a. m.		Söul, den 19, Juli 1905.	
Memo	mtg 29. 8. Wash. J. № 510.		

A. 15141 pr. 27. August 1905. a. m.

Söul, den 19, Juli 1905.

K. № 47.

Seiner Excellenz
dem Reichskanzler
Herrn Grafen von Bülow.

Wie Euerer Excellenz bekannt, wünschen die Japaner nichts sehnlicher, als daß die Gesandtschaften Koreas eingezogen werden. Ihre Bemühungen, diese Stellen abzuschaffen, sind aber bisher an dem Widerstande des hiesigen Monarchen gescheitert. Sie suchen nun auf Umwegen zu ihrem Ziele zu gelangen und der hiesige japanische Gesandte hat jetzt hier den Antrag gestellt, daß die bei diesen Gesandtschaften angestellten nichtkoreanischen Berater und Beamten entlassen werden sollen. Es scheint, als ob der Kaiser dieser Anregung stattgeben will. Er schickte neulich einen Vertrauensmann zu mir und ließ mich in dieser Sache um Rat fragen. Ich habe der Mittelsperson erklärt, daß es nicht meine Sache sein könne, dem Kaiser amtlich einen Rat zu geben; meine private Meinung sei, daß der Monarch am Besten tun würde, wenn er dem japanischen Verlangen Folge leiste, denn er habe doch keine Machtmittel um sich zu wehren und wenn er sich nicht gefügig zeige, so werde auch seine persönliche Stellung zu einer höchst unsicheren. Dies sei für ihn bedauerlich, aber Niemand könne ihm dabei helfen.

Es ist geradezu unglaublich, in welchen Illusionen sich der Kaiser und auch viele Koreaner noch befinden. Sie sehen den Wald vor Bäumen nicht und wiegen sich noch in Hoffnungen, denen jeglicher tatsächlicher Hintergrund fehlt. Beim Kaiser, der nie aus seinen Palastmauern herauskommt und dem die Kenntnis von der Außenwelt nur durch die Bücklinge seiner Hofbeamten vermittelt wird, ist das natürlich. Daß aber auch andere Koreaner noch dem Griffe Japans entschlüpfen zu können meinen, ist unglaublich. Wie weltfremd der Kaiser den Tatsachen gegenübersteht, geht unter Anderem daraus hervor, daß er vor einigen Tagen einen Beamten heimlich mit Geld und Instruktionen ausgerüstet hat, um den Friedensverhandlungen in Washington zuzuhören. Diese Anordnung scheint freilich auf Betreiben des japanischen Gesandten zurückgenommen worden zu sein.

Wegen der koreanischen Gesandtschaften scheint der hiesige Monarch sich auch an meine Kollegen um Rat gewandt zu haben. Der Amerikanische Gesandte fragte mich um meine Meinung darüber. Ich habe ihm mitgeteilt, was ich dem Kaiser habe antworten lassen und habe dabei geäußert, ich sei überzeugt, meine Regierung interessiere sich sehr wenig für diese Sache und warte die Entwickelung der Wirren in Korea ruhig ab, ohne sich aktiv dabei zu beteiligen. Nur in kommerzieller Beziehung hätten wir hier Interessen und würden sie zu wahren wissen. Herr Morgan schien die Frage der koreanischen Gesandtschaften sehr wichtig zu nehmen und meinte, er wolle seiner Regierung darüber telegraphieren. Ich äußerte, ich fände das selbstverständlich bei der prominenten Stellung, die Amerika in den gegenwärtigen Verhandlungen einnehme.

Es liegt auf der Hand, daß, wenn man den koreanischen Gesandten ihre fremden Berater nimmt, sie zu gänzlicher Hülflosigkeit herabsinken werden. Das ist ja auch der Zweck der Japaner, welche die diplomatische Vertretung Koreas in ihre Hand zu bekommen wünschen. Nach Peking und nach Tokio sende ich Abschrift dieses Berichts

von Saldern.

Betrifft: Koreanische Gesandtschaften.

Berlin, den 29. August 1905.

A. 15141.

An
die Missionen in
Washington A. № 926

J. № 9632.

Euerer pp. übersende ich anbei ergebenst Abschrift eines Berichts des Kais. Minister-esidenten in Söul vom 19. v. Mts., betreffend die esandtschaften Koreas, zu Ihrer gefl. Information

st. St. S.
i. m.

[ ]

PAAA_RZ201-018955_179			
Empfänger	[o. A.]	Absender	Richthofen
A. 22136 pr. 10. Dezember 1905. p. m.		Berlin, den 8. Dezember 1905.	

Abschrift.

A. 22136 pr. 10. Dezember 1905. p. m.

Berlin, den 8. Dezember 1905.

Der Japanische Gesandte teilte mit, er sei beauftragt, „to express high appreciation of the Japanese Government for the prompt way in which the Imperial Government has settled the Korean matter."

Herr Inouye bemerkte dabei, dass er demnächst Weisung seiner Regierung wegen Übernahme des Schutzes der koreanischen Staatsangehörigen in Deutschland durch die hiesige Japanische Gesandtschaft und wegen Notifizierung der Abberufung der hiesigen koreanischen Gesandtschaft erwarte.

gez. Richthofen.

Urschr. ida. Korea 7

[ ]

PAAA_RZ201-018955_180 f.			
Empfänger	Richthofen	Absender	K. Inouye
A. 22264 pr. 12. Dezember 1905. p. m.		Berlin, den 12. Dezember 1905.	
Memo	Antwort 21. 12.		

A. 22264 pr. 12. Dezember 1905. p. m.

Berlin, den 12. Dezember 1905.

An Seine Excellenz
den Staatssekretär des Auswärtigen Amtes
Staatsminister Herrn Freiherrn von Richthofen.

Der Unterzeichnete beehrt sich, Seine Excellenz den Staatssekretär des Auswärtigen Amtes, Staatsminister Herrn Freiherrn von Richthofen ergebenst zu benachrichtigen, daß er von der kaiserlichen Regierung beauftragt worden ist, der kaiserlich Deutschen Regierung mitzuteilen, daß infolge des zwischen Japan und Korea am 17. November 1905 abgeschlossenen Abkommens die koreanischen Gesandtschaften sowie die Koreanischen Konsulate zurückgezogen, und daß deren Befugnisse und Funktionen auf die entsprechenden Kaiserlich Japanischen diplomatischen bezw. konsularichen Vertretungen übertragen worden sind.

Indem der Unterzeichnete hinzuzufügen sich gestattet, daß er angewiesen worden ist, demgemäß die Interessen Koreas in Deutschland wahrzunehmen, benützt er gleichzeitig auch diesen Anlaß, Seiner Excellenz dem Herrn Staatssekretär die Versicherung seiner ausgezeichneten Hochachtung zu erneuern.

K. Inouye.

[ ]

PAAA_RZ201-018955_183			
Empfänger	Auswärtiges Amt in Berlin	Absender	Mumm
A. 22421 pr. 15. Dezember 1905. a. m.		Peking, den - Dezember 1905.	

A. 22421 pr. 15. Dezember 1905. a. m.

Telegramm.

Peking, den - Dezember 1905. - Uhr - Min - m
Ankunft: 15. 12. 5 Uhr 10 Min v m

Der K. Gesandte an Auswärtiges Amt.

Entzifferung.

№ 314.

Japanischer Gesandter notifiziert mir als Doyen Zurückziehung hiesiger Koreanischer Gesandtschaft nd Koreanischer Konsulate in China und Uebergang der Vertretung Koreanischer Interessen an Japanische Gesandtschaft bezw. Konsulate.

Habe Empfang bestätigt und Schreiben zirkuliert.

Mumm.

ad A. 22421.

Wie soll im Reichshandbuch pp der Deutsche Minister-Resident u. Generalkonsul in Söul, die koreanische Gesandtschaft in Berlin u. das koreanische Konsulat in Hamburg aufgeführt werden?

Zunächst bei A mit dem Ersuchen um gefl. Aeußerung erg. vorgelegt. B. 18. 12. 05.

g. gef.

Barbe 18. 12. 05.

Die Deutsche Minister-Residentur dürfte wegfallen und im Reichshandbuch nur von einem Generalkonsulat für Korea zu sprechen sein. Die Koreanische Gesandtschaft in Berlin und das korean. Konsulat sind gänzlich im R. H. B. fortzulassen. Hiermit bei I B

erg. wiedervorg.

Z 21. 12.

erledigt durch
E. o. I C 84 v. 3. 1. 06.

[ ]

PAAA_RZ201-018955_186			
Empfänger	Bülow	Absender	[o. A.]
A. 22637 pr. 17. Dezember 1905. p. m.		Hamburg, den 16. Dezember 1905.	
Memo	Schrb. japan. Ges. hier 21. 12.		

A. 22637 pr. 17. Dezember 1905. p. m.

Hamburg, den 16. Dezember 1905.

An Seine Durchlaucht
den Herrn Reichskanzler
Fürsten von Bülow. Berlin.

Euer Durchlaucht erlaube ich mir hierdurch die ergebene Mitteilung zu machen, daß ich heute von der Koreanischen Regierung das folgende Telegramm erhalten habe:

Söul

Herr Meyer hat heute dem Referenten mündlich den Inhalt seiner vorstehenden Anzeige bestätigt.

pro not..
Z 21. 12.

Söul 15. 12. 4. Nachm.:

„Your office is terminated by treaty with Japan transfer archives to Japanese Legation at Berlin accept cordial thanks of Imperial government for your services Yi Wan Yong Acting Minister Foreign Affairs"

Ich werde, dem Inhalt der Depesche entsprechend, das Archiv meines Konsulats sowie das Siegel im Laufe der nächsten Woche der Japanischen Gesandtschaft übergeben. Zugleich werde ich mir dann erlauben, in dieser Angelegenheit im Auswärtigen Amt vorzusprechen.

Ich verharre,
Euer Durchlaucht
ganz ergebener
H. C. Eduard Meyer.

[ ]

PAAA_RZ201-018955_189			
Empfänger	Richthofen	Absender	K. Inouye
A. 22828 pr. 19. Dezember 1905. p. m.		Berlin, den 18. Dezember 1905.	
Memo	Antwort 21. 12.		

A. 22828 pr. 19. Dezember 1905. p. m.

Berlin, den 18. Dezember 1905.

An Seine Excellenz
den Staatssekretär des Auswärtigen Amtes
Staatsminister Herrn Freiherrn von Richthofen.

Der Unterzeichnete beehrt sich, Seine Exzellenz den Staatssekretär des Auswärtigen Amtes, Staatsminister Herrn Freiherrn von Richthofen im Anschluß an die diesseitige Note vom 12. d. M.[15] ergebenst davon in Kenntnis zu setzen, daß die koreanische Gesandtschaft in Deutschland und das koreanische Konsulat in Hamburg aufgehoben worden sind, und daß die diesseitige Kaiserliche Gesandtschaft die Wahrnehmung der koreanischen Interessen in Deutschland bereits übernommen hat.

Gleichzeitig benutzt der Unterzeichnete auch diesen Anlaß, Seiner Exzellenz dem Herrn Staatssekretär die Versicherung seiner ausgezeichnetsten Hochachtung zu erneuern.

K. Inouye.
[Kaiserlich Japanische Gesandtschaft]

15 A. 22264 liegt dem Herrn Referenten zu Vortrag vor.

Berlin, den 21. Dezember 1905.

A. 22264, 22637, 22828.

An
den (tit. u. nom.)
Japanischen Gesandten

J. № 13917.

(Der Unterzeichnete beehrt sich, dem (tit. et nom.) den Empfang der Noten vom 12. und 18. d. M. erg. zu bestätigen, wonach infolge des zwischen Japan und Korea am 17. November 1905 abgeschlossen Abkommens die Koreanischen Gesandtschaften und die Koreanischen Konsulate aufgehoben worden sind und die Kaiserlich Japanische Gesandtschaft die Wahrnehmung der koreanischen Interessen in Deutschland übernommen hat.

Der Unterzeichnete benutzt auch diesen Anlaß, um dem Herrn Gesandten die Versicherung seiner ausgezeichnetsten Hochachtung zu erneuern.

St. St.
i. m.

Vermerk:
Nach mündlicher Mitteilung der hiesigen koreanischen Gesandtschaft wird eine amtliche Anzeige der koreanischen Gesandtschaft über deren Einziehung voraussichtlich nicht erfolgen. Vielmehr wird sich der kor. Ges. darauf beschränken, seinen Abschiedsbesuch zu machen.

Zurückziehung der koreanischen Gesandtschaft und der koreanischen Konsulate in China.

PAAA_RZ201-018955_194 f.			
Empfänger	Bülow	Absender	Mumm
A. 2076 pr. 30. Januar 1906. a. m.		Peking, den 18. Dezember 1905.	

A. 2076 pr. 30. Januar 1906. a. m. 1 Anl.

Peking, den 18. Dezember 1905.

A. 388.

Seiner Durchlaucht
dem Fürsten von Bülow.

Euerer Durchlaucht beehre ich mich eine Abschrift der Notifikation des japanischen Gesandten gehorsamst einzureichen, betreffend die Zurückziehung der hiesigen Koreanischen Gesandtschaft und der Koreanischen Konsulate in China, sowie den damit verbundenen Übergang der Wahrnehmung koreanischer Interessen durch die hiesige japanische Gesandtschaft bezw. die japanischen Konsulate.

Mumm.

Inhalt: Zurückziehung der koreanischen Gesandtschaft und der koreanischen Konsulate in China.

Anlage zum Bericht A. 388 vom 18. Dezember 1905.

Abschrift.

Legation du Japon.

en Chine

Peking, 14. December 1905.

Mr. Minister and dear Doyen,

I have the honour to inform Your Excellency that under instructions from the Imperial Government I have, by an official dispatch of to-day`s date, notified the Chinese Government of the withdrawal of the Corean Legation and consulates in China and the transfer of their powers and functions to the Japanese diplomatic and consular representatives respectively in consequence of the agreement concluded between Japan and Corea on the 17. ultimo.

I beg to request that you will be good enough to communicate this to my honourable colleagues.

I avail myself of this opportunity, Mr. Minister and dear Doyen, to renew to you the assurance of my highest consideration.

gez. Y. Uchida.

His Excellency Baron Mumm, Minister for Germany and Doyen of the Diplomatic Body, etc. etc. etc.

[ ]

PAAA_RZ201-018955_197			
Empfänger	Bülow	Absender	Arco
A. 2240 pr. 1. Februar 1906. a. m.		Tokio, den 27. Dezember 1905.	

Abschrift.

A. 2240 pr. 1. Februar 1906. a. m.

Tokio, den 27. Dezember 1905.

A. 378.

Seiner Durchlaucht
dem Herrn Reichkanzler
Fürsten v. Bülow.

Am 21. d. M. hat Minhui Cho, der Koreanische Gesandte, Tokio verlassen und die hiesige Gesandtschaft von Korea geschlossen. Nur ein Mitglied der Gesandtschaft wurde hier zurückgelassen, um für die hier studierenden Koreaner zu sorgen.

gez. Graf Arco.
Ursch. i. d. A. Japan 71

[ ]

PAAA_RZ201-018955_198 ff.			
Empfänger	Bülow	Absender	Ney
A. 3264 pr. 15. Februar 1906. p. m.		Söul, den 28. Dezember 1905.	
Memo	J. № 894.		

Abschrift.

A. 3264 pr. 15. Februar 1906. p. m.

Söul, den 28. Dezember 1905.

K. № 85.

Seiner Durchlaucht
dem Herrn Reichskanzler
Fürsten von Bülow.

Die durch Abschluss des Protektoratsvertrags gefährdete Ruhe ist wiederhergestellt und an Stelle einer lärmenden, sich mehr in Worten als in Taten äussernden Opposition ist in den grossen Massen der Bevölkerung wieder die den Koreaner so gut kleidende Gleichgültigkeit getreten. Die Japaner haben denn auch ihre über die ganze Stadt verteilten Posten und Patrouillen grösstenteils zurückgezogen. Die nach Bekanntwerden des Vertrags ausgebrochene Selbstmordepidemie, deren vornehmste Opfer General Min Yong Han und der 76-jährige frühere Premierminister Min Pyöng Sö waren, hat die erwartete und in koreanischen höchsten Kreisen auch gewünschte Ausdehnung nicht angenommen. Der hiesige Monarch hat jeden einzelnen Akt patriotischer Selbstzerstörung durch Verleihung posthumer Ehren anerkannt, so stiess man in den Tageszeitungen auf die Nachricht von der Erhebung eines aus Trauer über den Niedergang Koreas freiwillig aus den Leben geschiedenen Soldaten zum Kabinettssekretär und eines Schreibers im Unterrichtsministerium zum Vizeminister. Aber selbst diese Kaiserlichen Ehrungen der Selbstmörder scheinen andere nicht mehr zur Nachahmung zu reizen.

Die Ernennung des Marquis Ito zum Generalresidenten für Korea wird von den Koreanern als ein Glück im Unglück betrachtet. Der alte japanische Staatsmann, der bei seinen verschiedenen Missionen hier stets selbst dann ein versöhnliches Wesen an den Tag zu legen wusste, wenn er die Koreanische Regierung die bittersten Pillen schlucken liess, hat im gewissen Grade das Vertrauen der Koreaner erworben. Bis zu seinem Eintreffen in Söul hat infolge einer Verordnung des Mikado Herr Hayashi die durch den Protektoratsvertrag dem Generalresidenten zugewiesenen Funktionen wahrzunehmen. Eine formelle Aufhebung der hiesigen Japanischen Gesandtschaft ist indes noch nicht erfolgt. Auch die Koreanischen Ministerien bestehen noch der Form nach. Einige Ressorts sind indes seit den letzten politischen Vorgängen so unpopulär geworden, dass überhaupt kein Koreaner von entsprechendem Range gefunden werden kann, der das Amt eines Ministers zu übernehmen bereit ist. So leitet denn Herr Stevens das verwaiste Auswärtige Amt bis zu dem Tage, da es als „Auswärtiges Bureau“ unter dem Japanischen Generalresidenten seine Wiedergeburt feiert.

Wie bereits berichtet wurde, ist auch her hiesige Chinesische Gesandte von hier abgereist. Die Geschäfte der Gesandtschaft hat ein Sekretär und Geschäftsträger übernommen; doch ist man bereits mit der Uebergabe des Gesandtschaftsarchivs an den hiesigen Chinesischen Generalkonsul beschäftigt. Der Französische Gesandte hat von seiner Regierung dieser Tage Anweisung erhalten, von hier abzureisen und gedenkt, Korea vor Mitte Januar zu verlassen. Eine offizielle Anzeige hat Herr de Plancy noch nicht ergehen lassen. Dem Britischen Geschäftsträger sind von London noch keine Instruktionen zugegangen; er hat nur von Tokio gehört, dass seine Regierung der Japanischen Regierung die Zusicherung erteilt habe, dass die Britische Ministerresidentur bald aufgehoben würde. Herr Cockburn hat sich übrigens noch die Mühe genommen, dieser Tage eine vor Wochen von dem Koreanischen auswärtigen Minister an den Britischen Ministerresidenten gerichtete Note, worin die Aufnahme des Korea betreffenden Artikels II in den englisch-japanischen Allianzvertrag als ein unfreundlicher Akt bezeichnet und um Aufklärung gebeten wurde, amtlich zu beantworten. In seiner Note wies der Geschäftsträger auf die im Jahre 1904 zwischen Japan und Korea geschlossenen Abkommen hin und sagt dann, dass der Artikel II sich lediglich als eine Anerkennung der durch diese Abkommen geschaffenen tatsächlichen Verhältnisse darstelle.

Der Kaiser hat nun endlich die Rückberufung der Koreanischen Gesandten im Auslande angeordnet. Die Firma E. Mayer u. Co. in Hamburg, die für die Koreanische Gesandtschaft in Berlin regelmässig die Geldüberweisung besorgte, hat an ihre Zweigfirma in Tschimulpo dieser Tage ein Telegramm gerichtet, dass der Gesandte 20 000 Yen erbitte, da er und sein Personal schon seit 6 Monaten keine Bezüge mehr(nehr) erhalten habe. Auf Rat des Herrn Stevens telegraphierte die Firma in Tschimulpo an ihr Hamburger Haus zurück, der Gesandte würde von der Regierung Geld erhalten, sobald er das Archiv an die Japanische Gesandtschaft in Berlin ausgehändigt habe. Herr Stevens erhielt dann auch nach 2 Tagen die Anzeige der Koreanischen Gesandtschaft, dass das Archiv übergeben sei; es traf aber auch von dem Japanischen Gesandten in Berlin eine telegraphische Meldung ein, dass ihm zwar etwas wie ein Archiv ausgehändigt worden wäre, dass aber vor einigen Tagen bereits ein Koreanischer Sekretär mit dem Siegel und den Chiffren, darunter einem speziellen Code mit dem hiesigen Palast, verschwunden sei. Auch in den anderen Hauptstädten sollen die Chiffre und Siegel der Koreaner vor Uebergabe der Geschäfte an die Japanischen Vertretungen ebenso geheimnisvoll verschwunden sein; man vermutet deshalb, dass den Koreanischen Gesandtschaften aus dem Palast geheime Befehle zugegangen sind, nicht abzureisen. Der Koreanische Hof ist eben unverbesserlich; in seiner naiven Ignoranz begreift er auch jetzt noch nicht, wie es um Korea steht. Es sind übrigens nunmehr an die Japanische Gesandtschaft in Berlin 24000 Yen gesandt worden, um die Schulden des Koreanischen Gesandten und seines Personals zu zahlen und ihnen Fahrkarten nach ihrer Heimat zu kaufen.

Die hiesige Japanische Gesandtschaft hat eine offizielle Darstellung der näheren Umstände, unter denen der Protektoratsvertrag abgeschlossen wurde, veröffentlicht. Es sollte dadurch den auch in die europäische Presse übergegangenen aus dem hiesigen Palaste stammenden Nachrichten entgegengetreten werden, dass gegenüber einigen dem Vertrag sich widersetzenden Ministern physischer Zwang ausgeübt und dass das Siegel des Auswärtigen Ministers nicht von diesem, sondern von einem Sekretär der japanischen Gesandtschaft oder gar von einem Gendarmen auf das Dokument gesetzt worden wäre. Den Japanern scheint sehr viel daran zu liegen, dass man ihrer Darstellung Glauben schenkt; die Herren der hiesigen Japanischen Gesandtschaft bringen auch jetzt noch mit Vorliebe das Gespräch auf die Vorgänge im hiesigen Palaste in der Nacht vom 17. November. Auch Herr Stevens ist in diesem Punkt ein eifriger Anwalt der Japaner. Bei einer Unterhaltung über die Affaire fügte er übrigens mit ungewöhnlicher Offenheit hinzu, dass die ganze Sache eigentlich nur theoretische Bedeutung habe; Marquis Ito habe für den Fall, dass sich die Koreanische Regierung fortgesetzt geweigert hätte, den Vertrag abzuschliessen, noch ein anderes Dokument in seiner Tasche gehabt, von dem er dann Gebrauch gemacht hätte. Dieses Dokument hätte für die Zustimmung der Koreanischen Regierung keinen Raum gelassen und für Korea doch die gleichen Folgen gehabt, wie der Vertrag vom 17. November.

gez. Ney.

Urschr. i. d. A. Korea 10

연구 참여자

[연구책임자] **김재혁** : 출판위원장·독일어권문화연구소장·고려대학교 독어독문학과 교수

[공동연구원] **김용현** : 출판위원·고려대학교 독어독문학과 교수

Kneider, H.-A. : 출판위원·한국외국어대학교 독일어학과&통번역대학원 교수

이도길 : 출판위원·고려대학교 민족문화연구원 HK 교수

배항섭 : 출판위원·성균관대학교 동아시아학술원 교수

나혜심 : 출판위원·고려대학교 독일어권문화연구소 연구교수

[전임연구원] **한승훈** : 건국대학교 글로컬캠퍼스 교양대학 조교수

이정린 : 고려대학교 독일어권문화연구소 연구교수

[번역] **김인순** : 고려대학교독일어권문화연구소 연구원(R18953, R18954)

강명순 : 고려대학교독일어권문화연구소 연구원(R18952, R18955)

[보조연구원] **김희연** : 고려대학교 대학원 한국사학과 박사수료

김진환 : 고려대학교 대학원 독어독문학과 박사과정

박진우 : 고려대학교 대학원 독어독문학과 석사과정

서진세 : 고려대학교 대학원 독어독문학과 석사과정

이홍균 : 고려대학교 독어독문학과 학사과정

정지원 : 고려대학교 독어독문학과 학사과정

박성수 : 고려대학교 한국사학과 학사과정

박종연 : 고려대학교 독어독문학과 학사과정

마재우 : 고려대학교 독어독문학과 학사과정

[탈초 · 교정] Seifener, Ch. : 고려대학교 독어독문학과 부교수

Wagenschütz, S. : 동덕여자대학교 독일어과 외국인 교수

Kelpin, M. : 고려대학교 독어독문학과 외국인 교수

1874~1910

독일외교문서 한국편 14

2021년 5월 17일 초판 1쇄 펴냄

옮긴이 고려대학교 독일어권문화연구소
발행인 김흥국
발행처 보고사

책임편집 황효은
표지디자인 손정자

등록 1990년 12월 13일 제6-0429호
주소 경기도 파주시 회동길 337-15 보고사
전화 031-955-9797(대표), 02-922-5120~1(편집), 02-922-2246(영업)
팩스 02-922-6990
메일 kanapub3@naver.com / bogosabooks@naver.com
http://www.bogosabooks.co.kr

ISBN 979-11-6587-186-4 94340
979-11-5516-904-9 (세트)

정가 50,000원